『一带一路』与知识产权

区域制度一体化问题研究

董 涛 著

Dongtao

知识产权出版社

全国百佳图书出版单位

—北 京—

图书在版编目（CIP）数据

"一带一路"与知识产权区域制度一体化问题研究/董涛著. —北京：知识产权出版社，2022.6

ISBN 978-7-5130-8090-3

Ⅰ.①… Ⅱ.①董… Ⅲ.①"一带一路"-知识产权制度-研究 Ⅳ.①D913.4

中国版本图书馆 CIP 数据核字（2022）第 045317 号

内容提要

本书通过采用社会系统分析法、政策研究法等方法，对国际知识产权格局变迁与区域知识产权一体化进程进行了研究。通过考察"一带一路"沿线国家的知识产权制度发展变迁的历史，以及知识产权制度与其运行所依托的社会环境之间的互动关系，以发现这些国家在参与区域知识产权一体化进程中的内在动力与合作愿景，从而为我国"一带一路"合作倡议下推进区域知识产权一体化合作的原则、方向、措施、平台和主要任务等提供现实可行的政策建议。

责任编辑：龚卫　　　　　　　　责任印制：刘译文

执行编辑：肖寒　　　　　　　　封面设计：黄慧君

"一带一路"与知识产权区域制度一体化问题研究
"YIDAIYILU" YU ZHISHI CHANQUAN QUYU ZHIDU YITIHUA WENTI YANJIU

董 涛 著

出版发行：知识产权出版社有限责任公司	网　址：http://www.ipph.cn
电　话：010-82004826	http://www.laichushu.com
社　址：北京市海淀区气象路 50 号院	邮　编：100081
责编电话：010-82000860 转 8120	责编邮箱：gongwei@cnipr.com
发行电话：010-82000860 转 8101	发行传真：010-82000893
印　刷：天津嘉恒印务有限公司	经　销：新华书店、各大网上书店及相关专业书店
开　本：787mm×1092mm　1/16	印　张：22.5
版　次：2022 年 6 月第 1 版	印　次：2022 年 6 月第 1 次印刷
字　数：335 千字	定　价：118.00 元

ISBN 978-7-5130-8090-3

目 录 | Contents

第一章 绪 论 1

第二章 国际知识产权格局与区域知识产权一体化态势 43
　第一节 国际知识产权格局的演进与变迁 45
　第二节 区域知识产权一体化态势研究 67
　第三节 主要的区域型知识产权合作机制 87

第三章 "一带一路"沿线国家知识产权制度的构成系统 117
　第一节 西亚及北非国家知识产权制度 119
　第二节 中东欧地区国家知识产权制度 165
　第三节 东南亚地区国家知识产权制度 187
　第四节 中亚及俄罗斯、蒙古国知识产权制度 199

第四章 "一带一路"沿线国家知识产权制度特征与运行绩效 209
　第一节 "一带一路"沿线国家知识产权制度特征 211
　第二节 "一带一路"沿线国家知识产权制度运行绩效 233

第五章 世界与中国:"一带一路"视角下区域知识产权一体化 259
　第一节 独立极:中国在国际知识产权格局中的地位 261
　第二节 探索与尝试:中国推进区域知识产权一体化的进展 273
　第三节 变革与应对:推进"一带一路"区域知识产权一体化
　　　　的外交策略 291

第六章　"一带一路"区域知识产权一体化示范文本（草案） …… 319

　　第一节　"一带一路"区域知识产权协议文本研究 ………………… 321

　　第二节　"一带一路"区域知识产权协议统一示范文本（草案）…… 335

参考文献 ……………………………………………………………… 346

第一章　绪　论

一、大国格局:"一带一路"倡议新构想

(一) 全球视野:变换中的国际地缘格局

自"冷战"结束以来,国际关系发生了重大变化。这些变化既体现在以实力分配为核心的国际格局变化上,也体现在以规则运行为核心的国际秩序变化上。世界上将不会出现一个单一的普世文化,而是由许多不同的文化和文明相互并存。"在人类历史上,全球政治首次成为多级化的与多元化的。"❶在这个世界里,国际竞争的形式逐渐从过去围绕军事、联盟和均势等传统要素展开,转向对影响和塑造国际规则主导权的争夺展开。❷

2008 年,美国爆发金融危机,并蔓延到全球。2009 年,欧洲爆发债务危机。世界经济增长的总体轨迹越来越不稳定,短期经济增长出现减缓期甚至衰退。金融危机虽然没有从根本上改变国际体系的权力分布状态,但对世界格局产生了很大影响。美国仍是世界上唯一超级大国,政治、军事、经济、技术、文化实力居于世界第一,但其软硬实力均出现了走弱的态势。随着欧洲、日本衰落,新兴国家兴起,此消彼长,世界格局出现了"政治单极、经济多极"的态势。❸原来亚洲生产、欧美消费、中东等国提供能源资源的格局在缓慢改变,世界经济、社会与科技发展很不平衡,世界各国发展差距拉大。

近 20 年来,世界地缘格局的一个重大变化是新兴市场国家的崛起。越来越多的发展中国家经历了重大政治和经济体制改革,进行市场经济转轨,取得了令人瞩目的成就。今天,以"金砖国家"为首的新兴国家/地区成长为新的工业生产中心,GDP 占世界总量的 25%,人口占世界总人口的 40%,在总体上或部分领域赶上或超过了发达国家,开始在世界政治、经济体系中占据重要地位。新兴市场经济体的崛起很大程度上与西方"华盛顿共识"所鼓吹的思想背道而驰。这种思想极度崇拜市场机制,忽略具体国情和利益平衡,

---

❶ 塞缪尔·亨廷顿. 文明的冲突与世界秩序的重建 [M]. 北京:新华出版社,2002:5-6.

❷ 李巍. 制度之战:战略竞争时代的中美关系 [M]. 北京:社会科学文献出版社,2017:2.

❸ The World Bank Growp. Global Economic Prospects 2005:Trade, Regionalism and Development [M]. WDC:World Bank Publications, 2005:49-51.

缺乏对发展问题的关注。❶ 这些新兴国家政治和经济体制改革方面所获得的成功，加大了在国际贸易、环境、可持续发展等领域中的话语权。

20 世纪 80 年代以来，由于"两极"格局的崩溃，地缘政治环境产生了巨变，给国际政治经济形势带来的不确定性增加。同时，气候变化、水资源、粮食安全、传染病等全球性问题日益严峻，需要越来越多的国家进行合作。因此，为了推动贸易流动，不少国家开始采取"抱团取暖"的策略，签订多边与双边的区域合作协议，确保自身的安全和利益。❷ 当前，全球出现了生产、贸易和投资高度集中在三个大区的强烈趋势，即所谓的北美、欧洲和东亚全球三角。在美国和欧盟的大力推动下，目前，国际上的区域合作协议已经超过 260 多个。❸ 在许多美国与欧盟签订的区域协定中，如美国–约旦、美国–新加坡、美国–智利之间的自由贸易协定等，虽然有一些是从经贸关系出发的，但更主要的是从政治来考量的。大量自由贸易协定、区域贸易协定的出现使得目前国际关系出现碎片化趋势。这类协定也起到了贸易壁垒作用，全球一体化浪潮出现回流趋势。❹

（二）中国模式：中国道路对人类发展的探索

全球化和向世界经济的开放使得中国获益巨大。2010 年，中国 GDP 超过日本，成为仅次于美国的第二大经济体。中国是现今世界上最大的出口国，外汇储备居世界首位。改革开放以来，中国经历了两场历史性的变革：

一是从一个农村和农业社会转变成一个城市化和工业化的社会；

二是从计划经济转变为市场经济。

这二者结合产生了举世瞩目的成就：经济以年均 10% 的速度增长；5 亿人口摆脱贫苦，贫困率从 65% 以上降至 10% 以下；所有的千年发展目标均已

❶ 彼得·迪肯. 全球性转变——重塑 21 世纪的全球经济地图 [M]. 北京：商务印书馆，2007：164-165.

❷ SEE, CHAK, MUN. The Comprehensive Economic Cooperation Agreement——The Strategic Imperatives [J]. Singapore Year Book of International Law, 2006(10)：233.

❸ Committee on Regional Trade Agreements. Report (2009) of the Committee on Regional Trade Agreements to the General Council[R]. WT/REG/20 ,2009.

❹ BENVENISTI E, DONS G W. The Empire's New Clothes：Political Economy and the Fragmentation of International Law[J]. Social Science Electronic Publishing, 2007.

实现。中国已成为世界第二大经济体和最大出口国。● 地球上十多亿以上的贫困人口为了改进生活一起站起来参与国际产出竞争，创造了人类历史上从来没有过的"中国经济奇迹"。●

非凡的经济成就引发了世界对"中国模式"成功原因的争论。● 一些人认为这应归功于过去30年广泛的自由化进程，另一些人则认为与自由化同样重要的是一个拥有强大治理能力的政府所带来的稳健的发展速度及所实施的独特的改革程序。● 通过对各种适合本国国情政策的组合，中国找到了符合自身独特性和开拓性的发展路径。中国的发展不仅探索出一条解决数十亿人摆脱贫困问题的道路，更是形成一个为其他国家与地区发展可供推广与复制的、具有吸引力的榜样。通过拓宽市场经济的文化背景与多样性，加强全球市场秩序，中国模式为人类的文明与繁荣做出了积极的贡献。●

中国令人瞩目的经济成就背后隐含着许多独特的因素。概括起来，这一模式具有这样一些特征：●

①通过渐进性改革，保持国内局势稳定，避免社会动荡；

②通过务实有效的方式，引入市场化改革；

③通过一种具有连贯性的指导计划与经济政策调整，在增长、社会与宏观经济间寻求平衡；

④调整中央与地方财税关系，调动地方改革发展积极性；

⑤"人口红利"与全球化机遇相结合，形成中国的"比较优势"，稳步

● WORLD B. China 2030：Building a Modern, Harmonious, and Creative Society[J]. 中国对外贸易（英文版），2012(4)：36-37.

● 张五常. 中国的经济制度 [M]. 北京：中信出版社，2009：21.

● 所谓"中国模式"，实质上是一种对中国社会发展的后发理论总结和归纳概括，而非预先存在的行动指南和政治纲要。"中国模式"可以细化为中国的经济模式、政治模式、文化模式，甚至这一模式背后的文明价值观。中国模式的特殊性除了形成寻求经济增长，改善人民生活的经济模式外，政治模式和文化模式也渗透其中，互相影响。参见：王耀辉. 中国模式的特点、挑战及展望 [C] //中国市场，2010 (16)：6；吴敬琏，俞可平. 中国未来30年 [M]. 北京：中央编译出版社，2011：69-70.

● 斯科特·肯尼迪. "北京共识"的神话 [J]. 王雪，译. 国外理论动态，2010 (4)：8.

● 罗纳德·科斯，王宁. 变革中国：市场经济的中国之路 [M]. 徐尧，李哲民，译. 北京：中信出版社，2013：237.

● 同●.

融入世界经济。

中国的经济规模如此之大，其国内政策开始对全球经济产生重要影响。中国与世界的关系正在发生变化。❶ 一般来说，如果历史的指南是可信的，一旦国家取得了大国地位，所做的将是寻求按照适合自己利益的方式塑造外部环境。❷ 伊肯伯里（Ikenberry）认为，从世界权力转移的视角来观察，21 世纪最重要的事件就是"西方中心"的衰落及以中国为代表的"东方中心"的崛起。中国崛起不仅需要面对美国，而是要面对整个以美国为中心的西方体系。随着国力的转变，中国需要一个正确的外交战略选择，从而在世界范围内产生积极的影响力。❸

（三）"一带一路"倡议：中国的外交转型

"一带一路"是由中国政府提出的国家级顶层合作倡议。它充分依靠中国与有关国家既有的双边、多边机制，共同打造的开放、包容、均衡、普惠的区域经济合作平台。"一带一路"旨在借用古代丝绸之路的历史符号，高举和平发展的旗帜，积极发展与沿线国家的经济合作伙伴关系。

传统全球化由欧洲开辟，由美国发扬光大，形成国际秩序的"西方中心论"，导致东方从属于西方，陆地从属于海洋等一系列不平衡不合理效应。❹ 2010 年，中国的 GDP 超过日本，跃居世界第二，国力前所未有的强大。中国开始在国际社会中产生重要影响力。但是，随着国际地位转变，中国却面临着一种在国际关系中自我认知的身份窘境。

一方面，中国仍然还是一个处于发展进程中国家，具有诸多发展中国家的特征，面临着巨大的困难和挑战。收入增长的不平等、环境的恶化等社会问题。

另一方面，中国又是一个新兴的大国。随着中国经济的持续成功，国际

---

❶ WORLD B. China 2030: Building a Modern, Harmonious, and Creative Society[J]. 中国对外贸易（英文版）,2012(4):36-37.

❷ 朱峰，罗伯特·罗斯. 中国崛起：理论与政策的视角 [M]. 上海：上海人民出版社，2008：292.

❸ JOHN J, IKENBERRY. The Rise of China and the Future of the West: Can the Liberal System Survive? [J]. Foreign Affairs, 2008, 87(1):23-37. .

❹ 王义桅. 世界是通的："一带一路"的逻辑 [M]. 北京：商务印书馆，2016：8.

社会希望中国能够承担更多的国际责任，成为全球治理安排中一个积极主动的利益相关方，提供更多的全球公共产品，为人类和平发展做出更大的贡献。

当前，中国处于一个十分紧要的关头，确立什么样的外交策略，对实现地区稳定、和平发展、文明复兴和和谐世界的设计至关重要。当一个国家的地位发生变化，尤其是质的变化时，要想继续有效地维护国家利益，其外交政策必然要进行重大调整。自20世纪80年代以来，中国从世界多强中的弱者，升级到第二名。如果继续采用以前的外交政策，就难以有效维护自己的国家利益。为了保持国家地位与外交政策的一致性，国家新一任领导核心开始将外交政策由善于守拙的"韬光养晦"策略向以新型义利观为指导的奋发有为的战略进行转变，明确提出中国要做负责的大国。❶

"一带一路"构想是中国国际责任变化的体现，即中国不仅要继续加快内部发展，同时也要同中国周边国家，乃至全世界各国共同发展。2013年，国家主席习近平在出访中亚和东南亚国家期间，先后提出共建"丝绸之路经济带"和"21世纪海上丝绸之路"的重大倡议，得到国际社会高度关注。2015年，国家发展改革委、外交部、商务部联合发布了《推动共建丝绸之路经济带和21世纪海上丝绸之路的愿景与行动》，阐述了"一带一路"倡议的时代背景、共建原则、框架思路、合作重点、合作机制。第71届联合国大会决议欢迎"一带一路"等经济合作倡议，敦促各方通过"一带一路"倡议，呼吁国际社会为"一带一路"倡议建设提供安全保障环境。

今天现代化人口规模从起初欧洲的千万级、美国的上亿级，向新兴国家的几十亿级迈进，单靠欧洲所开创的航线、美国所确立的规则，早已无法承载。在这种背景下，中国提出了"一带一路"倡议，可谓古丝绸之路的中国化、时代化、大众化，堪称第二次地理大发现，体现中国崛起后的天下担当。❷ 从经济学视角看，"一带一路"是一场规模宏大的经济革命，不仅重塑中国经济地理，更是重塑世界经济地理。从国际关系视角看，"一带一路"开启了一个共赢主义

---

❶ 阎学通，曹玮. 超越韬光养晦：谈3.0版中国外交［M］. 天津：天津人民出版社，2016：3.
❷ 王义桅. 世界是通的："一带一路"的逻辑［M］. 北京：商务印书馆，2016：8.

的时代。❶ "一带一路"标志着中国从参与全球化到塑造全球化的态势转变，通过建立一个包括欧亚大陆在内的世界各国的政治互信、经济融合、文化包容的利益共同体、命运共同体和责任共同体，推动全球再平衡。

二、知识、知识产权与知识共同体

（一）"知识"的观念革命

知识是人类在实践中总结归纳的用于指导解决生产实践问题的观点、经验和程序等精神成果的总和。❷ 知识包括显性知识与缄默知识两种，其获取涉及感觉、交流和推理等复杂过程。人类从各种途径中提升总结与凝练的系统认识，包括事实、信息的描述和在实践中获得的技能。❸ 18 世纪中叶以前，人类对知识的概念停留在对自然、逻辑和社会观察方式的层面上，18 世纪中叶之后的西方，知识的观念开始出现革命性的变化。如何斗鸡、斗牛的知识，如何成为"士"的道路上的有用的知识都不再是一国看重的知识，如何生产更好的产品、开发更好的生产工程和生产工具，以及为此在知识创造主体与国家层面上怎么办等方面的知识才成为一国最重要的知识。知识观念从一种真理的话语转变为一种社会的生产力，进而转变为一种国家的竞争力（国家资源），引发了一场革命。❹

知识具备较强的隐蔽性特征，需要归纳、总结和提炼才能获得，并在应用、交流的过程中，不断丰富与拓展。同时，作为一种话语符号，知识又具有可复制、可传递的特征，可以借助声音、文字或图像等符号媒介进行传递。但是，知识不能像"土地"等有形物那样被物理地"占有"或"占用"，亦

---

❶ 葛建雄，胡鞍钢，林毅夫. 改变世界经济地理的"一带一路"［M］. 上海：上海交通大学出版社，2015：2.

❷ 知识构成人类智慧最根本的因素，根据经济合作与发展组织（Organization for Economic Go-operation and Derelopment，OECD）的定义，知识可以分为事实知识（Know-what）、原理知识（Know-why）、技能知识（Know-how）和人力知识（Know-who）四种。参见：OECD. The Knowledge-Based Economy ［R］. Paris，1996.

❸ GREENHALGH C，ROGERS M. Innovation，Intellectual Property and Economic Growth［M］. Jersey：Princeton University Press，2010：6.

❹ 宋丙洛. 全球化和知识化时代的经济学 ［M］. 金东日，译. 北京：商务印书馆，2003：88-89.

不具有传统财产权那样可识别的财产权标记与边界。理论上说，知识一旦公开后，就如空气一样四散弥漫，自由流动。因此，在各国的实践中，常常利用人为拟制法权的形式，来对知识进行产权界定。

这些措施或是利用普通物权的形式进行保护，如建筑物权、住宅所有权侵害为依据，防止外来者入侵的物理措施，如门岗、划定区域、保险箱等；或是以合同之债的形式为依据进行保护，如防止雇员和合作者泄密的措施，保密合同、必要的管理办法等。❶ 这些措施中最重要的一种就是制定专门的知识产权法，通过权利的边界来界定知识的边界。知识产权在私人产权与公共领域之间进行划界，是一种法律上的人为设定。❷ 例如，专利法通过"权利要求"、版权法通过"表达"、商标法通过"标识+指定商品种类"的方式来界定了产权边界，为物理上不可"占有"的知识的归属提供了法律上的可能。

（二）"知识共同体"的三重蕴涵

古斯菲尔德认为，"共同体"有两种不同的维度：一是地域性，一是关系性。地域性共同体指的是一个具有特定地理边界的有专门特征的社会实体。关系性共同体是指具有特质的关系。这种共同体不再是区域上受限制的实体，而是依靠同感或同质联系到一起的集合体，相互关系中包含强烈的个体色彩，高度的内聚力、集体性和时间持续性。❸ "知识共同体"可以视为是一种关系性共同体，从三层意义上来解读。

第一层涵义指的是一个普遍性知识群体。哈斯认为，知识共同体是由某一知识领域相互联系的行为体组成的网络。"知识共同体界定了它的成员，并建构了特定的现实。"❹ 不过，基于交往者之间达成一致与相互理解的理性行为基础上，知识共同体开始由统一职业共同知识基础上形成的区域性共同团体转向为一种可以造成共享性知识的，跨越文化、国家和时代的共同性的知

---

❶ 李明德. 美国知识产权法［M］. 2版. 北京：法律出版社，2014：190.

❷ 保罗·戈斯丁. 著作权之道：从谷登堡到数字点播机［M］. 金海军，译. 北京：北京大学出版社，2008：10.

❸ GUSFIELD J R，HAUSKNECHT M. The community：A critical response［J］. Contemporary Sociology，1975，5（6）：826.

❹ PETER M，HAAS. Introduction：Epistemic Communities and International Policy Coordination［J］. International Organization，1992，46（1）：3.

识立场。❶

第二层涵义指的是把知识共同体看作人类认识世界知识体系的总和，即卡尔·波普尔所强调的"世界3"的客观实在性与独立自主性。波普尔的"世界3"理论认为，人类对自身、自然和社会本质认识的结晶可以构建一个独立的世界。"这是一个智性之物（the world of intelligible）的世界，即客观意义上的观念的世界。"❷ 可以说，在某种意义上，"世界2"实际上映射的是知识群体内在的心理和思想状态及过程，是主观的世界；"世界3"则是独立于个人主观世界之外的客观知识世界，属于全人类的精神财富。❸ 两者是有区别的，但在某些情况下，又是可以互相转化的。

第三层涵义指的是一个具有特定组织规则与结构来吸纳与聚合利益相关者进行知识生产与分享的知识网络。这一概念强调的是知识如何生产，如何生长进社会经济体中，以及两者间的交互作用及协同性。这在很大程度上类似于科斯所说的"思想市场"。❹ "知识共同体"既指这样一个公共性的知识空间，又指寓居于其中的知识群体，但更重要的是指这样一个长入社会经济躯体，将科技共同体、产业共同体与市场共同体三者融合在一起的知识生产与分享网络。

（三）"知识共同体"的组织规则

知识共同体构建的关键在于组织规则，即通过对特定角色的划分将不同

---

❶ 汪涌豪. 走向知识共同体的学术——兼论回到中国语境的重要性[J]. 学术月刊, 2016, 48 (12): 9.

❷ 它是可能的思想客体的世界, 自在的理论及其逻辑关系、自在的论证、自在的问题情境等的世界. 参见: 卡尔·波普尔. 客观的知识: 一个进化论的研究 [M]. 舒炜光, 卓如飞, 梁咏新, 等译. 北京: 中国美术学院出版社, 2003: 159.

❸ "对作者而言, 作品发表具有这样的效果, 就是将作者在写作时作为其生命一部分的作品转化为他的身外之物." 参见: 阿诺德·汤因比. 历史研究: 上卷 [M]. 郭小凌, 王皓强, 等译. 上海: 上海人民出版社, 2010: i.

❹ 科斯把人类精神创造生活领域定义为思想市场. 他认为, 在当今知识密集型经济发展的时代, 思想市场是人类知识共同体中最具活力、也最重要的组成部分. 在思想市场里, 知识得到开拓、分享、积累和应用. 新企业成立的速度、新产品开发的速度和新行业创立的速度, 都依赖于一个思想市场的运作. 参见: 罗纳德·哈里·科斯, 王宁. 变革中国——市场经济的中国之路 [M]. 徐尧, 李哲民, 译. 北京: 中信出版社, 2013: 254.

背景的知识群体聚集在一起，促进成员间的知识交流，消解成员间的利益矛盾，从而协调共同体中多样性与一致性、动态性与稳定性之间的矛盾。❶ 这些组织规则可以归为角色沟通、产权界定与价值认同三大规则。

1. 角色沟通

在知识共同体中，有三种不同角色：知识的创造者、知识的用户及知识的保存与传播者三大群体。知识用户从人类存量知识中进行借用、扩充和改造，以此提供新的产品与服务。但如果只是一味借用、索取而不创造的话，那么这一"宝库"迟早会枯竭。因此，作为一个开放性的复杂系统，知识共同体还需要一个知识创造群体，将分散性的资源投入转化为新知识的产出过程，从而为知识共同体补充新鲜的"血液"。此外，知识共同体要得以延续和发展，还须有一个知识保存与传播的群体，如图书馆、档案库等，对传统文化与知识进行保存和传播。

2. 产权界定

产权界定在知识共同体构建中起着非常重要的作用。知识共同体主要由有产权与无产权两类知识构成。边沁认为，产权能够给人类社会带来创造的动力。❷ 知识本身具有消费共享性的特征，即同一知识为多人同时使用而不减损的物理特性。这一特性使得知识可以被设想为弥散在某个特定空间之中，供人任意使用。如果缺乏产权界定，这种分享上的非消耗将会导致创造动能上的消耗性，最终导致创造动能的衰竭。因此，在人类社会中，常通过某些特定措施，将知识转化为独占产权的客体。通过产权界定，不仅能够为知识的创造提供动力，而且为知识的交易和流转提供秩序。

3. 价值认同

根据滕尼斯的观点，共同体的构成除了要有物质层面的条件以外，还需要精神层面的构成条件，这就是成员个体间对共同体具有的价值认同感与归属感。这种在精神认同上构建起来的共同体是一种比血亲和地域更具凝聚力

---

❶ 王珏，罗珉. 知识共同体的构建：基于规则与结构的探讨 [J]. 中国工业经济，2007，22（4）：54-62.

❷ 凭借这些驱动力，人们会被导向为自己提供生计。法律也不能指导个人寻求富裕，它们所能做的只是创造条件，以刺激和奖励人们去努力生产更多的财富。

的共同体形式，是人类社会共同体从低级走向高级的动态体现。❶ "知识共同体"的价值认同主要包括两方面。

一方面是成员个体对自身在"共同体"中角色定位的认同。这些角色定位包括共同体成员对自己在共同体中知识创造的贡献度、获取使用知识的可及性以及知识使用收益的分配比例等问题的认可程度。

另一方面是成员个体对"共同体"发展方向的认同。"共同体"并不意味着是一种我们可以获得和享受的世界，而是一种我们热切希望栖息、希望重新拥有的世界。❷ 一般说来，只有共同体的发展方向与成员个体的发展方向一致的情况下，共同体与成员间才能获得最大程度的相互支持，个体成员的知识创造潜力才能得到最大程度发挥，共同体才能获得最佳发展。

（四）知识产权在"知识共同体"构建中的作用

在现代社会，离开了对知识产品的产权界定和保护，知识的交流和传播是不能有效产生、存在和运行的。可以说，作为确定知识的产权归属的法律制度，知识产权塑造、整合并引导知识产品的创造、交流与共享，在知识共同体的构建中起着极为重要的作用。这主要表现在这样几个方面。

（1）知识产权内含一种激励知识"生产"的机制，为知识共同体中新知识的生产和创造提供了"动力机制"。这一动力机制由两部分合成。

其一，引力装置，即禁止他人未经许可使用其知识成果，以确保知识创造者获得利益回报。这犹如活塞提升对于燃料气体的引力一样，将追逐利润的资本与人才吸引到知识创造活动中去；并通过信息披露的规定，促进原本隐藏在"世界2"的主观性知识向"世界3"的客观性知识进行转化。

其二，压力装置，即通过"创造性高度或显著性区别"等实质条件，规定只有在前人已有的知识宝库之上向前迈进了一步的新的知识创造才能获得保护，以此形成人类进步的阶梯。这犹如活塞下行产生的压力一样，迫使知

---

❶ 汪涌豪. 走向知识共同体的学术——兼论回到中国语境的重要性 [J]. 学术月刊, 2016, 48（12）：9.

❷ 齐格蒙特·鲍曼. 共同体 [M]. 欧阳景根, 译. 南京：江苏人民出版社, 2007：4.

识主体进行持续创造。❶ 同时，知识产权通过规定权利存续期限的措施，确保新创造的知识在法定期限届满之后，脱离私人产权控制的领域，而归入到人类共享的公共知识空间之中。这些使得知识产权表现为一个知识"增量"的概念，极大地扩大了人类知识宝库的总量。❷

（2）知识产权内含一种促进知识产品长入社会经济体的"生长"机制。知识产权构建起了促进知识更好地长入社会经济躯体的"循环系统"，这套系统由两部分合成。

其一，知识产权为一国经济生活建构一套促进知识向现实生产力转化的"传输系统"。知识产权内含一种在知识创造中分散决策的"民主机制"。❸ 知识主体在这一机制作用下，根据市场需要自行决定创新方向。这样能更好地满足市场需要，促进知识成果快速有序地长入经济躯体，为社会这一共同体的各个细胞提供养分。❹ 当然，这一循环系统需要建立在为解决知识客体信息隐蔽性强特点的信号传递系统（知识价格评估与价值分析等）、提供社会文化氛围的润滑系统（教育、宣传等）、资金流动系统（财税融资、信用担保等）等配套系统之上。

其二，知识产权还有助于构建一个知识生产活动中的"开放社会"。知识产权通过抽象性、独立性和否定性的正当行为规则，以权限规范的形式对知识上享有权利的种类、取得条件和权利范围进行预先设定，禁止他人不当干涉，限定允许行动的范围，以此为知识生产者提供自由活动的空间；通过事前确权，向社会公告知识的权利边界，防止他人未经许可随意侵入；通过事

---

❶ CULLIS R. Patents, Inventions and the Dynamics of Innovation: A Multidisciplinary Study[M]. Cheltenham: Edward Elgar, 2007:89-90.

❷ 实际上，如果没有专利制度，世界 60% 以上的药品将不会被发明出来。参见: MANSFIELD E. Patents and Innovation: An Empirical Study[J]. Management Science,1986,32(2):175.

❸ KHAN B Z. The Democratization of Invention[M]. New York: Cambridge University Press, 2005:107.

❹ 现代经济的发展是由重大技术突破推动的，呈现出一种周期性的波动增长。重大的技术发明，如蒸汽机、内燃机、电脑等出现后，极大地改变着人类的生产生活方式。但重大发明并不能自动进入人们的生活，而是由企业家在知识产权这一收益回馈机制作用下，将其做成产品，输送到社会大众生产和生活的每个角落。此后进行改进发明，使产品更新换代，如潮水一般，一波一波，社会呈现出整体进步状态。

后救济，对侵入者进行惩戒，恢复受到侵害的知识生产秩序。通过这种方式为知识的生产活动提供稳定且可预期的道路。

（3）知识产权还具有一种"人本主义"的价值关怀，从而促进人自由地创新，充分地释放人的创造潜力，触及理性与创造能力的极限，获得价值与尊严，实现全面的发展与解放。在这个意义上，知识产权能够更好地促进知识共同体的价值认同。这包括三个方面。

其一，"人"合道德、合伦理地发展。在人类社会所有财产获得标准中，劳动最符合普遍的、朴素的道德情感。❶ 智力创造活动是劳动的一种。知识产权以产权形式引导主体的"人"积极从事智力创造活动，"从熙熙攘攘的世界出来，走入一个结满道德和理智花果的乐园"。❷ 同时，知识产权还有一种引导"人"合伦理地发展的"净化"机制。知识产权法不仅将创新与诚实经营当作道义上的判断，更重要的是使这类活动本身就成为有利可图的事情。这将从仿冒、盗版等违背商业伦理的行为中获益的消极动力转化为从技术创新和诚实经营中获益的积极动力。❸ 当可能破坏竞争秩序的主体具有了尊重他人产权的精神自觉时，社会将会走上良性、有序的道路。

其二，"人"多元化、全方位地发展。在现代社会中，人被切削成丧失否定能力的"单向度的人"，沦为个性泯灭的物化存在与整体机械生活的碎片。❹ 知识产权法最基本的要求就是"人"的劳动成果应具创造性与多样性，这包括专利实质条件的"新颖性"与"创造性"、版权法上"独创性"、商标法上的"显著性"等要求。"人"在知识产权法的逻辑下发展，

---

❶ 洛克认为劳动本身是一种道德上的"善"，上帝把世界给予"勤劳和有理性的人们……不是给予好事、吵闹和纷争的人们巧取豪夺的"。参见：LOCKE J. Second Treatise of Government[M]. London:Hackett Publishing Company,1960:34. 林肯也认为，劳动推动人类文明进步……辛勤劳动本身就是一种德性行为，有助于避免染上各种道德败坏的恶习。

❷ 爱德华·杨格. 论独创性作品 [M]//菲利普·锡德尼，爱德华·杨格. 为诗辩护·论独创性作品. 袁可嘉，译. 北京：人民出版社，1988：80.

❸ 美国20世纪30年代大萧条期间，曾出现过严重的买卖欺诈、假冒伪劣产品等商业道德败坏行为。许多学者主张以法律文化重塑商业环境，其中最重要的就是完善的知识产权法规范。参见：FRANK I. Schechter. The Law and Morals of Primitive Trade [M]//RADIN,KIDD AM. Legal Essays in Tribute to Orrin Kip McMurray. California：University of California Press, 1935:565. 美国得克萨斯州兰哈姆法案就是这时候通过的，这也成为后来美国兰哈姆商标法的基础。

❹ 马尔库塞. 单向度的人 [M]. 刘继，译. 上海：上海译文出版社，2008：47.

差异化的个性非但不会受到压抑，反而会带来收益。知识产权法的运行过程，实际上是一个"人"在市场竞争中通过个性化、差异化的彰显来获得竞争优势的过程。知识产权法通过这种方式构筑了民主表达的基础，挑战极权主义与精英思想，打破了"单向度的人"，促使"人"朝着多元化、全方位的方向发展。

其三，"人"有价值、有尊严地发展。笛卡尔主客观二元论以来，创造性思考就是将人与动物区别的标志，一种更高级的"善"。帕斯卡尔说，"人的全部尊严在于思想"。❶ 尼采认为，创造性是 20 世纪欧洲"时代精神"最重要的组成部分，是打破将人束缚在奴役状态思维惯性的高贵使命。知识产权法引导"人"通过思想创新这一人性中最高级的"善"来实现自我。俯仰之间，诠释了英雄主义气概与人本主义关怀。"俯"，它将发明创造的神秘性降低，变为智力劳动获得物质利益的世俗活动，改变人"数米计薪，日以挫其志"的物上不自由的窘境；❷ "仰"，它将人提升到与上帝并驾齐驱的创造性天才地位，彰显和释放个性与潜力，挑战理性与创造能力的极限。❸ 知识产权法对个人形象、隐私与精神权的维护都提升了人格的独立与完整。❹ 在知识产权法引导下，"人"的发展变得更有价值、更有尊严。

---

❶ 帕斯卡尔. 思想录［M］. 何兆武，译. 北京：商务印书馆，1985：183.

❷ 这以版权法最为典型。历史来看，版权法的功能在于使作者摆脱封建恩主制下庇护人的偏见与傲慢，凭借自己手中的纸和笔，向读者提供类型丰富的作品。参见：李雨峰. 从写者到作者——对著作权制度的一种功能主义解释［J］. 政法论坛：中国政法大学学报，2006，24（6）：11. 所以狄更斯说，"文学已幸福地从个别恩主转向读者大军。在那里，文学发现了自己的最高宗旨、自己的用武之地及最高奖赏。……作者摆脱了餐桌侍从席位的邪恶而获得解放。"参见：FIELDING. The Speeches of Charles Dickens［M］. Oxford：Clarendon Press，1960：70.

❸ 文艺复兴时期流行一种新柏拉图主义，认为上帝在将自然界提供给人的时候，将使用方法保留下来。发现这些技艺和方法是由作为上帝代言人的科学家而不是由世俗人完成的。知识产权法使得任何人都能对自己智力活动的成果要求所有权，表明了思想的主体由上帝代言人向世俗人的转变。参见：MACLEOD，GIEN. Inventing the Industrial Revolution：The English patent system，1660–1800［M］. Cambridge：Cambridge University Press，1988：203–206.

❹ ADENEY E. The Moral Rights of Authors and Performers：An International and Comparative Analysis［M］. New York：Oxford University Press，1988：3.

三、"一带一路"视角下区域知识产权一体化研究

(一)以"人类知识共同体"促进"人类命运共同体"

全球化是当今人类正在经历并对人类生活方式影响巨大的社会化过程。它通过资金、商品、技术和观念等跨界流动将时空压缩,使"在场与缺场纠缠在一起,让远距离的社会事件和社会关系与地方性场景交织在一起"。❶ 人类社会成为一个"你中有我,我中有你"的"相互依存的有机网络"。❷ 但是,全球化在带来世界各国共生共振和共享发展的同时,也带来了一系列深刻而严重的危机。因此,在准确把握国与国之间及人与人之间命运相关、福祸与共、生死一体的发展趋势及解决全球各种危机难题治本之策的基础上,当代中国国家领导人发出了"一带一路"的伟大倡议,提出了"人类命运共同体"的宏大构想,呼吁人类社会摒弃以往非此即彼的"零和思维",建设一个包容共生、共同发展、持久和平的和谐世界。

"人类命运共同体"是中国向世界提交的关于人类未来的"中国方略"。其将悲观的文明冲突论颠倒过来:人类并非由和谐走向对抗、和平走向冲突;而是由对抗走向共生、冲突走向和谐。❸ 倡导"在追求本国利益时兼顾他国合理关切,在谋求本国发展中促进各国共同发展,建立更加平等均衡的新型全球发展伙伴关系,增进人类共同利益"。❹ 早在 2013 年,中国国家领导人提出的"一带一路"合作倡议,就是中国道路在欧亚非和南太平洋地区范围内打造人类命运共同体的伟大实践。❺ "一带一路"倡议通过基础设施、制度规章、人才信息的全方位、立体化、网络状互联互通,渐进式推进人类命运共

❶ 安东尼·吉登斯. 现代性与自我认同 [M]. 赵旭东,方文,译. 北京:生活·读书·新知三联书店,1998:23.

❷ 罗伯特·基欧汉,约瑟夫·奈. 权力与相互依赖 [M]. 门洪华,译. 北京:北京大学出版社,2002:275.

❸ 明浩. "一带一路"与"人类命运共同体" [J]. 中央民族大学学报(哲学社会科学版),2015(6):8.

❹ 国纪平. 为世界许诺一个更好的未来——论迈向人类命运给共同体 [N]. 人民日报,2015-05-18.

❺ 2013 年 9 月和 10 月,国家主席习近平在出访中亚和东南亚国家期间,先后提出共建"丝绸之路经济带"和"21 世纪海上丝绸之路"的重大倡议。

同体建设。这不是一个简单的区域合作框架，而是一个东西方文明对话的过程，一个在特定历史阶段实现中国道路的形式。

但是，人类社会要想走向真正的共同体，须以生产力的高度发展为前提。随着人类社会从农业文明向工业文明，再向知识文明过渡，一场前所未有的变革正在展开。新知识改变了人类观察和感知世界的方式，成为人类解决持续发展与不平衡发展的重要手段。现阶段人类生产力的增长离不开科技知识的发展，一个生机勃勃、充满活力的知识共同体将为经济绩效与技术创新提供最主要的增长源泉，帮助解决粮食、水源、流行病和污染治理等关涉人类整体命运的公共问题。当然，作为一种经济现象，经济与创新既需要创建全新的知识，也可以从人类存量的知识和思想"宝库"中进行借用、扩充和改造，以此增加物品和服务的供应。❶ 这个存量的知识和思想"宝库"，就是人类社会的"知识共同体"。构建"人类命运共同体"，首先要构建人类"知识共同体"。

作为人类认知总体的集合，"知识共同体"是能够为人类知识增长提供养分的"母体"。"知识共同体"是一个开放型的结构，其最终目标是提供描述整体世界的综合知识体系。新的实践主体以适当的方式嵌入以后，能从"知识共同体"的广泛联系中获得更具普遍性质的东西，将低级形式的知识整合到高级形式的知识之中。对世界的理解更容易达到新的高度，发展出更高、覆盖更大的知识来。❷ 但问题在于，如果缺乏原创性的思想，所有这些借用、改造与整合都将成为无源之水、无本之木。因此，人类社会的"知识共同体"需要精心打造与构建，才能保持其不竭的生机与活力。

今天，人类的生存方式发生了巨大转变，由"自存"转向"共存"。人类社会所遭遇的所有重大挑战，从本质上说都是全球性的，需要不同文化紧密联系在一起，相互信任和依靠，借助彼此的智慧来协同应对。"人类文明多样性赋予这个世界姹紫嫣红的色彩，多样带来交流，交流孕育融合，融合产生进步"。❸

---

❶ MOKYR J. The Lever of Riches：Technological Creativity and Economic Progress［M］. New York：Oxford University Press, 1992：44.

❷ 何琳. 知识共同体：它的结构与功能 ［J］. 自然辩证法研究, 1998, 14（12）：38.

❸ 习近平. 携手构建合作共赢新伙伴 同心打造人类命运共同体——在第七十届联合国大会一般性辩论时的讲话 ［N］. 人民日报, 2015-09-29.

人类社会通过跨行业/学科、跨文化/国家、跨时代/地域、跨主体关联、融合、共享、共创，促进各国将本国的思想、文化、经验汇入人类"知识共同体"的洪流，在关联与重构、对话与交流、互应与照察的基础上，寻求自身文化的保持与发扬，发现新可能、新价值、新机遇，实现创新。打造人类社会"知识共同体"，是推动人类命运共同体良性发展与共同繁荣的重要途径。

（二）"一带一路"视野下的区域知识产权合作

进入 21 世纪以来，国际政治、经济环境发生了巨大变化，新一轮科技与产业革命正在孕育，国际知识产权态势出现了一系列新的动向。越来越多的国家通过双边或区域性经贸谈判，提高知识产权保护水平，统一知识产权保护规则，创建更好的营商环境。以区域贸易协定为例，在 2000 年前全球 73 个区域贸易协定中，只有大约 35% 包含知识产权条款，而在 2000 年后约 180 个区域贸易协定中，大约 85% 包含了知识产权条款。❶ 范围不同标准各异的区域知识产权协定与原有的知识产权国际规则共同产生作用，催生了世界经济发展新动力，推动了区域中各国市场深度融合，促进了经济要素和创新资源有序流动。

区域知识产权合作是"一带一路"倡议的重要部分。丝绸之路自古以来就是技术发展与传播之路。宗教信仰、天文历法、发明技术等都曾在这条路上传递。今天，古老的东方文明带着空前的自信大踏步地走向世界。南亚、东南亚文化，阿拉伯文化，非洲文化，中东欧文化，都展现出独特的智慧与美丽。❷ 加强我国与"一带一路"沿线国家知识产权合作，积极推动区域知识产权一体化建设，不仅将开启域内知识产权合作新篇章，更将为东西方文化的交流与交汇注入强大活力，大大促进"一带一路"沿线国家贸易投资和技术转移，为企业"走出去"创造更好的条件。因此，在 2018 年北京"一带一路"知识产权高级别会议上，国家主席习近平在致信中指出："知识产权制度对促进共建'一带一路'具有重要作用。……希望与会各方加强对话，扩

---

❶ VALDÉ S R, MCCANN M. Intellectual Property Provisions in Regional Trade Agreements: Revision and Update[R]. WTO Economic Research and Statistics Division, 2014.

❷ 明浩. "一带一路"与"人类命运共同体"［J］. 中央民族大学学报（哲学社会科学版），2015，6（8）：47.

大合作，实现互利共赢，推动更加有效地保护和使用知识产权，共同建设创新之路，更好造福各国人民。"

中国政府在推动"一带一路"知识产权合作方面做出了巨大努力。2016年北京召开的"一带一路"知识产权高级别会议中，发布了《加强"一带一路"国家知识产权领域合作的共同倡议》，与会国家同意在政策法规、机构能力、知识产权保护、教育与宣传培训、信息化建设等方面开展广泛合作。2018年第二次高级别会议中，与会国家宣布要进一步深化知识产权合作。截至2018年年底，中国与"一带一路"沿线近40个国家建立知识产权双边合作关系，与海湾阿拉伯国家合作委员会、东南亚国家联盟、欧亚专利局等地区组织签订了合作协议。此外，中国政府还与世界知识产权组织（World Intellectual Property Organization，WIPO）签署了"一带一路"知识产权合作协议。"一带一路"知识产权合作具有了更多的国际意义。

长期以来，国际经贸领域存在着较大的知识产权分歧，这有其深刻的历史与现实原因。"一带一路"沿线国家在宗教信仰、政治体制、语言文化、民族传统等方面存在较大差异，各自也处在不同的经济发展阶段，民众对知识产权诉求不一。建立统一有效的知识产权国际合作机制是个艰难漫长的过程，因此，我们必须秉持正确的义利观，本着共生共荣、互利互信的原则，有计划、分阶段地逐步推动。

首先，在一些争议较小的技术性领域率先加强合作。通过审查、数据信息、人员培训、能力建设等基础性业务的合作，减少重复劳动。在这一领域，我们已经取得了可喜的进步。2017年，我国与柬埔寨签署关于知识产权合作谅解备忘录。根据协议，中国授权的发明专利可直接在柬埔寨登记生效。这不仅大大提升了知识产权获取的便利化，增强了中国投资者和发明人在柬埔寨发展的热情，同时也是"一带一路"知识产权合作的突破性成果，具有里程碑意义。❶

其次，在一些古老文明共同享有的领域加强合作。"一带一路"沿线国家

---

❶ 王康，孙迪. 中国国家知识产权局与柬埔寨王国工业及手工业部签署专利权在柬生效协议 [EB/OL].（2017-09-27）[2020-10-01]. http://www.cnipa.gov.cn/art/2017/9/27/art_53_117077.html.

大多是具有悠久文化历史的国家，这些国家传统知识、遗传资源、民间文艺等资源相当丰富。但现代知识产权制度对这一块关注不够，导致这些优势资源难以转化为竞争资源。因此，要加强这一领域合作，让古老文化重新绽放生机活力。

最后，在知识产权执法领域开展合作。"一带一路"各国须共同携手知识产权执法合作，加强执法经验和信息交换，共同打击侵害知识产权的行为。

在广泛深入合作的基础上，应将"一带一路"知识产权合作打造成国际知识产权合作的典范。知识产权合作下的"一带一路"应当是一条真正的文明传播之路、一条知识创新之路、一条繁荣共享之路。知识产权合作下的"一带一路"，也必成为一个古老文明与现代科技交相辉映的知识共同体。筑立在这样一个知识共同体上的命运共同体，才是一个真正实现义利交融的、可持续发展的人类命运共同体。

（三）"一带一路"区域知识产权一体化的研究意义

1. 学术价值

（1）对"一带一路"区域知识产权一体化问题进行全面梳理和研究。

学术界对于"一带一路"的研究已有一定的积累，但内容多而庞杂。当前，"一带一路"的建设需要进入到对具体问题进行研究与精细化分析的阶段，以期为"一带一路"建设的实践活动提供理论积淀。在知识产权领域，学者们主要从"一带一路"建设的历史意义、定位、内涵、目标；"一带一路"沿线国家的历史传统；国际知识产权格局与变迁；区域知识产权一体化；我国企业"走出去"中遇到的知识产权风险等角度进行研究，且多属初探性质。本书属于国内首次从"一带一路"倡议的视角及从我国在国际知识产权格局中的地位出发，在当今国际知识产权格局出现震荡重构的大形势下，从如何构建有利于我国发展的国际知识产权环境，推动以"我"为中心的区域知识产权一体化进程进行全方位地研究。

（2）采用"系统动力"等研究方法，丰富现有知识产权研究方法与范式。

本书将采用"系统动力"等研究方法，在分析"一带一路"沿线国家政治、经济、文化、科技等结构与知识产权制度互动关系的基础上，深入思考

"一带一路"沿线国家参与区域知识产权制度一体化进程的内在需求，以期能够使"一带一路"沿线国家区域知识产权制度一体化进程不仅是从面上能够得以推行，而且是切切实实从各国经济、技术发展的内在需求出发，获得积极参与以"我"为中心的区域知识产权一体化的内生动力。系统动力的方法需要运用多种学科知识开展研究，包括公共政策学、国际政治、历史、经济学、法学、社会学、技术创新管理学、统计学等，这将加强知识产权研究领域中的学术融合与学科互补，丰富以传统规范研究与定性研究为主的知识产权研究范式。

（3）秉承"中国意识"与"问题意识"，为中国特色知识产权外交理论的构建提供理论储备。

弱国无外交。在饱经殖民凌辱后的中国，今天的中国比以往任何时候都要更加接近中华民族伟大复兴的目标。中华民族伟大复兴的路径需要有中国特色社会主义理论体系作为支撑。在中国特色知识产权理论体系构建中，一个非常重要的方面就是中国特色的知识产权外交理论的建构。但我国知识产权学术界一段时间里受技术民族主义影响，使得知识产权外交领域充斥着对抗性话语。目前，我国从 2014 年开始提出"知识产权外交"的概念以来，学术界对于这一问题的关注似乎不算多，也缺乏足够分量的研究成果。本书秉承"中国意识"与"问题意识"，对如何在"一带一路"大背景下，推进区域知识产权一体化进程进行全方位的理论梳理与研究，将成为中国特色的知识产权外交理论的重要组成部分。

2. 应用价值

（1）为国家知识产权外交实践提供理论支撑。

今天，知识产权制度的发展已经成为我国自身发展的内在需求而不再是对外来压力的反应。随着我国国际地位的转变，我国外交政策需要作出相应的调整。在国际知识产权格局面临重大变革之际，我国需要转变心态，及时调整相应的知识产权外交政策，从过去强调对抗的零和博弈思维转变为强调合作的多赢思维，建设创新型国家营造良好的国际知识产权环境，做规则的塑造者、维护者，而不再是消极接受者。

但是，从当今国际知识产权外交格局来看，我国是属于欧美集团、拉美集团、印度集团、中欧集团等之外独立的一极。虽然名义上属于发展中国家集团，但是与发展中国家集团的诉求不甚一致。因此，在涉及知识产权制度的国际公共产品提供时，既缺乏坚实的盟友，也缺乏清晰的、形成集体行动的思路与方案。本书从系统动力角度出发，深刻研究分析"一带一路"沿线国家对知识产权制度的内在需求，以及我国自身对区域知识产权一体化的期望，提出推动"一带一路"沿线国家区域知识产权制度一体化进程的外交政策与行动方案，为我国知识产权外交实践提供坚实的理论支撑。

（2）为中国创新的世界布局提供制度预案。

中国40多年改革开放的过程，主要立足点是"引进来"战略。在当今全球经济疲软，中国经济进入新常态的背景下，中国亟需突破原有局限，统筹国际（重点是周边）与国内两个层面的资源、市场，实行更加积极的开放战略，将"引进来"与"走出去"战略更好地结合，以拓展新的开放领域与空间，提升国际经济技术合作的水平和层次。中国提出并实施建设"一带一路"倡议，是国内外新形势下，构建全方位的对外开放格局和互利共赢的国际合作模式的新探索、新创举。不仅是我国对外开放区域结构转型的需要，也是中国要素流动转型和国际产业转移的需要，同时还是国际经贸合作与经贸机制转型的需要。

"一带一路"本质上是一个国际性区域经济的范畴，它的实施也必将引发中国企业创新的世界布局。国际知识产权一体化与区域知识产权一体化水平将是中国企业能否顺利布局全球、融入国际竞争主战场的决定因素。实际上，在国内企业的调查中，不少企业就明确提出，虽然"一带一路"沿线国家的市场巨大，但是由于当地社会不稳定、法治不健全，市场竞争主要依靠法外手段，所以企业往往在投资经营时犹豫再三。区域知识产权一体化进程将会是中国创新世界布局的成败关键。本书研究期望能够为中国创新的世界布局提供切实可行的制度预案。

（3）推动国际知识产权制度下的主流价值取向更为公正合理地发展。

在缺乏主权者的国际环境中，为世界贸易流通带来统一规则的秩序是一种极为宝贵的公共产品，需要巨大的成本来维持。中国"入世"以来，经济获得了快速的发展，是现有世界经济贸易秩序的获益者。美欧国家认为他们付出了维持国际秩序的成本，为世界提供了公共产品，而中国却成为受益者这一点深感不满，所以近年来开始放弃《TRIPs 协定》，转向构建双边、多边或小多边平台，世界知识产权格局进入后 TRIPs 时代。"一带一路"区域知识产权制度一体化，不仅有助于中国知识产权制度的发展和完善，同时中国也在积极承担与国际地位相适应的国际责任基础之上，向国际社会提供的全球公共产品。"一带一路"区域知识产权制度一体化的研究，能将具有中国特色的知识产权制度、理论与文化向外推广，拓展中国知识产权事业发展的时空格局，推动国际知识产权制度的主流价值取向朝着更为公正合理的方向发展。

四、文献综述

根据本书研究内容，从以下五个主题对国内外研究现状进行梳理述评：国家外交大方向与"一带一路"倡议的确立、"一带一路"国别研究、后 TRIPs 时代国际知识产权格局变迁与区域知识产权一体化发展、国家能力与国家创新能力的建设与测量研究、我国区域一体化的知识产权外交实践与研究。

（一）国家外交大方向与"一带一路"倡议的确立

2010 年，中国的 GDP 超过日本，跃居世界第二，国力前所未有地强大。随着国际地位转变，中国需要承担更多的国际责任，为人类和平发展做出更大的贡献。中国外交政策需要由"韬光养晦"向"有所作为"转变。传统全球化由欧洲开辟，由美国发扬光大，形成国际秩序的"西方中心论"，导致"东方从属于西方""陆地从属于海洋"等一系列不平衡不合理效应。2013年，中国国家主席习近平在出访中亚和东南亚国家期间，先后提出共建"丝绸之路经济带"和"21 世纪海上丝绸之路"的重大倡议，得到国际社会高度关注。"一带一路"倡议正是通过建立一个包括欧亚大陆在内的世界各国的政治互信、经济融合、文化包容的利益共同体、命运共同体和责任共同体，推动全球再平衡。

根据亨廷顿（2010）"文明的冲突"的观点，"冷战"后，世界上将不会出现一个单一的普世文化，而是将有许多不同的文化和文明相互并存。那些最大的文明也拥有世界上的主要权力。它们的领导国家或核心国家是美国、欧洲联盟、中国、俄罗斯、日本和印度，将来可能还有巴西和南非，或许再加上某个伊斯兰国家，将是世界舞台的主要活动者。在人类历史上，全球政治首次成了多极的和多文化的。世界冲突的基本根源不再是意识形态，而是文化方面的差异。因此要构建良好的未来世界秩序，必须处理好文明之间的对话。

喻希来（2001）探讨了世界秩序的三种结构，认为应当尽力推进区域统合。以法德关系与欧洲一体化经验为例，我国应尽力推动包括经济合作、文化交流、集体安全和政治一体化的东亚区域统合。与伊斯兰文明的关系面临三种选择：与西方文明、俄罗斯文明、印度文明等携手，对伊斯兰文明进行堵截；建立一个联合关系；作为文明冲突的主要对手，承担西方文明与伊斯兰文明的中间人与调解者角色，积极推动世界各大文明的对话与交往，促成文明对话达到文明融合。从国家安全方面的现实主义考虑，中国应当维持与伊斯兰文明的友好关系，以保障与国防和经济关系相关的石油安全，以及我国西部地区的稳定与民族团结。通过这些努力，中国能够为世界文明的创新与再造做出巨大贡献。

郑永年（2011）主张中国在经济利益"走出去"的时候，需要发展出维持世界秩序的大国外交能力。中国的战略中心应当首先放在亚洲，中国真正的国际关系危机也在亚洲。因此，中国需要将东亚、东南亚、西亚的战略合作关系放在最重要的地位。刘禾认为，文明等级论在许多学科中都充当了"政治无意识"的角色，因而成为当前研究全球史的一个关键。但是，新的历史线索告诉我们，应当摒弃旧式世界文明等级分类的方法来研究世界格局，转而用一种以地球空间与以地球上人为轴线的双重结构的全新研究路径来深入了解现代地缘政治及其历史渊源，才能获得一种新的历史意识。通过考察现代政治地理的格局及全球规治的形成，认为经典的文明等级标准是构成欧美认识世界并分割世界的基础。但是，从日本"脱亚入欧"的历史来看，这一知识结构需要反思。同时，研究者也考察了欧美的世界观和知识结构是如何演变成为中国人自己的世界观和知识结构的过程。

伊肯伯里（Ikenberry，2008）从21世纪世界权力转移的视角来观察，认为 21 世纪最重要的事件将是"西方中心"的衰落及以中国为代表的"东方中心"的崛起。中国崛起不仅仅需要面对美国，而且要面临整个以美国为中心的西方体系，中国需要一个正确的外交战略选择。随着美国为首的西方世界将伊斯兰中心视为邪恶与恐怖主义的中心，中国将会利用这个机会扩展在这一区域的影响力，从而产生世界范围内的影响。

厉以宁等（2015）从历史、地缘、经济、外交等不同视角出发，从蓝图到施工，从回顾到反思，从提出问题到解决问题，从各层面对"一带一路"的大格局战略进行了阐释。认为新常态下"一带一路"的发展，关键在于制度创新。"一带一路"实施过程中，要重点注意三方面的问题，即贸易与投资并重，把基础设施搞好，要互相信任、有诚意。葛建雄、胡鞍钢、林毅夫等认为，"一带一路"，从经济学的视角看，是一场规模宏大的经济革命，不仅重塑中国经济地理，更是重塑世界经济地理。从国际关系的视角看，开启了一个共赢主义的时代。中国的"一带一路"倡议，也可以称之"中国计划"，是以习近平同志为核心的党中央为进一步提高我国对外开放水平而提出的国家级顶层合作倡议。

王义桅（2015）指出，"一带一路"是全方位对外开放的必然逻辑，标志着中国从参与全球化到塑造全球化的态势转变。"一带一路"是中国提出的伟大倡议和国际合作公共产品，既面临着全方位开放机遇、周边外交机遇、地区合作机遇、全球发展机遇，同时也面临着地缘风险、安全风险、经济风险、道德风险、法律风险。王义桅（2016）认为，今天现代化人口规模从起初欧洲的千万级、美国的上亿级，向新兴国家的几十亿级迈进，单靠欧洲所开创的航线、美国所确立的规则，早已无法承载。这种时代背景下，中国提出"一带一路"倡议，可谓古丝绸之路的中国化、时代化、大众化，堪称第二次地理大发现，体现中国崛起后的担当。文明的复兴而非单向度的全球化才是世界大势所趋。

胡建（2016）指出，如今中国通过自身的发展已进入国际体系的中心区域，在这种情形下，中国的国际责任也相应地发生了变化。"一带一路"倡议就是中国国际责任变化的具体表现，即中国不仅要继续加快内部的发展，同时也要同中国周边，乃至全世界各国共同发展，与世界各国建立一个全球的责任共同体、利益共同体和命运共同体。赵磊（2016）将"一带一路"置于国际视角下，探讨了美国、日本及俄罗斯、印度等"一带一路"沿线国家对此的认知与需求。指出"一带一路"对于中国经济、文化层面崛起的意义。认为"一带一路"不仅是一个经济事件，更是一个文化事件，是中国文明型崛起的标志。

黄凤琳（2014）综合运用唯物辩证法、地缘经济、地缘政治和社会形态学来研究分析世界历史的结构，为"一带一路"的理论基础和基本原则进行了解读。尽管当今世界政治经济格局是以西方发达资本主义国家为中心的，但是在外围，新兴经济体也具有相当的独立性。只是这些国家之间政治经济联系的强度普遍比不上西方发达资本主义国家之间的联系强度。恩道尔（2016）从地缘政治的视角全面审视了"一带一路"的内涵和发展机遇。认为伴随基础设施的建设，"一带一路"必将为世界的发展创造更多的机会和条件，中俄合作等多边战略协作将使欧亚崛起，石油战争、金融货币等争夺将改变全球货币体系，国际秩序重构之路已开启。经济领域之外，政治领域尤其是国防领域的合作将开启欧亚大陆防务战略的新时代。

曹卫东（2016）从政府、学界和民间三个维度，介绍了美国、俄罗斯、日本、韩国等国家对中国"一带一路"的评价与反应，为政府决策提供了理论参考。王灵桂（2016）则对美国、俄罗斯、印度、巴基斯坦、新加坡、土耳其、以色列、哈萨克斯坦等国智库关于"一带一路"合作倡议的主要观点进行了综合研究，反映了国外政府决策的主要智囊机构对中国"一带一路"合作倡议的态度。

上述资料可以看出，"一带一路"是沿线各国开放合作的宏大经济愿景，推进"一带一路"既是中国扩大和深化对外开放的需要，也是加强和亚欧非及世界各国互利合作的需要。知识产权制度的区域一体化研究是符合我国"一带一路"合作倡议大趋势的重要研究项目。

（二）"一带一路"国别研究

汤因比（2010）在其鸿篇巨制《历史研究》中，将世界主要国家按照文明进行了划分，然后根据每一个文明的起源、成长、衰落、解体过程思考了文明的共性规律。汤因比破除了西方中心论和单一历史线性发展的历史观，把这个世界上先后存在过的所有人类文明归结为 30 余种文明形态，其中有七种独立文明和其他从属于这些独立文明的卫星文明。汤因比通过大量的篇幅对西亚文明，尤其是伊斯兰教对基督教的影响进行了详细的研究，同时对奥斯曼文明也进行了讨论。迈克尔·曼在《社会权力的来源》四卷本中利用"I"（意识形态的）、"E"（经济的）、"M"（军事的）、"P"（政治的）模式从新石器时代开始，考察了世界上主要国家与地区的社会结构发展与变迁的历史，也重点涉及西亚的伊斯兰国家的发展及中东欧国家的历史。

斯宾格勒（2006）在《西方的没落》中将文明划分为阿波罗式、浮士德式与麻葛式的分类，对包括阿拉伯文化在内的世界各大文化传统进行了深入考察。沃勒斯坦（1998）在《现代世界体系》中利用"核心—边缘"模型，对世界核心区与边缘区的国家发展情况进行了研究，形成了一个国际性的学派。保罗·肯尼迪在《大国的兴衰》中不仅将军事冲突与经济变革联系起来加以考察，而且在论述国际权力体系与全球经济秩序的关系时，对五百年来世界经济、政治、军事、思想、社会、地理、外交等方面综合研究，勾勒出这一历史时段的总貌。

彼得·弗兰科潘（2016）在《丝绸之路：一部全新的世界史》中，选择丝绸之路这一多文明间的通道作为切入点，突破"欧洲中心"的视角，以全新角度、"多线程史观"透视人类诸文明的接触与演进。认为"丝绸之路"上流通的远不止丝绸，更是人类诸文明间人员、物质和思想的交流之路，是信仰之路、皮毛之路，甚至奴隶之路、霸权之路。丝绸之路的历史就是一部浓缩的世界史，丝绸之路就是人类文明耀眼的舞台。它不仅塑造了人类的过去，更将主宰世界的未来。帕拉格·康纳（2016）也在其新著《超级版图：全球供应链、超级城市与新商业文明的崛起》中认为，连接各国的道路、铁路、桥梁、隧道和管道等基础设施不只是冰冷的物质设施，它们凝结着人类大同的希望。21 世纪，本质上是一场争夺供应链的角力，新军备竞赛的内容是连接全球各大市场。比起争夺领土，争夺连接本区域与其他区域的输油管道、铁路、公路、隧道、大洋航线、网络电缆和电网更符合各国利益。全球供应链的竞争与合作将全面超越传统地缘政治而成为国际关系的主流。在这场角逐中，中国围绕"一带一路"，已启动一大波连接欧亚大陆的基础设施投资，取得了领先地位。

金立群、林毅夫（2015）从战略格局、亚投行、金融崛起、大国外交、产业趋势等角度切入，探讨了中国在不断变换的世界形势中的战略选择与应对。从当前政府工作入手，逐步分析"一带一路"的制定思路、核心内涵、实现方式、面临的机遇与挑战及最终所产生的重大影响。冯并（2015）全面分析了"一带一路"产生的国内和国际背景及其深刻动因，展示了丝绸之路从古至今一以贯之的历史与现实特征，解析了"一带一路"在世界范围内经济合作的方向及其地缘构造，佐证了蕴含于新丝绸之路经济带中的巨大经济发展潜力，同时也揭示了实施新丝绸之路所面临的问题和阻碍。

于立新等（2016）对"一带一路"进行系统的解读，以投资对象国家基本国情为基础，分析有代表性的投资案例，对"一带一路"沿线国投资环境风险进行了考察，根据对代表性投资案例的分析结果，总结了中国企业在"一带一路"沿线国家中投资时面临的法律风险。国家开发银行（2016）按照"一带一路"区域分布，构建了国情简介、法律概览、金融法律制度、投资法律制度、法律风险评价等角度的国别法律风险评价标准，对沿线 64 个国家的法律制度与法律风险按国别进行了评估。赵俊等（2016）则从国际法与国内法、国内各部门法等维度对"一带一路"沿线国家法律保障制度进行了分析。

朱善璐等（2017）基于"一带一路"合作的内容覆盖政策沟通、设施联通、贸易畅通、资金融通、民心相通等"五通"基础之上，构建了评价"一带一路"发展进程的五通指数，对"一带一路"进程的记录与监测，客观地记录了"一带一路"合作的成绩，动态反映了合作的进展，为政府决策者提供了"一带一路"全景式的推进图景。国家信息中心（2016）构建了"一带一路"发展成效综合评价体系、"一带一路"国别融合度大数据评价报告（2016）、"一带一路"省市参与度大数据评价报告（2016），引入大数据分析手段和技术，用数据说话，围绕"一带一路"推进过程中的重大问题、重要领域、重点国别进行分析。

中国社科院（2016）从国际和国内两个维度以蓝皮书的形式对"一带一路"建设中存在的重大问题与挑战及应对方略分别进行探讨。"一带一路"沿线国家安全风险评估中心（2015）分别从安全风险等级、主要安全风险源两大方面对"一带一路"沿线国家分区域进行了安全风险评估，包括北亚1国、中亚5国、南亚8国、东南亚11国、西亚北非16国、中东欧16国等。并对各国主要领导人执政方略和主要政党，以及与中国的外交关系加以介绍。毛振华等（2015）选择沿途27个重点国家，从国家主权信用的角度，评估汇总形成其国别主权信用评级。

以上研究，将有助于我们清晰地理解丝绸之路上纷繁复杂的利益纠纷，为研究"一带一路"各国的影响知识产权制度发展的政治、经济、文化、科技等因素，以及沿线国家对知识产权制度的内在诉求提供了重要基础。

（三）后TRIPs时代国际知识产权格局变迁与区域知识产权一体化发展

21世纪以来，国际政治、经济环境出现了巨大变化，技术创新进入加速发展阶段，国际知识产权态势出现了新的动向。新兴市场力量崛起、越来越多的国际组织介入知识产权事务，都预示着国际知识产权格局即将面临重大变革。大量的研究资料对后TRIPs时代国际知识产权格局的变迁与区域知识产权一体化发展进行了研究。

1. 后TRIPs时代国际知识产权格局变迁

我国著名知识产权法专家吴汉东教授指出，知识产权国际规则已经成为重要的全球治理规则，任何国家的经济发展都离不开这一规则发挥的作用。进入后TRIPs时代的东西方国家，基于各自的立场，对于知识产权利益的协调与分享提出了新的要求。我国应积极主动地参与国际知识产权立法活动，并作为发展中国家的代表力争在制定规则时拥有更多的主动权。❶

欧洲专利局（2007）发布了"2025年知识产权愿景"的报告，认为2001

---

❶ 吴汉东."一带一路"倡议构想与知识产权保护［J］.中国审判，2016（18）：2.

年的"《TRIPs 协定》与公共健康问题多哈宣言",2004 年巴西、阿根廷等"发展之友"在 WIPO 的发展议程,2006 年泰国、巴西、印度、南非等颁发专利强制许可实践等,都可看作是发展中国家作为国际知识产权规则接受者行动起来,主动改变现有国际规范的尝试。世界未来知识产权制度的发展将会受到"地缘政治""市场力量""技术轨道""社会公众"等力量的影响,沿着不同的方向发展。

苏珊·塞尔(2008)考察了导致《TRIPs 协定》产生的政治因素、其实施前七年的情况和面对艾滋病危机时其在政治上受到的强烈抵制、《TRIPs 协定》背后的政治活动和其产生之后的争论,认为在国际政治中,权力实际上是由私人利益而不是由政府所行使的。从《TRIPs 协定》的通过直至新的知识产权全球体制的建立,这一过程目前尚在进行之中。刘笋(2006)认为,TRIPs 协定后十余年的时间里,知识产权国际造法活动明显加快,多数是在 WIPO 和世界贸易组织,简称世贸组织(World Trade Organization,WTO)之外的国际组织展开。知识产权国际立法机构和场所的多元化,也是为知识产权领域实现南北利益平衡和国际经济新秩序提供了条件。❶

玛格丽特和琼(Margret & Chon,2001)认为,21 世纪以来,全球知识产权规则出现了软法化、碎片化、混乱化的趋势,政府、私人及非政府组织等都对国际知识产权格局变迁产生着影响。全球知识产权治理格局正在重构过程之中,国际知识产权规则需要更多地关注落后国家的发展问题。杰佛里·斯科特(Geoffrey Scot,2011)认为技术创新、市场结构、地域环境等因素对全球知识产权体制带来了新的冲击,全球知识产权治理体系需要加强各国之间的对话,互相沟通,才有可能得以顺利建立。❷ 杰拉姆·丁伍德,罗切尔·德拉弗斯(Dir Woodie & Rochelle Dreyfuss,2009)指出,全球知识产权规则面临新的时代挑战,仅仅依靠 WIPO 与 WTO,并不能有效地满足全球化治理体系下对于知识产权规则的需要。因此,WIPO 与 WTO 一方面尽可能加强相

❶ 刘笋. 知识产权国际造法新趋势[J]. 法学研究,2006,28(3):18.
❷ GEOFFREY,SCOTT. A Protocol for Evaluating Changing Global Attitudes towards Innovation and Intellectual Property Regimes[J]. University of Pennsylvania Journal of International Law,2011,32(4):1165-1268.

互间合作，另一方面也需要与其他国际组织进行合作，才能满足经济、技术及全球化发展的需要。

德博拉·哈博特（Debora Halbert，2001）对未来国际知识产权格局的变迁进行了预测，认为中国、印度，以及其他一些新兴经济体将会在国际知识产权格局中起着重要影响。❶ 布莱格特·宾格特（Brigitte Binkert，2006）对《TRIPs 协定》构架下的全球知识产权治理体系进行了反思，对其存在的不足进行了探讨，并试图寻找出应对方案。沙米拉·艾哈默德（Shamima Ahmed，2011）讨论了非政府间组织作为一支独立的力量，如何在全球知识产权治理结构中发挥作用。梅塞吉·巴尔泽维斯克（Maciej Barczewski，2011）对国际版权保护机制存在的不足进行了检讨与反思，认为由一种国际条约的硬法结构为主体，以政府之外的其他机构达成的软法为补充的国际知识产权保护机制也许更有利于国际知识产权制度的运转。❷

2. 区域知识产权制度一体化

我国著名知识产权法专家李明德教授（2010）在其著作《欧盟知识产权法》对欧洲知识产权一体化进程进行了深入的探讨。虽然研究内容主要集中在欧洲知识产权一体化，但是对于其他国家与地区的知识产权一体化进程也有较大的参考意义。

卡拉·赫茜（Carla Hesse，2002）研究了知识产权法 2000 多年来的起源、发展与变迁历程，其中重点讨论了基督文化、伊斯兰文化、佛教文化及东亚文化传统对知识产权制度的影响。内特耐尔（Netanel，2010）讨论了 WIPO 的全球发展议程对区域知识产权一体化所产生的种种影响。默罕穆德·萨义德（Mohammed El Said，2010）研究了阿拉伯国家的知识产权发展情况，探讨了在现有 WIPO 框架体系下，如何协调区域经济发展需要与一体化知识产权制度之间关系。❸ 格塔奇鸟·门吉斯蒂（Getachew Mengistie，2010）则对专利

❶ HALBERT D. Intellectual property in the year 2025[J]. Journal of the Copyright Society of the U. S. A, 2001,49(1):225-258.

❷ BARCZEWSKI M. From Hard to Soft Law-A Requisite Shift in the International Copyright Regime? [J]. IIC - International Review of Intellectual Property and Competition Law,2011,42(1):40-54.

❸ SAID E,MOHAMMED. The implementation paradox:intellectual property regulation in the Arab world [J]. Journal of International Trade Law & Policy,2010,9(3):221-235.

制度、非洲国家技术创新、转移与发展所产生的影响及不足进行了分析。J·简瓦·奥斯图图（J. Janewa Osei Tutu，2011）讨论了如何通过知识产权制度对发展中国家的传统文化进行保护，其中重点涉及非洲、西亚等阿拉伯国家传统知识的保护问题。

OECD（2007）对全球的假冒与盗版市场的规模、原因、产生的社会影响及应对策略进行了统计和调查研究，其中对世界主要盗版、假冒的地域进行了分类研究，包括东亚、北非与西亚各地的地区分布情况。❶ 兰德（RAND，2008）与"电影协会"合作，对全球有组织犯罪以及盗版、假冒等犯罪行为之间的关系进行了调查研究，分区域、分产业，对全球主要的犯罪集团从事的盗版活动的情况进行了统计，并提供了较为详实的调查数据。❷

吉本斯（Gibbcns，2011）分析了新兴经济体知识产权制度发展变迁的过程，意在研究经济发展对落后国家知识产权制度构建的影响。珍妮与威克利（Jenny & Wakely，2011）对"《TRIPs 协定》与公共健康问题多哈宣言"，巴西、阿根廷等"发展之友"在 WIPO 的发展议程，泰国、巴西、印度、南非等颁发专利强制许可实践等进行了研究。布莱克利与门吉斯蒂（Blakeney & Mengistie，2011）讨论了南部非洲国家在构建知识产权制度方面面临的巨大困难，及应对途径。❸ 乌特穆（Utomo，2011）讨论了后 TRIPs 时代印度尼西亚如何构建恰当的专利制度以促进仿制药产业的发展。南泽玲（Nan Sze Ling，2011）对泰国知识产权制度与鼓励外国投资之间的关系进行了研究。潘（Phan，2008）则讨论了越南的知识产权制度与人权保护的相关关系，以及如何改进知识产权制度，以符合 WTO 需要的条件。

吴汉东（2016）认为"一带一路"构想的实施惠及东亚、南亚、中亚等多个国家/地区，有利于区域经济一体化和经济全球化的和谐发展，必须要重视"一带一路"中的知识产权保护。汪洪（2016）从"一带一路"中知识产

---

❶ OECD. The economic impact of counterfeiting and piracy[J]. Source OECD Industry, 2008, 100(2): 145-147.

❷ TREVERTON G F, MATTHEIS C, CUNNINGHAM K J, et al. Film Piracy, Organized Crime, and Terrorism[J]. RAND Publication, 2009, 25(25): 61.

❸ BLAKENEY M, MENGISTIE G. Intellectual Property Policy Formulation in LDCs in Sub-Saharan Africa[J]. African Journal of International & Comparative Law, 2011, 19(1): 66-98.

权战略协同的调适与优化、政府在推进"一带一路"中知识产权战略协同方面进行了探讨，指出我们必须做好"一带一路"中的知识产权战略协同，才有可能控制并用好这一战略性资源，进而在制度层面全面提升我国在全球创新格局中的有利位势，推动我国成为全球创新与知识产权领域的引领者和重要规则制定的参与者。● 张占江等（2015）人以国内专利状况及知识产权执法状况为例，阐述了"一带一路"沿线国际知识产权环境的复杂性。在综合国内外知识产权环境的基础上，重点分析了"一带一路"合作倡议构想下的国内外知识产权保护策略。

李媛媛（2016）认为，"一带一路"合作倡议下，我国海外投资与合作项目越来越多。复杂的东道国投资背景及可能遭遇的有关知识产权风险可能会成为高铁"走出去"的屏障。布劳恩（Braun，2012）对美国与哥伦比亚及美国与秘鲁之间的区域贸易协定中的知识产权相关协议部分进行了详细研究，并对这些知识产权协议的动因、内容与产生的影响进行了讨论。宋志国等（2014）以中国-东盟知识产权保护与合作的法律协调机制为核心，围绕中国-东盟知识产权保护与合作的背景、现状与缺陷，中国-东盟各成员方知识产权法律体系概况与比较，其他自由贸易区如欧盟、北美自由贸易区、东盟知识产权法律机制的经验与借鉴，中国-东盟自由贸易区知识产权法律协调的原则、模式、路径、内容、程序保障等几个方面进行深入的探讨。吐火加（2016）对中亚国家的知识产权法律保护进行了讨论。❷ 蔡琳（2016）则研究了丝绸之路经济带中的知识产权贸易风险及应对策略。❸ 王莲峰、牛东芳（2016）对"一带一路"背景下我国企业海外知识产权风险与应对策略进行了研究。❹

张乃根（2015）认为丝绸之路经济带与欧亚经济联盟对接合作的重要前提是加强中国与欧亚经济联盟的海关国际合作。中国必须拓展在丝绸之路经

---

❶ 汪洪. "一带一路"与知识产权的战略协同 [J]. 前线，2016（10）：4.
❷ 吐火加. 论中亚国家的知识产权法律保护 [J]. 湖南社会科学，2016（1）：4.
❸ 蔡琳. 丝绸之路经济带知识产权贸易风险及应对 [J]. 甘肃社会科学，2016（3）：5.
❹ 王莲峰，牛东芳. "一带一路"背景下我国企业海外知识产权风险应对策略 [J]. 知识产权，2016（11）：4.

济带沿线地区或国家的自贸区，其中包括海关知识产权保护制度。❶ 李冰
（2015）认为"一带一路"要与中亚、中欧、俄罗斯及东南亚等地区逐步形
成互利共赢机制，推进"中国制造"到"中国创造"建设。❷ 吕娜（2016）
认为东盟在经济全球化和实现东盟经济一体化的情势下，需要一个长远的政
策和稳定的模式促进知识产权法制一体化。中国—东盟在知识产权领域保护
与合作领域进行法律协调，可以加快实现"东盟经济共同体"的目标和"一
带一路"的最终目标。❸ "新华-中智"（2016）发布了"一带一路"沿线国
家知识产权风险指数，综合反映一个国家/地区知识产权制度的完善程度和运
行情况、知识产权保护环境发展差异和技术贸易发展潜力，同时也是市场主
体衡量在目标国采取知识产权维权策略是否具备基础条件的判断依据。

　　以上研究为了解国际知识产权区域一体化、不同地区的知识产权制度动
态与运行情况，尤其是"一带一路"沿线国家的知识产权法律制度、政策走
向等态势提供了理论与实证基础。

（四）国家能力与国家创新能力的建设与测量研究

　　对于大多数"一带一路"沿线国家而言，知识产权制度的历史文化传统
都比较薄弱，需要有较强的国家能力作为后盾。但大多数"一带一路"沿线
国家的国家能力还比较薄弱，如何加强国家能力的建设是一个重点方向。国
家能力建设的研究包括国家制度能力、技术创新能力等方面的建设与测量。

　　斯科特（2012）在关于现代主义设计的讨论时证明，如果没有强大的社
会作为支撑，即使是最雄心勃勃的国家计划，也有可能沦为一场灾难性的行
动。米格代尔（2009）思考了为什么第三世界国家的能力存在着很大的差别，
特别是为什么多数第三世界国家的国家能力很弱，无法实现许多公认为国家
需要实现的目标这一问题，以寻找国家与社会之间互相构建与平衡的问题。
米格代尔（2013）进一步探讨了国家与社会之间的互动关系，认为国家能力

---

❶ 张乃根. 试探"一带一路"倡议实施中的海关知识产权保护 [J]. 海关与经贸研究，2015，
036（005）：1-9.

❷ 李冰. "一带一路"建设该如何运用知识产权 [N]. 中国经济时报，2015-11-10.

❸ 吕娜. "一带一路"背景下中国和东盟知识产权保护与合作的法律协调研究 [J]. 云南行政
学院学报，2016，18（2）：7.

的建设包括制度构建能力、资源吸取能力、社会动员能力等五大能力，国家政策的失败并非单纯源于政策设计的欠缺、不合格的官员或资源不足，而是源于未能良好地处理国家与社会之间的平衡关系。英国知识产权委员会（2002）用专章讨论了发展中国家的知识产权制度与机构能力建设问题。

马奇诺（Marciano，2003）以欧洲法的发展为中心，对法律机制背后的动力进行研究后得出结论，认为现代社会已经开始进入从经济竞争到制度竞争的阶段。一个主权国家只有为社会主体提供良好的制度，才能在国际竞争中获得竞争优势。莱恩（Lane，2005）则通过对全球化过程带来的机遇与挑战的研究，讨论了全球化政治与区域化之间的协同发展变化的关系。威尔托瓦（Vertova，2005）研究了全球化下的区域经济地理分布情况，通过区域竞争力、技术外溢、就业等数据的实证研究，以发现在全球化经济中区域创新体系的作用。

麦迪森（2003）对近千年来的世界经济发展进行了计量研究，为研究世界各国与地区，尤其是"一带一路"沿线国家的经济发展提供了测量数据基础。格罗斯曼与赫尔普曼（2003）研究了创新在全球经济增长中的作用机理，其中专门探讨了小国开放经济与发展中国家知识资本积累的关系。李平（2007）从国际贸易、外国直接投资、国外专利申请及专利引用三大国际技术扩散路径着手分析技术扩散与东道国技术进步的关系，研究每条技术扩散机制的技术传导过程及作用效果，在总结国内外相关理论研究的基础上，构建新的理论模型，分别就小国经济和大国经济下经济增长收敛问题作了均衡分析，并就发展中国家/地区如何利用国际技术扩散促进技术进步和自主创新提供了相关的政策建议。

斯坦思，波特和弗尔曼（S. Stern & M. Porter & J. Furman，2000）对全球与区域创新体系的构成要素、创新能力与测量指标进行了研究。波尔莱斯基（Polenske，2007）对创新的全球地理分布规律进行了研究，尤其集中在创新的地区分布与测量、创新的地区集中度与分散度的测量、创新产业中的雇员的区域分布情况、区域间的知识流动情况的测量。考夫曼与斯坦伯格（Kaufman & Sternberg，2006）对国际创新能力进行了测量，其中主要对包括俄罗斯、波兰、以色列、土耳其、西非、印度等在内的"一带一路"沿线国家的创新能力进行了测量。

政府间国际组织对全球与地区的经济、人权、科技等发展情况进行监测，例如 WIPO 的"世界知识产权年度指数"（World Intellectual Property Indicator）对世界知识产权的总体趋势及区域、国别的知识产权申请、拥有、人均知识产权数等进行了统计研究，并年度发布。其他国际组织如国际货币基金组织（IMF）发布了"世界经济展望（WEO）"；世界银行（World Bank）发布了"世界发展报告"；欧洲工商管理学院发布了"全球创新指数"；WTO 发布了"世界贸易报告"等。欧盟理事会发布了"全球创新记分牌"（GIS）、联合国教科文组织（UNESCO）的"全球全民教育监测指标"以及经济合作与发展组织（OECD）构建的"创新前沿与监测指标"（Oslo Manual）等，均从宏观及微观数据监测角度对包括"一带一路"沿线国家的创新能力、研发投入、科技能力、经济发展、民众教育等情况进行了统计、监测，为本书提供了有力的数据支撑。

（五）我国区域一体化的知识产权外交实践与研究

进入 21 世纪以来，国际知识产权格局出现了沿着一体化与区域化两个方向分别演化的趋势。2007 年始，美国专利商标局、日本特许厅、欧洲专利局、韩国特许厅及中国国家知识产权局开展了业务合作，构建了专利审查高速路（Patent Prosecution Highway，PPH）。随着 IP5、TM5、PCT、PPH 等合作项目的发展，国际几个主要的知识产权审查机构在业务规则、审查标准、检索工具等方面都出现趋同化。未来知识产权审查的格局有可能以几大局为中心，其他局则以委托业务为主的审查方式展开。中国应当利用"一带一路"合作倡议带来的机遇，成为"一带一路"沿线国家区域知识产权一体化体系的中心。同时，一些重要的区域性协调机制，如亚太经合组织等，都设有相关的知识产权工作组，推动了区域知识产权一体化的进程。

国家知识产权局在 2013 年组织了国内外知识产权专家，对"后 TRIPs 时代国际知识产权格局变革与走向"进行研究。该研究项目考察了现代国际知识产权格局的形成历史，并试图预判未来国际知识产权规则和格局的变革方向，思考这一变化对我国经济社会发展和国家安全带来的影响，其中提出了"知识产权外交"的概念，并指出今后中国知识产权外交的重点方向是构建区域一体化知识产权制度。国家知识产权局在 2014 年对企业在产业国际化发展中对知识产权制度的需求进行了调查研究，发现由于国际条约规定的程序、各国特殊的法律规定与高昂的服务费用，使得企业"走出去"的知识产权代价巨大。同时，从环境上看，一些国家，主要是"一带一路"沿线国家目标市场的法治环境和知识产权保护状况不佳，企业不敢冒险。因此，我国知识产权的布局往往限于发达国家。推动"一带一路"国家区域知识产权一体化进程也能推动和鼓励更多的企业"走出去"战略的实施。国家知识产权局在2014 年、2015 年期间组织国内外知识产权专家，对"中国特色的知识产权制度理论与实践"进行了全面深入的研究，提出了"要促进平衡有效、互惠包容的国际知识产权秩序""积极推动'一带一路'相关国家的知识产权合作，加强区域知识产权制度的构建，支撑我国整体对外开放战略的实施"的目标。

2015 年发布的《国务院关于新形势下加快知识产权强国建设的若干意见》（国发〔2015〕71 号）也提出了"要大力提升与'一带一路'沿线国家的知识产权合作"。其中包括积极推动《区域全面经济伙伴关系协定》（Regional Comprehensive Economic Partnership，RCEP）和亚太经合组织框架下的知识产权合作，探索建立"一带一路"沿线国家/地区的知识产权合作机制，推动建立"一带一路"沿线国家知识产权保护联合执法协作机制，建立对沿线相关国家/地区大型专业化市场知识产权保护情况的监控机制等。同时该意见还提出要加大对发展中国家知识产权援助力度，拓宽知识产权公共外交渠道等发展方向。最高人民法院为有效服务和保障"一带一路"建设的顺利实施，发布了《最高人民法院关于人民法院为"一带一路"建设提供司法服务和保障的若干意见》（法发〔2015〕9 号），对"一带一路"建设中可能涉及的法律冲突与解决进行了分析。

国家知识产权局在 2015 年、2016 年期间展开了大规模的专利预警与分析项目，对"一带一路"沿线国家的产业结构、专利分析等情况进行了详细分析。组织国内外知识产权法领域的专家，对国际知识产权环境进行了全方位的研究，其中主要集中在"一带一路"沿线国家，包括中东欧 8 国、东南亚各国、俄罗斯、印度、南非等国，研究知识产权法律环境，其上述国家/地区发布了《"一带一路"有关国家/地区知识产权环境报告》《"一带一路"及拉美相关国家/地区知识产权环境概览》《"一带一路"相关国家/地区知识产权服务机构名录》等报告。

国家知识产权局在 2016 年组织专家对 WIPO 成员方的知识产权管理机构设置与管理体制进行了研究，收集了"一带一路"沿线国家的知识产权管理体制与管理机构的设置情况、职能等数据。2016 年 7 月，我国召开了由"一带一路"倡议沿线国家知识产权机构代表、WIPO 和海湾阿拉伯国家合作委员会的代表作为观察员的知识产权高级别会议。会议对"知识产权对于经济社会发展的重要作用""营造有利于创新的生态—文化、政策、战略""'一带一路'知识产权合作愿景"等问题进行了研讨。会议的召开表明了国家对新时期下推进"一带一路"沿线国家知识产权领域合作的重视，与会各国知识产权机构共同展望了加强知识产权领域合作的愿景，并形成了《加强"一带一路"国家知识产权领域合作的共同倡议》，作为指引"一带一路"国家知识产权领域合作的方向性文件。

以上研究资料与外交实践都凸显了在我国推进"一带一路"外交进程中，除了应发挥基础设施连通的优势外，还应更加重视政策沟通的重要性，构建良好的法治环境。这些都为"一带一路"区域知识产权制度一体化研究提出了现实的要求与基础支撑。

五、历史观与方法论

(一) 历史观

中国在实施知识产权制度后，原本可以免费使用的知识产品现在必须支付费用，使许多人丧失预期利益。社会上存在大量盗版、滥载、仿冒等侵权行为，以及消费盗版制品和假冒商品的群体。由于存在大量的众意性行为，"法不责众"，有人便认为这是知识产权制度缺乏正当性的表现，对知识产权制度究竟是一种符合大众利益、代表未来发展方向的先进制度，还是一种代表某些特殊集团利益的落后势力存在着困惑。

在我们自己尚不确定知识产权制度是否代表历史方向的时候，要推动其在"一带一路"沿线国家进行区域一体化建设，将会面临许多思想上的困惑与说服上的困难。因此，我们必须要秉持一种正确的历史观，从过去中寻找指向未来的线索，对知识产权制度的历史演进规律、现实情况和未来发展进行科学的预测，确定制度变革的方向，在此基础之上构建"一带一路"合作倡议下区域知识产权制度一体化的行动方案。要确保正确认识知识产权制度的历史观，注意避免犯"历史统一"与"辉格史"的错误。

汤因比指出，"有种'历史统一'的观点，认为文明的河流只有西方一条，其余的不是它的支流，就是消失在沙漠里的死河。"❶ 尽管知识产权领域中，西方主导了所有理论范式与价值理念，但知识产权法是否只能按西方为中心所设定的一条路径发展？这一点即便西方的知识产权法专家也表示怀疑。欧洲专利局就预测未来知识产权法将会被"市场主体""社会大众""地缘政治""技术形态"等不同力量主导，沿不同路径发展。因此，在构建"一带一路"合作倡议下区域知识产权制度一体化行动方案时，既要考虑各国自身的发展诉求，又要考虑遵循知识产权制度统一的内在规律，求同存异，和而不同。

知识产权制度的主要目的是服务于"本国语境"下促进技术经济进步与社会转型。但"一切为了今天"的立场容易使大多数人犯"辉格史"的错误，即根据今日之标准来选择和编织历史。❷ 历史上曾出现过美国为了保护本国出版业对英国的作品给予较低保护的做法，也曾出现过日本、韩国、印度等国家/地区在较低知识产权法水平下达成可观科技进步与经济发展的事例。如果不能从当时所具有的历史条件来看待这些现象，无视当今世界科技创新模式已从外生转为内生的客观事实，那么将无法正确认识知识产权制度应当具有的社会功能，更无法在此基础之上构建正确的"一带一路"合作倡议下区域知识产权制度一体化行动方案。

---

❶ 阿诺德·汤因比. 历史研究：上卷 [M]. 郭小凌，王皓强，等译. 上海：上海人民出版社，2010：52.

❷ "辉格史"的解释方式把今天的某种原则和模式强加在过去的历史之上，必定会简单看待历史事件之间的联系，导致对过去与今日之关系的误解。

（二）方法论

本书将使用以下几种具体的研究方法。

1. 五力结构法

本书将采用五力结构法（PECIT），从社会系统动力学的角度对一国影响知识产权制度运行的各种力量从正反两个维度进行观察。这五种力量分别指一国政治（political）、经济（economic）、国际（international）、文化（cultural）、技术（technological）因素。通过系统观察这五种力量对知识产权制度的影响，以及知识产权制度对整体社会结构的反作用力，以发现影响"一带一路"沿线国家进行区域知识产权制度一体化合作的原动力与愿景。

2. 调查研究法

本书研究的一个重点内容就是要清晰地发现"一带一路"沿线国家的政治、经济、文化、技术等影响因素的内部结构，以及这些影响因素与知识产权制度的互动关系，以了解清楚这些知识产权制度所运行的初始条件，发现不同国家参与区域知识产权一体化进程的内在动力与合作愿景，因此，深入的调查是必不可少的研究方法。本书将重点采用调查研究的方法，立足于不同国家的文化传统，追问属于各国特有的（本源型特征，浸润着各国历史文化传统元素）、根深蒂固的（无意识特征，存在于社会意识的深层）、普遍存在的（时空特征，这类问题无所不在）、影响深远的问题，在知识产权制度发展中的需求与表现。

3. 比较研究法

"一带一路"沿线国别较多，历史文化传统也各异。这些国家的法治环境和知识产权制度的发展程度也参差不齐。因此，本书也将重点采用法律、政策等制度的国别比较研究法，以期发现不同文化传统下的制度规范的异同，为研究区域制度一体化进程提供基础的前提条件。

4. 实证研究法

为了能够清晰掌握"一带一路"沿线国家的经济、技术、社会发展状况，本书还将着重使用计量经济等数理统计的方法，分析各国经济、科技发展与知识产权制度发展之间的关系、各种产业发展状况、专利、商标、版权分布状况等情况，为全书研究提供坚实的数据基础。

除此之外，对研究中的重要问题与难题，本书还将根据需要采用"情景分析""专家讨论（德尔菲）"等方法，以确保研究结果的全面性与科学性。

（三）主要内容

本书的研究对象主要集中在以下三个方面。

第一，通过历史研究的方法，发现国际知识产权格局的变迁、区域知识产权一体化进程及知识产权制度本身运行和发展的规律与方向，使我国区域知识产权一体化的进程要做到"顺势而为"，而非"逆流而动"，从而增大获得成功的几率。

第二，通过社会系统分析的方法，描述"一带一路"沿线不同国家的知识产权制度发展变迁的历史，以及知识产权制度与其所运行的社会环境之间的互动关系，以发现各类国家在参与区域知识产权一体化进程中的内在动力与合作愿景。

第三，通过政策研究的方法，思考我国在"一带一路"倡议下，如何推进区域知识产权一体化的合作原则、主要方向、政策措施、实施平台、重点任务、体制机制、实现路径等现实可行的行动方案。

全书研究的总体框架结构可以概括为"一条主线、两大转变、三个维度、四类国家、五力驱动、六章式结构"。

"一条主线"，指的是全书研究都将围绕在"一带一路"倡议的宏伟构想下，如何推进以我为中心的区域知识产权一体化进程这条主线展开。

"两大转变"，指的是全书在知识产权制度的"布局重心"与"价值取向"两方面的转变。"布局重心"指的是研究关注的重心从以前实现知识产权制度的国内优化完善阶段向现在如何进行国际布局阶段转变，"推进路径"指由以前我国对知识产权制度的消极、被动接受的价值取向到现在的积极主动的制度建构的价值取向转变。

"三个维度"，指的是全书采用研究视角而言的。本书研究注重"世界之维"，用广阔的世界眼光来研究"一带一路"倡议下我国的知识产权布局问题；注重"系统之维"，从社会系统动力的角度来研究知识产权制度与其生存、发展的外部生态环境之间的互动关系；注重"政策之维"，力图提供一个切实可行的推进区域知识产权一体化的政策措施方案。

"四类国家"，指的是本书对"一带一路"沿线国家的考察将以"东正教文化（中东欧）""伊斯兰文明（中西亚）""东南亚传统（东南亚）""地中海风情（地中海沿线国家）"四大类国家为主，分别对其知识产权制度的发展变迁、影响知识产权制度运行的社会整体环境等进行全方位、深入的研究，寻找其在参与区域知识产权制度一体化诉求上的共同点和差异点。

"五力驱动"，指的是本书将采用一种五力结构法（PECIT），从社会系统动力学的角度对一国影响知识产权制度运行的各种力量从正反两个维度进行观察。通过系统观察这五种力量对知识产权制度的影响，以及知识产权制度对整体社会结构的反作用力，以发现影响"一带一路"沿线国家进行区域知识产权制度一体化合作的原动力与愿景。

"六章式结构"，指的是本书研究的篇章结构分为六章，包括绪论、国际知识产权格局与区域知识产权一体化态势、"一带一路"沿线国家知识产权制度的构成系统、"一带一路"沿线国家知识产权制度特征与运行绩效、世界与中国："一带一路"视角下区域知识产权一体化、"一带一路"区域知识产权一体示范文本（草案）六大部分。

第二章
国际知识产权格局与区域知识产权一体化态势

第一节
国际知识产权格局的演进与变迁

全球化是当今世界最具共识的时代特征。在相互联系日益增多的世界里，全球性问题已成为各国面临的共同挑战，不再是靠单个国家行动可以解决的。这些全球性的挑战主要集中在生态和环境应对、人类可持续发展及全球竞赛规则三个方面。❶ 因此，世界各国必须进行合作，采取集体行动，不断完善全球治理能力。"全球治理"是指"国际主体（包括公共机构和私人机构）管理全球共同事务的多种方式的综合。这是一个持续的过程，通过它，各种不同的或者相互冲突的利益得以协调一致，并可能采取合作性的行动"。❷

人类进入信息与数字化时代以来，知识产品取代有形资产成为社会财富的主要形式。在这个时代，国际竞争与博弈转向了"创新之战"与"规则之战"。经济全球化使得知识产权规则成为重要的国际治理规则，并向政治、经济生活各领域纵深发展。今天，任何国家的发展都离不开这一规则的作用。❸越来越多的国际事务，如粮食、水源、空气等，都涉及知识产权问题，需要各国进行合作。越来越多的国际组织都开始就本组织所辖议题中的知识产权问题制定标准和规则。知识产权的数量、质量、结构和地理分布从没像今天这样关系着一国国际地位高低及全球政治经济版图的格局。

作为国际公共事务的一种，全球知识产权治理结构深深嵌入在国际整体格局变迁之中，是现代世界体系中国家政治、经济、科技实力对比的反映。

---

❶ 戴维·赫尔德. 重构全球治理 [J]. 杨娜，译. 南京大学学报（哲学·人文科学·社会科学），2011（2）：19-28.

❷ 亨克·奥弗比克. 作为一个学术概念的全球治理：走向成熟还是衰落？[J]. 来辉，译. 国外理论动态，2013（1）：22-26.

❸ 吴汉东. 科技、经济、法律协调机制中的知识产权法 [J]. 法学研究，2001，23（6）：21.

人类社会进入 21 世纪以来，国际政治、经济环境发生了巨大变化，新一轮科技与产业革命正在孕育，国际知识产权态势出现了一系列新动向：新兴市场崛起、多哈宣言、开放创新、WIPO 发展议程、美国专利法修改、欧洲专利一体化、《反假冒贸易协议》与《跨太平洋伙伴关系协定》的签订、PPH 的构建等，都预示着国际知识产权格局即将面临重大变革。研究"一带一路"区域知识产权一体化，必须深入研究国际知识产权格局的变化规律，准确预测国际知识产权格局的未来走向，主动参与并重塑全球知识产权治理结构，为中国创新的世界布局提供制度预案，为"一带一路"合作倡议构想与"创新型国家建设"宏伟目标构造良好的外部环境。

一、范式转换：全球知识产权格局的演进

19 世纪末，西欧国家缔结了知识产权领域中首个国际条约——《保护工业产权巴黎公约》（简称《巴黎公约》）。全球知识产权治理结构进入萌芽时期。❶ 由于存在缺乏执行机制等不足，20 世纪末，以《巴黎公约》为基石的国际知识产权体制陷入了死结，失去了活力。新技术革命与经济全球化呼唤国际知识产权规则的变革。这种背景下，《TRIPs 协定》应运而生。WTO 将知识产权纳入贸易自由化体系以强化执行力的做法给国际知识产权规则带来了变化，为国际知识产权格局的发展注入了活力。❷ 21 世纪以来，随着国际形势的发展，以《TRIPs 协定》为基础的国际知识产权格局亦如《巴黎公约》一样陷入了困境，国际知识产权格局面临再次变革的可能。从《巴黎公约》到《TRIPs 协定》，全球知识产权治理结构的范式，包括发展动力、治理主体及治理机制都发生了重大变化，展现出独有的特征。

---

❶ 《巴黎公约》后，知识产权国际条约不断涌现，1886 年，以英法等 10 国发起在瑞士首都伯尔尼缔结了第一个提供版权国际保护的《保护文学艺术作品伯尔尼公约》（简称《伯尔尼公约》）。1891 年，国际社会又签订了《商标注册马德里协定》（简称《马德里协定》）和《制裁商品来源的虚假或欺骗性标志协定》等，构建了国际知识产权规则的主体框架。
❷ 《TRIPs 协定》通过与贸易挂钩的方式设定了成员方必须接受的知识产权保护最低标准，并以WTO 争端解决机制作为后盾确保施行，改变了以往知识产权国际条约缺乏保障机制的局面，推动知识产权保护走向全球化。参见：CHON, MARGARET. Global Intellectual Property Governance（Under Construction）[J]. Theoretical Inquiries in Law, 2001, 12：349.

（一）　全球知识产权治理结构的动力变化

从历史来看，全球知识产权的治理结构受到地缘政治、商业市场、大众民生与技术创新等不同力量的主宰，沿着不同的路径演进。

1. 渐次转换的地缘政治格局

《巴黎公约》时代，世界的政治中心位于欧洲，作为知识产权制度起源地的欧洲，理所当然地也成为全球知识产权的中心。但两次世界大战摧毁了欧洲，美国则成长为世界头号政治经济强国。[1] 20 世纪 80 年代，美国将海外盗版和假冒活动当作是其竞争力受损的原因，因而竭力推动了《TRIPs 协定》的签订。[2] 世界知识产权中心开始由欧洲转向了美国。《TRIPs 协定》是在极度崇尚市场机制的理念下形成的，忽略了先进与落后国家间知识产品分配差距悬殊的具体国情，缺乏对发展问题的关注。[3] 21 世纪以来，伴随着新兴市场国家在经济建设方面的巨大成就，加大了其在国际规则中的话语权。亚太地区，尤其是以中日韩为主的东北亚地区，开始成为世界创新的重点地区。[4] 世界知识产权中心在经历了欧洲中心向美国中心转移后，将开始向亚洲中心转移。

2. "外生"到"内生"的经济增长模式

《巴黎公约》时代的生产函数是：$Y = A(t) K^{1-\beta} L^{\beta}$ （Y：产出；t：时间；K：资本；L：劳动；A：技术水平；β：劳动力集约程度；$1-\beta$：资本集约程度）。[5] 这种增长模式中，科技创新对于经济增长来说虽然十分重要，但是只是外生的，所以对技术创新成果的产权诉求并不是十分强烈。到 TRIPs 时代，社会生产函数转变为：$Y(H_{Y}, x, L) = H_{Y}^{\alpha} L^{\beta} \sum_{i=1}^{A} x_{i}^{1-\alpha-\beta}$ （α：人力资源密集程度，

---

[1]　到 20 世纪中后期，美国的国内生产总值中的制造业的份额大概占世界的 30%，而在技术密集型产品出口中则居于绝对领先地位．安格斯·麦迪森．世界经济千年史 [M]．伍晓鹰，许宪春，叶燕斐，等译．北京：北京大学出版社，2003：126-130.

[2]　CORREA C M. Intellectual Property Rights, the WTO and Developing Countries: The TRIPs Agreement and Policy Options[M]. London and New York: Zed Books Ltd, 2000: 3-4.

[3]　DRAHOS P. A Philosophy of Intellectual Property[J]. Dartmouth: Dartmouth Publishing Company, 1996: 181-193.

[4]　田力普．国内外知识产权最新形势分析 [J]．知识产权，2014（1）：5.

[5]　ROBERT M, SOLOW. Technological Change and the Aggregate Production Function[J]. Review of Economics and Statistics, 1957(39): 312-20.

表明的是通过投入可以把握的知识含量；x：为最终产品生产所需的耐用资本品集合；H_Y^α：致力于最约产品的人力资本；L^β：劳动力的投入情况；$\sum_{i=1}^{A} x_i^{1-\alpha-\beta}$：不同时期发明技术的资本设备）。❶ 这种函数中，科技创新不再是外生的，而成为一种内部可控的生产要素。生产方式由过去外生增长转变为内生增长的模式。在内生增长模式下，要将研究与试验发展（R&D）投入纳入成本/收益核算，资本的逻辑对技术成果的保护提出了更强烈的产权诉求。《TRIPs 协定》很大程度上就是为了应对这一诉求而产生的。21 世纪以来，尤其是金融危机后，各国为摆脱经济低迷，加快宏观经济政策调整，纷纷通过刺激创新来保障经济的快速增长，对知识产权变革的需求进一步增强。❷ 外生向内生转换的经济模式要求全球知识产权治理结构进行相应的调整。

3. 飞速发展的技术创新诉求

19 世纪中晚期，人类社会还处于机械化、蒸汽动力、电器及重型机械的时代。❸ 这个时代技术创新以天才火花迸发的模式为主，技术分布并不密集，某些领域（如药品等），一两件专利就能控制整个市场。以《巴黎公约》为基础的国际知识产权规则与这种模式是基本适应的。至福特时代，天才火花的创新模式为大规模集成的模式所替代。知识产权从保护发明者创造性劳动的机制转变成确保投资者利益的工具。《巴黎公约》已不适应新技术发展的需要，国际知识产权格局过渡到《TRIPs 协定》时代。但《TRIPs 协定》后，科学技术突飞猛进，带来一场新的科技革命。技术的迅猛发展使得《TRIPs 协定》捉襟见肘，呼吁国际知识产权规则的进一步变革。这主要表现在以下三方面。

第一方面，数字技术给《TRIPs 协定》框架带来冲击。《TRIPs 协定》对数

---

❶ 外生增长模型中，知识存量 A 是一个外在的时间序列函数，而内生增长模型中，新知识 Á 的生产则变为需要两部分投入：一部分是现有的知识存量 A，是不可把控的外生源；另一部分则是需要企业投入资金并获得收益的人力资本 H_{XT}。但是，H_{XT} 获得的成果主要是就是知识产品。参见：PAUL M, ROMER. Increasing Returns and Long-Run Growth [J]. The Journal of Political Economy, 1986, 94 (5): 1002-1037.

❷ 吴欣望，朱全涛. 用反周期的知识产权政策应对全球经济衰退——21 世纪宏观经济调控方式的变动趋势 [J]. 知识产权, 2009 (6): 3.

❸ 彼得·迪肯. 全球性转变——重塑 21 世纪的全球经济地图 [M]. 北京: 商务印书馆, 2007: 77.

字议程缺乏关注，对网络侵权管辖、判决执行等问题都没涉及，导致应对不足。

第二方面，《TRIPs 协定》偏技术性的特征与发展中国家的诉求间存在差距。《TRIPs 协定》偏重对各类知识产权技术性方面的保护，如发明技术、软件、建筑作品等，而对技术特征不明显的客体保护不够。这对发展中国家的传统文化、民间文艺与遗传基因等资源的保护相当不利。所以近年来，发展中国家保护这类资源的努力几乎都是在《TRIPs 协定》框架之外进行的。

第三方面，《TRIPs 协定》强调专有性的特征与全球公共产品提供间产生矛盾。全球公共问题，如气候变暖、疾病传播、粮食、水资源等，需要发达国家与发展中国家共同携手进行大规模技术合作才能解决。但 TRIPs 协定框架过于强调知识产权保护的地域性、权利人的专有性等特征使得这两者之间产生了较大的矛盾。❶

4. 自我强化的制度路径惯性

制度一旦选择了某条路径，就会产生惯性作用。❷ 知识产权作为工业文明的产物，相对物权而言，其历史还短，总体上还处于一种自我强化的路径状态。《巴黎公约》通过国民待遇、非歧视、优先权等原则确立了早期的国际知识产权保护的基本标准。《TRIPs 协定》在此基础之上，通过给国际知识产权规则装上"牙齿"的方式大幅提升了知识产权的保护水平。《TRIPs 协定》后，国际知识产权规则表现出覆盖范围越来越大、保护力度越来越强的趋势。在这种惯性作用下，近年来，主要国家出现了市场主体利用知识产权抢占创新领域势力范围的现象。知识产权数量累积越来越惊人，覆盖范围越来越密集，导致创新空间被压缩的"反公地"悲剧。❸ 此外，知识产权与农民权、粮食权、生命伦理、宗教自由、竞争政策等之间的关系争论激烈，这些表明知识产权在某些方面已走得太远，从而引发异化病症。随着社会各界对知识产权的反思越来越深入、全面，一种意在从反方向抵制知识产权惯性依赖的

❶　ISLAM M R，ZAMAN M K. Looming Global Warming-Induced Sea Rise and Transfer of Green Technology to The Least-Developed-Countries：Challenges and Options for Submersible Bangladesh［J］. European Intellectual Property Review，2010，32（12）：643-652.

❷　辛鸣. 制度论：关于制度哲学的理论建构 ［M］. 北京：人民出版社，2005：184-187.

❸　MICHAEL A，HELLER. The Tragedy of the Anticommons：Property in the Transition from Marx to Markets［J］. Harvard Law Review，1998，111（3）：621-688.

矫正机制开始启动。❶

（二）全球知识产权治理主体的变化

在全球化时代，民族国家不再是唯一的权威，跨国公司、非政府组织等多种主体都参与进来，知识产权治理结构出现了治理主体多元化的趋势。❷

1. 主权国家关注重点转向

在威斯特伐利亚体系下，民族国家在全球治理中占据绝对主导地位。❸ 这决定了在以《巴黎公约》为基础的国际知识产权格局中，主权国家是唯一主体，决定着国际知识产权规则的制定与施行。《巴黎公约》的形成，美国并未参与其中。随着美国成长成为世界上第一大政治经济强国，开始主导国际知识产权治理结构变迁的进程。《TRIPs 协定》就是在美国的倡导下达成的。在《TRIPs 协定》格局下，欧盟将更多精力放在技术层面，关注如专利分类、数据检索、机器翻译等实务，美国则更多关注如何主导全球统一规则的形成。21 世纪以来，随着新兴经济体在世界经济中份额的增加，在国际机构中的投票权和话语权也加大了。❹ 在新兴经济体的推动下，世界知识产权规则调整的方向从贸易自由化转换到生物多样性、动植物基因资源、公共健康和人权等立法体制议题，国际知识产权格局从 TRIPs 时代进入到后 TRIPs 时代。

2. 跨国公司经营模式转型

在《巴黎公约》的形成中，私主体并没有起太大的作用。随着全球化进

---

❶　2001 年，美国药品研究与制造商协会发起了对南非强制许可 HIV/AIDS 药品仿制法案的诉讼，但这一诉讼引起了广泛抗议，美国公司也被迫撤诉。2006 年，瑞典成立了世界上第一个"盗版党"。盗版党主张由于互联网的发展，现有版权制度已经过时，限制了知识扩散，束缚了有创造力的工作。目前，许多国家都成立了盗版党。2012 年，波兰开始了抗议《反假冒贸易协议》的活动，蔓延整个欧洲，主张"为知识产权而牺牲网络自由，这是无法接受的"。同年，美国国会提出了《反网络盗版法案》和《保护知识产权法案》两个法案，引发大规模公众抗议。这两个法案的支持者大多来自传统文化娱乐产业，如电影、电视、唱片、出版等公司，而谷歌等互联网公司则公开反对。维基百科更是以关闭服务的形式进行抗议。迫于压力，目前该法案已被搁置。以上种种均可看作是知识产权路径惯性的反制力量。

❷　刘雪凤，许超. 知识产权全球治理的结构功能主义解读 [J]. 中国行政管理，2011（9）：4.

❸　HELD D,MCGREW A. Governing Globalization：Power, Authority and Global Governance[M]. Cambridge：Polity Press, 2002：305-324.

❹　IKENBERRY J. The Rise of China and the Future of the West：Can the Liberal System Survive? [J]. Foreign Affairs,2008,87(1)：23-37.

程的展开，跨国公司开始在全球范围内进行资金与技术布局，因而对统一的知识产权规则有了强烈诉求。通过游说决策者，将国家变成他们的同盟，跨国公司开始成为主权国家外全球知识产权治理的重要主体。《TRIPs 协定》即是在跨国公司的推动下签署的。❶ 但 21 世纪以来，跨国公司的经营模式开始出现转变：从经营内容看，由传统制造业转向现代服务业；从经营理念看，由封闭式创新转向开放式创新。❷ 随着经营模式的转变，加上应对越演越烈的知识产权竞赛需要投入大量经费，也面临严峻的诉累问题，跨国公司改变早期咄咄逼人的知识产权对抗态度，采取一种更为温和的共生共赢知识产权策略，倡导知识产权制度的变革。❸ 通过鼓吹开放创新、专利数据的自由使用、开源软件等活动，国际知识产权格局表现出了新的态势。

3. 国际组织治理职能转移

《巴黎公约》时代，国家间并无专门的国际组织来负责条约的管理与组织工作。《巴黎公约》建立起了"巴黎联盟"，《伯尔尼公约》建立起了"伯尔尼联盟"，并各自成立了相应的"国际局"。1893 年，两局合并，成为后来的"保护知识产权联合国际局"。1970 年，根据《建立世界知识产权组织公约》的规定，其全部职能转给 WIPO 兼管。1974 年，WIPO 成为联合国的一个专门机构。在缺乏绝对权威的国际社会里，国际组织并不能凌驾于主权国家之上形成具有强制约束力的决议。但由于承担着组织、管理国际条约的职能，国际组织开始成为全球知识产权治理结构中的一个重要主体。《TRIPs 协定》签订后，WTO 也开始介入国际知识产权规则的形成。进入 21 世纪后，越来越多的国际组织，

---

❶ 苏珊 K·塞尔. 私权、公法——知识产权的全球化 [M]. 董刚，周超，译. 北京：中国人民大学出版社，2008：8.

❷ 20 世纪 60 年代以前，跨国企业采用一种企业内部采购为基础的"封闭式"创新模式。这种模式以美国电子企业为先驱，在东亚以及墨西哥建立离岸组装线，获得巨大成功后被日本企业广泛接受。但如今，任何一家企业都无法承担产业链条上的所有研发投资。同行业竞争对手之间必须互相合作，在全球范围内优化资源，封闭式向开放式、垂直化向扁平化转变。跨国公司把最核心的技术掌握在自己手中，其他配件的设计、开模、制造等工作则委托出去。通过这种"开放式知识产权生态系统"，在世界范围内对资金、技术、产业链进行最优配置。参见：CHESBROUGH H, et al. Open Innovation: A New Paradigm for Understanding Industrial Innovation[M]. Oxford: Oxford University Press, 2006.

❸ STEPHEN A M, RICHARD C, LEVIN, et al. A Patent System for the 21st Century[M]. Washington: National Academies Press, 2004: 32.

世界卫生组织（WHO）、世界海关组织（WCO）、万国邮联（UPU）、国际标准化组织（ISO）、世界刑警组织（INTERPOL）、国际通信联盟（ITU）等，都开始对本组织所辖专业议题内涉及的知识产权问题制定规则，参与并影响着国际知识产权治理结构的发展和变化。

4. 利益团体参与渠道转变

随着知识产权带来的社会问题增多，越来越多的利益团体，包括国际非政府组织、行业协会、学术机构、消费者与用户团体等，都积极介入知识产权议题，成为国际知识产权治理结构中的新兴主体。这类主体从更高的人文关怀角度思考如何推动国际知识产权治理结构的变迁，为人类的平衡发展创造更多的机会。目前，积极参与国际知识产权治理的利益团体包括技术与消费者团体、国际贸易与可持续发展中心、无国界医生组织、国际慈善组织、南方中心、第三世界网络等。❶ 这些相关利益团体将关注重点集中在公共健康与药物的可获得性，农业、基因资源和传统知识保护问题上，通过帮助发展中国家提高参与国际知识产权谈判的能力、协调多边论坛中知识产权议题的一致性、作为国际会议专家发表意见和提高社会公众对知识产权意识等渠道来影响全球知识产权治理结构的变迁。

（三）全球知识产权治理机制的变化

世界的发展与变化使得全球知识产权治理机制也产生了变化。全球知识产权治理机制由原来自上而下的单向度不对等关系转变为一种多向度的平等协作关系。❷

1. "单一"向"网状"演进的治理架构

1986 年以前，WIPO 是唯一在知识产权规则方面影响较大的国际组织。乌拉圭回合以后，WTO 开始涉足与贸易有关的知识产权问题。❸ 《TRIPs 协定》的通过使得国际知识产权格局呈现出类似于国内知识产权治理的"双头"式运行结构。WIPO 负责国际知识产权授权，WTO 负责国际知识产权执法。

---

❶ MATTHEWS D. The Role of International NGOs in the Intellectual Property Policy-Making and Norm-Setting Activities of Multilateral Institutions[J]. Chicago Kent Law Review, 2007(82):1369.

❷ 刘雪凤，许超. 知识产权全球治理的结构功能主义解读 [J]. 中国行政管理, 2011 (9)：4.

❸ 郑成思. 知识产权法 [M]. 北京：法律出版社, 1997：120.

21 世纪以来，新兴市场力量的崛起，增强了在国际知识产权规则中的话语权。❶ 各国为了自身经济发展，在国际知识产权格局中不再表现为南北对抗、泾渭分明的两大阵营，而是呈现出东西南北融合之势。随着越来越多的专业型国际组织参与知识产权事务，就本组织所辖议题中的知识产权问题制定标准与规则，国际知识产权治理架构表现为在解决知识产权共同事务时，相互依存的行动者通过交换资源，采取有效集体行动的网络状结构。❷

2. "分—统—分"螺旋式的治理格局

知识产权源于欧洲封建晚期的君敕特权，只在君主辖界内有效，表现出较强的"地域性"。《巴黎公约》虽然确立了全球知识产权保护框架，但各国几乎是自行其是。❸ 知识产权作为各国国内事务，表现出一种分散的特征。《巴黎公约》虽然确立了国民待遇、非歧视、优先权等原则，但在这个机制下，各国有权自行决定其知识产权立法，并适用其他成员方公民。在违背的情况下，并无具体责任。所以，实际上仍是一种分散的局面。❹《TRIPs 协定》力图构建一个统一的国际知识产权保护体制。但近年来，随着《TRIPs 协定》陷入困境，发达国家开始将关注点从《TRIPs 协定》转向双边、多边和小多边协定之上。越来越多范围不同、标准各异的区域知识产权协定出现，每个协定仅在特定区域内生效与运行。这一趋势使国际知识产权规则重新陷入分散的碎片化格局，原本由多边机制主导的知识产权国际协调机制失去了权威性，国际知识产权立法路径也变得很不平衡。

3. "软—硬—软"转换的治理手段

《巴黎公约》力图协调各成员方在知识产权保护上的差距，但《巴黎公

---

❶　OGUAMANAM C. IP in Global Governance：A Venture in Critical Reflection[J]. Available at SSRN, 2012(2)：196-216.

❷　同❶.

❸　例如，现有发达国家在 19 世纪大多严格限制药品、食品等生活必需品的专利权保护，荷兰、瑞士等甚至在较长时间里撤销了专利法。美国在 19 世纪初，也采用了对外国人执行明显歧视的知识产权政策，提高外国公民的专利申请费，将著作权保护仅限于美国公民等。参见：BARTON J, ALEXAN-DER D, CORREA C, et al. Integrating Intellectual Property Rights and Development Policy[R]. London：The Commission on Intellectual Property Rights，2002.

❹　MURUMBA S K. Globalizing Intellectual Property：Linkage and the Challenge of a Justice-Constituen-cy[J]. University of Pennsylvania Journal of International Economic Law，1998，19：435.

约》缺乏执行机制，对成员方并没有太强的约束力，表现出一种"软法"的特征。随着新的技术革命与经济全球化的发展，以《巴黎公约》为基石的国际知识产权体制陷入僵局，失去了活力。《TRIPs协定》通过与贸易挂钩的"一揽子协议"方式，设定了成员方必须接受的知识产权最低保护标准，并以贸易制裁与WTO争端解决机制作为后盾确保施行，试图构建一种强硬的知识产权国际保障机制。❶ 21世纪以来，随着新兴市场力量的兴起，以及《TRIPs协定》自身存在的诸多不足，构建国际统一知识产权执法机制的努力面临巨大的困难。主要国家认为这一预期目的落空，开始采用"场景转换"的方式，通过密集的区域贸易协定将国际知识产权秩序切割成碎片。❷国际知识产权格局重新表现为一种失去强力约束的"软法"治理趋势。❸

4. "无知之幕"转向"实质正义"的治理理念

《TRIPs协定》是在"无知之幕"笼罩的状态下达成的，落后的加入国对于这一秩序的后果缺乏充分的认识。❹ 为了给《TRIPs协定》寻找道德基础，先发国家从正反两个方面鼓吹知识产权与贸易、投资之间的紧密关系，从而获得不同国家的价值认同。这背后的逻辑便是：

公式1："知识产权=增加的贸易和投资机会=经济增长"，以此将知识产权与自由主义的理念联系起来。

公式2：论证盗版活动给创新企业带来的经济损失，得出"盗版=盗窃"论证，以此来否定盗版等活动的正当性。❺

但这种国际知识产权秩序是以一种形式上的公平掩盖了实质的不公平，其结果不是改善而是恶化了作为处境最差者的发展中国家利益。《TRIPs协

---

❶ CHON M. Global Intellectual Property Governance (Under Construction) [J]. Theoretical Inquiries L, 2011,12(1):349.

❷ HELFER L R. Regime Shifting: The Trips Agreement and New Dynamics of International Intellectual Property Lawmaking[J]. Yale J. Int'l L,2003,29:1.

❸ BARCZEWSKI M. From Hard to Soft Law - A Requisite Shift in The International Copyright Regime? [J]. International Review of Intellectual Property and Competition Law,2011,42(1):40-54.

❹ DRAHOS P. A Philosophy of Intellectual Property [M]. England: Dartmouth Publishing Company, 1996:172.

❺ DALEY K, GOLD R E. Having faith in IP: empirical evidence of IP conversions[J]. Available at SSRN, 2011, 3(1):93-102.

定》之后，国际知识产权共同体中出现了新的话语论争，后发国家越来越多地将知识产权与公共健康、粮食、农业、公平、可持续发展和人权等议题结合起来，❶ 力图构建一套兼顾不同国家利益的符合实质正义的国际知识产权治理结构。

二、发展态势：TRIPs 时代国际知识产权格局版图

人类社会步入 21 世纪的前十年，国际政治、经济环境发生了巨大变化，技术创新进入加速阶段，新兴市场力量崛起、越来越多的国际组织介入、多哈宣言、开放创新、世界知识产权组织发展议程、《反假冒贸易协议》《跨太平洋伙伴关协定》的签订、"专利审查高速路"的构建等事件，都预示着国际知识产权格局从 TRIPs 时代进入到后 TRIPs 时代。在这个时代，任何想要获得发展的国家，都必须深入考察现代国际知识产权格局的演变规律，准确预判未来国际知识产权格局的发展方向，才能在变革中把握先机，获得竞争优势。

（一）双向演化明显，《TRIPs 协定》陷入困境

近年来，传统发达国家与新兴市场国家对《TRIPs 协定》均表示不满，这两股力量表现出"向左走、向右走"的双向演化趋势，《TRIPs 协定》陷入"离心力"般的困境，走到了崩溃边缘。

1. 落后国家知识产权意识觉醒，《TRIPs 协定》核心议题出现转变

对发展中国家来说，《TRIPs 协定》对发展中国家利益关注不够，签订协定之时承诺给予种种优惠与技术援助却口惠而实不至。一些跨国公司常从东方国家和非洲部落的民间文化作品中汲取灵感，创作出影视作品后再销往这些国家赚取利润；一些跨国种子和药品公司将发展中国家已有动植物资源申请专利后以高昂的价格返销衍生产品。❷ 这些情况都促使落后国家反思

---

❶ 典型如印度"姜黄"案。参见：BARTON J,ALEXANDER D,CORREA C,et al. Integrating Intellectual Property Rights and Development Policy[R]. London：The Commission on Intellectual Property Rights, 2002.

❷ The Commission on Intellectual Property Rights. Integrating Intellectual Property Rights and Development Policy[R]. 2002.

《TRIPs 协定》是否真的能促进本国社会福利最大化，并对《TRIPs 协定》的正当性产生怀疑。随着落后国家知识产权意识的觉醒，《TRIPs 协定》的争论开始从当初促进贸易自由化的共识转向了范围更为广泛的公共健康、农业、公平、可持续发展、人权及保护本土传统知识、土著文化与遗传资源等议题。❶

2. 强化执法预期落空，发达国家场景转换

发达国家希望《TRIPs 协定》改变传统国际知识产权规则缺乏保障机制的缺陷，给国际知识产权规则装上了"牙齿"，以此提升知识产权保护力度。尽管《TRIPs 协定》纳入了较高的知识产权执法标准，但发达国家认为这一标准只是一个最低门槛，远未达到他们的预期。❷ 2007 年 WTO "美国诉中国"知识产权争端中，WTO 的争端解决机构首次就《TRIPs 协定》执行部分的条款进行解释。争端解决机构裁决不仅对 WTO 成员方如何实施《TRIPs 协定》的义务进行了澄清，也使美国重新认识中国执行《TRIPs 协定》保护知识产权的情况。但发达国家对争端解决机构的裁决感到失望。此外，《TRIPs 协定》本身存在对网络环境知识产权保护缺乏关注等不足，使得发达国家开始放弃在 WTO 体制内继续推动知识产权执法的打算，转而使用场景转换的手段，脱开《TRIPs 协定》走向 TRIPs-plus 阶段。❸《反假冒贸易协定》《跨太平洋伙伴关系协定》及无数的自由贸易协定中的知识产权条款皆是此种类型。❹

---

❶ 2001 年，WIPO 部长会议达成 "《TRIPs 协定》与公共健康问题多哈宣言"；2004 年，在巴西、阿根廷等国提议之下，WIPO 启动发展议程；2006 年，泰国签发强制许可令，许可本国厂商生产 Merck 和 Abbott 的抗逆转录病毒专利药品；巴西 2007 年签发强制许可令，生产 Merck 抗艾滋病专利药品。随后，印度、南非、津巴布韦、马来西亚等都有颁发强制许可的经历，这些都是发展中国家实现自己诉求的新实践。

❷ PAUWELYN J. The Dog That Barked but Didn't Bite: 15 Years of Intellectual Property Disputes at the WTO[J]. Journal of International Dispute Settlement, 2010(2) 1:389-429.

❸ LAURENCE R. HELFER. Regime Shifting: The Trips Agreement and New Dynamics of International Intellectual Property Lawmaking[J]. Yale J. Int'l L, 2003, 29:1.

❹ LEWIS M K. Expanding the P-4 Trade Agreement into a Broader Trans-Pacific Partnership: Implications, Risks and Opportunities[J]. Asian J. WTO & Int'l Health L. & Pol'y, 2009, 4:401.

(二) 国际格局发生变化，发达国家打击重点转移

在新经济时代，知识产权成为国家重要的战略资源，越来越多的国家出台知识产权战略。随着新兴市场力量的崛起，国际知识产权格局两大阵营"泾渭分明"的局面出现改变。新兴市场力量在国际知识产权规则中的话语权越来越大，也引发了发达国家对新兴国家新一轮的知识产权打击。

1. 知识产权成为国家竞争优势主要来源

今天，各国政府都介入创新活动，增强本国竞争优势。主要国家纷纷出台本国的知识产权战略。美国是实施知识产权战略最早的国家。美国虽然在知识产权战略方面没有单独成文的法律文件，但美国的知识产权战略却是最成体系化的。国会、政府、司法机构与公司等在知识产权战略上的配合默契。❶ 在与欧美企业对抗的历史中，日本走了一条在核心专利周边布局外围专利，用交叉许可进行反击拓展空间的道路。❷ 2002 年，日本通过了世界上第一个专门的国家级知识产权战略文件——《日本知识产权战略大纲》，决定走把发挥个人自由想象力和创造性而产生的知识产权作为国际竞争原动力的道路，跻身于脑力生财而不是体力生存的国家序列。❸ 2008 年，中国也出台了《国家知识产权战略纲要》。之后，韩国、印度、英国等国家纷纷效仿，出台各自的知识产权发展战略。

2. 发达国家知识产权打击重点转移

20 世纪七八十年代，美国遭遇了较大的贸易逆差和全球竞争压力。美国将海外盗版和假冒活动看作是其竞争力受损的主要原因，竭力推动了《TRIPs协定》的签订，其打击的矛头指向日本、韩国等新兴电子产品制造地。21 世纪以来，随着以中国为代表的新兴市场国家的兴起，加大了发展中国家在国际贸易、环境、可持续发展与知识产权规则制定中的话语权，形成对发达国家新的竞争威胁。这种背景下，美国、欧洲等发达国家开始流行贸易保护主

❶ KHAN B Z. Intellectual Property and Economic Development: Lessons from American and European History[R]. Commission on Intellectual Property Rights Study Paper 1a, 2002.

❷ KUMAR N. Intellectual Property Rights, Technology and Economic Development: Experiences of Asian Countries[R]. Commission on Intellectual Property Rights Study Paper 1b, 2002.

❸ 徐明华，包海波. 知识产权强国之路 [M]. 北京：知识产权出版社，2003：131.

义浪潮，频繁动用知识产权大棒进行打击。只是打击的重点从日本、韩国等国家/地区转向了蓬勃发展中的中国等新兴市场国家，其突出表现就是"337条款"功能的复苏和扩张，以及频繁发动展会知识产权纠纷打击新兴国家开拓海外市场的努力。❶

（三）知识产权审查合作密切，一体化进程取得重大进展

进入 21 世纪后，全球主要的知识产权审查机构在审查业务方面进行深度合作，欧洲专利核心障碍的扫除、美国专利法进行修改、全球知识产权一体化进程出现加速迹象。

1. 国际知识产权审查合作密切

2007 年始，美国专利商标局、日本特许厅、欧洲专利局、韩国特许厅及中国国家知识产权局开展了审查业务合作。五局合作的一个重要内容是构建 PPH。PPH 本质上是一种加快审查机制，使得一国申请人能在另一国更快地获得专利，有助于海外获权。自 2006 年日本特许厅与美国专利商标局启动 PPH 项目以来，已有 20 多个国家/地区知识产权局建立了 40 多个双边或双边试点 PPH 项目。美国、日本等国家专利局及欧洲专利局的专利申请受理量均列全球前列。随着 IP5、TM5、PCT、PPH 等合作项目的发展，全球最主要的几个知识产权审查机构在业务规则、审查标准、检索工具等方面开始出现趋同化。❷

2. 欧洲专利一体化核心障碍扫除

欧盟作为先驱和典范，一直尝试着建立统一的"欧洲专利"制度，但长久以来，欧盟国家对专利诉讼的管辖权问题及统一专利法院的设立问题，存在着极大的争论，影响了统一欧洲专利制度的进程。2012 年 6 月，欧洲理事会会议上，欧盟成员国就争论多年的欧洲单一专利制度专利法院中央法庭所在地选址问题最终达成一致，同意将巴黎作为统一的欧洲专利法院一审法院中央法庭及院长办公室所在地。同时，将在德国慕尼黑和英国伦敦设两个分院。欧洲专利法院将根据相关国际条约建立，对涉及欧洲和单一专利的侵权

---

❶ 近年来，我国企业在海外参展过程中频频遭受国外企业的知识产权纠纷，如 2008 年德国柏林国际消费电子展中国电子企业展查抄事件、德国汉诺威消费电子展展会查抄事件等。参见：田力普. 中国企业海外知识产权纠纷典型案例启示录 [M]. 北京：知识产权出版社，2010：255-269.

❷ 田力普. 国内外知识产权最新形势分析 [J]. 知识产权，2014（1）：5.

和撤回决定拥有专属司法管辖权。至此，欧洲单一专利制度的最后一道障碍得以清除。❶

3. 美国专利法重大修改

美国是当今世界唯一的超级大国，主导着国际政治经济秩序的发展。但在国际知识产权秩序方面，美国除挥舞知识产权大棒对其认为保护不力的国家进行打击及推动《TRIPs 协定》的达成外，并无太大作为，这与其超级大国地位不符。究其原因，主要在于美国专利制度中的"先发明原则"与国际通行的"先申请原则"不相接轨。多年国际专利法协调活动的经验表明，先发明制是制约美国参与国际协调的首要因素。2011 年，美国通过了《美国发明法案》，将"先发明制"改变为"先申请制"。美国专利制度这一重大变革，将大大加快专利法国际协调的步伐。从《美国发明法案》的出台可以看出美国促进国际专利法协调、争取世界知识产权领导权的用心。随着美国专利制度的国际接轨，加上欧盟专利一体化的示范作用，欧美合力，将会推动下一轮国际知识产权一体化的发展。

（四）知识产权规则调整加快，保护力度呈走强趋势

《TRIPs 协定》达成后，科技迅猛发展。在新技术革命推动下，国际知识产权规则的调整频率加速，世界范围内出现了加强保护力度的整体氛围。

1. 国际知识产权规则调整速度加快，覆盖范围越来越大

《巴黎公约》所确立的框架无法满足经济技术发展的需要，在发达国家的推动下达成了《TRIPs 协定》，其间间隔了约 110 年。今天，发达国家认为这一协议提升知识产权保护水平的努力不算成功，掀起新一轮双边、多边区域协议谈判的高潮，其间仅隔了十来年。这种在《TRIPs 协定》之外强化知识产权保护的努力，被看作是《TRIPs 协定》之上的升级，称为"TRIPs-plus"。❷ 与已往相比，这一轮国际知识产权规则的调整表现出保护范围更大、

---

❶ 资料来源：[2017-06-26]. http://www.epo.org/law-practice/unitary.html. 不过，由于英国的脱欧给处于关键时期的欧洲专利一体化带来了冲击。英国脱欧不仅延缓了欧洲专利一体化的进程，也会影响欧盟商标权和欧盟外观设计权在英国的效力。

❷ RUSE-KHAN H G. "The International Law Relation Between Trips and Subsequent Trips-plus Free Trade Agreements: Towards Safeguarding Trips Flexibilities?"[J]. Journal of Intellectual Property Law, 2011, 18 (2):325.

期限更长、处罚更为严苛等特征。知识产权将软件、遗传基因、商业方法、实验数据、网络域名、作品形象、数据库、出租、卫星广播、网络传输、技术措施等都先后纳入其中。发展中国家也对自己拥有优势的资源，如民间文艺、传统知识、遗传基因等资源也提出了诉求。在这种情势下，似乎除了有形物质之外的一切财产性利益，都进入了知识产权保护的范围。❶

2. 发达国家重点关注知识产权执法。

从国际趋势看，除了知识产权客体范围越来越大、保护力度越来越强外，另一个突出的特征是更加注重执法。美国近年来不断强化知识产权行政执法体系。2005 年，美国政府设立国际知识产权执法协调员，负责协调联邦政府的资源。2008 年，美国颁布了《优化知识产权资源和组织法案》，设立了知识产权执法代表来协调知识产权执法。2010 年，美国又发布了《美国 2010 知识产权联合执法战略》。国土安全部与国家知识产权协调中心成为美国最主要的知识产权行政保护机构，而美国联邦调查局（FBI）开始介入知识产权案件。欧盟、日本与韩国等也加大了知识产权执法力度。国际刑警组织、海关组织等国际组织纷纷强化知识产权执法的内容。《反假冒贸易协定》《跨太平洋伙伴关系协定》等自由贸易协定中包含了不少超强的知识产权保护条款。世界出现了加强知识产权执法的整体氛围。❷

（五）区域与专业合作蓬勃发展，WIPO 面临激烈竞争

随着国际交往的深入发展，知识产权扩展到国家政治、经济生活方方面面。区域性与专业性知识产权国际合作越来越多，WIPO 面临规则主导权的竞争。

---

❶ 2011 年，欧盟通过了《欧盟版权保护期延长指令》，修改了 2006/116/EC 指令，把表演者、录制者在录音制品上的各种权利，保护期从 50 年延长到 70 年。在《跨太平洋伙伴关系协定》中，规定了作品（包括摄影作品）、表演或录音制品的保护期限：如作者是自然人，则保护期为作者终生及其死亡之后 70 年；如作者不是自然人，则保护期应当是作品、表演或者录音制品首次获得授权发表后的 95 年；创作之后 25 年内没有授权发表的，保护期为创作之后的 120 年。这些规定明显高于《伯尔尼公约》"作者终生及其死后 50 年"以及非自然人作品"公开发表之后 50 年"的标准。

❷ 《多哈宣言》签订以后，美国与智利、新加坡、澳大利亚等国家签订了 20 多个自由贸易协定。2007 年，在 WIPO 启动发展议程以后，美欧与日随即启动了《反假冒贸易协议》。2015 年 10 月，美日等 12 个国家达成泛太平洋伙伴关系协议，在知识产权问题上建立了更高的地区标准。虽然《反假冒贸易协议》最后未能通过，特朗普上台后，美国退出了《跨太平洋伙伴关系协定》。但这两个协议采用的先在小集团范围内秘密协议形成标准，再在国际范围内推行的方式仍需警惕。

1. 区域合作日益增多，东北亚地区占据重要地位

近些年来，区域贸易协定风潮不断兴起，其中多涉知识产权问题。《TRIPs 协定》达成后，美国和欧洲国家在推动区域自由贸易协定方面最为积极，其中美国与澳大利亚、加拿大、新加坡等近 20 个国家签订含有知识产权条款的自由贸易协定。而欧盟也与南非、智利等国签订类似自由贸易协定。许多重要的区域性协调机制，如亚太经合组织、G8+5❶ 峰会的海利根达姆进程等，都设有相关知识产权工作组。❷ 国际知识产权总体态势没有根本改变，但区域结构出现新的动态。后危机时代，主要国家专利申请增长放缓，但在总体数量上仍占主体地位。从地区发展状况来看，中国、日本、韩国所在的东北亚地区 PCT 专利申请占据世界 PCT 专利申请的主要部分，在知识产权国际格局中占据越来越重要的地位。❸

2. 专业国际组织深度介入，WIPO 面临激烈竞争

1986 年以前，WIPO 是唯一在知识产权国际规则方面影响较大的国际组织。乌拉圭回合谈判之后，WTO 开始涉足与贸易有关的知识产权问题。但是限于专业技能方面的约束，WTO 在许多方面都需要依赖 WIPO 的协助。可以说，WIPO 在名义上仍主导着国际知识产权规则的制定。❹ 但今天，越来越多的专业型国际组织，如世界卫生组织、国际标准化组织、国际海关组织、国际刑警组织、绿色和平组织、世界粮农组织、国际电信联盟、万国邮联、国际商会等，都开始关注知识产权问题，并就本组织所管辖议题中的知识产权问题制定标准和规则。这些都对 WIPO 的国际规则主导权形成了竞争，使得 WIPO 开始思考自身在国际知识产权规则制定方面应起的作用。

（六）全球产业创新战越演越烈，催生知识产权并购高潮

21 世纪以来，各国纷纷抢占技术创新高地。在这个时代，任何跨国企业

---

❶ "G8+5" 是指由美国、英国、法国、德国、意大利、加拿大、日本和俄罗斯组成的八国集团；"+5" 是指中国、印度、巴西、墨西哥、南非五个发展中国家。

❷ 贺化. 新一轮经济增长周期下的知识产权——中国知识产权制度的最新发展 [J]. 知识产权，2011（8）：5.

❸ 同❷.

❹ HALBERT D J. The World Intellectual Property Organization：Past，Present and Future[J]. Journal of the Copyright Society U. S. A.，2007，54：253.

要在市场中获得生存，都必须在全球范围内进行知识产权布局。知识产权成为兵家必争要地。

1. 各国抢占产业创新高地，知识产权争夺日趋激烈

金融危机后，各国在主导产业和新兴产业进行专利布局，抢占知识产权的战略高地。美国将研发投入提高到 GDP 的 3%，创下了历史最高水平；英国着眼于发展低碳经济和数字经济，"构筑英国的未来"；欧盟宣布投资 1050 亿欧元发展绿色经济；日本重点开发能源和环境技术。全球许多产业，药品、通信等领域的巨头之间，大打专利战，陷入了混乱的局面，其中以信息技术（IT）领域的竞争最为惨烈。21 世纪以来，卷入专利之战的网络巨头包括谷歌公司（Google）与甲骨文公司（Oracle）、苹果公司（Apple）、三星集团（SAMSUNG）与脸书（Facebook）等。争诉内容涉及浏览器、蓝牙、Java 等。❶

2. 专利丛林现象引发专利并购高潮

微软、甲骨文公司与国际商业机器公司（IBM）等老牌 IT 企业已拥有丰富的专利组合，对于后来者，这是跨不过去的坎。没有专利，根本不可能在网络行业里立足。于是，每个后来者都开始对专利收购趋之若鹜，从而引发了一场专利并购高潮。2011 年初，谷歌为了弥补专利储备的不足，曾抛出 9 亿美元报价，收购北电网络 6000 项专利。但苹果、微软和黑莓等竞争对手为阻止谷歌的扩张，不惜血本，组成联合体以 45 亿美元标价竞购。❷ 为与苹果及其他对手一决高下，谷歌随后斥巨资收购了摩托罗拉 1.7 万多项专利。❸ 微软以 10 亿美元购买 AOL 公司 900 项专利，英特尔以 3.75 亿美元抢购 InterDigital 公司 1700 项专利。专利并购已经成为产业扩张与产业重组的重要工具。

（七）经营模式不断创新，知识产权套利现象开始活跃

随着 21 世纪全球金融和产业资本的扩张，新的知识产权经营模式不断出

---

❶ 刘勇. 移动互联网的几大巨头专利之争［EB/OL］. (2012-11-21)［2017-06-27］. http://tech. hexun. com/2012-11-21/148174268. html.

❷ 网易科技报道. 谷歌宣布出价 9 亿美元收购北电 6000 项专利［EB/OL］. (2011-04-05)［2020-10-7］. https://www. 163. com/tech/article/70S60EL1000915BF. html.

❸ CLELAND S. Why Google's Motorola Patent Play Backfires［EB/OL］.［2017-06-27］. https://www. forbes. com/sites/scottcleland/2011/09/09/why-googles-motorola-patent-play-backfires/#3be7d0aa52d0.

现。不少市场主体利用知识产权进行套利，知识产权制度出现了扭曲与异化。

1. 知识产权经营模式不断创新

在现代研发模式下，知识产权从智力成果的财产权制度转变为确保研发成本/收益最大化的工具，并承担起资本增殖的使命。在这个时代，几乎所有的大型企业都开始设立专门的知识产权管理机构，以标准化的方式管理知识资产。❶ 基于资本逐利的天性，当市场主体发现知识产权能够带来收益时，就会挖掘出种种经营知识产权的方式，交叉许可、打包组合、专利联盟等皆是此类。在金融创新发达的国家，知识产权不仅由财产权演变成资本，还进而演变为融资的工具，成为一种金融资产。知识产权证券、知识产权信托、专利保险等都是知识产权作为融资工具在华尔街的开创性尝试。❷

2. 套利现象催生知识产权异化病症

近年来，不少市场主体开始从事知识产权套利活动，知识产权制度面临扭曲与异化现象。这主要表现为"非实际经营体"（Non-Practice-Entity，NPE）等现象的出现。NPE 本身并不制造专利产品或提供专利服务，而是从公司、科研院所或者个人发明者那里购买专利，然后依靠专利诉讼赚取巨额利润。它披着合法的外衣，将手中的知识产权发挥到极致，从中套取高额利润回报。❸ 据普华永道统计，2010 年，美国 NPE 已对超过 4500 家企业提起超过 3100 件专利诉讼。近几年，NPE 发起的专利诉讼案件呈现快速增长趋势。从 1995 年开始，NPE 参与了将近 56% 的专利诉讼。❹ NPE 是专利制度发展到一定阶段的产物，如不能有效地规范和引导，有可能演变为专利蟑螂（Patent Troll），扰乱正常的市场竞争与创新秩序。

---

❶ GRANSTRAND O. The Economics and Management of Intellectual Property: Toward Intellectual Capitalism[M]. Cheltenham: Edward Elgar Publishing Limited, 1999:10-12.

❷ 董涛. 知识产权证券化制度研究［M］. 北京：清华大学出版社，2009：67-96.

❸ RISCH M. Patent Troll Myths[J]. Seton Hall Law Review, 2012, 42:457.

❹ PWC. Patent Litigation Study: Patent Litigation Trends as the 'America Invents Act' Becomes Law［EB/OL］.［2020-09-27］http://www.pwc.com/en_US/us/forensic-services/publications/assets/2011-patent-litigation-study.

三、未来预判：后 TRIPs 时代国际知识产权演化方向

曾经影响国际知识产权治理结构变迁的动因同样会影响和决定国际知识产权格局的未来走向。未来的知识产权世界，将沿着不同的方向演化。

（一）《TRIPs 协定》的命运

《TRIPs 协定》的形成是当时国际各方力量妥协与平衡的结果，这是一种不稳定的平衡，也是当时发达国家占优势的平衡。《TRIPs 协定》实施 20 多年来，从提升知识产权立法标准来看，可以认为达到了最初意欲实现的目的，完成了其历史使命，但从构建全球统一知识产权执法机制来看，其所面临的困难远远超过统一审查授权机制这类纯粹的技术合作。近年来，新兴市场国家在经济发展方面获得了巨大的成功，加大了在国际知识产权规则中的话语权，打破了《TRIPs 协定》通过时的力量平衡。《TRIPs 协定》的未来命运面临着极大的不确定性。

一方面，在缺乏统一主权的国际社会，为贸易流通带来统一的秩序是一种宝贵的公共产品，需要巨大的成本来维持。欧美国家正是对他们付出了维持国际秩序的成本——为世界提供了公共产品，而未能充分受益这一点深感不满，所以近年来出现放弃《TRIPs 协定》转向双边、多边或小多边平台的趋向。随着发达国家关注重点的转换，可以认为，《TRIPs 协定》面临失去存在的必要而走向终结的可能。❶

但从另一方面看，表面上发达国家似乎要脱离《TRIPs 协定》文本而去，不过，从一个更宽阔的视野来看，则是发达国家要在《TRIPs 协定》构建的全球知识产权最低保护标准之上，通过 TRIPs-plus 的方式来推动全球执法体制的真正实现。从强调"规则的制定"到"规则的执行"，这种"棘轮式"的一个步骤接一个步骤有条不紊的方式，实际上仍是在《TRIPs 协定》大框

---

❶ BINKERT B. Why the Current Global Intellectual Property Framework under TRIPS is not Working [J]. Intellectual property law bulletin, 2006(10):143.

架之下推动国际知识产权执法由无到有、由低到高、再到更高标准的不断发展。❶

(二) 世界知识产权大国的起落

未来的国际知识产权格局中，欧美发达国家仍是世界经济的中心，在技术上处于绝对领先的地位。金融危机后，竞相借助技术创新激发经济增长点。新兴市场国家虽然尚不具备引领产业创新持续发展的能力，但是其崛起仍在一定程度上抵消了发达国家对知识产权国际规则的控制力。因此，在未来一段时间内，国际知识产权格局的主要极点将会有着起落和变化。

美国仍是知识产权世界第一强国，专利数量、质量居于世界前列，品牌数量世界第一，遍布从传统产业到现代信息产业各个领域，同时还掌握着以军事技术为引领的高技术以及遍布全球的采购、销售网络，具有巨大的国际知识产权规则变革的影响力。但随着产业转移和服务业外包，未来20年，美国有可能从知识产权出口国变为知识产权消费国。德国、法国、英国和日本将紧随其后，成为知识产权强国的第二梯队。韩国亦将成为新兴知识产权大国。

随着新兴经济体的发展，国际知识产权格局会发生此消彼长的局面。中国专利申请数量仍将保持世界第一，并将在较长的时间内保持较高增速，专利质量将有所提升，有效发明专利数逐渐积累。世界品牌榜上，来自中国的品牌逐渐增多。鉴于中国技术能力的提升、企业的全球化发展、巨大市场潜力逐步转化为现实的市场，中国在知识产权国际规则制定方面的潜在话语权将大幅提升。随着墨西哥制造业的兴起，墨西哥可能在专利方面有新的发展。印度最成功的产业就是软件和药品业。随着这两个领头产业的发展，印度对待知识产权的态度开始转变，将会快速成长为知识产权世界的极点之一。❷

---

❶ SELL S K. The Global IP Upward Ratchet, Anti-Counterfeiting and Piracy Enforcement Efforts: The State of Play[R]. PIJIP Research Paper no. 15. American University Washington College of Law. Washington. DC, 2010.

❷ HALBERT D. Intellectual Property in the Year 2025[J]. Journal of the Copyright Society U. S. A., 2007,(49):225.

(三) 未来知识产权规则的方向

今天，随着知识产权数量的累积越来越惊人、覆盖的空间越来越密集、控制的东西越来越琐碎，知识产权演变成一种法律词令的游戏，出现了变劣迹象。一方面当那些拥有最强技术和创新能力的跨国公司都开始呼吁改革时，❶ 表明知识产权规则已脱离开鼓吹者的控制，走上了自我衰退的路径。❷但另一方面知识产权的合理性还在。采用的国家越来越多，保护范围不断扩大，力度越来越强。相对物权而言，其产生历史还短，存在自我强化的趋势。如在制度调整中更具灵活性和针对性，将不同群体的利益考虑进来，国际知识产权规则仍能走上一条上行轨道，为激发人类的技术创新作出积极贡献。

知识产权国际体系在技术合作上将进一步加强，其运行效率有望提升。就知识产权审查来看，五大局负责了世界 75%～80% 的专利审批。随着 IP5、TM5、PCT、PPH 等合作项目的发展，国际上主要的知识产权审查机构在业务规则、审查标准、检索工具等方面都出现趋同化。世界未来的知识产权审查将会出现"轮毂辐射式"的格局，以五大局为核心负责审查业务，其他中小型专利局环绕，作为区域性的专门服务机构。❸ 通过这种方式，实现创新成果的共享。

国际知识产权保护的合作亦将加强，但各国仍会保持知识产权司法管辖的独立性。考虑到国际贸易关系日渐紧密，知识产权领域的司法协助（双边民事和刑事司法协助的一部分）机制将会逐渐建立。知识产权国际规则将演变成以《TRIPs 协定》为核心，WIPO 管理国际公约为支撑，覆盖司法刑事合作、海关合作、气候变化、公共卫生、邮政、生物多样性、发展议程等领域的更加完备、更加复杂的规则体系。发达国家由于在日益民主化的国际社会中难以在整体上占据压倒性优势，WTO、WIPO 等多边平台达成共识更加困难，因此，国际合作平台将从大多边逐步向双边、小多边以及更加专业的平台参与的路径演进。

---

❶ IPO Survey. Corporate Patent Quality Perceptions in the U. S. [R]. Intellectual Property Owners Association, 2005.

❷ 赵元果. 中国专利法的孕育与诞生 [M]. 北京：知识产权出版社，2003：124.

❸ 田力普. 国内外知识产权最新形势分析 [J]. 知识产权，2014 (1)：5.

第二节
区域知识产权一体化态势研究

一、区域贸易协定的基本情况

区域贸易协定（Regional Trade Agreement，RTA）是指两个或两个以上的关税领土之间以贸易优惠为内容，以经济发展共同受惠为目的的制度安排。一般说来，在WTO这个多边自由贸易体系中，最核心的原则是通过最惠国待遇建立起来的非歧视待遇原则。而区域贸易协定则是两个或两个以上的成员相互间签署互惠协议，偏离了这一基本原则。因此，这构成WTO非歧视待遇原则的例外，只有在特定情况下才是被允许的。

（一）WTO区域贸易协定（RTA）的主要规则

在WTO框架中，RTA作为例外必须符合WTO的相关规定，这些规定包括以下2类。

1. WTO区域贸易协定的类型

WTO中的区域贸易协定主要包括以下4类。

（1）针对货物贸易的部分范围协定（Partial Scope Agreement，PSA）。

根据《对发展中国家差别和更优惠待遇、互惠和充分参与的决定》（1979年11月28日，以下简称"GATT授权条款"）第1条、第2条、第3条规定，允许发展中国家成员签署可以享有比最惠国待遇更优惠的关税与关税贸易障碍减让协定。❶

GATT授权条款第1条：尽管有总协定第一条的规定，各缔约方仍可给予

---

❶ Differential and more favourable treatment reciprocity and fuller participation of developing countries (Decision of 28 November 1979 (L/4903)).

发展中国家以差别优惠待遇，而不用将此种待遇给予其他缔约方。❶

GATT 授权条款第 2 条：第 1 条规定适用于下述情况：①发达缔约方根据普遍优惠制原则对源于发展中国家产品给予的优惠待遇；②在 GATT 主持下多边谈成的条约条款所管辖的有关总协定非关税措施中给予的差别和优惠性待遇；③不发达缔约方间按照缔约方全体通过的标准或条件缔结的地区性或全球性安排，彼此间进口产品关税减免，及相互间优惠的非关税措施；④在有利于发展中国家的一般或具体措施中，给予最不发达国家的特殊待遇。❷

GATT 授权条款第 3 条：根据本条所给予的任何差别优惠待遇都：①应促进发展中国家的贸易，不得对其他缔约国的贸易制造障碍，或带来不应有的困难；②不应对根据最惠国待遇原则对关税和其他贸易限制进行减免的措施构成障碍；③如此种待遇系由发达的缔约方向发展中国家提供，应在制度设计时积极回应发展中国家在发展、财政和贸易方面的需求，在必要时须进行修改。❸

（2）针对货物贸易的自由贸易协定（Free Trade Agreement，FTA）。

《1947 年关税与贸易总协定》（简称"GATT 1947"）第 24 条第 8 款（b）项所规定的"自由贸易区"（Free Trade Area）：自由贸易区应理解为在

---

❶ Decision of 28 November 1979（L/4903），Art. 1：Notwithstanding the provisions of Article I of the General Agreement, contracting parties may accord differential and more favourable treatment to developing countries, without according such treatment to other contracting parties.

❷ Art. 2：The provisions of paragraph 1 apply to the following：a) Preferential tariff treatment accorded by developed contracting parties to products originating in developing countries in accordance with the Generalized System of Preferences；b) Differential and more favourable treatment with respect to the provisions of the General Agreement concerning non-tariff measures governed by the provisions of instruments multilaterally negotiated under the auspices of the GATT；c) Regional or global arrangements entered into amongst less-developed contracting parties for the mutual reduction or elimination of tariffs and, in accordance with criteria or conditions which may be prescribed by the CONTRACTING PARTIES, for the mutual reduction or elimination of non-tariff measures, on products imported from one another；d) Special treatment on the least developed among the developing countries in the context of any general or specific measures in favour of developing countries.

❸ Art. 3：Any differential and more favourable treatment provided under this clause：a) shall be designed to facilitate and promote the trade of developing countries and not to raise barriers to or create undue difficulties for the trade of any other contracting parties；b) shall not constitute an impediment to the reduction or elimination of tariffs and other restrictions to trade on a most-favoured-nation basis；c) shall in the case of such treatment accorded by developed contracting parties to developing countries be designed and, if necessary, modified, to respond positively to the development, financial and trade needs of developing countries.

两个或者两个以上的一组关税领土中，对成员领土之间所有实质上来自该领土产品的贸易取消关税与其他限制性措施的贸易协定（如必要，按照本协定第 11 条、第 12 条、第 13 条、第 14 条、第 15 条和第 20 条下允许的关税和其他限制性贸易法规除外）。❶ 这里可以理解为界定的是狭义的"FTA"。

（3）针对货物贸易的关税同盟协定（Customs Union Agreement，CUA）。

GATT 1947 第 24 条第 8 款（a）项规定：关税同盟应理解为以单一关税主体替代两个或两个以上关税主体，以便

（i）对于同盟成员领土间的所有贸易或至少对于源于此类领土产品的实质上所有贸易，取消关税及其他限制性贸易协定（如必要，第 11 条、第 12 条、第 13 条、第 14 条、第 15 条和第 20 条下允许的关税和其他限制性贸易法规除外），及

（ii）在遵守第 9 款规定的前提下，同盟每一成员对同盟以外领土的贸易实施实质相同的关税或其他贸易措施。❷

（4）包括服务贸易自由化在内的经济一体化协定（Economic Integration Agreement，EIA）。

根据 WTO 的《服务贸易总协定》（General Agreement on Trade in Service，GATS）第 5 条第 1 款：

"经济一体化"是指在符合下列条件下，成员可以参加或达成在参加方之

---

❶　The General Agreement on Tariffs and Trade（GATT 1947），Article XXIV：Territorial Application-Frontier Traffic-Customs Unions and Free-trade Areas，8. For the purposes of this Agreement：（b）A free-trade area shall be understood to mean a group of two or more customs territories in which the duties and other restrictive regulations of commerce（except，where necessary，those permitted under Articles XI，XII，XIII，XIV，XV and XX）are eliminated on substantially all the trade between the constituent territories in products originating in such territories.

❷　The GATT 1947，Article XXIV：Territorial Application-Frontier Traffic-Customs Unions and Free-trade Areas，8. For the purposes of this Agreement：（a）A customs union shall be understood to mean the substitution of a single customs territory for two or more customs territories，so that（i）duties and other restrictive regulations of commerce（except，where necessary，those permitted under Articles XI，XII，XIII，XIV，XV and XX）are eliminated with respect to substantially all the trade between the constituent territories of the union or at least with respect to substantially all the trade in products originating in such territories，and，（ii）subject to the provisions of paragraph 9，substantially the same duties and other regulations of commerce are applied by each of the members of the union to the trade of territories not included in the union.

间实现服务贸易自由化的协定，只要此类协定符合下列条件：

（a）涵盖众多服务部门，并且

（b）规定在该协定生效时或在一个合理时限基础上，对于（a）项所涵盖的部门，在参加方之间通过以下方式不实行或取消第17条意义上的实质上所有歧视：（i）取消现有歧视性措施，和/或

（ii）禁止新的或更多的歧视性措施，但第11条、第12条、第14条以及第14条之二下允许的措施除外。❶

GATS 第 5 条第 4 款：第 1 款所指的任何协定应旨在便利协定参加方之间的贸易，并且与订立该协定之前的适用水平相比，对于该协定外的任何成员，不得提高相应服务部门或分部门内的服务贸易壁垒的总体水平。❷

2. 区域贸易协定的透明化机制

尽管 RTA 对多边贸易机制所具有积极作用，WTO 成员于 2006 年通过了一项临时决议，要求加强 RTA 的透明度。根据此项决议，成员应当就他们所有已参加的，或正在谈判的 RTA 通知 WTO 秘书处并进行备案。根据 WTO 2006 年 RTA 透明化机制的规定，RTA 透明化主要包括以下方面。

早期声明。成员在参加 RTA 谈判时，就应及时向 WTO 披露。披露信息包括 RTA 的正式名称、覆盖范围、签约日期、预期加入及生效的时间表、相关的网址与联系信息及其他不需要保密的信息。这些信息在提交 WTO 秘书处的同时还应当定期在 WTO 的官方网站上进行公布。

通知。成员在成为某个 RTA 的缔约方后，应当尽早通知 WTO。通常而

---

❶ GATS, Art. V: Economic Integration, 1. This Agreement shall not prevent any of its Members from being a party to or entering into an agreement liberalizing trade in services between or among the parties to such an agreement, provided that such an agreement: (a) has substantial sectoral coverage, and (b) provides for the absence or elimination of substantially all discrimination, in the sense of Article XVII, between or among the parties, in the sectors covered under subparagraph (a), through: (i) elimination of existing discriminatory measures, and/or (ii) prohibition of new or more discriminatory measures, either at the entry into force of that agreement or on the basis of a reasonable time-frame, except for measures permitted under Articles XI, XII, XIV and XIV bis.

❷ GATS, Art. V: Economic Integration, 4. Any agreement referred to in paragraph 1 shall be designed to facilitate trade between the parties to the agreement and shall not in respect of any Member outside the agreement raise the overall level of barriers to trade in services within the respective sectors or subsectors compared to the level applicable prior to such an agreement.

言，在成员批准加入某个 RTA，或决定适用该协定某一特定部分的第一时间里，应及时通知 WTO。成员在通知 WTO 所参加的 RTA 时，应当明确是根据 WTO 哪一条规则参加的何类 RTA。同时，必须提供 RTA 的全文本，或者他们适用的该部分 RTA 的文本，以及相关的议程、附件与协议。这类材料都必须以 WTO 认可的官方语言形式提供。在可能的情况下，还应提交电子版文档，同时提供相关资料的网络链接。

透明化程序。成员方必须依据规定的流程向 WTO 秘书处提交相关 RTA 的信息。RTA 谈判通常应在成员方通知 WTO 后一年内达成。成员方应当尽可能向 WTO 秘书处提供关于 RTA 谈判的准确时间表。成员方应当向 WTO 秘书处提供附件中所要求的数据信息，在可能时应提交电子版格式。同时，WTO 秘书处在与成员方进行沟通后，应当准备关于 RTA 的相关事实信息。WTO 秘书处公布的相关信息，以及成员方提交的补充信息都应当以 WTO 官方语言公布。

后续通知与报告。如果 RTA 事项发生变化，影响 RTA 的实施，或者 RTA 运行的，成员方应当在特定事项发生后的第一时间通知 WTO。应当通知 WTO 的事件包括缔约方给予的优惠内容变化，以及 RTA 的规则变化等。成员方应当以 WTO 官方语言向 WTO 秘书处提交 RTA 变化的内容、相关文本、日程、协议等材料，并提交电子版本。

RTA 有效期届满后，成员方应当向 WTO 提交简短的书面报告，汇报 RTA 在实现贸易自由化方面的效果。WTO 相关部门应当应要求为交换信息提供充分的渠道。WTO 秘书处应当将 WTO 相关部门与成员方互相之间交换的信息及时向成员方通报，并在官方网站上披露。

执行机构。RTA 委员会与贸发委员会是 WTO 指定的负责实施透明机制的机构。RTA 委员会负责 GATT 1994 第 24 条及 GATS 第 5 条下的 RTA，贸发委员会负责 GATT 授权条款第 2（c）下的 RTA。

此外，透明化机制规则还包括对发展中国家的技术支持、透明化机制的临时适用、透明化机制效果评估等方面的内容。❶

---

❶　Transparency Mechanism for Regional Trade Agreements，Decision of 14 Dec. 2006，WT/L/671（06-6056）.

（二）RTA 的发展现状

根据 WTO 的统计，截至 2019 年 3 月，收到全球 686 个区域贸易协定签约通知，其中以生效年份为准统计的生效的 RTA 为 472 个，如图 2-1 所示。

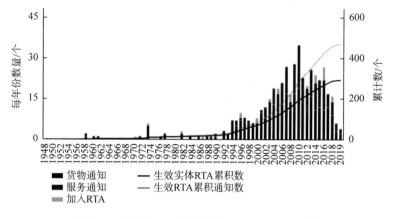

图 2-1　世界 RTA 发展进程（1948—2019）❶

注：通知的 RTA：货物、服务与加入的 RTA 分开单独计算；实体 RTA：货物、服务与加入的 RTA 合并计算。累积曲线显示当前生效的通知/实体 RTA 的数量。

其中，在生效的 472 个协定中，根据 GATT 1947 第 24 条的协定 263 个，根据授权条款（enabling clause）的协定 51 个，根据 GATS 第 5 条的协定 158 个，见表 2-1。

表 2-1　根据通知不同的 RTA 分类❷　　　　单位：个

	加入	新签署的 RTA	总数
关贸总协定 XXIV 条（自贸协定）	3	240	243
关贸总协定 XXIV 条（关税同盟）	10	10	20
授权条款	5	46	51
服务贸易协定 V 条	7	151	158
总数	25	447	472

❶ 参见 WTO 官方网站［2019-04-15］. http://rtais.wto.org/UI/Charts.aspx.

❷ 参见 WTO 官方网站［2019-04-15］. http://rtais.wto.org/UI/publicsummarytable.aspx.

在这些区域自由贸易协定中，从类型来看，自由贸易协定与部分范围协定有278个，经济一体化协定有158个，关税同盟占有18个，见表2-2。

表2-2　根据不同类型的 RTA 分类　　　　　　　　　　单位：个

	授权条款	服务贸易协定 V 条	关贸总协定 XXIV 条	总数
关税同盟	8	–	10	18
关税同盟-加入	2	–	10	12
经济一体化协定	–	151	–	151
经济一体化协定-加入	–	7	–	7
自由贸易协定	16	–	240	256
自由贸易协定-加入	1	–	3	4
部分范围协定	22	–	–	22
部分范围协定-加入	2	–	–	2
总数/个	51	158	263	472

数据来源：WTO 官方网站［2019-04-15］．http：//rtais. wto. org/UI/publicsummarytable. aspx.

根据区域自由贸易协定的覆盖类型来区分，其中货物贸易协定143个，占48%，服务贸易协定 1 个，包含货物与服务贸易的协定 150 个，见表2-3。❶

表2-3　根据不同类型的 RTA 分类　　　　　　　　　　单位：个

货物	143
服务	1
货物与服务	150
总数	294

数据来源：WTO 官方网站［2019-04-15］．http：//rtais. wto. org/UI/publicsummarytable. aspx.

---

❶　根据 GATT/WTO 对 RTA 通知件数统计原则，某一协定同时涉及货物贸易和服务贸易，通报件数按 2 件计算。此处具体的 RTA 是指某一协定同时涉及货物贸易和服务贸易时，按 1 件计算。

（三）世界范围内主要的区域贸易协定

世界范围内的主要区域贸易协定有欧洲联盟、北美自由贸易协议、南方共同市场、东南亚国家联盟、东部和南部非洲共同市场。

1. 欧洲联盟

欧洲联盟（European Union），简称欧盟（EU），总部设在比利时首都布鲁塞尔，是由欧洲共同体发展而来的，创始国有 6 个，分别是德国、法国、意大利、荷兰、比利时和卢森堡。1991 年 12 月，欧洲共同体马斯特里赫特首脑会议通过《欧洲联盟条约》，通称《马斯特里赫特条约》。1993 年 11 月 1 日《马斯特里赫特条约》正式生效，欧盟正式诞生。欧盟是欧洲地区规模较大的区域性经济合作的国际组织。成员方已将部分国家主权交给组织（主要是经济方面，如货币、金融政策、内部市场、外贸），令欧盟越来越像联邦制国家。欧盟包括欧盟委员会、欧洲议会、欧洲联盟理事会、欧洲理事会、欧洲法院和欧洲中央银行。欧盟是世界上具有重大影响力的区域一体化组织。欧盟签订的 RTA 主要选择欧洲和周边国家，包括北欧、欧洲其他国家、北非、西亚。远离欧洲的国家选择较少，主要有智利、墨西哥、南非三国。

2. 北美自由贸易协议

北美自由贸易协议（Noreh American Free Trade Agreement，NAFTA）是美国、加拿大和墨西哥在 1992 年签署的全面贸易协议，1994 年 1 月 1 日正式生效。同时宣告了一个国家货物可以互相流通并减免关税的北美自由贸易区（North American Free Trade Area）的形成。北美自由贸易区是一个以美国为核心的南北区域性经济组织，美国在其中有着绝对的主导作用。美国、加拿大、墨西哥三国按工业化程度和发展水平分属三个不同的层次：美国属于第一个层次，加拿大属于第二个层次，二者均是发达的工业化国家；墨西哥则是第三个层次，为新兴的工业化国家。北美自由贸易区给美国提供在双边贸易、直接投资、技术转让及第三产业诸领域内控制加拿大和墨西哥的机会，从而在贸易区对内外事务上拥有了绝对发言权。因而，从根本上说，北美自由贸易区的建立更多地体现出了美国的战略意图。同时，北美自由贸易区又给加拿大和墨西哥提供了难得的进入美国市场的机会，对于促进这两个国家的经济发展具有非常重要的作用。三国联合，在国际贸易中的地位也大为增强，因此，NAFTA 在很大程度上是双赢的选择和结果。

3. 南方共同市场

南方共同市场（Mercado Común del Sur，MERCOSUR），1991 年由阿根廷、巴西、乌拉圭和巴拉圭 4 国在巴拉圭首都亚松森签署的《亚松森条约》建立的。智利（1996 年）、玻利维亚（1996 年）、秘鲁（2003 年）、哥伦比亚（2004 年）和厄瓜多尔（2004 年）先后成为南方共同市场的成员方。南方共同市场是拉美地区举足轻重的区域性经济合作组织，也是世界上第一个完全由发展中国家组成的共同市场。该组织的宗旨是通过有效利用资源、保护环境、协调宏观经济政策、加强经济互补，促进成员方科技进步，最终实现经济政治一体化。MERCOSUR 成立以来，取得了令人瞩目的成绩，成为与欧盟、北美自由贸易区相并列的世界第三大机制化的区域经济一体化组织。目前，MERCOSUR 的合作范围还在向其他领域，特别是政治、外交领域拓展。

4. 东南亚国家联盟

东南亚国家联盟（Association of Southeast Asian Nations，ASEAN），简称东盟。1967 年，印度尼西亚、泰国、新加坡、菲律宾四国外长和马来西亚副总理在曼谷举行会议，发表了《曼谷宣言》，宣告了东南亚国家联盟的成立。随后，文莱（1984 年）越南（1995 年）、老挝（1997 年）、缅甸（1997 年）和柬埔寨（1999 年）5 国先后加入东盟，使这一组织涵盖整个东南亚地区。2000 年，在新加坡举行的东盟领导人非正式会议上，东盟领导人同意将东盟国家视为一个经济体。东盟 10 国成为东南亚地区以经济合作为基础的政治、经济、安全一体化合作组织，并建立起一系列合作机制，从此开始作为一个整体在国际上获得了非正式外交地位。

5. 东部和南部非洲共同市场

东部和南部非洲共同市场（Common Market for Eastern and Southern Africa，COMESA），是在原东部和南部非洲优惠贸易区的基础上成立的区域性经济组织，是非洲地区成立最早、最大也是最成功的地区经济合作组织，秘书处设在赞比亚首都卢萨卡。1994 年 12 月，COMESA 正式成立。2000 年 10 月，COMESA 正式启动非洲第一个自由贸易区，有 9 个成员方成为自由贸易区首批成员，2004 年建立关税联盟，成员包括赞比亚、乌干达等在内的 21 个国家，总人口近 4 亿。COMESA 旨在通过加强成员的贸易和投资联系，最终实现成员之间的经济一体化。

（四）区域自由贸易协定的发展特点分析

FTA 自 1995 年以来，除了呈现出迅猛发展的特征外，还呈现出一些新的特点。

1. FTA 打破了传统结合类型

就传统区域经济一体化理论而言，经济发展水平接近的国家，更容易建立起 FTA。但近年的经济发展改变了原来的 FTA 模型，欧盟后来的扩展基本上都是发展中国家，NAFTA 的建立也将落后的发展中国家墨西哥纳入进去。从当前的国际经济发展趋势来看，FTA 的建立不再把经济发展水平作为考虑的重点问题，建立 FTA 将使参加各方受益已成共识。

2. FTA 的组成结构发生变化

从 FTA 的组成结构来看，自由贸易协定所占的比重相当大，而且双边自由贸易协定占比更大，而不是建立关税同盟。由于建立自由贸易协定涉及内容较少，没有经济管理权的让渡，与其他国家再签订自由贸易协定也不受现有自由贸易协定的限制，所以这种模式受到各国青睐。近年来，除非洲之外其他为数不多的地区建立了关税同盟，如俄罗斯为主要成员的"欧亚经济共同体"，中东国家组成的"海湾合作委员会"等。

3. 欧洲在 FTA 中处于领先地位

从 FTA 的地域来分，欧盟在 FTA 领域中处于领先地位。欧盟 RTA 的快速发展一方面是经济发展的需要，另一方面是欧洲政治发展的需要。如果说欧盟成员的扩大进程是伴随着经济和政治势力的扩张而进行的，那么欧盟的 FTA 进程为欧盟在欧洲编织了秘密的 FTA 网络。这些国家多数与欧洲相邻，包括北非国家和西亚国家。欧盟在 FTA 领域占有的优势，将可能影响欧盟参与 WTO 多边贸易谈判的态度，减少对 WTO 的关注程度。

4. 非洲采取了独特方式推进 FTA 进程

非洲国家热衷于参加区域经济一体化组织，在非洲联盟的推动下，非洲大陆成立了数量众多、类型各异的区域经济一体化组织。近十几年成立的关税同盟中，其中就有 3 个非洲国家，包括南部非洲关税同盟、东部非洲共同体、中部非洲经济和货币共同体。北非国家热衷于与欧洲国家，主要是欧盟的经济往来。除了关税同盟之外，还有南部非洲发展共同体（SADC）、东部南部非洲共同体和西非国家经济共同体（ECOWAS）。不过，尽管非洲国家向 WTO 申请组建了众多的经济一体化组织，但在实际中大多因为目标过高而进展缓慢。

5. 亚洲 RTA 发展迅速

近年来亚洲国家在推进 RTA 进程方面发展迅速，可以说亚洲，尤其是东亚、南亚、东南亚在参与 RTA 中虽然是后来者，但后来居上。鉴于亚洲经济发展的特殊情况，亚洲建立的自由贸易协定和特惠贸易协定占据主要地位，建立关税同盟的可能性较小。❶ 目前，亚洲地区的 RTA 进程备受关注，东亚的东盟-中国、日本、韩国自由贸易区，东盟-中国、日本、新西兰、澳大利亚、印度的贸易自由化进程，以及亚太经合组织提议中的亚太自由贸易区都将推进亚洲 RTA 的进程。

6. 拉美国家的 RTA 进程有别于亚非

拉美国家推进 RTA 方式与亚洲和非洲都有不同。亚洲国家缺少建立关税同盟的计划，主要以建立自由贸易协定为主，同时有特惠贸易协定和经济一体化协定，而非洲则以关税同盟为主，多以发展共同的对外经贸政策为目标。拉美国家既有几个关税同盟，又积极参加自由贸易协定，尤其是以墨西哥、智利最为突出，属于世界上少数几个参与自由贸易协定较多的国家。巴西、阿根廷没有参与双边自由贸易协定进程，但参与的是拉美一体化协会、发展中国家全球贸易优惠制、南方共同市场等 RTA。拉美和中美国家热衷于建立关税同盟。❷

二、区域贸易协定中的知识产权条款

在区域贸易协定中，除了第 1 类即针对货物贸易的部分范围协定基本没有涉及知识产权内容，其他 3 类协定都涉及与知识产权有关的规范。按照

---

❶　参见：WTO 官方网站［2019-04-15］．http://rtais.wto.org/UI/Charts.aspx．

❷　张彬. 国际区域经济一体化比较研究［M］．北京：人民出版社，2010：23-26．

WTO 规则，作为最惠国待遇原则的例外，GATT 和 GATS 都允许 FTA 成员之间保留特殊优惠待遇，即允许 FTA 给其成员提供一些双边的特殊优惠待遇。但是，在知识产权方面，《TRIPs 协定》的最惠国待遇原则与 GATT 和 GATS 都有所不同。《TRIPs 协定》第 4 条的最惠国待遇规定：

在知识产权保护方面，一成员给任何其他成员国民的任何好处、优惠、特权或豁免，应立即无条件地给予所有其他成员的国民。一成员给予的下述好处、优惠、特权或豁免除此义务：

①源于关于司法协助或一般性质的法律实施的国际协定而不特别限于知识产权保护方面的；②依《伯尔尼公约》（1971）或《罗马公约》规定给予的，它们授权所给予的待遇不具有国民待遇性质而是另一国给予的待遇；③本协议下未作规定的有关表演者、唱片制作者以及广播组织的权利；④源于在关于《建立世界贸易组织的协议》生效前已生效的有关知识产权保护的国际协议，只要该等国际协议已被通知给 TRIPs 理事会，并对其他成员的国民不造成武断或不公正的歧视。❶

《TRIPs 协定》第 5 条规定"获得或维持保护的多边协议"也涉及"最惠国待遇原则"的一种例外："第 3 条和第 4 条的义务不适用于由 WIPO 主持下达成的有关知识产权的获得或维持的多边协议规定的程序。"《TRIPs 协定》"最惠国待遇原则"只有 5 种例外，即第 4 条 4 种与第 5 条 1 种，其中并没有对 FTA 的例外规定。因此，可以说，在知识产权获得或维持程序方面，《TRIPs 协定》并不允许 FTA 给予其成员一些排他的特殊优惠待遇。实际上，《TRIPs 协定》之后的 RTA 大多是多边协议，RTA 成员可对世贸成员的非RTA 成员使用不同的关税和服务贸易政策，但是不能适用不同的知识产权获得或维持的程序标准。❷

WTO 秘书处提供了关于备案 RTA 的全面信息。截至 2019 年生效的 294 个 RTA 当中（不包括加入的，包括加入的为 312 个），其中有 203 个涵盖了知识产权内容。❸

---

❶ WTO. Trade-Related Aspects of Intellectual Property Rights Agreement. Art. 5.

❷ 孔祥俊. WTO 知识产权协定及其国内适用 [M]. 北京：法律出版社，2002：84-87.

❸ 参见：WTO 官方网站 [2019-04-26]. http://rtais.wto.org/UI/PublicSearchByCrResult.aspx.

在涉及知识产权规定的 203 个协定中，包含知识产权保护合作的承诺或声明的规定、边境措施等，其中有 117 个协定对版权与邻接权进行了规定；111 个对专利进行了规定；117 个对商标进行了规定；126 个对地理标志进行了规定；115 个对执法进行了对应；40 个对传统知识进行了规定；如图 2-2 所示。

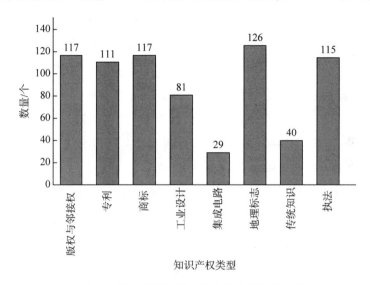

图 2-2　自由贸易协定中包含的知识产权类型

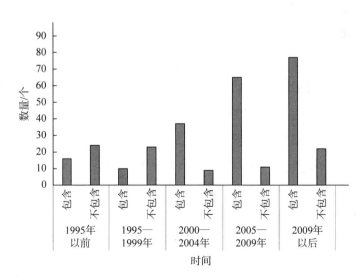

图 2-3　包含知识产权条款 RTA 的数量

截至 2019 年，在所有的 RTA 中，包含知识产权条款的协定与不包含知识产权协定之间的比例出现逐年加速与递增的趋势如图 2-3 所示。在涉及知识产权的所有协定中，有 177 个是在 2000 年以后达成的。在 2000 年以前，从 1958 年的欧共体条约开始，只有 26 个生效 RTA 包含知识产权规定。❶

一般说来，RTA 的增多，对全球贸易自由化会产生一定的碎片效应，对全球一体化的进程进行切割。但是，RTA 又具有某种特殊的效应，对贸易一体化起着推动与整合的作用。这种"切割"与"整合"表现为一种"合—分—合"的螺旋式发展。这些效应包括雪球效应（在缔约成员之间产生连锁效应，越滚越大）、集合效应（参加 RTA 的成员，相当于加入了特定的俱乐部，享有某些权利，承担某些义务，形成一个共同体）、压制效应（RTA 成员须承担全面执行 RTA 条款的压力）、模仿效应（加入 RTA 成员，对国情类型的国家/地区具有示范作用，引导这些国家/地区学习模仿）、阐释效应（通过 RTA 的制定，可以产生对相关国际条约条款的适用进行解释）、裹挟效应（众多 RTA 的出现，可以强迫相关的国际公约开始受制于 RTA，并逐渐向该 RTA 的内容靠拢）。❷

从涉及知识产权内容的 RTA 来看，欧美发达国家之间的 RTA 大多对知识产权进行了实质性规定，如禁止平行进口、扩展知识产权刑事保护的客体、强化知识产权犯罪的惩处力度、延长保护期限、以专有权保护试验数据、扩展版权技术措施的覆盖范围与边界、进一步限制强制许可适用、将《TRIPs 协定》的弹性条款刚性化、将动植物品种纳入专利保护、强制加入《世界知识产权组织版权条约》《世界知识产权组织表演和录音制品条约》，将边境保护措施扩展到出口商品和转运商品等内容。相反，亚非等发展中国家之间签署的 RTA 则大多是对《TRIPs 协定》中内容的重述，少有做出超出《TRIPs

❶ RAYMUNDO VALDÉS, RUNYOWA TAVENGWA. WTO: "INTELLECTUAL PROPERTY PROVISIONS AGREEMENTS"[R]. World Trade Organization Economic Research and Statistics Division. Manuscript date: 23, Sep. 2014:9.

❷ MORIN, eatl. Multilateralizing TRIPS-plus Agreements: Is the US Strategy a Failure? [J]. The Journal of World Intellectual Property, 2009,12:175-197.

协定》标准之上的规定。❶ 不过，近些年来，在发达国家与发展中国家之间签署的 RTA 中，常常涉及药品专利、数据保护等内容，就是通过 RTA 具有的效应绕开 WTO 机制，大力推行所谓的"TRIPs-plus"（超 TRIPs 条款），迫使落后国家履行更高水平的知识产权保护条款。❷ 可以说，2010 年后的《反假冒贸易协议》与《跨太平洋伙伴关系协定》就是这一机制的产物。

（一）《反假冒贸易协议》（Anti-Counterfeiting Trade Agreemt, ACTA）

在 2005 年英国格伦伊格尔斯的 G8 峰会上，日本率先提出了构建一个国际性法律框架以阻止假冒和盗版的建议。正式的官方谈判开始于 2008 年 6 月，参与方扩展到澳大利亚、加拿大、欧盟及其成员方、日本、约旦、墨西哥、摩洛哥、新西兰、韩国、新加坡、瑞士、阿联酋和美国等多个国家/地区，谈判经历了十一个回合形成了最终文本。

ACTA 是由知识产权保护水平较高的大国主导的、经过秘密谈判而起草的、独立于现有国际知识产权治理结构并超越《TRIPs 协定》保护水平的、旨在提高全球知识产权执法水平的多边政府间协定。ACTA 具有以下特点：①知识产权大国的主导性；②谈判的秘密性；③治理结构的独立性；④执法水平的超越性；⑤执法目标的全球性；⑥对第三国的压迫性。

从框架上看，ACTA 由序言和六章规定组成：第一章"起始规定和定义"，第二章"知识产权执法的法律框架"，第三章"执法实践"，第四章"国际合作"，第五章"机构安排"，以及第六章"最后条款"。第二章"知识产权执法的法律框架"内容最多，分为"一般义务""民事执法""边境措施""刑事执法"和"数字环境下的知识产权执法"五节。

主要国家在谈判过程中的利益博弈通过谈判的不同文本体现出来。从对各个不同版本的对比分析中，可以清楚看到欧盟与美国两大阵营的分歧与对立。双方的立场也十分明确，欧盟希望 ACTA 能够保护地理标志，而不仅限

---

❶　MERCURIO B. Trade Liberalisation in Asia: Why Intra-Asian Free Trade Agreements are not Utilized by the Business Community[J]. Asian Journal of WTO & International Health Law & Policy,2011,3.

❷　EPO. Scenarios of the Future: How Might IP Regimes Evolve by 2025? [R]. April, 2007:57.

于商标和版权及其邻接权，而美国希望推行互联网规则。从谈判的结果来看，双方都得到了最大程度的满足。至于其他谈判成员所提建议，最终文本基本没有体现。

ACTA 在 1.1 条"与其他协议的关系"中指出："本协议不应减损各缔约方根据其缔结的任何其他现存协议包括《TRIPs 协定》中既存的义务。"由此可以看出，ACTA 是将《TRIPs 协定》作为地板，以其为基础，努力提高知识产权的保护水平。具体而言，在民事执法、边境措施、刑事执法方面，与《TRIPs 协定》相比，利益的天平显著地向权利所有人倾斜。

（二）《跨太平洋伙伴关系协定》（Trans-Pacific Partership Agreemt，TPP）

TPP 谈判的基础依然是 RTA。TPP 初始形态是 2005 年 7 月签署、2006 年 5 月生效的《跨太平洋战略伙伴关系协议》，是由新加坡、新西兰、智利和文莱 4 国缔结的自由贸易协定。TPP 是以 2001 年 1 月正式生效的新西兰-新加坡的《新西兰与新加坡密切经济伙伴协议》为蓝本而缔结的，是一个以100% 撤销关税、不承认例外、申请时需要与所有国家进行"一对一"谈判的、涵盖广泛领域的、高水平的 RTA，其中包含了知识产权的内容。

2008 年 9 月，美国宣布将加入 TPP。2010 年 3 月，新加坡、新西兰、文莱、智利、美国、澳大利亚、秘鲁和越南在墨尔本举行首次谈判，确定了每年至少进行四轮谈判的机制。此次谈判涉及关税、非关税贸易壁垒、电子商务、服务和知识产权等议题。美国较为强调的内容包括推动清洁能源等新兴行业的发展，促进其制造业、农业以及服务业的商品与服务出口，并强化对美国知识产权的保护。

TPP 谈判采取了闭门磋商的方式进行，谈判结束前不对外公布技术文本。据报道，谈判共涉及以下议题：农业、劳工、环境、政府采购、投资、知识产权保护、服务贸易、原产地标准、保障措施、技术性贸易壁垒、卫生和植物卫生措施、透明度、文本整合等。TPP 具有覆盖范围广、宽领域、高标准等特点。作为超 TRIPs 知识产权条款的"集大成者"和国际"高标准"知识产权规则的典范，TPP 知识产权规则对国际知识产权制度的发展产生了重大冲击和影响。

TPP 第 18 章"知识产权"包含总则、合作、商标、国家名称、地理标志、专利和未公布的实验数据或其他数据、工业品外观设计、著作权及相关权利、执法、网络服务提供者和最后条款共 11 节，详细规定了各类知识产权的保护标准和权利行使程序。在内容方面，TPP 知识产权规则最显著的特征就是高标准。这包括以下几个方面：第一，TPP 扩展了专利、商标等传统知识产权保护的客体范围；第二，TPP 明确了各类型知识产权的具体保护标准和例外规则的使用条件，并对权利的具体内容进行了扩张；第三，TPP 延长了权利的保护期限；第四，TPP 通过"专利链接"机制强力排除仿制药进入市场；第五，TPP 规定了非常详尽的知识产权民事、行政和刑事执法程序，并首次规定执法程序对于数字环境下的商标及著作权侵权行为同样适用；第六，TPP 在知识产权领域引入了"投资者与国家争端解决机制"的适用。

TPP 从传统、单一、狭义的贸易协定拓展成为现代、广义、综合的贸易协定。除了经济元素以外，还包含了诸多非经济元素。TPP 成员不仅要受到贸易机制的制约，而且还受法律法规、社会团体、生态环境、商业模式和公众评判等制约。这是整体、多层次发展的自由贸易新模式，是西方国家对"自由贸易"的新注解。TPP 对权利人提供了详尽和具体的保护，且多为强制性规定。但是，这种片面推高知识产权保护标准、限制弹性条款和例外条款的适用，有可能会加剧知识产权贸易及投资壁垒，不利于区域内自由贸易及投资发展。不过，由于在 2017 年 1 月，美国宣布退出 TPP，TPP 陷入困境。2017 年 3 月，美国以外的 11 个成员方于智利举行会议并发表共同声明，继续就 TPP 的未来进行磋商以探索新的方向。

（三）《全面深化合作的跨太平洋伙伴关系协定》（Comprehensive and Pragresstive Agreement for Trans-Pacific Partnership, CPTPP）

美国总统特朗普政府上台以后，退出了已经签署的 TPP，使得这项影响力广泛的巨型区域贸易安排陷入了不确定性。不过，美国退出后，日本接过了大旗。在日本的大力推动下，TPP 剩下的 11 个成员方在 2018 年 3 月 8 日签订了新的贸易协定，新名称为《全面深化合作的跨太平洋伙伴关系协定》，已得到至少 6 个成员方的批准，于 2018 年 12 月 30 日正式生效。CPTPP 是对 TPP 条文进行修改后签署的，总体来看，仍是一份高水平、高标准的自由贸易协定，保留了原来 TPP 协定的核心规则框架体系，仅在知识产权、投资、服务贸易等部分领域规则标准略有放宽。❶ CPTPP 对 TPP 的改动主要包括这样几个方面：

①协议生效条件进一步放松。TPP 的生效条件，要求至少占 TPP 经济总量的 85% 的 6 个成员方批准才能生效，CPTPP 则改为至少 6 个成员方或 50% 的成员方批准就可以生效；

②修改和增加了一些附件，对成员方之间的博弈进行了更好的协调；

③对富有争议的条款进行了搁置。为了更快地达成协议，CPTPP 采用了搁置的方法，即明确将 TPP 规则整体纳入其中，但在附录部分通过负面清单的形式明确规定部分争议较大的条文"暂缓适用"（suspension of application）。❷

CPTPP 搁置了 TPP 中的 22 项条款，涵盖海关监管与贸易便利化、投资、服务贸易中的跨境教辅、政府采购、透明度与反腐败等一般条款以及针对金融服务、电信服务、邮政服务和环境服务的特定部门条款等。在 CPTPP 搁置的条款中，知识产权是重头戏，其中第 18 章即知识产权部分就搁置了 11 条。归纳起来，搁置条款主要包括这样几个方面：

①国民待遇条款。第 18.8 条，关于国民待遇条款中包括作品、表演以及录音制品的版权和相关权使用费。

②专利保护条款。第 18.37 条，关于可授予专利的客体范围，包括已知产品的新用途、使用已知产品的新方法、使用已知产品的新工艺。源于职务的发明的可专利性；第 18.46 条，因专利局不合理延迟而导致的专利保护期缩短；第 18.48 条，因药品市场销售许可申请导致的不合理缩短专利保护期。

③未披露数据条款。第 18.50 条，关于保护未披露的实验或其他数据。要求缔约方规定在提交关于产品安全性和有效性数据和其他数据的，在自该

---

❶ 袁波. CPTPP 的主要特点、影响及对策建议 [J]. 国际经济合作，2018（12）：20-23.

❷ 白洁，苏庆义. CPTPP 的规则、影响及中国对策：基于和 TPP 对比的分析 [J]. 国际经济评论，2019（1）：58-76.

新药在该缔约方领土内获得上市许可之日起至少 5 年内，不得批准第三人未经在先提交此类信息的人的许可而销售相同和相似产品。

④版权与相关权期限条款。第 18.63 条，版权保护期为作者有生之年加死后 70 年。不以自然人生命为基础的，版权保护期不少于首次经授权出版后 70 年。

⑤技术保护措施条款。第 18.68 条，关于技术保护措施与第 18.69 条关于权利管理信息的条款。

⑥卫星和有线电视信号条款。第 18.79 条，对载有加密节目的卫星和有线电视信号的保护。

⑦互联网提供商安全港条款。第 18.82 条，对权利人在网络环境中发生侵权后获得的法律救济以及为互联网服务商提供的安全港条款。❶

虽然 CPTPP 的知识产权规则较 TPP 有所精简，但是仍然覆盖了 TPP 中知识产权绝大部分条款，包含总则、合作、商标、国名、地理标志、专利、未披露的实验和其他数据、工业品外观设计、版权与相关权、执法、互联网服务提供商以及最终条款。总体来看，这些规定虽未突破《TRIPs 协定》的框架，但是在原则和立法、执法方面都提出了更高的要求。相比而言，CPTPP 更加强调通过知识产权制度促进竞争、开放、有效市场的培育；对透明度的要求更高，在公布方式、公布内容等方面提出了更加细致的要求；提倡成员方之间开展合作，为分享和使用其他成员方的专利检索审查结果提供便利；对保护客体进行了扩展，降低了保护起点，将《TRIPs 协定》未规定的"域名"纳入保护范围，将气味商标和声音商标纳入保护范围，为农业化学物质未披露的实验或其他数据提供保护，对国名进行保护等；为权利人发现侵权行为，收集侵权证据提供便利，规定了药品专利链接制度，允许药品专利权人能够及时发现潜在的侵权主体，并及时获得救济；对知识产权侵权新样态更为重视，并为权利人提供更为充分的救济，例如更加重视数字环境下的商标、版权侵权执法、规定了具有惩罚性质的附加赔偿，放宽了销毁侵权材料和工具的适用标准，将商标混淆或近似的商品纳入执法对象，规定海关可依职

---

❶ Comprehensive and Progressive Agreement for Trans-Pacific Partnership. ANNEX. 7.

权启动边境措施，将边境措施适用于过境货物，降低了知识产权侵权入罪的"商业规模"认定标准，并增加了关于商业秘密刑事保护的规定。❶

从整体来看，CPTPP 知识产权规则虽然删减了部分争议条款，使得接受起来的难度有所降低，但是仍然保留了 TPP 中主要的知识产权条款，规定了一些现有国际知识产权条约并未统一规范的高标准，特别是在《TRIPs 协定》基础上进行了进一步扩张，在目前的 FTA 中还是非常突出的，仅次于 TPP。在亚太区域国际经贸一体化背景下，CPTPP 成员为了降低自身制度成本，营造相同的产业竞争法律环境，与中国在内的亚太国家开展双边或区域多边谈判时，势必会推动 CPTPP 知识产权规则的向外输出，进而促进亚太区域统一知识产权保护标准的建立。❷ 通过这种"体制转移"的方式，TPP/CPTPP 知识产权规则会逐步扩散到众多的双边或多边自贸协定以及区域型贸易或知识产权国际协定中，并通过这些国际协定的国内化而逐渐落实在各国的国内法中，从而演化为知识产权的国际性新标准。❸

---

❶ 易继明，初萌. 后 TRIPs 时代知识产权国际保护的新发展及我国的应对 [J]. 知识产权，2020 (2)：14.

❷ 刘宇. CPTPP 著作权最大化保护规则解析及启示 [J]. 电子知识产权，2019 (5)：16-25..

❸ 朱秋沅. 中国视角下对 TPP/CPTPP 知识产权边境保护条款的考量及相应建议 [J]. 电子知识产权，2018 (3)：12-26.

第三节
主要的区域型知识产权合作机制

一、欧洲地区知识产权组织

（一）欧盟知识产权局

欧盟知识产权局（European Union Intellectual Property Office，EUIPO）是由原来的欧盟内部市场协调局（Office for Harmonization in the Internal Market，OHIM）更名而来。OHIM成立于1994年，总部设于西班牙的阿利坎特（Alicante），该机构同时承担商标及外观设计申请、公布、复审等官方职能。OHIM还设有一个无效部，负责审理第三方提起的无效宣告。OHIM授予的商标和外观设计被称为"欧共体商标"和"欧共体外观设计"。对于无效部做出的决定，当时不服的可以上诉到上诉委员会（Board of Appeal）。对于上诉委员会的决定，当事人不服的，可以起诉到第一初审法院，对第一初审法院的判决不服还可以再上诉到欧盟法院。

根据2016年生效的欧盟条例（Regulation（EU）2015/2424），自2016年3月23日起，OHIM更名为EUIPO。随着EUIPO的更名，其工作内容也有着较大的变化，采用了新的收费结构与工作流程。EUIPO意味着欧洲知识产权保护进入了一个新的时代，这将进一步推动欧盟商标体系的现代化与一体化进程。"欧共体商标"也相应地转变为"欧盟商标"，"欧共体外观设计"转变为"欧盟外观设计"。

欧盟商标与欧盟各国国内商标平行运行，互不冲突。但已经在欧盟各国国内注册或申请注册的商标构成反对欧盟商标注册的在先权利，反之亦然。可注册为欧盟商标的标志包括文字、图形、三维标志、颜色、声音，但需具备显著性（能够与其他产品和服务区分开来）、能够清晰客观地表示，且不得与在先权利冲突。纯粹描述性，即仅仅描述产品或服务的特征的标志无法注册为欧盟商标。EUIPO 将商标分为个人商标（individual mark）、集体商标（collective mark）和证明商标（certification mark）。欧盟注册商标权利人享有在先在及未来所有的欧盟成员方中有效的商标专有使用权。获得欧盟注册商标有两种途径，一种是直接向 EUIPO 申请注册，另一种是提出商标国际注册申请并指定欧盟为生效地区。EUIPO 承认 6 个月的国际优先权。在欧盟官方举办或承认的国际展览会上首次展出产品后 6 个月内提出商标注册申请的，还可以主张展览优先权。❶

在欧盟，注册与未注册的外观设计都可以获得一定程度的保护。非注册式共同体外观设计（Unregistered Community Design，UCD）不享有独占使用权，只能在受保护期间内禁止他人通过抄袭使用。也就是说，他人独立创造出相同设计的，UCD 权利人不得主张侵权。如果权利人希望获得更好的保护，可向 EUIPO 申请注册式共同体外观设计（Registered Community Design，RCD）。RCD 与欧盟各国国内外观设计平行运行、互不冲突，但已经在欧盟各国国内注册、申请注册或以其他方式披露的外观设计可能构成对新颖性的挑战，反之亦然。产品整体或部分的外观，包括因线条、轮廓、颜色、形状、纹理和/或材料及装饰等特征而形成的外观，比如软件图标、品牌标志、网页设计等都可以注册。要想获得 RCD 有两个途径，一个是直接向 EUIPO 申请获得 RCD，另一个是通过"海牙国际外观设计"注册，指定欧盟为生效国。EUIPO 承认 6 个月的国际优先权，自首次提出外观设计专利申请之日起 6 个月内又在 EUIPO 申请注册同一外观设计的，可以享有优先权。❷

（二）欧洲专利局

20 世纪 60 年代，因担心知识产权保护的差异会限制欧共体内的自由贸易，欧共体委员会呼吁 6 个最初成员方寻求协调专利、商标和外观设计方面

---

❶ EUIPO Trademark Definition. ［2019-04-26］. https://euipo.europa.eu/ohimportal/trade-mark-definition.

❷ EUIPO Design Definition. ［2019-04-27］. https://euipo.europa.eu/ohimportal/design-definition.

法律保护的解决方法。1965 年，欧共体委员会起草了一部完整的欧共体专利法，该专利法不只是提供集中的单一专利授权程序，而且是一部在欧共体范围内具有统一效力的专利法。但由于一些政治原因导致了该草案的工作中断。1969 年，该草案分为两个条约。第一个条约最终形成了《欧洲专利公约》，其目的是建立欧洲范围内集中的专利程序，根据该条约，获得授权的专利在指定成员方有效。第二个条约最终形成了 1975 年《欧洲共同体专利公约》，其目的是在欧共体范围内创立统一的专利制度，受单一专利法律的规制。

根据《欧洲专利公约》的规定，成员方成立欧洲专利组织。欧洲专利组织设有欧洲专利局和行政理事会。作为欧洲专利组织的机构，欧洲专利局负责落实所有《欧洲专利公约》规定的程序。为实施这些程序，欧洲专利局设立负责各项特殊程序的部门，主要包括以下 6 个。

①受理处。受理处负责专利申请的受理，以及在申请人提出申请之后就每项欧洲专利申请的形式要件进行审查。此外，受理处还负责欧洲专利申请和欧洲专利检索报告的公告。

②检索部。检索部主要负责为每项欧洲专利申请撰写专利检索报告。

③审查部。审查部负责对每项欧洲专利进行实质审查。欧洲专利局设有不同的审查部门，分别负责审查不同技术领域的专利申请。

④异议部。异议部负责审查对欧洲专利提出的异议。

⑤法律部。法律部负责欧洲专利的登记以及欧洲专利代理人（或欧洲专利律师）的登记和注销工作。

⑥上诉委员会。上诉委员会负责审查不服受理处、审查部、异议部或法律部等部门做出的决定所提出的上诉。

经过欧洲专利局授权的专利被称为欧洲专利。欧洲专利实质上是在若干个指定国有效的国内专利。一旦授权后，欧洲专利的保护由各国法院根据其国内法进行。欧洲专利的期限是 20 年，自申请日起算。《欧洲专利公约》曾在 1990 年进行过修订，并于 1997 年生效。本次修订允许成员方延长专利保护期限或在专利到期时再给予延长保护。这一修订与欧共体理事会的《药品

补充保护证书条例》的规定是相对应的。❶

根据《欧洲专利公约》，所有的技术发明都可以申请获得欧洲专利。欧洲专利可以根据申请人的指定请求在《欧洲专利公约》的缔约国生效。此外，根据欧洲专利局与特定几个国家的单独协议，申请人还可以请求欧洲专利在延伸国和生效国生效。在每一个生效的国家，欧洲专利与国内专利主管部门授权的国内专利具有相同的效力，根据国内法获得保护。获得一个有效的欧洲专利有两种方式：第一，直接向欧洲专利局申请获得欧洲专利，一般需3年至5年；第二，通过PCT提交国际专利申请，以欧洲专利局为指定局。直接向欧洲专利局申请欧洲专利的程序，欧洲专利局承认12个月的优先权，如果有合理理由可以再延长2个月。在欧洲无居所或营业所的申请人需指定代理人来进行申请程序。申请文件包括授权请求、发明说明书、权利要求书、附图、摘要、优先权文件、授权代理文件，可使用任何语言编写，但未使用欧洲专利局官方语言（英语、法语、德语）的需要后续提交翻译为上述三种语言之一的版本。向欧洲专利局直接提交申请有多种方式，在线申请包括使用在线申请软件、新在线申请CMS系统或者Web表单（Web-form）三种方式，此外还可通过邮寄、传真或直接递交纸质文件的形式提交申请。提交欧洲专利申请将被视为指定了所有的缔约国、延伸国、生效国，但后续应确认指定/延伸/生效申请，在确认指定/延伸/生效申请时可以明确撤销对某些国家的指定/延伸/生效申请。

（三）欧洲植物品种局

在欧洲范围内，欧共体委员会一致积极寻求欧洲植物品种的统一保护。1994年7月，欧共体理事会通过了《共同体植物品种权条例》（Community Plant Variety Right，CPVR），并于1994年9月1日生效。❷该条例改变了欧共体植物品种保护的框架。该条例的目的是建立与国内植物新品中保护制度并存的共同体保护制度。根据该条例授予的共同体植物新品种权，在共同体范围内具有统一的效力。欧共体植物品种局（Community Plant Variety Office，

---

❶ 李明德，黄晖，闫文军. 欧盟知识产权法 [M]. 北京：法律出版社，2010：321.
❷ 即第2100/94号欧共体理事会条例（EC Council Regulation）.

CPVO）成立于 1995 年 4 月，总部设于法国昂热（Angers），是一个具有法人地位的欧共体下属组织，其监督是由各成员方代表和欧洲委员会代表组成的行政理事会。CPVO 内设三个部门：技术部、财务行政部和法律部。

CPVO 的主要职责是负责授权和管理欧共体植物品种权。CPVO 的成立并不是为了取代或统一各成员方的植物品种保护机构，而是与各国的植物品种保护机构平等共存。任何在欧盟有经常居所或营业所的人都可以用欧共体 11 种工作语言中的任何一种直接向 CPVO 递交申请，也可以向某个成员方的品种保护局提出申请，受理申请的成员方的植物品种保护局将采取必要措施将申请转至 CPVO。在欧盟没有经常居所或营业所但是来自国际植物新品种保护联盟成员方的申请人可以指定欧盟境内的代理人进行申请。❶

任何个人和组织都可以向 CPVO 申请获得 CPVR，CPVR 在欧盟全部成员方都具有与国内授权一样的法律效力，欧盟各个成员方负责保护 CPVR，采取国内法上的执法保护措施。所有的植物属或种，包括属或种的杂交种都可以申请获得 CPVR。❷ 应具有特异性，即与申请品种申请日前已知品种具有明显区别。❸ 申请日前该申请品种的成分（constituent）或收获材料（harvested material）未因利用该品种而被育种者本人或经其同意，在欧盟境内销售或以其他方式转让给他人未超过 1 年，或在欧盟境外销售或以其他方式转让给他人未超过 4 年（藤本、树木品种未超过 6 年）。❹ 申请品种应具有一致性，即经过繁殖，除可以预见的变异外，该申请品种的特异性或其他描述特性应足够一致。❺ 申请品种应具有稳定性，即经过反复繁殖后或者在特定繁殖周期结束时，该申请品种的特异特性或其他描述特性保持不变。❻ 每一个申请品种必须具有一个适当的命名，该命名应与相同或者相近的植物属或者种中已知品种的名称相区别。❼

---

❶ 李明德，黄晖，闫文军. 欧盟知识产权法 [M]. 北京：法律出版社，2010：423.
❷ Council Regulation（EC）No 2100/94 on Community plant variety rights. Art. 5.
❸ Ibid. , Art. 7.
❹ Ibid. , Art. 10.
❺ Ibid. , Art. 8.
❻ Ibid. , Art. 9.
❼ Ibid. , Art. 63.

CPVR 所享有的权利包括任何人，未经所有人同意，不得对品种成分或收获材料进行下述行为：生产或繁殖、为繁殖目的进行品种处理、提供销售、出售或其他上市、出口至欧盟境外、进口至欧盟境内，为了上述目的进行品种存储。❶ 但是，为了私人非商业目的，为了育种、发现、开发其他品种的目的，为了试验目的，实施第 13 条行为的不属于侵权。为了确保农业生产，农民有权为了繁殖目的在田地使用。通过种植受保护品种繁殖材料而获得的收获产品不属于侵权。❷ CPVR 权利持有人或经其同意已经在欧盟境内将受保护品种的任何材料或任何派生材料处理给他人后，受许可人实施的第 13 条的行为不属于侵权。❸

申请人可直接向 CPVO 提交纸质申请或通过本国相应机构转交，申请材料可使用任何一种欧盟官方语言。CPVO 在收到申请材料后将检查申请材料是否完整、是否缴纳相应费用以及是否具有新颖性等，符合法律规定的将给定一个申请日并在官方公报（Official Gazette）公开。在官方公报上公开的申请可以获得临时保护，即对于公开至授权前期间内发生的侵权行为要求赔偿。❹ CPVO 在收到申请人提交的品种拟定名称后进行审查，如有问题申请人需重新提交，没有问题的将会在官方公报上公开。对 CPVO 决定不服的，可向 CPVO 内部上诉委员会上诉。有关强制许可等事项可直接向欧盟法院（Court of Justice）起诉，对上诉委员会决定不服的，也可向欧盟法院起诉。CPVR 的保护期限一般为 25 年，藤本植物、树木、马铃薯品种为 30 年，但在有效期内需缴纳年费。❺

（四）比荷卢知识产权组织

在国际性知识产权组织中，比荷卢知识产权组织是一个比较特殊的组织。比利时、荷兰和卢森堡是被德、法、英等传统欧洲强国包围中的三个欧洲小国。从较早时期三个国家就开始进行合作，成立共同的经济共同体与强国进

---

❶ Ibid., Art. 13.

❷ Ibid., Art. 14.

❸ Ibid., Art. 16.

❹ Ibid., Art. 53-54.

❺ Ibid., Art. 67-74.

行竞争。2005 年 2 月 25 日，比利时、荷兰和卢森堡三国签订了《比荷卢知识产权（商标和外观设计）公约》（简称《比荷卢知识产权公约》），替代了此前的《比荷卢商标公约》（1962）及《比荷卢外观设计公约》（1966）。该公约于 2006 年 9 月 1 日生效。根据《比荷卢知识产权公约》，三国建立了比荷卢知识产权组织，该组织的前身是比荷卢商标办事处和比荷卢设计办事处，总部位于海牙，官方语言为荷兰语和法语。

比荷卢知识产权组织是欧洲发展最为快速的知识产权组织之一。这是一个一体化的知识产权组织，主要负责促进三国的商标和外观设计保护。在此之外，三个成员方不再另设本国的商标局。该组织受三个成员方代表组成的执行委员会（executive board）监督，具有下列职责：①执行该公约和相关实施细则；②促进比荷卢三国的商标和外观设计保护；③履行执行委员会指示的其他任务；④根据国际、地区和其他发展情况，商标和外观设计的相关立法进行评估、修正等。该组织总部位于海牙。比荷卢知识产权局（Benelux Organization for Intellectual Property，BOIP），是比荷卢知识产权组织的重要组成部分，负责比荷卢地区商标和外观设计的注册登记。

BOIP 和其他国际知识产权局的不同之处在于，作为其成员方负责商标注册登记的政府机构，在 BOIP 注册的商标直接在三国境内生效。根据《比荷卢知识产权公约》，名称、图案、标记、印章、字母、数字、产品或包装的外形以及其他可以图形化表示的用于区分不同企业的产品和/或服务的标志，应被视为商标。但是完全因产品自身性质而形成的形状，其可以赋予产品价值或者对于获得技术效果是不可或缺的，不能注册为商标。在不违反一般法的情况下，姓氏可以作为商标进行注册。❶ 获得在比荷卢地区有效的注册商标有三种途径：第一，直接向 BOIP 申请注册比荷卢商标；第二，向欧盟知识产权局申请注册欧盟商标。比荷卢地区属于欧盟，因此欧盟商标可在该地区使用并构成反对比荷卢商标注册的在先权利；第三，申请马德里商标国际注册，指定比荷卢联盟或欧盟为生效地区。关于优先权，《比荷卢知识产权公约》使用《巴黎公约》的原则，即在中国首次提出商标注册申请后 6 个月内向 BOIP 再

----

❶　Benelux Convention on Intellectual Property（trademarks and designs）. Art. 2. 1.

次提出相同商标注册申请的，可以享有优先权。

比利时、荷兰、卢森堡三国均属于欧盟国家，因而欧盟对外观设计给予的保护在比荷卢地区同样有效。申请人也可以直接向 BOIP 申请注册外观设计。产品整体或部分的外观，包括由线条、轮廓、颜色、形状、纹理和材料以及装饰等特征而形成的外观，可以申请注册外观设计。[1] BOIP 申请注册外观设计的条件是具有新颖性，即在申请日前，在世界范围内没有相同或实质相似外观设计已经被申请注册、注册或以其他方式披露。具有独特性，即与现有外观设计相比，申请注册的设计给人的整体印象不同。关于优先权，《比荷卢知识产权公约》使用《巴黎公约》的原则，即在中国首次提出外观设计专利申请之日起 6个月内又向 BOIP 申请注册同一外观设计的，可以享有优先权。

BOIP 还通过一个名为 i-DEPOT 系统提供特有的登记证明服务，为新想法、新观念、设计等提供时间上的证明。i-DEPOT 用于为当事人的想法或创意提供法律形式证明的时间戳，可以证明当事人在特定日期提出了某项创意。i-DEPOT 并不授予知识产权，也无法提供法律保护，但是在纠纷中可以发挥重要的证据作用，证明某项创意在特定的时间点确实已经存在。可以通过 i-DEPOT 证明其存在的时间的内容包括想法（idea）；概念（concept）；设计版式（format）；协议（agreement）；文档（document）；原型（prototype）；发明（invention）；流程（process）；设计（design）；软件（software）；照片（photograph）；比例模型（scale model）；旋律（melody）；绘画（drawing）；以及标语（slogan）等。任何有好创意的人都可使用 i-DEPOT，包括工业设计师（industrial designer）；作曲家（songwriter）；游戏开发者（game developer）；平面设计师（graphic designer）；发明家（inventor）；电视制作人（TV producer）等。[2]

---

[1] BOIP：Protecting drawing and designs in the Benelux Region—Information for entrepreneurs. 资料来源：http：//www. boip. int.

[2] 资料来源：https：//www. boip. int/en/ip-professionals/registration-maintenance/registration/idepot.

二、欧亚专利组织

为了加强发明保护领域的合作，建立对同一项专利的保护在所有缔约国的领域具有法律效力的国际制度，苏联加盟共和国1994年在俄罗斯缔结了作为《巴黎公约》第19条意义上的专门协定，及PCT第45条第1款意义上的地区专利协定的公约——《欧洲专利公约》，并于1995年生效。该公约的主要目标是建立一个保护发明的国际地区系统，即根据在公约各成员方国土上生效的统一的欧亚专利对发明实行法律保护。基于该公约，1996年初成立了欧亚专利组织。目前欧亚专利公约的成员方包括俄罗斯、白俄罗斯、阿塞拜疆、哈萨克斯坦、塔吉克斯坦、摩尔多瓦、土库曼斯坦、吉尔吉斯斯坦和亚美尼亚。格鲁吉亚和乌克兰虽然也签署了《欧亚专利公约》，但目前尚未加入欧专利组织。

欧专利组织下设两个机构——欧亚专利局（Eurasian Patent Organization, EAPO）和行政委员会（Administrative Council）。其中，欧亚专利局作为其执行机构，是一个政府间组织，负责审查授予可以在欧亚专利组织9个成员方生效的欧亚专利（Eurasian patent），总部位于莫斯科，官方语言为俄语。欧亚专利是经EAPO审查并注册后，赋予专利权人对其具有新颖性、创造性和工业实用性的发明的专有使用权。[1] 如果发明的主题是一种方法，那么专利保护通过此方法获得的产品。获得欧亚专利有两个途径：一是直接或通过《欧洲专利公约》成员方国内专利审批机构间接向EAPO提交专利申请；二是通过PCT程序提交国际专利申请，指定欧亚专利局。

如果《欧亚专利公约》签约国的法律规定必须通过其国内专利局转交欧亚专利申请，那么在这些国家拥有住所或主营业地的申请人不能直接向EAPO提交专利申请。国内专利局会先对申请是否符合欧亚专利的要求进行审查，审查通过后向EAPO转交申请以进行下一步程序。如果转交程序能够在公约专利细则规定的时限内完成，那么申请人的欧亚专利申请日即为国内申请

---

[1]　Eurasian Patent Convention, Art. 6.

日。❶ 如果申请人在公约签约国内没有住所或主营业地，那么需要委托专利代理人完成申请程序。❷ EAPO 承认 12 个月的优先权，即如果同一发明已经在《巴黎公约》或 WTO 成员方境内申请了专利或实用新型，申请人可以在前一申请日后 12 个月内提交欧亚专利申请，并要求优先权。❸

《欧亚专利公约》虽然力图构建一个成员方间对同一项专利的保护在所有缔约国的领域具有法律效力的国际制度，但是，目前阶段，公约仍然采用的是国家专利制度的独立性原则。这是一种与 PCT 和《欧洲专利公约》类似的专利合作机制。《欧亚专利公约》明确规定，根据本公约及专利条例的规定，在某一缔约国内就一项欧亚专利的有效性或侵权而产生的争议，由该缔约国法院或其他主管机构处理。该决定仅在该领域内有效。在有关欧亚专利的侵权案件中，各缔约国应规定与国家专利侵权相同的民事或其他责任。❹ 公约不得损害任何缔约国授予国家专利权的权利，同时也不得妨碍缔约国自身参加国际组织或者在工业产权保护领域开展各种形式的国际合作。❺

三、非洲地区知识产权组织

（一）非洲知识产权组织

非洲知识产权组织（Organisation Africaine de la Propriete Intellectuelle, OAPI）是由前法国殖民地中的法语国家组成的地区性联盟。OAPI 是一个致力于促进使用和保护知识产权的地区性国际组织。这些知识产权方面的工作正在扩展科学技术范围、丰富艺术世界。通过这些工作，非洲知识产权组织在提高生活品位方面和创造真正的民族财富方面扮演了重要角色。与世界上其他保护知识产权的组织比较，OAPI 有一套独特的法律制度来保护成员方的知识产权，而其成员方在知识产权领域内完全受该组织的约束，没有各自独立的知识产权制度。凡向 OAPI 总部申请的知识产权经核准注册后，即在这些

---

❶ Ibid. , Art. 15(1).
❷ Ibid. , Art. 15(12).
❸ Ibid. , Art. 8.
❹ Ibid. , Art. 13.
❺ Ibid. , Art. 22.

国家同时得到保护。

1962 年 9 月，部分法语非洲国家在加蓬首都签订了《成立非洲及马尔加什工业产权局的协定》，即《利伯维尔协定》，决定成立一个统一的机构来提供对专利、商标和外观设计的法律保护。该协定于 1964 年起生效，据此成立了非洲-马尔加什工业产权局。1977 年该协定在班吉进行修改，通过了《班吉协定》，非洲-马尔加什工业产权局也更名为非洲知识产权组织，总部设在喀麦隆首都雅温得，官方语言为法语，统一管理各成员方的知识产权事务。目前，OAPI 成员方有喀麦隆、贝宁、中非共和国、刚果、乍得等 17 个国家。OAPI 主要负责审查和颁发如发明专利、实用新型、产品或服务商标、工业品外观设计、地理标志、集成电路布图设计（拓扑图）和植物品种等保护证书，同时还负责文献信息传播与知识产权培训及普及。

OAPI 对专利、商标保护实施和执行统一的立法，统一的立法被视为每个成员方的国内法律。各成员方放弃自主审查注册专利、商标的权利，OAPI 颁发的专利、商标保护证书自动在各成员方生效。

根据《班吉协定》附件 1：发明专利（Annexe I-Des Brevets D' Invention）部分，对专利范围进行了规定。根据《班吉协定》，专利（Brevet）是指由权力机关对具有新颖性、创造性和工业实用性的发明赋予的专有权，包括产品和方法两类。如在专利保护期内对发明内容进行改变、更新或附加，可以在主专利基础上申请附加证书（Certificat d' Addition）。附加证书与专利采取相同授予标准。一般来说，获得 OAPI 专利有两条途径：一是 PCT 申请，在国家阶段指定 OAPI 专利；二是向 OAPI 直接申请。如申请人在《巴黎公约》成员境内已提交专利申请，在首次申请日后 12 个月内又向 OAPI 提出申请的，可以享有优先权。在向 OAPI 递交专利申请前，申请人应确定需要申请的发明并对现有技术进行检索，确定发明的新颖性。OAPI 对专利申请进行实质性审查，审查专利的新颖性、创造性和工业实用性。OAPI 审查后，认为符合相关规定且根据《班吉协定》附件 1 第 20 条规定编制了相关检索报告后，将颁发专利权证书。申请人也可以申请迟延 1 年颁发。授予专利后，OAPI 将在其官方公报予以公开。

根据《班吉协定》附件 3：产品或服务的商标（*Annexe III-Des Marques De Produits Ou De Services*）部分，对商标权进行了规定。根据《班吉协定》，商标是法人或自然人用于将其产品或服务与其他来源的产品或服务区别开来的可视化标志。在 OAPI 的各成员方内，只有注册商标才能享有商标专用权。但未经注册的商标也可以使用，符合条件的未注册驰名商标也能获得一定程度的保护。申请人可以通过商标国际注册马德里体系申请注册国际商标并指定 OAPI 为生效地区，或直接根据《班吉协定》向 OAPI 提交申请。OAPI 不对注册商标申请进行实质审查，为确定商标的可用性，申请人应在申请前对商标进行检索。OAPI 对注册申请进行形式审查。如不符合规定的缴费证明之外的形式要求和关于优先权声明的形式要求，OAPI 通知申请人或其代理人在收到通知后的 3 个月内进行修改，如有正当理由，根据申请人或其代理人的要求可以延长 30 天。如未通知申请人或代理人修改，则不得驳回申请。经审查后，如不存在法定驳回的理由，OAPI 对商标进行注册并在其官方公报上公布。

OAPI 的成员方同时也是《伯尔尼公约》的成员方。《班吉协定》附件 7：文学和艺术产权（*Annexe VII-Propriete Litteraire Et Artistique*）规定，作者获得版权无须向有关国家机关注册登记。版权在作品创作完成时自动产生。各国针对版权和邻接权有单独的立法，但 OAPI 各成员方立法呈现趋同趋势，OAPI 主要负责促进文学艺术产权的保护并倡议各成员方设立国内集体管理组织。版权的内容包括发表权、署名权、修改权、保护作品完整权等在内的人身权，及复制权、翻译权、改编权、发行权、向公众传播权、广播权、信息网络传播权在内的财产权，及追续权，即指绘画、雕塑作品及手稿的作者在不损害原作品转让的情况下从公开拍卖或经商人中介出售作品的价款中受益的权利。《班吉协定》附件 7 第 1 部分第 4 章规定了对版权的限制，包括为私人目的复制、简短引用作品；为教育目的而使用作品；图书馆为存档目的而复制作品；为获得信息而使用作品；为司法行政目的复制作品；计算机程序的复制和改编等。版权人的人身权的保护期限不受时间限制。财产权的保护期限为作者有生之年和死后 70 年。集体作品（oeuvre collective）和视听作品为首次合法发表后 70 年，如未发表，为作品完成后 70 年。实用艺术作品为作品完成后 25 年。

（二）非洲地区工业产权组织

1973 年，联合国非洲经济委员会和 WIPO 支持非洲英语国家对工业产权领域的资源予以整合。经过一系列会议后，1976 年 12 月在赞比亚卢萨卡召开的外交大会上通过《创建非洲英语国家工业产权组织的协议》草案，即《卢萨卡协议》。1985 年 12 月《卢萨卡协议》进行修订，扩大该组织的成员面向所有的联合国非洲经济委员会或非洲统一组织（OAU）成员方，并将其名称改为非洲地区工业产权组织（African Regional Intellectual Property Organization，ARIPO），目的在于能够反映整个非洲的状况，共享成员方在工业产权事务方面的资源，避免财力和人力资源的重复和浪费。

根据《卢萨卡协议》第 6 条，ARIPO 的成员方必须是联合国非洲经济委员会成员方或非洲统一组织成员方。ARIPO 为其成员方提供共享资源的服务，避免人力和财力资源的重复，使成员方在经济方面受益；开辟新的市场，改善投资环境，促进技术信息的获取，特别是专利文献；补充其成员方的工业产权制度，从而使其成员方的权利受到保护，申请人得到更多申请途径的选择；为外国申请人提供了地区工业产权制度。《卢萨卡协议》第 2 条设立了该组织的三个机构，即部长理事会、行政理事会和秘书处。1993 年隶属于部长理事会的财政委员会成立。1997 年理事会修改《哈拉雷议定书》，设立了独立的上诉委员会。

《卢萨卡协议》第 6 条之二规定了部长理事会的组成及其职能，部长理事会由该组织成员方负责管理工业产权的政府部长组成。部长理事会是该组织的最高机构，负责制定该组织的政策导向，同时负责解决根据其性质不能由行政理事会解决的问题。部长理事会每两年召开一次会议。它可以将任何第 6 条之二授予其的权力和职能委托给行政理事会。

根据《卢萨卡协议》第 7 条，行政理事会由技术官员组成，即由该组织成员方负责管理工业产权事务的各局负责人组成。行政理事会对部长理事会负责并报告工作。其职责包括监督部长理事会制定的该组织的政策的执行，批准该组织的活动计划和预算，以及任命该组织的总干事。行政理事会一般情况下每年召开一次会议，通常是在 11 月的最后一周。在第 21 次会议上，行政理事会设立了上诉委员会，以审理对 ARIPO 根据《哈拉雷议定书》和《班珠尔议定书》及在未来 ARIPO 框架下可能通过的其他协议作出的决定不服的申诉。根据《哈拉雷议定书》第 4 条之二，上诉委员会由在工业产权事务方面富有经验的 5 人组成，其中 2 人应是审查员，至少有 1 名审查员应当出席该委员会的所有会议。尽管委员会是由行政理事会任命，但上诉委员会独立于该组织的所有机构。上诉委员会成员的任期为 2 年。该委员会于 2000 年 1 月 1 日开始履行其职责。

秘书处由作为该组织首席执行官的总干事领导。总干事由行政理事会任命。秘书处负责该组织按照预定目标确定的活动计划的实施。财政委员会是行政理事会于 1993 年 11 月在冈比亚的班珠尔召开的第 17 次会议上设立的。其职责是对财政报告、活动计划及预算进行评估，并在行政理事会考虑之前，对总干事准备的上述内容提出建议。《卢萨卡协议》第 5 条授权 ARIPO 与联合国非洲经济委员会、WIPO 以及非洲统一组织建立和维持密切、持续的工作关系。《卢萨卡协议》第 6 条进一步授权 ARIPO 与愿意支持 ARIPO 实现其目标的非 ARIPO 成员方、组织、机构及实体（合作国家/地区与组织）进行合作。

ARIPO 同 WIPO、欧洲专利局、欧洲内部市场协调局（商标和外观设计）等都已建立起密切和持续的工作关系。起草创建 ARIPO 的《卢萨卡协议》仅仅创建了该组织，但没有详尽规定其作为工业产权组织的权力和职能，因此需要签署附加的法律文件以授予该组织在工业产权领域代表成员方行使特定的职能。这些附加的法律文件包括①ARIPO 框架下的专利和外观设计议定书——《哈拉雷议定书》（Harare Protocol on Patents and Industrial Designs）；②关于商标的《商标班珠尔议定书》（Banjul Protocol on Marks）。由此可知，ARIPO 与 OAPI 是不同的。OAPI 建立一套统一的知识产权制度来保护成员方的知识产权，成员方在知识产权领域内完全受该组织的约束，没有各自独立的知识产权制度。所以并不存在逐一国家注册的可能性，只能通过 OAPI 注册。因此，ARIPO 与 PCT 更加类似，是一个统一的注册机制。

1982 年 12 月，ARIPO 行政理事会通过了《哈拉雷议定书》。议定书于 1984 年 4 月生效，授权 ARIPO 代表议定书成员方受理和处理专利、外观设计和实用新型申请。根据《哈拉雷议定书》，一件专利申请或外观设计注册申请只需要提交一件申请，就可以指定任何其希望对该发明或者外观设计给予保护的成员方。议定书要求该申请在缔约国之一或者直接在 ARIPO 提交。提交 PCT 申请的申请人可以指定 ARIPO，也就是指定所有同时为《哈拉雷议定书》和 PCT 的成员的国家。目前，《哈拉雷议定书》缔约国都签署了 PCT。ARIPO 也是 PCT 申请的受理局，在任何 PCT 申请中可以选定 ARIPO。申请人也可以直接向 ARIPO 办事处提交，或者向任一缔约国知识产权局提交，两者具有同等效力。

1997 年 3 月 6 日起生效的《商标班珠尔议定书》赋予 ARIPO 代表成员方受理商标注册的权力。目前，只有已加入《商标班珠尔议定书》的国家可以指定提交 ARIPO 商标注册申请。截至 2019 年年底，《商标班珠尔议定书》成员有 9 个，分别是博茨瓦纳、莱索托、马拉维、斯威士兰、坦桑尼亚、乌干达、津巴布韦、利比里亚和纳米比亚。根据《商标班珠尔议定书》一份申请可以覆盖数个商品/服务类别，并可指定全部或部分成员方。注册商标不自动在成员方生效，需要指定成员方。注册申请人可以通过 ARIPO 来申请商标保护，也可通过单一国申请商标。除津巴布韦和博茨瓦纳的商标法专为 ARIPO 作出了特别规定外，其他国家没有为 ARIPO 修改法律。也就是说除了津巴布韦和博茨瓦纳这两个国家的 ARIPO 注册能够得到可靠的执行外，其他国家尚还存在不稳定性。

2010 年 ARIPO 成员方在纳米比亚斯瓦科普蒙德召开的外交会议上签署了《保护传统知识及民间文艺表现形式议定书》（Swakopmund Protocol on the Protection of Traditional Knowledge and Expressions of Folklore）。这一议定书旨在保护 ARIPO 成员方内基于传统文化的创新，反对通过生物盗版对传统知识的滥用及非法使用。该议定书阻止向基于传统知识盗版的发明授予专利，进一步推动传统知识持有人对知识的商业化运作，增进其对传统知识的认知，确保传统知识的集体保管人及所有人的权益不会因新引入的个人知识产权机制受到损害。议定书包括转让和许可、利益分享原则及对知识持有人的认可等内容，并指出，"任何人在传统背景以外使用传统知识，须指出该知识的持有人及出处，如有可能还须指出其起源，并须以尊重持有人文化价值的方式使用该知识"。❶ 议定书还阐述了传统知识保护的例外情况及限定条件，其中一条关于强制许可的条款解释称："当权利持有者对传统知识的保护并不充分，或者当传统知识的权利所有者拒绝遵照合理的商业条款及条件授予他人使用许可，则契约国可以出于对公共安全或公共卫生利益的考虑，授予强制许可，以满足国家需求。鉴于缺少合同双方协议，具有司法管辖权的法院将为强制许可裁定一笔金额合适的赔偿金"。❷ 这与国际上通行的知识产权及贸易有关规则是一致的。议定书还对传统知识的保护期进行了规定，指出："传统知识的保护期不应有限制。在个人对传统知识拥有排他性所有权的情况下，当其在传统背景以外使用该知识，对该知识的保护期应为 25 年"。❸

2015 年 7 月，在 ARIPO 成员方坦桑尼亚阿鲁沙举行的第四十一届行政理事会上通过了《植物新品种保护阿鲁沙议定书（含实施细则）》（Arusha Protocol for the Protection of New Varieties of Plants）（简称《阿鲁沙议定书》）。该议定书旨在向成员方提供区域植物品种保护系统，可以识别需要为种植者和农民提供改良品种。已经签署《阿鲁沙议定书》的成员方有：冈比亚、加纳、坦桑尼亚、莫桑比克、卢旺达、圣多美和普林西比。议定书对植物品种的范围进行了界定，对育种者权利（Breeders'Rights）以及如何获得育种者权利进行了规定，规定了获得育种者权利的实质性条件，即新颖性（novelty）、区别性（distinctness）、统一性（uniformity）与稳定性（stability）四个方

---

❶ ARIPO. Swakopmund Protocol on the Protection of Traditional Knowledge and Expressions of Folklore. Section 10. Recognition of knowledge holders[S/OL]. [2019-12-11]. http://ipr. mofcom. gov. cn/hwwq_2/zn/Africa/ARIPO/file/Swakopmund_Protocol. pdf.

❷ Ibid, Section 12, Compulsory License.

❸ Ibid. ,Section 13, Duration of Protection of Traditional Knowledge.

面。❶《阿鲁沙议定书》也对获得育种者权程序，包括申请、审查、公开、无效、撤销以及许可与转让等都进行了较为详细的规定。尽管《阿鲁沙议定书》对植物品种的保护做了比较全面的规定，不过也引发了一些争议。一些观点认为《阿鲁沙议定书》过于强调对育种者权利的保护，而损害了广大种植者，尤其是中小种植业者根据粮农组织植物基因资源国际条约所享有的权益，从而不利于 ARIPO 地区农业的可持续发展。

（三）两大组织的协调与合作

2017 年，ARIPO 与 OAPI 在津巴布韦首都哈拉雷签署了旨在协调统一两机构知识产权制度的谅解备忘录。ARIPO 与 OAPI 签署协议的目的是建立综合性的知识产权合作框架。协议指出，双方之间的合作涉及以下领域：OAPI 与 ARIPO 制度的协调统一；文献与技术信息；培训与能力建设；用户意识提升与技术援助。对于那些在非洲和国际层面对双方成员方造成影响的主要知识产权问题，双方将统一共同立场。不过，两个组织的实施原则并不相同。就 OAPI 而言，只有这个地区组织才能授予在所有成员方生效的工业产权，而对 ARIPO 来说，除了该组织能授予在申请指定的成员方生效的工业产权外，成员方也设有能签发和注册工业产权的国家知识产权局。同时，两个机构的知识产权许可与注册程序也有异同。

为了使两个制度协调一致，双方比较研究管理各种知识产权客体的立法以确定异同，并拟定修订存在分歧的核心条款，以便对知识产权的有效性采用同样的标准。同时，还审查授权程序，力图推动双方调整制定对等的程序。在双方制度和程序法律对等时，拟通过合并两个制度并采用统一程序加快工业产权的授权。为落实协议，OAPI 与 ARIPO 联合制定并采纳了工作计划，逐条列出了在不同的合作领域将要开展的合作和活动，同时提供了关于预期结果、合作与管理及时间表的详细信息。具体的合作包括双方交流所有发布的信息，双方组织专家交流有关知识产权法律、管理、专利审查活动、实用

---

❶ Arusha Protocol for the Protection of New Varieties of Plants within the Framework of the African Regional Intellectual Property Organization, Chapter III[S/OL]. [2019-12-11]. http://ipr.mofcom.gov.cn/hw-wq_2/zn/Africa/ARIPO/file/Arusha_Protocol_2018.pdf.

新型、商标注册、外观设计与现代信息通信技术工具使用的经验。

双方合作协议指出，双方将交流关于发明、地理标志、植物品种、传统知识和版权增殖的最佳实践。双方成立的联合委员会将每年会面评估双方达成的两年期的工作计划的实施情况。必要时，在举行联合委员会会议前召开专家会议落实委员会的建议并起草两年期的工作计划。可以说，ARIPO 与 OAPI 的合作关系是"南南合作"的典范。与 ARIPO 一样，OAPI 已开发了个性化的创新方案以应对知识产权领域的挑战。因此，这两个机构已成为技术合作的榜样。两者将在知识、经验、专长、解决方案和技术数据共享中发挥重要的作用。为使双方的制度和谐一致，两个组织将提出统一两个制度的方案。两组织的合作让多个非洲国家携手共进。它们的活动对非洲区域知识产权制度的一体化未来至关重要。

四、海湾阿拉伯国家

海湾阿拉伯国家合作委员会（Gulf Cooperation Council，GCC）是海湾地区最主要的政治经济组织，成立于 1981 年 5 月，正式成员为阿拉伯联合酋长国、阿曼、巴林、卡塔尔、科威特和沙特阿拉伯，总部设在沙特首都利雅得。❶ 尽管 GCC 并非 PCT 和《巴黎公约》的成员，但上述成员方均加入了这两项国际公约。海湾阿拉伯国家合作委员会专利局（Patent Office of The Cooperation Council for the Arab States of The Gulf，GCCPO）是一个地区性专利局，其成员包括阿拉伯联合酋长国、阿曼、巴林、卡塔尔、科威特和沙特阿拉伯 6 国。GCCPO 于 1992 年成立并于 1998 年开始运作，旨在实施 GCC 颁布的专利法规，在鼓励 GCC 成员方开展科学研究、创新、创造、发明和传播知识方面发挥着重要作用。首个 GCC 专利于 2002 年授权并在上述 6 国生效。根据 GCC 专利条例及实施细则，并未设立实用新型制度与外观设计制度，目前只可接受发明专利申请。因此，实用新型、外观设计及商标则需在个别国家请求保护。同时，与专利侵权有关的纠纷或可能出现的纠纷仍由各成员方的主管机

---

❶ 2001 年 12 月，也门被批准加入 GCC 卫生、教育、劳工和社会事务部长理事会等机构参与部分工作。

关负责处理。

根据 GCC 专利条例，具有新颖性、创造性、能进行工业化应用且不违背伊斯兰教沙里亚法（Islamic Shariya）或 GCC 成员方的公共秩序或道德的发明，无论其属于新产品还是新方法，均可获得专利。❶ 专利授权的条件包括，在申请日或优先权日之前，发明未被书面或口头披露，未通过使用或任何其他方式被公开，则该发明具有新颖性。属于他人滥用申请人或发明人权利导致发明被公开的，如果申请人在公开后 12 个月内提交专利申请，发明不丧失新颖性；在 GCC 认可的国际展会上展出发明，申请人在公开后 6 个月内提交专利申请，发明不丧失新颖性。❷ 创造性，即基于现有技术，发明对于该技术领域内具备一般专业知识的人员来说不是显而易见的。❸ 实用性，即发明能够用于工业、农业、服务业，包括手工艺品的生产，则可认定发明可用于产业生产。❹

2006 年，GCC 最高理事会制定和通过了 GCC《统一商标法》，但若约束各成员方，须各成员方选择该海湾商标法。《统一商标法》包括六个部分，包括商标的定义、商标注册的条件和程序、使用商标的授权、商标的主体和实体、违反商标法的处罚条例、海湾合作委员会成员方商业合作委员会在发布执行章程过程中的作用以及对商标法进行进一步解释和修改的权力等。2014 年 2 月，巴林官方公报上公布了政府批准实行《统一商标法》的决定。2017 年 7 月，阿曼成为《统一商标法》的第四个成员方。至今，阿曼、沙特阿拉伯、巴林、科威特四个成员方采用了这一法律。《统一商标法》旨在取代各成员方的本地商标法，从而在所有成员方中就商标保护创建统一的实施规则。《统一商标法》的制定无疑大大提高了海湾地区商标注册与保护。然而，与其专利法不同，《统一商标法》并不能提供一个统一的申请体系，因此即使实施《统一商标法》，目前商标申请和保护仍继续在各成员方单独进行。❺

---

❶ Patent Regulation of the Cooperation Council for the Arab States of the Gulf, Art. 2/1.

❷ Ibid. , Art. 2/2.

❸ Ibid. , Art. 2/3.

❹ Ibid. , Art. 2/4.

❺ SULTANI S A. GCC Trademark Law Coming Soon[J/OL]. WIPO Magazine, 2014,9:19[2020. 9. 26]. https://www.wipo.int/wipo_magazine/en/2014/05/article_0010.html.

五、东盟知识产权合作机制

东盟，即东南亚联盟（Association of Southeast Asian Nations，ASEAN）。东南亚国家 1967 年 8 月在泰国曼谷举行会议，会上各国首脑联合发表了《曼谷宣言》，标志着东盟的正式成立。截至 2019 年，东盟有马来西亚、印度尼西亚、泰国、菲律宾、新加坡、文莱、越南、老挝、缅甸和柬埔寨 10 个成员方。东盟作为东亚地区的政府间国家组织，具有区域性和一般性的特征。长期以来，东盟一直是亚太地区乃至全球范围内经济增长的重要一极。近年来，随着全球经济整合与区域经济一体化的大趋势，东盟一体化战略也被提上日程。通过保证加速自身的经济一体化的同时，形成以东盟为轴心的东亚区域合作网络，来应对地区内大国如美国、日本、中国等国势力，以使东盟和本地区在全球范围内站稳脚跟，更富话语权和竞争力。❶

由于历史与文化传统等方面的原因，东盟在知识产权保护水平与形式等方面的差距都比较大。例如，综观东盟各国知识产权状况，既有以新加坡为代表的知识产权制度相对完备的国家，正谋求打造区域知识产权中心；又有泰国等国，稳步推进国家知识产权制度建设；亦有文莱、老挝等国，知识产权制度处于起步阶段。同时，东盟诸国的知识产权法律制度采取了多种不同的形式。一些国家采用专利、商标和著作权分别立法的模式，如新加坡等；还有一些国家制定了综合知识产权法，如菲律宾知识产权法典、老挝知识产权法等。由于知识产权在促进区域经济发展乃至推动区域一体化过程中所能发挥的重要作用，东盟开始采取措施，从区域层面来推进知识产权法律的协调化与一体化，构建一个统一且具多样性的知识产权保护体系。

在知识产权领域，东盟各成员方共同签署了五项重要的文件，其中包括 1995 年通过的《东盟知识产权合作框架协议》、2004 年签署的《2004—2010 年东盟知识产权行动计划》、2009 年通过的《东盟专利审查合作计划》、2011 年签署的《2011—2015 年东盟知识产权行动计划》2016 年签署的《2016—2025 年东盟知识产权行动计划》。

---

❶ 刘重力. 东亚区域经济一体化进程研究［M］. 天津：南开大学出版社，2017：91-92.

（一）1995 年《东盟知识产权合作框架协议》

1995 年 12 月 15 日，东盟各国在泰国曼谷通过了《东盟知识产权合作框架协议》（简称《框架协议》）。《框架协议》确立了东盟知识产权合作的 6 个目标，其中包括提高东盟各国知识产权法律的一致性，探索建立东盟专利事务局，促进统一的区域性专利保护制度的实现；探索建立东盟商标保护制度的可能性，即建立东盟商标事务局，促进统一的区域性商标保护制度的实现等。同时，坚持在履行国际义务的前提下，承认和尊重各国知识产权保护制度独特性。《框架协议》从知识产权的目标、原则、合作范围及其合作活动审议乃至争端解决都作了规定。

《框架协议》的实施由东盟知识产权合作工作组负责。为了执行《框架协议》，1996 年 4 月 10 日，东盟知识产权合作工作组通过了一个为期两年的行动计划（1996—1998 年），其主要内容包括建立统一的外观设计、专利和著作权保护制度。根据这个行动计划，还分别设立了两个专家组，就统一商标和专利保护制度开展前期工作。东盟知识产权合作工作组于 1998 年将行动计划延长至 1999—2001 年。《框架协议》是东盟在知识产权领域所签署的第一个合作协议，在东盟知识产权法律协调、保护合作方面具有重要意义。它从宏观层面上确定了东盟成员方的合作目标、原则和范围。但是，这一协议也存在着不足，主要是从目标看，其集中于专利与商标保护，对版权制度并未涉及；从内容看，它只是一个框架协议，过于宏观而缺乏可操作性，连基本的协调立法的机制都没有确立。❶

（二）《2004—2010 年东盟知识产权行动计划》

2004 年，在东盟的万象峰会上，通过《2004—2010 年东盟知识产权行动计划》（简称《行动计划》）。《行动计划》指出全球知识产权的发展现状与推进东盟区域知识产权一体化建设的重要意义，从任务、目标、方法及重点项目和活动四个方面，提出了具体落实目标的各项重点举措。从文件内容看，《行动计划》提出了"三大任务、四个目标、三条路径"。

---

❶ 宋志国，高兰英，贾引狮. 中国-东盟知识产权保护与合作的法律协调研究 ［M］. 北京：知识产权出版社，2014：149-150.

"三大任务"指在东盟境内共同营造一种用于改革、加强创新的氛围，促进东盟成员方的多元化；为知识资产与知识产权的产生、注册、商业化、保护创建一个统一的区域体系；鼓励跨境合作，成立相关的网络中心，扩大与深化东盟境内的科技基地与研究活动，并促进基地与活动的成果与产品进行注册及商业化。

"四个目标"包括加快东盟境内外有关知识资产的创建与商业化速度与范围，促进科技领域研发机构的联系与交流；在东盟区域内开发与协调一套有利于知识产权的注册、保护与执行的政策机制与机构安排；提升东盟境内公众的知识产权观念，加强与知识产权相关的人力资源建设与机构建设；进一步授权各国知识产权局共同为企业发展提供知识产权的服务。

"三条路径"指的是长期性，即通过长期的计划安排而不是局限于2004—2010年的时间框架内促进东盟各国在知识产权领域的合作；实效性，即考虑到知识资产的创造与东盟各国资源相对贫乏之间的矛盾，力图通过重点项目的推行来实现保护知识产权的最大功效；差异性，即基于东盟各国经济发展水平的不同，对各国的要求也各具差异，同时还提倡老同盟六国对新东盟四国的技术援助。

《行动计划》所涉及的重点活动包括促进东盟知识资产的创造，创建一套简化、协调的知识产权注册登记和保护体系框架，提高公众的知识产权意识，加强知识产权能力建设，加强东盟各国知识产权之间的合作，为企业发展提供服务。从内容看，《行动计划》是对《东盟知识产权合作框架协议》的具体落实，也是东盟2004—2010年一段时间内对加强区域知识产权一体化和协调化发展行动的指导性和纲领性文件。它既从客观上分析了当前东盟知识产权一体化和协调化的问题与原因，反映出东盟对各国知识产权状况的客观评估，又站在构建东盟区域知识产权一体化法律体系的高度，勾勒出未来知识产权一体化发展的远景规划，具有较强的指向性和指导性。❶

---

❶ 宋志国，高兰英，贾引狮. 中国-东盟知识产权保护与合作的法律协调研究［M］. 北京：知识产权出版社，2014：151-154.

（三）2009 年《东盟专利审查合作计划》

2009 年 6 月，东盟八国，即柬埔寨、印度尼西亚、老挝、马来西亚、菲律宾、新加坡、泰国与越南，制订了东盟专利审查合作计划（ASEAN Patent Examination Co-operation Programme，ASPEC）。2012 年，文莱宣布加入，目前共有 9 个成员方。东盟专利审查合作是一个区域性的专利合作计划，它计划为东盟成员方的知识产权局进行专利检索和审查时可以相互利用和参考各自的检索与审查结果。这一计划将有助于各国知识产权局进行专利检索与审查工作，但是并不强行要求必须采纳来自另一国知识产权局的结果或结论。最后各国知识产权局将根据本国国内法决定是否授予专利。❶

ASPEC 的目标有两个：第一，减少审查工作的工作量，缩短审查的时间。对先前检索与审查工作的参考，有利于帮助审查员尽快地确立自己的检索策略与标准，减轻检索负担，并帮助审查员更好地理解申请授权的发明技术方案。这就使得专利快速审查成为可能。第二，更好的专利检索与审查。其他专利局可能会拥有本国专利审查员无法检索到的数据库，如特殊的技术数据库、当地的数据库，以及其他不同语言的数据库等。因此，有机会参考其他专利局的检索与审查结果能够为本国审查员提供其无法通过平常途径所获得的在先技术评估报告。❷ 总的来说，ASPEC 的概念跟 PPH 类似，只不过变成"多国 PPH"，形成一个东盟 PPH 网络。❸

虽然各成员方的专利实体法难以求得统一，但在专利审查合作方面，ASPEC 标志着东盟在专利领域的合作向前推进了一步。申请人加入后，虽然各国专利局还必须依其国内法进行检索及实审，形成各自的可专利性等审查结论，但是能取得第一专利局的检索审查结论，仍然有助于其他专利局了解发明内容、设定检索参数及策略，进而提高检索审查效率。由于各专利局使用的在先技术检索数据库不尽相同，申请人可以借此计划得到更

---

❶　ASEAN. ASEAN Patent Examination Co-operation（ASPEC）Programme. 1. 5［S/OL］.［2019-12-27］. http：//www. myipo. gov. my/en/asean-patent-examination-co-operation-aspec/.

❷　Ibid. ,1. 5.

❸　李淑莲. 擅用 ASPEC 专利审查合作计划补强东盟专利布局［N/OL］.［2017-04-21］. http：//cn. naipo. com/Portals/11/web_ cn/Knowledge_ Center/Industry_ Economy/IPND_ 170421_ 0701. htm.

加完整的在先技术检索比对结果。当然，ASPEC 的实际成效仍有待评估。尽管理论上申请人可以在各国更快得到更完整的检索审查结果，但毕竟官方并未保证优先处理，申请人需求有待日后观察，各局也将依实际运作情况随时检讨实施办法。

（四）《2011—2015 年东盟知识产权行动计划》

2011 年，东盟知识产权合作小组制订了第二个五年行动计划——《2011—2015 年东盟知识产权行动计划》。该计划共有五个战略目标：①创建一个利益均衡的知识产权体系，提高东盟各成员方知识产权局的机构服务能力；②加强知识产权基础建设，以满足知识产权领域发展的需求为中心，鼓励东盟成员方在适当的时间积极参加国际知识产权保护体系；③全面促进知识资产创造、提升知识产权意识、推动知识产权应用，鼓励技术转让使公众意欲获得知识技术，关注区内当地居民的本土产品、服务与工艺的维护与保护，促进区域利益的发展；④促进东盟积极参与国际知识产权事务，加强与对话伙伴及其他知识产权组织的联系，提升东盟各成员方的知识产权保护能力和满足本区域利益相关人的需求；⑤加强东盟成员方之间的合作，提高合作的层级，促进各国知识产权局的人力资源建设与机构能力水平。

东盟第二个五年知识产权行动计划更加关注在重点领域中开展具体活动，并为此提出了具体的计划措施，这使得东盟的知识产权合作更具有针对性。东盟采取了负责制，为各领域、各活动指定了负责国或负责机构，以提高成员方的合作与责任意识。该计划更加强调各项措施所应取得的预期成果，这些成果是可量化的，并且必须通过文件或其他载体予以体现，便于审查和监督，这使东盟的知识产权合作更具实效性。

（五）《2016—2025 年东盟知识产权行动计划》

东盟成员方发展水平的差异成为统一化进程中的障碍，这是东盟知识产权行动计划在设定时间期限时必须考虑的因素。因此，第三期东盟知识产权行动计划的时间跨度更大，从 2016 年至 2025 年。第三期行动计划在诸如透明度、公众意识或者加入国际条约等方面的主要目标仍然没什么变化，但计划本身更加细致，也包括开发地区知识产权平台，比如商标的在线申请系统。

新的知识产权行动计划还会重点关注知识产权局的建设，尤其关注柬埔寨、老挝以及缅甸，同时也会考虑到国家的发展水平。新时期计划的另外一个重要目标是，通过各种知识产权协会和私人部门与利益相关方和外部合作者加强联系。东盟知识产权共同体对新计划抱有很高期望，希望通过完善知识产权法律制度以支持和促进东盟新兴市场整体的经济发展。为此，东盟实施"一个愿景、一个身份、一个社区"的口号，作为其保持在全球竞争力的基础。❶

总体来说，《东盟知识产权合作框架协议》是一个法律基石，提出了宏观的目标；《2004—2010 年东盟知识产权行动计划》《2011—2015 年东盟知识产权行动计划》与《2016—2025 年东盟知识产权行动计划》是三份行动纲领，明确了具体的措施；《东盟专利合作审查计划》是一种专门行为，表明了东盟各国在专利审查领域的切实合作。五份文件从面到点，体现了东盟在知识产权领域加强合作的态度与决心。❷

六、北美自由贸易区知识产权合作机制

《北美自由贸易协议》（NAFTA）是美国、加拿大及墨西哥在 1992 年 8 月签署的关于三国间全面自由贸易的国际协定，该协定在 1994 年 1 月正式生效。与欧盟自由贸易协定性质不一样，NAFTA 不是凌驾于国家政府和国家法律上的一项协议。NAFTA 明确规定，墨西哥、加拿大、美国根据关税和贸易总协定的基本原则，正式建立北美自由贸易区。其成立宗旨是：取消贸易障碍，创造公平竞争的条件，增加投资机会，对知识产权提供适当的保护，建立执行协定和解决争端的有效程序，以及促进三边的、地区的以及多边的合作。三个会员国彼此遵守协定规定的原则和规则，如国民待遇、最惠国待遇及程序上的透明化等来实现其宗旨，藉以消除贸易障碍。

NAFTA 共 22 章，包括 11 个方面的内容：降低和取消关税；汽车产品；

---

❶　东盟知识产权行动计划 2016-2025. [2016-05-20]. http://ipr. mofcom. gov. cn/article/ydyl/201605/1890286. html. .

❷　宋志国，高兰英，贾引狮. 中国-东盟知识产权保护与合作的法律协调研究 [M]. 北京：知识产权出版社，2014：159-162.

纺织品和服装；原产地规则；能源和基本石化产品；农业；放宽对外资限制；开放金融保险市场；服务贸易等。对知识产权保护的规定主要集中在第六部分第 17 章。NAFTA 序言共有 15 段，其中第 9 段指出："鼓励创造和创新，并推动知识产权领域的货物和服务贸易。"将知识产权问题放在序言中予以陈述，表明了北美自由贸易区希望通过加强知识产权保护来促进知识产品在自由贸易区中的自由流通。

NAFTA 第六部分第 17 章以 21 个条文加 4 个附录对知识产权保护进行了具体规定。这些规定包括要求成员方在保护知识产权方面遵循更广泛保护原则、国民待遇原则、防止知识产权滥用原则。❶ NAFTA 第 17 章第 5~7 条规定了著作权及相关权，包括音像制品权和卫星信号权。第 17 章第 8 条对商标的内容进行了规定，涉及注册、使用、强制许可等各个方面。第 17 章第 9~13 条对专利权的内容进行了规定。这部分条文的内容十分广泛，涉及专利、集成电路布图设计、商业秘密、工业品外观设计、地理标志等。第 17 章第 14~18 条专门规定了知识产权执法和司法保护条款，包括一般性要求、国内法律程序要求、民事救济措施、刑事处罚措施、边境措施等，要求制定快捷、高效的国内法程序落实知识产权各种权利，包括损失、预防性终止及一般情况下程序合法性的规定。第 17 章第 19~21 条及 4 个附录对缔约国的合作与技术原则进行了规定，并对具体概念进行了界定。

2017 年特朗普政府认为 NAFTA 的原有条款已经不能满足今天三国经贸形势的需要，提出重谈 NAFTA 的要求。2018 年 9 月 30 日，美国、加拿大和墨西哥历时 13 个月的 NAFTA 谈判落下帷幕。三国一致同意将其重新命名为《美国—墨西哥—加拿大三国协定》（The United States Mexico-Canada Agreement，USMCA），自此 NAFTA 成为了历史。2019 年 12 月，美国国会众议院以压倒性多数批准了 USMCA。USMCA 作为 NAFTA 的 2.0 版，保留了原协议的主要框架，在部分章节上做了补充和调整。USMCA 共 35 章，涵盖关税、农业、原产地原则、纺织品、海关与贸易便利化、投资、电信、金融服务、数字贸易、知识产权、竞争政策、国有企业、劳工、环境、中小企业、反腐

---

❶ North American Free Trade Agreement, Art. 1702, 1703, 1704.

等诸多内容。其调整的内容主要集中在原产地原则、市场准入、知识产权、劳工等方面。

USMCA 特别增加了"知识产权保护"的内容，也是特朗普政府对中国发起"301 调查"的主要考虑。具体内容包括为生物药和范围广泛的产品提供为期 10 年数据保护；版权及相关权享有完整的国民待遇；加强专利保护（尤其是医药和农业）；版权保护期延至作者死后 70 年（法人作品为首次授权出版后 75 年）；提高打击规避技术保护措施行为的惩罚力度；为网络服务提供商建立了安全港制度，为合法企业提供可预见性；为地理标志的确认提供程序保障；加强商标保护；强化执法合作条款，加强执法合作，强化执法人员法定职权，可在任何时候扣押涉嫌赝品或走私货物；对窃取卫星与线缆信号实施民事与刑事处罚；对窃取商业机密的行为制定广泛的保护措施。❶

七、亚太经合组织知识产权专家组

亚太经济合作组织（Asia-Pacific Economic Cooperation，APEC）是一个区域性经济论坛和磋商机构。20 世纪 80 年代，在欧洲经济一体化进程加快、北美自由贸易区已显雏形和亚洲地区在世界经济中的比重明显上升等背景下，澳大利亚提出召开亚太地区部长级会议，讨论加强相互间经济合作的倡议。这一倡议得到美国、加拿大、日本和东盟的响应。1989 年 11 月 6 至 7 日，亚太地区第一届部长级会议在澳大利亚首都堪培拉举行，标志着 APEC 的成立。1991 年 11 月，亚太地区第三届部长级会议在韩国汉城通过了《汉城宣言》，正式确立该组织的宗旨与目标是：相互依存，共同利益，坚持开放的多边贸易体制和减少区域贸易壁垒。APEC 的性质为官方论坛，秘书处对其活动起辅助作用。其议事采取协商一致的做法，合作集中于贸易投资自由化和经济技术合作等经济领域。

APEC 成立以来，其组织的知识产权活动已成为各国就知识产权制度进行

---

❶　Agreement between the United States of America, the United Mexican States, and Canada 12/13/19 Text, 20 Intellectual Property, https://ustr.gov/trade-agreements/free-trade-agreements/united-states-mexico-canada-agreement/agreement-between.

交流的重要场所。1995 年大阪宣言确定的 APEC 在知识产权领域的目标是在《TRIPs 协定》和其他相关协定的最惠国待遇、国民待遇及透明度原则基础上，确保对亚太地区知识产权充分有效的立法、管理与执行。为实现这一目标，APEC 在贸易与投资委员会下特设了一个知识产权专家组（IPEG-APEC），其主要工作是在各经济体之间开展广泛的合作，包括调查各经济体的立法，在技术合作方面交流信息等，研究推进《TRIPs 协定》实施的效果。IPEG-APEC 每年两次向 APEC 高级别会议及贸易与投资委员会报告工作进展。

2016 年起，APEC 贸易部长会议将关注重点集中于鼓励知识产权保护、执法与提升中小企业知识产权意识与商业化运用之上，为了配合这一目标，近年来，IPEG-APEC 将工作重点放在推进中小企业如何利用知识产权工作获取利润与提升竞争力的能力建设之上。IPEG-APEC 继续推进在商业秘密保护与执法方面的建设性对话。IPEG-APEC 相当关注网络环境中的知识产权保护问题，同时，推动地区知识产权制度、审查工具、提升国际专利制度、地理标志保护以及基因资源与传统知识保护方面的合作。此外，IPEG-APEC 也非常重视人力资源发展，以及成员方在推进公众知识产权意识及提升专利商标注册审查程序质量与效率等方面的合作。❶

八、维舍格勒专利机构

从 1991 年起，波兰、捷克、匈牙利等中东欧国家在加入欧盟的过程中，为加强彼此间合作，于 1991 年 2 月在匈牙利的维舍格勒城堡举行会议，决定在向市场经济过渡方面相互交流经验，相互协调行动，加强彼此间合作，成立区域合作组织。因会议在维舍格勒城举行，所以称为维舍格勒城集团（Visegrad Group）。❷ 1992 年捷克和斯洛伐克分立后，集团成员方由三个变为四个：捷克、斯洛伐克、波兰、匈牙利（V4）。从 1999 年起，V4 政府首脑每年

❶ APEC SECRETARIAT. Intellectual Property Rights Experts Group [EB/OL]. (2021-03-01) [2021-12-30]. http://apec.org/Groups/Committee-on-Trade-and-Investment/Intellectual-Property-Rights-Experts-Group.

❷ INTERNATIONAL VISEGRAD FUND. Visegrad Declarations [EB/OL]. [2021-12-30]. http://www.visegradgroup.eu/.

定期会晤，并且均在 2004 年加入了欧盟。由于东西欧之间经济上的差距以及政策立场上的异同，近年来，V4 重新活跃起来，其成员方希望通过这一机制在一系列问题上协商，步调一致，增强话语权。维舍格勒城集团是欧洲重要的次区域组织，在欧洲的经济和政治地位不可忽视。维舍格勒城集团是中欧精神的承载者、区域合作的舞台以及捍卫成员方利益的平台。

　　近些年来，维舍格勒集团也加强了知识产权制度一体化方面的合作。从 2014 年开始，V4 致力于在 PCT 的框架下建立自己的国际专利检索机构。在中东欧地区建立自己的国际专利检索机构，无疑可以使企业和其他知识产权人更有效地获得国际专利权的保护。根据 PCT 要求，国际检要单位至少要有 100 名全职人员，能够提供最基本的专利文献检索、能执行有质量的专利审查。2015 年 2 月，V4 的知识产权官方代表、各国专利局的局长签署了建立"维舍格勒专利机构"（The Visegrad Patent Institute，VPI）的协议，该机构旨在促进 V4 的创新、提供快捷的创新成果保护机制，以增强该地区的竞争力。VPI 的建立表明了 V4 的合作领域不局限于传统的政治层面，而是不断地拓展，体现了成员方对其企业和国民创新成果提供更有效保护的决心。根据协议，任何在 V4 任意国家提交专利申请的人将获得降低相关手续费、简化和加快国际专利申请的便利。申请人可以用母语就专利事项进行交流；成员方的中小企业、大学和研究机构将更有效地利用 PCT 提交国际专利申请。

第三章
"一带一路"沿线国家知识产权制度的构成系统

第一节
西亚及北非国家知识产权制度

西亚与北非地区从地理上指地中海东部与南部区域，从地中海东部到波斯湾的大片地区。这一区域主要包括部分中东国家，如沙特阿拉伯、土耳其、伊朗、伊拉克、以色列、阿联酋等10多个国家，以及北非的埃及。这些西亚国家中，沙特阿拉伯、阿联酋等6个国家于1981年成立了海湾沿海地区的合作机构，即海湾阿拉伯国家合作委员会（GCC）。GCC成立以来，充分发挥语言和宗教相同、经济结构相似等方面的优势，积极推动经济一体化进程。GCC以在经济、金融、商业、关税、教育、法律及行政等领域采用相类似的制度及法律为目的，其中包括统一的知识产权制度。

一、海湾阿拉伯国家合作委员会

为了促进科技进步和技术转让并推动地区经济增长，GCC从20世纪末21世纪初开始建立起了统一的专利与商标制度。1998年GCC于沙特阿拉伯的利雅得成立了地区性的专利局——海湾合作委员会专利局（GCCPO），并公布了相关专利法规与实施细则。在GCCPO注册的专利在所有成员方都受到保护。2003年，GCC通过了《海合会成员方统一海关法》（Common Customs Law，简称《统一海关法》），建立起关税同盟。《统一海关法》在第2条定义中将"知识产品"作为与自然物、原材料、动植物、农产品、工业品并列的"货物"类别列举。2006年，GCC通过了《海合会成员方统一商标法》（简称《统一商标法》），不过，这一商标法需要各成员方立法机构的批准才能适用。

（一）专利制度

根据GCC专利条例的规定，在GCCPO注册的专利在所有成员方都受到保护。同时，GCC专利条例只规定了发明专利，没有设立实用新型与外观设计制度。因此，对实用新型与外观设计需要各个国家单独保护。GCC并非PCT和《巴黎公约》的成员，但是，GCC成员方均加入了这两项国际公约。

1. 专利客体

根据GCC专利条例第2条的规定，具有新颖性、创造性、能进行工业化应用且不违背伊斯兰教沙里亚法（Islamic Shariya）或GCC成员方的公共秩序或道德的发明创造，无论其属于新产品还是新方法，均可获得专利。❶

下列客体不能被视为发明：

①发现、科学理论、数学方法和计算机程序。

②经营业务的方案、规则和方法，纯粹的心理行为或游戏规则。

③植物品种和动物品种以及生产植物或动物的生物学方法，但微生物学方法及由此类方法产生的产品除外。

④人类或动物的外科手术或治疗方法，以及人类或动物的诊断方法，此类方法中使用的产品除外。

为了维护公共秩序或道德，如为了保护人类或动植物的生命与健康，或避免对环境造成严重的损害，GCC部长理事会可将一些发明排除在可授予发明的客体范围外。❷

2. 专利授权条件

根据GCC专利条例第2条的规定，专利授权的条件为：

（1）发明应具有新颖性。

如果在申请日或优先权日之前，发明未被书面或口头披露，未通过使用或任何其他方式被公开，则该发明具有新颖性。属于他人滥用申请人或发明人权利导致发明被公开的，如果申请人在公开后12个月内提交专利申请，发明不丧失新颖性；在GCC认可的国际展会上展出发明，申请人在公开后6个月内提交专利申请，发明不丧失新颖性。

对于将在GCC认可的展会上展出的发明，利益人申请临时保护的，应在

---

❶ Patent Regulation of the Cooperation Council for the Arab States of the Gulf, Art. 2. 1.

❷ Ibid. , Art. 3.

展会开始前通过指定的表格向 GCCPO 提交请求。GCCPO 可要求申请人提供其认为必要的任何其他详细信息。

临时保护证书的有效期为展会正式开始之日起 6 个月。❶

（2）发明应具有创造性。

基于现有技术，发明对于该技术领域内具备一般专业知识的人员来说不是显而易见的，则发明具有创造性。❷

（3）发明可用于工业生产。

如果发明能够用于工业、农业、服务业，包括手工艺品的生产，则可认定发明可用于工业生产。❸

3. 专利权归属

根据 GCC 专利条例第 2 条的规定，专利授权的条件为：

如果关于某项发明的申请不止一件，专利应授予给具有最早优先权日的第一份申请的所有人。❹

如果发明是几个人的合作成果，专利的所有权应归其共同所有，除非其另有约定。如果一个人的活动仅限于实施想法，则其不应被视为发明人。❺

如果发明是执行发明活动合同或履行合同义务的结果，专利权应归雇主所有。如果雇主证明发明人使用雇主所提供的设施、手段或信息而取得发明，专利权也归雇主所有。但是，本条规定不得损害雇员获得发明所属国的主管局根据合同或义务规定以及发明的经济价值确定的特定报酬的权利。任何剥夺雇员此类权利的协议均属无效。此规定也适用于政府机构中的雇员。受雇发明人在服务合同终止后 2 年内提交的专利申请应被视为受雇期间的职务发明。❻

4. 申请、审查与授权

GCCPO 尊重《巴黎公约》的优先权规定，GCC 申请可以依在先公约申请

---

❶ Ibid. , Art. 2. 2.
❷ Ibid. , Art. 2. 3.
❸ Ibid. , Art. 2. 4.
❹ Ibid. Art. 2. 6.
❺ Ibid. , Art. 2. 7. 1.
❻ Ibid. , Art. 2. 7. 2.

主张优先权。根据 GCC 专利条例第 5 条规定，发明人、代理人或权利继承人均可向 GCCPO 提交专利申请。申请应提出获得专利授权的请求并交纳规定的费用。❶ 根据 GCC 专利条例修正案实施细则，非 GCC 居民在提交申请时，应提交委托代理人的文件。申请人为法人的，应提交商业登记册的摘录或公司章程的摘录，具体视情况而定。❷

申请应包含申请人、发明人及其代理人（如有）的姓名。申请人不是发明人时，还应包含说明申请人拥有发明权的声明。申请应仅限于一件发明，或构成一个总发明构思的组成部分。申请应包含发明标题、说明、权利要求、附图（如有），以及摘要。申请可包含在任一国家/地区局提交的在先申请的优先权主张。在此情况下，申请应指明之前申请的申请日、申请号以及申请所属国。申请人应提供相应证据，否则优先权主张不予认可。优先权的期限为首个申请日起 12 个月。❸ 如果申请文件使用的是英语，应同时提交阿拉伯语译文；若使用的阿拉伯语和英语之外的语言，应同时提交阿拉伯语与英语译文。❹

一旦申请材料满足 GCC 专利条例及其实施细则的要求，GCCPO 将对申请材料登记在册，并进行形式审查。❺ 若形式审查发现文件不齐备，GCCPO 将要求申请人在收到通知之日起 3 个月内完善申请材料，否则申请将作废。❻ 申请通过形式审查后，GCCPO 将会通知申请人收到通知之日起 3 个月内支付审查费。GCCPO 收到审查费后，将会进入实审程序，自行审查或委托其他审查机构进行审查。❼ GCCPO 通知申请人实质审查的结果，申请人可根据审查意见向 GCCPO 提交修正文件的申请。

专利申请材料通过实质审查后，GCCPO 将颁发专利授权决定，将专利申

---

❶ Ibid. , Art. 5.

❷ The Implementing Bylaws of the Amended Patent Regulation of GCC, Art. 3.

❸ Ibid. , Art. 6.

❹ Ibid. , Art. 3.

❺ Ibid. , Art. 9.

❻ Ibid. , Art. 10.

❼ 虽然 GCCPO 配备了专业的审查团队，但是 80% 以上的实质审查都是委托澳大利亚知识产权局、奥地利专利局与中国专利局来进行的。

请在专利公报上公开。任何利益相关方可在公开之日起 3 个月内向申诉委员会（部长理事会任命执行 GCC 专利条例及实施细则的机构）提出异议，并将相关材料提交给申诉委员会秘书处。申请人对于 GCCPO 上诉委员会的裁决又可以上诉至各成员方的主管当局。如果通过实质审查发现申请人不能获得专利，GCCPO 将驳回申请，并将驳回理由告知申请人。被驳回的申请也将予以一并公开。❶

GCC 专利的有效期是自申请注册日起 20 年。年费可预先支付，开始于申请日 1 年之后的年初，此类费用有 3 个月的宽展期。3 个月宽展期之后要收取额外费用。专利权人可以预先支付该专利有效期内的部分或全部年费。❷

5. 侵权救济

GCC 目前没有设立管理专利事务的统一法院。根据 GCC 专利条例，专利侵权的应由侵权发生地的 GCC 成员方主管部门审理。GCC 专利条例第 26 条规定：每个成员方的主管部门应该审理属于侵权或专利即将侵权的诉讼。这些机构应依据 GCC 专利条例及本国各自的专利管理规定解决上述纠纷，否则按照一般民事规则解决纠纷。目前，GCC 还没有遇到过专利侵权纠纷的案件。因此，如何处理专利侵权纠纷与专利无效之间的关系尚待观察。一般来说，GCC 成员方的主管当局应当在处理专利侵权纠纷之前先处理无效宣告。

GCC 成员方内部也没有设立专门的专利法院。因此，成员方的地方法院对专利诉讼享有管辖权。不过沙特阿拉伯的情况有所不同，沙特阿拉伯负责争议解决的是三个法律专家和二个技术专家构成的委员会。委员会由多数决投票做出决定。对于委员会决定不满的，可以向申诉委员会进行申诉。

（二）商标制度

GCC 统一协调各成员方商标法的努力可以追溯到 20 世纪 80 年代。2006 年，GCC 公布了《统一商标法》。不过这一部商标法并未付诸实施。2013 年，GCC 最高理事会颁发了修订后的《统一商标法》。GCC 最高理事会在 2012 年 12 月发布了一项决议，要求所有成员方在 GCC 贸易合作委员会批准《统一商

❶ The Implementing Bylaws of the Amended Patent Regulation of GCC, Art. 21.
❷ Patent Regulation of the Cooperation Council for the Arab States of the Gulf, Art. 16.

标法》及实施细则后6个月内在其各自的国内商标法中纳入《统一商标法》。同时，这一法律也需要各成员方立法机构的批准。

在等待了30年之后，GCC《统一商标法》终于得以实施。目前《统一商标法》已经在GCC的成员方之一科威特生效。2015年第500号《部长决议》批准了2015年第13号法律的实施细则，而第13号法律又批准了《统一商标法》，据此《统一商标法》得以在科威特实施。❶ 也在其他的GCC成员方，即在巴林、阿曼、卡塔尔、沙特阿拉伯及阿拉伯联合酋长国一一生效。2016年9月29日，沙特阿拉伯政府公报公布《统一商标法》及其实施细则，《统一商标法》在沙特阿拉伯生效。2017年7月30日，也门政府公报宣布《统一商标法》及其实施细则，《统一商标法》在也门生效。

《统一商标法》的生效不仅对海湾国家，而且对阿拉伯地区、中东地区的区域知识产权一体化进程方面都具有里程碑意义。GCC《统一商标法》包括7个部分，即商标的定义、商标注册的条件和程序、商标使用的授权、集体商标与证明商标、违反商标法的处罚等。《统一商标法》的目的只是建立统一的商标法，而非试图在各成员方之间建立单一的商标申请与保护体系。因此，商标所有人想要商标在各成员方获得保护，仍然要向成员方提出注册申请。

新修订的《统一商标法》共52个条款，规定了成员方中商标注册、续展、许可、撤销等程序。新商标法的变化主要包括以下七个方面。❷

①商标的定义。新《统一商标法》第2条明确将一些新的非传统标记，如颜色、颜色组合、声音、气味等，纳入到商标范畴之内。❸

②商标类别。目前，GCC成员方中，一个商标申请还只能指定一类商品，不能指定跨类商品。2006年《统一商标法》也明确规定商标申请不能跨类指定商品。2013年《统一商标法》对这条进行了修订，规定商标可以指定跨类商品。跨类申请的修改大大提升了商标申请的效率。

---

❶ DEANS R,SULTANI S A. The start of a new era-GCC Trade Mark Law implemented in Kuwait[EB/OL].[2019-05-10]. https://www.clydeco.com/insight/article/the-start-of-a-new-era-gcc-trade-mark-law-implemented-in-kuwait.

❷ DEANS R,SULTANI S A. GCC Trademark Law coming soon[EB/OL].[2019-05-10]. https://www.wipo.int/wipo_magazine/en/2014/05/article_0010.html.

❸ GCC Trademark Law, Art. 2.

③审查与异议。当前绝大多数 GCC 成员方商标局在商标申请或异议审查时均不考虑不同种类中的货物或服务。然而，2013 年《统一商标法》第 9 条规定，列在同一种类中的货物或服务不一定就意味着相似，列在不同种类中的货物或服务也不一定意味着不相似。❶

④驰名商标。2006 年《统一商标法》仅规定，禁止对驰名商标翻译后进行注册。2013 年《统一商标法》对这一规定进行了修订，加强了对驰名商标的保护。根据修订后的《统一商标法》第 3 条规定，禁止在相同或近似的商品与服务上注册模仿、翻译驰名商标，或驰名商标中的主要成分的商标。同时，也禁止在其他不相类似的货物或商品上注册任何可以将商品与驰名商标产生联系，损害驰名商标所有人利益的商标。❷

2013 年《统一商标法》也明确规定了如何确定驰名商标的标准。《统一商标法》第 4 条规定，商标注册或使用的时间长短与范围、在多少个国家被认定为驰名商标、该驰名商标对服务或货物价值提升的幅度等，都是需要考量的因素。❸

⑤权利范围。《统一商标法》第 17 条明确规定，注册商标所有权人享有禁止他人在同样或类似商品上使用商标的排他性权利，也享有禁止他人在类似商品或服务上使用同样或类似商标误导公众的权利。❹

⑥侵权救济。2013 年 GCC《统一商标法》第 42 条规定，不仅禁止假冒注册商标的行为，同时也禁止假冒未注册商标的行为。商标所有人有权就任何侵权方提起民事或刑事诉讼，处罚包括最长 5 年的监禁和最高 27 万美元的罚款。❺

⑦平行进口。2013 年《统一商标法》第 39 条授权成员方海关机构扣押侵权商品的权力。❻ 但是，禁止海关机构扣押权利人自行投放，或许可到出口国市场的商品。根据新《统一商标法》的规定，允许平行进口的存在。不过，

❶　GCC Trademark Law, Art. 9.
❷　Ibid. , Art. 3.
❸　Ibid. , Art. 4.
❹　Ibid. , Art. 17.
❺　Ibid. , Art. 42.
❻　Ibid. , Art. 39.

第 39 条仅仅禁止的是成员方海关对平行进口的限制。并不禁止权利人利用其他救济手段，如第 41 条的损失赔偿，来对平行进口的限制。

二、沙特阿拉伯

沙特阿拉伯王国（Kingdom of Saudi Arabia），简称沙特，位于亚洲西南部的阿拉伯半岛。沙特是著名的石油生产国，石油的储量与产量均居世界首位。沙特实行自由经济政策。沙特的金融体系比较完善，旅游业也十分发达。沙特政府鼓励私有经济发展，以减少国家经济对石油出口的依赖。沙特经济发展以工业为重点，石油和石化工业是国民经济的命脉。《基本法》是沙特阿拉伯最重要的宪法性文件，虽然《基本法》没有对知识产权予以直接规定，但其第 17 条对一般财产权的保护进行了规定，并对文化遗产进行保护（第 29条）。

（一）沙特的知识产权法律框架

沙特阿拉伯的知识产权法律框架主要包括 2000 年发布的《商号法》（Law on Trade Names），规定了对企业名称、厂商名称的保护。2002 年发布的《商标法》（Law of Trademarks），对商标的申请、种类、保护及地理标志进行保护。2003 年颁布的《版权法》（Copyright Law），对版权及相关权（邻接权），传统文化表现形式、传统知识等进行了规定。2004 年发布的《专利、集成电路布图设计、植物新品种和工业品外观设计法》（Law of Patents, Layout-Designs of Integrated Circuits, Plant Varieties, and Industrial Designs），对专利（发明）、工业品外观设计、集成电路布图设计、植物品种等进行保护。

除这些基本法律外，还有其他一些知识产权相关法，包括《保密信息披露、散布惩治法》（2011 年）、《反商业欺诈法》（2008 年）、《司法法》（2007 年）、《电子交易保护法》（2007 年）、《竞争法》（2004 年）、《商业数据法》（2002 年）、《印刷与出版法》（2000 年）等。此外，还有一些行政机关发布的与知识产权相关的实施细则，包括 2000 年的《商号法实施细则》、2002 年《商业数据法实施细则》、2002 年的《商标法实施细则》，具体规定了商标申请的程序事项；2004 年《保护商标权和著作权的边境措施规则》、

2005 年《版权法实施细则》、2005 年《商业秘密信息保护实施细则》等。

1982 年，沙特加入了 WIPO。此外，沙特阿拉伯还参加了诸多知识产权相关国际条约。《巴黎公约》（2004 年 3 月 11 日）、《伯尔尼公约》（2004 年 3 月 11 日）、PCT（2013 年 8 月 3 日）、专利法条约（2013 年 8 月 3 日）、《生物多样性公约》（2002 年 1 月 1 日）、《国际植物保护公约》（2005 年 10 月 2 日）、《TRIPs 协定》（2005 年 12 月 11 日）、《粮食与农业植物遗传资源国际条约》（2006 年 1 月 15 日）、《保护非物质文化遗产公约》（2008 年 4 月 10 日）、《保护水下文化遗产公约》（2016 年 2 月 13 日）等。

（二）沙特的版权制度

沙特《版权法》颁布于 2003 年，2004 年文化信息部根据部长决议颁布了《版权法实施细则》。《版权法》与其实施细则颇具特色，一共分为七章，分别是：受保护的作品、版权人、版权人权利、版权的合法使用、保护的范围与期限、侵权与处罚、一般性规定。

1. 保护客体

沙特《版权法》第 2 条规定：版权法保护的客体应当是文学、艺术、科学领域中具有创造性而非平庸的思想表达形式，包括文字、口述、戏剧、广播、美术、视听、实用艺术品、摄影、地图、三维设计图、计算机软件等作品。❶ 版权法不仅保护原创新作品，还包括衍生与演绎作品，包括翻译作品、改编作品、汇编作品、民间艺术作品选编、数据库等。演绎作品的版权不得损害原作品作者应当享有的权益。❷

沙特《版权法实施细则》第 3 条对民间文艺作品作了专门的规定：第 1 款规定，沙特阿拉伯的民间文艺作品属于国家所有的公共财产，未经文化信息部的许可，任何人都不得进行开发与修改。第 2 款规定，任何源于沙特阿拉伯王国境内的传统文艺表达都应当被视为沙特阿拉伯民间文艺的组成部分，包括民间传说、民乐、民间舞蹈、造型艺术等。第 3 款规定，除非得到文化信息部的事先许可，否则从沙特王国外进口沙特民间文艺作品及其翻译件都

---

❶ Copyright Law, Royal Decree No. M/41, 2 Rajab, 1424, Art. 2.

❷ Ibid. , Art. 3.

属违法行为。❶

《版权法》将三类作品排除在保护之外：法律与司法判例、政府决定、国际条约等官方文件及其译文；报刊、杂志、广播等新闻报道；思想、程序、操作方法、计算方法、抽象事实等。❷

2. 作者权利

根据《版权法》的规定：作者是作品的版权人；任何名字出现在作品上的人应当被推定为作者；作品可以使用假名或匿名。❸《版权法》也允许集体作品与合作作品的存在。同时，根据《版权法》的规定，民间文艺属于全体国民所有，由文化信息部代为行使权利。如果未经文化信息部的事前许可，任何人不得进口、发行源于沙特境内的民间文艺作品及其翻译制品。❹

版权人享有经济权与精神权。精神权包括确定作品归属的权利；反对他人未经许可任意歪曲、篡改、损害作品完整性的权利；改编、汇编的权利以及收回作品的权利。精神权是作者永久性的权利，不可剥夺也不可放弃。❺ 经济权包括作者享有对自己作品的出版、翻译、传播、出租等获得收益的权利，同时包括对作品进行演出与公共放映等权利。❻

版权人不应当歧视性地对待被授权的第三方当事人。然而，如果与被授权人达成了协议，版权人可以将其出版的作品收回。如果双方之间没有协议的话，版权人从被授权人处收回作品，应当予以补偿。❼ 根据《版权法实施细则》的规定，原创性的造型艺术品与原创性的音乐作品即便在版权转让后也可以按比例分享其作品获得的收益。不过这一规定不适用于雕塑作品与实用艺术品。❽

---

❶ Implementing Regulations of Copyright Law, Art. 3.

❷ Copyright Law, Royal Decree No. M/41, 2 Rajab, 1424, Art. 4.

❸ Ibid., Art. 5.

❹ Ibid., Art. 7.

❺ Ibid., Art. 8.

❻ Ibid., Art. 9.

❼ Ibid., Art. 10.

❽ Implementing Regulations of Copyright Law, Art. 6.

3. 保护范围与例外

沙特《版权法》对沙特作者以及并非沙特作者但首次在沙特境内公开、复制、表演与展示的作品都予以保护。沙特作者的作品，尽管在沙特境外公开、复制、表演与展示的，也予以同样的保护。根据沙特王国作为缔约国的国际条约而产生的作品。❶ 版权的保护期为作者有生之年加死后 50 年。法人作品保护期为作品首次公开之日起 50 年的时间。❷

沙特《版权法》第四章（第 15～17 条）专门规定了版权保护的例外，包括合理使用与强制许可的情形，同时也规定了某些作品的禁止使用情形，其中第 15 条规定了合理使用。合理使用指可以未经他人许可而合法地使用，包括为个人目的使用；少量引用他人作品，此类引用符合惯例并标明出处；为教育目的使用作品；引用报刊等公开渠道发表的文章，但是应标明出处等 12 种情形。❸

第 16 条对强制许可进行了规定，包括满足公众与大中小学教育的需要；原版与阿拉伯语版的作品脱销，版权人拒绝许可的；或沙特作者及其继承人根据第 11 条拒绝转让版权等情形。❹ 第 17 条则规定了两种作品禁止使用的情形。第一种情形是绘画作品版权人本人未经绘画中的人或他们继承人的允许不得公开；第二种情形是书信的作者可以公开其信件。但是如果信件公开对收信人造成损害的情形下，书信人无权公开其信件。❺

4. 侵权与处罚

第 21 条的规定以下行为应当被认定为侵权行为：出版者未经许可出版作者的作品；未经作者许可擅自改变作品的内容；规避作品版权相关保护措施的；未经版权人许可以欺诈方式为商业目的使用作品；为销售、出租等目的生产或进口帮助侵害著作权的工具；进口、存储假冒、盗版作品等行为。❻

---

❶ Copyright Law, Royal Decree No. M/41, 2 Rajab, 1424, Art. 18.

❷ Ibid. , Art. 19.

❸ Ibid. , Art. 15.

❹ Ibid. , Art. 16.

❺ 根据第 17 条的规定，公众人物的形象不享有在新闻报道中拒绝公开的权利。Copyright Law, Royal Decree No. M/41, 2 Rajab, 1424, Art. 17.

❻ Copyright Law, Royal Decree No. M/41, 2 Rajab, 1424, Art. 21.

《版权法实施细则》第 11～17 条对版权侵权责任、文字作品侵权、视听、广播作品侵权、表演权侵权、破解电子保密设备、计算机软件侵权以及电子设备展会侵权等情形进行了规定。❶

《版权法》比较有特色的地方在于《版权法实施细则》第二章第二节专门对侵权行为的调查取证程序作了详尽的规定。根据《版权法》及《版权法实施细则》，对侵权调查的启动有两种方式，第一种是根据权利人的书面申请发起，第二种则是由主管机构对公众公司与商场等进行常规或突击检查。❷ 在进行侵权调查时，调查人员必须遵守法定程序。

①有权进入生产、展示、发行、销售、使用或提供储藏版权作品的商家，以及其附属机构等进行调查；

②对涉嫌侵权的盗版制品及生产工具与设备扣押，在必要时进行录像取证；

③在有必要时，对被控盗版的侵权人及其雇员进行质询。但是，不管在什么情况下，被控侵权人都有权要求在调查材料中附随其认为不侵权的申辩材料；

④通知被控侵权人必须在调查材料搜集完成后 3 日内向主管机构报到；

⑤如被控侵权人从调查侵权结束 3 日内未向主管机构报到的，主管调查官将传唤其 5 日内报到。如仍未报到的，主管官员将移至警察局，强制传唤并直至调查程序结束。❸

位于利雅得的版权总局及其分局负责版权侵权案件的调查与取证工作。负责调查的官员在进行调查时必须制作记录文书并签名。版权总局或其他主管分局在收到相关证据后，应当指派专员立即对证据进行分析：

①对侵权物品进行外在的检查，确定初步的侵权规模与数量；

②对调查搜集到的证据进行检查与分析，并提交书面分析报告；

③如果版权局证据分析报告认为没有侵权事实，那么原告将有权要求在

---

❶ Implementing Regulations of Copyright Law, Art. 11-17.

❷ Ibid. , Art. 18.

❸ Ibid. , Art. 19.

版权局主管人员的陪同下对指控侵权的设备等进行重新检查；

④证据分析员应当就侵权指控向版权局提交建议报告，证明是否存在侵权事实。❶

负责调查的机关在证明存在版权侵权后，应当提交包含以下相关信息的调查报告：

①版权作品的详细信息；

②盗版作品的数量以及盗版作品在调查时的销售价格；

③侵权行为事实；

④侵权方法与形式，以及侵权发生的地点；

⑤进行调查侵权的方式，是否劝说控告人进行和解，是否进行了现场调查等；

⑥向公众展现版权作品被侵权的方式；

⑦任何其他关于版权作品以及被侵权的相关信息。❷

在调查官发现有版权侵权行为的情形下，应当提交包含被控侵权人书面声明、专家分析报告及权利人的检控请求等调查记录与书证材料。❸ 版权人有权向侵权行为人提起损失赔偿。不过权利人应当向主管机构提交书面备忘录，详细解释因侵权行为造成的损失数额及其计算方法。调查官员可以通过交叉质证的方式，确定证据的真实性与侵害行为的严重性。无论如何，调查官员都要及时通知被告，给予其辩解的机会。最后，调查官员将所有材料一并提交裁决委员会（Review Committee），由其决定侵权行为是否存在及赔偿数额。裁决委员会根据与侵害行为严重性、侵权数量等相配的原则作出赔偿损失决定。❹

（三）沙特的商标制度

沙特阿拉伯2002年皇家指令M/21颁布的沙特《商标法》及《商标法实施细则》构建了商标制度的基础。2004年，文化信息部颁布的《商标与版权

---

❶ Ibid. ,Art. 21.
❷ Ibid. ,Art. 22.
❸ Ibid. ,Art. 23.
❹ Ibid. ,Art. 25.

边境保护程序》，对海关边境知识产权执法程序进行了规定。《商标法》共10个部分（58条），包括总则、商标的注册与公示流程、商标注册的效力、商标的续展与注销、商标权的转让、抵押与留置、商标的使用许可、商标共有、费用、侵害与处罚、附则。

1. 商标权客体

沙特《商标法》第1条规定，商标应具明显的形状、文字、字母、数字、图形、符号、戳记和凸出的文字或者其他标志或者其组合，可以区别工业、商业、农产品或农林、自然资源的项目或者表明该开发该资源的项目，表明商标所有人制造、选择、发明或交易商标附着的物品，或表明提供某种服务的提供者。❶

第2条则规定不得注册为商标的客体，包括下列符号、徽章、旗帜和标志均不得注册为商标：❷

（a）没有区别性的标志，仅是产品或服务特征的描述，或传统上是商品或服务的通用名称；

（b）任何违反宗教的表达、标志和图案，或与宗教性质相同或相似的标志；

（c）任何不符合公共秩序或公共道德的表达、标志和图案；

（d）属于王国或属于某一个与本国有互惠待遇的国家，或本国作为缔约国参加的多边国际条约，或属于国际或政府组织的公共徽章、旗帜或其他标志，和对这些标志的任何模仿。这些标志所有者许可的情形除外；

（e）本国官方符号和标志及d款中所涉及国家与组织之官方符号与标志。如果该符号和标志用于对其产品或服务的控制和保证，该标志所有者许可的情况除外。如果该标志只是使用在产品本身或服务上，或与其类似的产品或服务上，则本禁令例外；

（f）如果地理名称的使用容易造成对产品或服务的来源地的混淆，或容易在没有正当理由的情况下垄断原产地来源。使用他人形象，或姓名，或商

---

❶ The Law of Trademarks, Royal Decree No. M/21, Art. 1.

❷ Ibid., Art. 2.

号，除非他人或其继承人同意；

（g）有关荣誉等称号；

（h）容易误导公众或含有有关产品或服务来源的虚假信息，或其他描述产品或服务的虚假信息，以及包含虚构的、模仿或伪造商号的商标；

（i）与本国驰名商标相同或类似的商标，其使用会对驰名商标的所有人造成损害；

（j）根据有关机关决定而禁止国内从事交易的自然人或法人所拥有的商标；

（k）与他人已提起注册或已注册在相同或类似产品或服务上的商标相同或类似的标志，以及在某些产品或服务上注册会降低他人产品或服务的价值的标志。

2. 商标注册

沙特的商标注册机构为沙特商业与工业部下属的沙特商标局。根据沙特商标法，商标注册处设立在商务部主管的相关部门内，称为"商标注册处"。注册处应当登记所有注册商标、转让、抵押、扣押、许可使用以及商标续展和注销以及《商标法实施细则》规定的全部信息。❶

根据沙特商标法，下列主体享有在沙特注册商标的权利：

（a）具有沙特国籍的自然人或法人；

（b）定期居住在本国并被允许从事任何商业或职业活动的外国人；

（c）与沙特有基于互惠互利往来国家的公民；

（d）国籍国属于沙特加入的有关国际条约成员方的外国人，或在该国居住的外国人；

（e）公共机构。❷

根据沙特商标法，商标可以由个人依照实施细则中所规定的条件和程序，向位于商务部的主管部门提出商标注册申请，条件是该人位于本国，或该人

---

❶　Ibid. , Art. 3.
❷　Ibid. , Art. 4.

有位于本国的代理人。❶ 可以为一个或多个类别的产品或服务申请商标注册，但应按照实施细则规定的条件和程序，分别提出每一个产品或服务类别的注册申请。❷ 如果一组商标的基本要素相同，并且这些商标的不同不影响与其相关的产品或服务的特点，诸如颜色或其他细节，并且这些产品或服务属于同一类，则一件申请可以同时注册一组商标。❸

如果两人或两个以上的人同时申请注册相同的商标，或类似商标并且该类似商标会导致同类产品或服务混淆，且申请的存档日或优先权日相同，该注册申请应暂停，直至其中一名申请人提交书面陈述，在该陈述中表明其他申请人已同意从法律上放弃其申请权利，或直到争议委员会作出支持其中一人注册的最终裁决。❹ 一旦完成注册，商标权证书中应当根据实施细则的规定包含如下信息：

（a）商标注册号；

（b）登记注册申请的日期、注册日期及优先权日（如有）；

（c）商标所有人的商业名称或名称，其住所和国籍；

（d）商标的副本；

（e）有关商标所注册的产品或服务以及该注册类别的详细信息。❺

3. 商标异议、续展与撤销

任何利害关系人可以自公告之日起90天内向争议委员会提出异议，并将异议和证据副本提交给商务部主管部门。❻ 商标注册人的权利有效期为10年，可以申请续展。在保护期限的最后一年及之后的六个月内，商标权人可以申请注册续展。商标应在未经任何新的审查的情况下予以续展，并按照实施细则规定的条件和程序公开其注册续展情况。

有下列情形的，主管部门和任一利害关系人可以请求撤销商标注册：

---

❶ Ibid. , Art. 5.

❷ Ibid. , Art. 6.

❸ Ibid. , Art. 7.

❹ Ibid. , Art. 8.

❺ Ibid. , Art. 17.

❻ Ibid. , Art. 15.

（a）商标所有人在没有正当理由的情况下，连续 5 年不使用商标；

（b）违反公共秩序或者公共道德注册商标的；

（c）以欺骗或者虚假信息注册商标的。

争议委员会有权对注销登记的请求做出决定。

商标注册有下列情形之一的，依法予以注销：

（a）未依照商标法及其实施细则续展注册的商标；

（b）根据主管机关的决定，被禁止从事交易之人拥有商标。

商标被撤销的，除非撤销决定规定了较短期限。否则自注销之日起满 3 年内，不得在相同的产品、服务或者类似的产品或服务为他人所注册。撤销商标注册的，应当按照商标法实施细则规定的程序和条件予以公告。撤销应自争议委员会作出判决之日、商标保护期满之日或作出禁止决定之日起生效。❶

4. 商标转让与许可

商标所有权可以通过任何转移所有权的事件或者行为转移给他人，但必须以书面形式，并且不得故意误导公众，特别是在产品和服务的性质、来源、特征或者性能方面误导公众。商标用于区分其产品或者服务的营业地或者项目，该所有权在不转移商标所有权的情况下转移的，继续拥有该商标的一方仍可以将其用于商标注册的同一产品或者服务上，但另有约定的除外。❷

商标所有人可以许可任何自然人或法人在其商标注册的全部或部分产品或服务上使用其商标。商标所有人仍有权许可另外他人使用，并有权自行使用其商标，但另有约定的除外。许可期限不得超过商标的保护期。❸ 许可合同应当采用书面形式，并按照商标法实施细则的规定，对合同当事人的签名、指纹或者印章进行正式认证。❹ 许可合同应当记载在本法第 3 条规定的登记簿中。许可证应当在登记簿上登记，并按照商标法实施细则规定的程序和条件予以公布，否则对他人不发生效力。除非另有约定，被许可方不得将许可转

---

❶ Ibid. , Art. 22-28.

❷ Ibid. , Art. 29-30.

❸ Ibid. , Art. 33.

❹ Ibid. , Art. 34.

让给他人或授予子许可。商标所有人或者被许可人提出许可期满或者终止的证据后，许可登记应当注销。主管部门应当将注销许可证的请求通知对方。在这种情况下，另一方应有权在收到注销请求通知之日起 30 天内，向争议委员会提出异议。

5. 商标保护

根据沙特商标法，伪造或仿造注册商标误导公众，以及恶意使用伪造或仿造的商标的；在商品或服务上恶意使用他人注册商标的；明知是他人商标的情况下，提供、提供出售、出售或者以出售为目的占有携带伪造、仿冒、或非法附着或者使用的商标的产品的，明知是伪造、模仿、非法使用或者使用商标的。对于侵害商标的行为，处以一年以下有期徒刑或罚金。❶

自侵害行为发生之日起满五年，不采取侦查、起诉行为的，将丧失公诉权。公诉权的丧失并不影响私诉权。因本法规定之侵害行为而造成损害的受害人，可以向侵害人请求适当的赔偿。商标所有人可在任何时候，甚至在提起任何民事或刑事诉讼之前，根据附有表明商标注册的正式文件的申请书，获得争议委员会的命令，采取必要的预防措施，特别是下列措施：

（a）正在被用于或已被用于从事侵害行为的有关设备和工具的准备过程之中，以及该商标被使用的本地和进口产品，或商品的准备过程之中；

（b）没收依据前款规定的物品。在索偿人提供根据争议委员会初步估算的，必要时可对被没收方给予赔偿的保证金之前，不得没收该物品。在扣押发生后，根据实施细则规定的条件和程序，允许请求人对该保证金的充足性提出异议。争议委员会的命令可包括指派一名或多名专家协助执行条例规定的权力。❷

根据沙特商标法，在规定时间内（15 日），商标所有人未对被采取预防措施的当事人提起民事诉讼或者刑事诉讼的，采取的预防措施视为无效。如在规定期限届满之日起 90 天内，或自做出没收决定之日起 90 天内，申请临时措施的当事人未提起诉讼的，被告可以对原告恶意采取临时措施的行为提出赔偿请求。争议委员会可在民事或刑事诉讼中决定没收已被没收或事后被

---

❶　Ibid. , Art. 43.

❷　Ibid. , Art. 49.

没收物品的判决，以便从损害赔偿金或罚款中扣除这些物品的价值，或按照实施细则规定的条件和程序处理违法物品。争议委员会可命令在报纸上公布判决，费用由违法当事人承担。争议委员会可下令销毁伪造、冒用或者错误放置或使用的商标或标志。争议委员会有权决定因实施本法而引起的一切民事和刑事诉讼和纠纷，以及因违法而实施的处罚。在违反本法规定的刑事案件中，调查和检查局是公共利益的代表机关。❶

（四）沙特的专利制度

沙特2004年通过了《专利、集成电路布图设计、植物新品种和工业品外观设计法》（简称沙特专利法），将发明、集成电路布图设计、植物新品种和工业品外观设计纳入专利保护的范围。沙特专利法表现出比较独特的框架结构，全篇分六章，分别是总则、专利的特别规定、集成电路布图设计的特别规定、植物新品种的特别规定、工业品外观设计的特别规定、最后规定，共65条。发明专利、植物新品种专利的保护期为20年，如果是树木品种则为25年，工业品外观设计与集成电路布图设计专利的保护期为10年。❷

1. 授权实质条件

沙特专利法规定发明专利必须具有新颖性、创造性与实用性。如果一项发明不能被现有技术所涵盖，那么该发明就具有新颖性。沙特专利法采用了全球新颖性的做法，规定现有技术是指在任何地方已通过书面或口头方式向公众披露，或者通过使用等其他方式使该项技术被公众知晓的技术。一项发明如果根据现有相关技术对于一个在该领域内具有普通技术水平的人来说并非显而易见，则其具有创造性。一项发明如果可以生产产品或者用于任何工业、农业，包括手工业、渔业和服务业等相关产业，则其具有工业实用性。❸

根据沙特专利法第45条的规定，发现、科学理论和数学方法；有关商业经营、智力活动或游戏的策略、规则和方法；动植物及其主要是生物学上的动植物生产过程，不包括涉及微生物、非生物学及微生物学的方法；针对人

❶ Ibid. ,Art. 43-54.
❷ The Law of Patents, Layout Designs of Integrated Circuits, Plant Varieties, and Industrial Designs, Art. 9.
❸ Ibid. ,Art. 44.

体和动物的手术、治疗方法和疾病诊断方法等排除在发明的客体范围之外。❶

对于集成电路布图设计的保护条件，沙特专利法要求应当具有原创性，既要是作者自身智力劳动的成果，同时也要具有非显而易见性（not common-place），即在设计产生时该项设计在布图设计者和集成电路生产者中并非显而易见的。❷ 对于植物新品种来说，获得专利的条件包括新颖性（new）、区别性（distinct）、一致性（uniform）和稳定性（stable）。沙特专利法对植物新品种的新颖性进行了指在申请提交之日或优先权之日前，该品种的种植或收获原料并未被种植人或经其许可的人出售或通过其他方式使他人能够获得则该新品种具有新颖性；植物新品种如果在申请提交之日或优先权之日，能够明显区别于任何其他众所周知的品种，则该新品种具有区别性；实施细则将对"众所周知的品种"做出具体规定。植物新品种的种植即使产生某种繁殖特质的改变，但如果其基本特征仍是统一的，则该品种具有一致性；植物新品种的基本特征如果在经历了重复种植或在固定的种植周期后仍能保持不变，则该品种被认为具有稳定性。植物新品种应当根据其基因和种类命名，且其名称应当让人们能够识别。

同时，沙特专利法规定了不丧失新颖性的情形：

（1）在沙特阿拉伯王国内的商业使用没有超过一年；

（2）在其他国家的商业使用没有超过四年；如果是树木或藤本植物，没有超过六年。❸

沙特专利法规定，获得专利的工业品外观设计应当具有新颖性，并且能与其他现有设计相区别。如果在注册申请日或优先权日之前，一项外观设计未通过任何有形的方式发布、使用，或以其他方法被披露，则该设计具有新颖性。在优先权期间向公众披露并不影响其新颖性。实施细则将规定外观设计的披露不影响新颖性的其他情形以及对外观设计进行临时保护的条款。❹

---

❶ Ibid., Art. 45.
❷ Ibid., Art. 50.
❸ Ibid., Art. 54,55.
❹ Ibid., Art. 59.

2. 专利的申请

根据沙特专利法的规定，专利申请人应当向阿卜杜拉·阿齐兹国王科技理事会（Directorate）申请。申请人缴纳相关费用后，对于发明专利和植物新品种专利，理事会应在 18 个月内公布。理事会应对提交的申请进行形式检查，如果发现申请未满足法定条件，可以向申请人发出通知，要求其在收到通知后 90 日内补正。如申请人未在规定期限内补正，则申请归于无效。理事会对发明专利或植物新品种专利进行形式检查后，还应按照实施细则的规定进行实质审查。如果理事会认为申请符合法定要件，可以做出批准颁发专利证书的决定。该决定作出后应当予以公布。如果理事会认为申请不适格，可作出驳回申请的决定并说明理由，该决定应当通知申请者。❶

在理事会作出最终决定之前，申请者可随时撤回申请。申请者撤回申请后，无权请求返还已缴纳的费用或支付的其他费用。任何专利申请和转让都应当由双方签署书面协议并经过理事会认可的主管机关批准。专利申请转让协议必须在理事会办理变更手续并交纳相关费用后才具有对抗第三人的效力。多人共同提交专利申请并共同享有所有权的，任何一方都有权将其权利过户变更给其他任何一方或多方，或者第三人。理事会应当对变更事项在公报上公布。如果专利权人因任何理由将专利权处置过户或将专利权转让给他人，应当告知对方该专利是否处于任何法律诉讼之中。❷

根据沙特《专利法实施细则》第 10 条，专利申请表需要填写的内容：

（1）发明的标题。

发明的标题最好不超过 7 个阿拉伯语单词。标题不能使用一般性陈述，例如"一种化学方法""一种电子设备"。为了缩短标题，一些描述性用语也不可使用，例如"关于……的新方法""对……的改进"。

（2）申请人的姓名。

（3）发明人的姓名。

（4）优先权和披露信息。

---

❶ Ibid. , Art. 11-14.
❷ Ibid. , Art. 15-17.

如果发明的内容已经披露，申请人需提供写明披露日期及原因的文件。如果申请人为《巴黎公约》成员方的国民或居民，且已在该公约的一个成员方境内提交了相同的专利申请，可以依据该公约享有 12 个月的优先权。在申请表中应填写首次提交专利申请的国家/地区名称、专利申请号、申请日，如果已获得专利还应填写专利号及注册日期。首次申请的相关官方文件副本及译文，应在 3 个月内提交。

（5）附件。

应列明说明书和所有其他的附件，并且应使用数字和阿拉伯语字母的形式写明页数。如果要求了优先权，应指出包含此类附件。附件包括：①摘要；②说明书，分为带有附图及不带附图两种。此外，应提交附图（如有）。图片应清晰、可复制，并带有编号；③权利要求书。

（6）代理人的姓名。

对于沙特之外的申请人，应当提交主管机构批准并经过沙特驻外使领馆认可的授权书。代理人应提供获准在沙特开展此类业务的证明；

（7）声明。

申请人或代理人应签字或盖章（如有），声明其对未提供正确信息所导致的所有后果负责。❶

3. 专利的许可

专利权人可以和他人缔结使用许可合同。许可合同必须缴纳相关费用并在理事会备案后才有对抗第三人的效力。该许可并没有剥夺专利权人自己使用保护专利或授权他人使用的权利，除非许可合同另有规定。为了防止专利权利的滥用或者对竞争、技术扩散造成负面影响，理事会可以通知许可合同双方修改合同。除非合同另有规定，专利保护期内在沙特全境被许可人根据专利权人的授权享有实施被许可专利的专有权利，被许可人不得将该项权利再转让他人，除非许可合同另有约定。在下列情况下，阿卜杜拉·阿齐兹国王专利局可以授予第三方利用发明专利或集成电路布图设计专利的强制许可。

---

❶ Implementing Regulations of the Law of Patents, Layout Designs of Integrated Circuits, Plant Varieties, and Industrial Designs, Art. 10.

（1）强制许可的申请应当在专利申请提交四年后或专利授权三年后提出，以在后者时间为准，且专利权人无合法理由未使用或未充分使用的；

（2）申请人必须证明其曾在合理期间内寻求与专利权人在合理的商业条件基础上以合理的经济补偿为对价而缔结许可合同。但是，如果申请人是政府机构或由政府机构授权的人，且使用是为了公共安全、健康、国民经济的发展等公共利益，或是为了国家紧急情况或其他迫不得已的因素，及为了非商业的公共福祉等，则本款及前款规定不适用。在后一种情形下，一旦使用了该专利，应及时告知专利权人；

（3）强制许可旨在使本国市场能够获得发明和设计产品，不适用于旨在那些最终被决定或判决宣布为排除或限制竞争之不正当行为的情形；

（4）批准强制许可的决定应当根据许可的目的对范围和期限做出限定。当强制许可获得批准所基于的情形消失且不可能再发生、同时不影响被许可人合法权益时，强制许可应当终止；

（5）强制许可不是独占许可；

（6）每一份强制许可的申请都应单独做出决定；

（7）专利权人应当得到合理的补偿。委员会决定补偿的具体数额，由被许可人支付。

如果强制许可的是集成电路专利技术，那么该许可的目的必须是为非商业的公共福祉，或者是为了制止最终被决定或判决宣布为非法竞争的行为。如果某一专利涉及重大的技术进步可产生巨大的经济效益，但该专利需使用另一专利，阿卜杜拉·阿齐兹国王专利局可以授予强制许可。在这种情形下，除非另一专利发生变更，否则强制许可不能变更。在合理的条件下，另一专利权人可以根据强制许可同时也享有对本专利的强制许可。❶

在下列情形下，阿卜杜拉·阿齐兹国王专利局应取消强制许可：强制许可受益人在强制许可批准后 2 年内未按要求实施专利，如有法定原因，可延长 2 年；强制许可受益人在缴费日期到期后 90 天内未缴纳相关费用，该费用

---

❶ The Law of Patents, Layout Designs of Integrated Circuits, Plant Varieties, and Industrial Designs, Art. 20-24.

还包括根据批准的强制许可决定被许可人应支付给专利权人的补偿费；强制许可受益人未能遵守批准强制许可应当满足的任何一项前提条件；强制许可受益人可以通过书面方式向阿卜杜拉·阿齐兹国王专利局提出放弃该许可，经批准后受益人的该项放弃生效。任何关于强制许可的修改、撤销、转让或放弃都应当在理事会备案，然后在公报上予以公布并通知专利权人。❶

4. 专利权的保护

根据沙特专利法，对专利的使用由法律具体规定，任何未经专利权人书面同意并在理事会备案的使用行为都会被认为是对专利权的侵权。专利权人或任何利害关系人可以向专门的委员会进行申请，该委员会可以发布临时禁令以防止侵权造成的损失，同时附加不超过10万沙特里亚尔（Riyal）的罚款，累犯加倍罚款。如该委员会认为侵权应当受到监禁的惩罚，侵权案件会被转到申诉委员会以启动刑事诉讼。委员会有权采取必要的临时措施以阻止侵权导致的危害结果。委员会作出的关于案件的最终决定应当在官方公报和两份日报上予以公布，遭受处罚的一方应当支付相关费用。本条规定不影响适用其他法律更加严厉的惩罚规定。❷

该委员会应由三位法律专家和二位不低于专业12级的技术专家组成。委员会成员应当由阿卜杜拉·阿齐兹国王科技城主席任命。委员会的组成应当根据部长协商会议发布的组成办法组成，每届任期三年，不能连任。根据委员会组成办法，应任命其中一位法律专家为委员会主席。委员会有权管理下列事项：①所有关于涉及专利权的争端和上诉；②对违反本法及其实施细则的行为提起刑事诉讼。根据实施细则，委员会应将其程序通知相关参与人。委员会应按多数原则做出决定。委员会不得以本法和实施细则无规定为由拒绝作出裁决。在此种情况下，委员会应当参照王国的惯例处理。任何针对委员会作出决定的上诉应当在收到决定之日起60日内提交至申诉委员会。❸

委员会可以向相关政府机构寻求帮助，要求其提供或解释委员会认为必

---

❶ Ibid. , Art. 28-30.
❷ Ibid. , Art. 34.
❸ Ibid. , Art. 35-37.

要的相关信息。经委员会要求,阿卜杜拉·阿齐兹国王专利局应提供所有涉案的申请和注册文件。委员会在必要情况下可以向其他专业机构就技术事项寻求帮助,并有权要求争议或诉讼方支付由此产生的费用。任何人可以免费查询专利证书或其他由理事会备案的信息,在支付所需费用后,可以取得这些文件或信息的复印件。理事会(专利局)雇员和委员会成员不得向任何人披露在职权范围内所接触到的有关专利申请的任何技术信息,除非根据王国现行的规定该人有权知晓这些信息。理事会雇员和委员会成员也不得向公众披露这些信息或以其他任何方式加以使用。该项义务在他们任期结束后继续有效,理事会雇员和委员会成员在其任期内和任期结束后两年内不得取得任何专利文件,或从事任何与专利权相关的商业交易。❶

三、土耳其

土耳其共和国是横跨欧亚两洲的国家,北临黑海,南临地中海,东南与叙利亚、伊拉克接壤,西临爱琴海,并与希腊及保加利亚接壤,东部与格鲁吉亚、亚美尼亚、阿塞拜疆和伊朗接壤。土耳其地理位置与地缘政治战略意义极为重要,是连接欧亚非三大洲的重要中转地和交通枢纽。土耳其虽为亚洲国家但在政治、经济、文化等领域均实行欧洲模式,是欧盟的候选国。宪法规定土耳其为民主、政教分离和实行法制的国家。土耳其是北约成员方,又为经济合作与发展组织创始会员国及二十国集团的成员,拥有比较雄厚的工业基础,为发展中的新兴经济体,亦是全球发展最快的国家之一。

(一)土耳其知识产权法律框架

土耳其是 WIPO、WTO、欧洲专利条约及植物新品种保护国际联盟的成员方,并加入了《世界知识产权组织版权条约》《商标法条约》(2005 年)、《海牙协定》(2005 年)、《罗马公约》(2004 年)、《商标国际注册马德里协定有关议定书》(1999 年)、《布达佩斯条约》(1998 年)、《洛迦诺协定》(1998 年)、《斯特拉斯堡协定》(1996 年)、《尼斯协定》(1996 年)、PCT(1997 年)、《建立世界知识产权组织公约》(1976 年)、《伯尔尼公约》(1952

---

❶ Ibid. , Art. 38–41.

年）、《制止商品产地虚假或欺骗性标记马德里协定》（1930年）、《巴黎公约》（1925年）、《TRIPs协定》（1994年）等主要国际公约，其知识产权法律制度与知识产权国际条约保持了较高的一致性。

土耳其于1897年颁布了首部专利法案，成为早期拥有知识产权法律制度的国家之一。1994年，土耳其成立专利局（TPI），土耳其专利法律制度进一步得到完善。土耳其知识产权法律法规主要包括《专利法》《工业设计法》《地理标志保护法》《商标保护法》《植物品种权保护法》《集成电路保护法》《智力与艺术作品法》（即《版权法》）《版权作者相邻权细则》《建立土耳其专利局法案》等。

1. 版权法

版权保护始于1951年土耳其颁布的第5846号法案，此后经过多次修改。2008年1月23日颁布的5728号法案是土耳其第七次修订的版权法案。土耳其版权法保护作为创造性智力活动成果的文学、科学和艺术作品，包括文学和科学作品、音乐作品、美术作品、电影作品等。同时，土耳其版权法也保护改编和汇编作品。❶

根据《版权法》第11条的规定，在已公布的作品或在原创的艺术作品中已给出该人的姓名或笔名，除非有相反证据，否则推定为该作品作者；第11条第2款规定，如果作者无法确认，则作品由国家持有；第12条规定，在第11条下已发表的作品作者不能确定的情况下，作者的权利可以由出版商行使。如果出版商无法确定，拥有作品的人推定为作者。❷

根据版权法的规定，作者可以对其文学和艺术作品享有人格权和财产权。其中人格权包括向公众披露作品的权利、在作品上是否署名的权利、未经许可不得对作品内容进行修改及在必要情况下要求原始作品拥有者或持有者暂时提供艺术品原件供作者使用的权利。财产权包括作者享有对其作品进行改编的权利、对其作品或作品复制品以任何形式全部或部分进行复制的权利；对其作品或复制品进行出租、出借、出售或任何其他方式发行的权利；对其作品在公共场所直接或通过传输符号、声音或图像的设计进行表演或展示的

---

❶ Law on Intellectual and Artistic Works, Art. 2.
❷ Ibid. , Art. 11-12.

权利；通过图像设备向公众传播的权利。

行使财产权的权利专属于作者。如作者没有将自己的版权转让给他人，那么在其死后，其权利将由其遗嘱执行人继承，无遗嘱执行人的，由其尚存配偶、孩子、父母、兄弟姐妹继承。版权保护期限持续作者一生，以及作者死后 70 年。如是合作作品，则为最后一个作者死后 70 年。

2. 商标法

土耳其商标权的获得基于注册和使用相结合原则。根据 1995 年《商标法》第 556 号令（2004 年修订）及其实施细则的规定，土耳其专利局负责实施商标注册。未注册商标由土耳其《商法典》根据不正当竞争条款提供保护。商标注册分为四种：商标、集体商标、服务商标和保证商标。商标仅包括文字或图形，可二者兼有。申请人可以是土耳其国民，《巴黎公约》或 WTO 成员方公民，在这些国家有住所的居民，及来自与土耳其有互惠关系国家的公民。

土耳其《商标法》第 5 条规定，商标可以包含文字、字母、数字、图画、徽章、色彩或色彩组合等要素的组合。第 6 条规定，要素缺乏显著性；设计文字或图形已经成为通用名称；要素误导公众的；要素与普遍接受的道德原则与公共政策相抵触的；要素是商品自身性质所致的形状的；要素是官方名称、徽章、旗帜等标识；国际组织或国家标识等标志，不能被注册为商标。第 7 条规定了商标注册被无效的其他理由，包括与在先商标相同或近似；与土耳其认定的驰名商标相同；与土耳其保护的地理标识相同或近似的；与受保护工业外观设计或受版权保护文学、科学或艺术作品、名人姓名、笔名、他人肖像相同；存在误导可能性的标志或标识。

土耳其商标注册申请须提交国家专利局。土耳其商标权的取得基于注册在先原则。土耳其专利局收到商标注册申请后，会在一个月内进行形式审查。审查结束，专利局会接受该申请并授予申请日和申请号。如不符合要求，通知申请人在三个月内进行修正。通过形式审查后，土耳其专利局对商标注册申请进行实质审查。审查内容主要针对《商标法》第 6 条规定的理由进行。如果土耳其专利局认为商标申请符合法律规定，将颁发商标注册决定书。申请人须在收到决定之日起 3 个月内缴纳规定的费用，否则该商标注册将不能生效。

如专利局认为商标注册申请不符合法律规定，将会发出驳回决定。申请人可在收到决定之日起三个月内向专利局请求复审。专利局应当进行复审，并作出复审决定。复审决定可以撤销驳回决定，并针对全部或部分商品或服务进行注册；也可以维持驳回决定，拒绝注册商标。如果申请人对复审结果仍然不服的，可以在复审决定发出之日起三个月内向土耳其专利局申诉机关申诉。如对申诉机关的决定仍然不服的，可以向法院起诉。

商标权人有权使用该商标，并阻止类似及易混淆标识的使用、不正当竞争及侵犯商标行为。商标授权后 5 年内必须使用，否则该商标将可能被撤销。商标核准注册后，将在土耳其共和国商标和服务注册簿上登记并公布。自公告之日起三个月内，任何人都可以向国家专利局申诉机关提起异议。申请人应在收到异议通知之日起三个月内答辩。对于注册商标，任何人均可基于《商标法》第 6 条和第 7 条规定的理由向法院提出无效请求。但是在先注册商标明知且容忍在后商标使用五年以上的，不允许再提出无效请求。除非商标的共存容易误导公众或违反公众秩序的。

土耳其商标的保护期限为自申请日起 10 年，可多次续展，每次 10 年。商标权人应在有效期届满后 6 个月内提交续展请求。存在以下情形的，注册商标将灭失：专利局申诉机关宣告注册商标无效的；法院判决宣告注册商标无效或撤销的；注册商标未依法续展的；商标权人请求撤销商标的。

3. 专利法

土耳其于 1879 年颁布了首部专利法案，成为较早拥有知识产权法律的国家之一。但是进入现代社会后，与世界上其他主要的国家相比，土耳其相对较晚形成有效保护发明的现代专利制度。1994 年，土耳其专利局成立，土耳其的专利法律制度才得到规范。2000 年，土耳其成为《欧洲专利公约》成员方。2006 年，TPI 公布新《专利法》和《工业品外观设计法》草案。该草案力图使土耳其专利制度与《欧洲专利公约》及《专利法条约》保持一致。

土耳其专利保护类型包括发明、实用新型和工业外设（即外观设计）三种。根据土耳其《专利法》及相关法令，授予专利权的发明与实用新型，应当具备新颖性并适于工业应用。工业品外观设计的保护适用 1995 年生效的"有关工业品外观设计保护的 554 号令"（即《工业设计法》）。土耳其《专利法》第 72 条规定审查后授权发明专利保护期为 20 年，非审查授权发明专利保护期为 7 年。申请人可通过获得非审查发明专利保护，将进入实审的时间延后 7 年。《专利法》第 164 条规定实用新型保护期为自申请日起 10 年，且不得延长。《工业品外观设计法》第 12 条规定工业设计的保护期为 5 年，且每 5 年可申请延长保护，总计可达 25 年。

土耳其《专利法》（1995 年）第 6 条对专利权保护客体进行了规定，下列内容应当排除在专利法的保护范围之外，包括发现、科学理论、数学方法；计划、方法，智力活动方案/规则等；文学艺术作品，科学著作，具有美学特征的创作品、计算机程序等；不涉及技术的信息/数据收集、编排、提供/展示和转换方法等；以人体或动物为对象的诊断、治疗和外科手术方法等。对违反公共秩序或公共道德，或属于植物或动物新品种的发明，不授予专利权。自 1999 年起，药品可以在土耳其获得专利权。《专利法》第 155 条还规定了，实用新型不能保护制备方法以及由制备方法得到的产品，或者化学产品。

《专利法》第 7~10 条对专利的实质性条件进行了规定。第 7 条规定，每一个不属于或不包括在现有技术的发明创造都应被认为具有新颖性。第 9 条规定，当一项发明是一项智力劳动成果，而这一劳动成果对所属技术领域的普通技术人员而言在现有技术中非显而易见时，该发明被认为超出了现有技术（具有创造性）。第 10 条规定，当一项发明可以在任一给定产业领域（包括农业）中被生产、使用时，该发明被认为具有实用性。

根据土耳其专利法，任何自然人或法人，无论是土耳其本国人还是外国人，都可以申请专利。常住国外的自然人或法人可以在土耳其指定代理人来申请专利。但是，来自欧洲经济区的其他国家或欧洲专利条约的缔约国的申请人无须委托指定代理人即可申请专利。在申请发明专利时，需要提交专利请求书、发明说明书、权利要求书、附图、摘要等相关文件。专利请求书必须用土耳其语提交。其他文书可以用土耳其语和土耳其专利局指定的其他语言提交。如用其他语言提交，必须在申请日起 3 个月内补交土耳其语译文。英语也是土耳其专利局可以接受的语言之一。任何自然人或法人均可在土耳其申请工业品外观设计。非土耳其或欧盟成员方永久居民的自然人，或在土耳其或欧盟成员方没有注册办公室、分支机构的法人，需要委托土耳其专利代理人提交申请。

在申请人提交发明或实用新型专利申请后，土耳其专利局将对该专利进行形式审查。如果发现申请不符合土耳其专利法相关法条的规定，土耳其专利局会要求申请人在规定的期限内满足相应规定的要求。申请人不答复的，则申请视为撤回。如果发现申请不符合土耳其专利法关于发明客体和不授予专利权的主题的规定，土耳其专利局可以做出拒绝授予专利权的决定。申请人如对申请日或优先权日的认定不服的，和/或对审查结论或拒绝授予专利权的决定不服的，可以请求土耳其专利局申诉委员会予以裁决。形式审查合格后，专利申请将于申请日（有优先权的指优先权日）起18个月后予以公开。如申请人提交了早期公开请求，则专利局将会提前公开专利申请，但最早不得早于申请日起6个月。土耳其专利局将在自提出请求起一年时间内，公开检索报告。检索通知发出3个月内，申请人应向土耳其专利局申请，请求实质审查。专利局可以根据申请进行审查。如在上述期限内没有提出请求，则被认为适用无实质审查授予专利权的程序。

专利授权后，专利权人享有专用权。对于产品专利权而言，专利权人有权禁止未经专利权人许可的第三方生产、销售、使用或进口专利产品。对于制备方法专利的，可以禁止销售、使用、进口或持有以专利制备方法直接获得的产品。当专利依照《专利法》第55条公开后，申请人在进行民事或刑事诉讼程序前有权向专利局主张专利侵权。❶ 土耳其专利法规定了专利侵权例外的情形，包括个人行为非商业目的使用的；出于实验目的或科学研究，不妨碍专利正常使用的；药房根据医生处方或被指示如何使用所制备的药的行为。同时，土耳其专利法也承认先用权。就专利保护期限来说，可以分为有实质审查的专利、无实质审查的专利两种类型。有实质审查专利登记后的保护期限为20年，而无实质审查专利的保护期限为7年。专利登记后，申请人应当根据专利申请日，在专利权期限届满前每年须向专利局缴纳年费。❷

---

❶ Decree-Law No. 551 Pertaining to the Protection of Patent Rights, June 27, 1995, Art. 136.

❷ Ibid. , June 27, 1995, Art. 136.

专利权的丧失有两种情形,被宣告无效和专利权终止。被宣告无效专利权自始不存在,专利权终止自终止日起失效。《专利法》第129条和第133条规定了所述无效和终止的情形。无效仅针对专利一部分,或专利的部分无效仅针对相关部分的权利要求,单独的权利要求不可以被部分无效。自专利权实质终止时刻起,专利技术方案变成公共财产。专利局将在专利公告中公布这一情况。在未交年费的情形下,专利权实质终止的日期是年费到期日。

(二)土耳其2017年新知识产权法典

2017年1月,土耳其知识产权新法——土耳其《知识产权法典》(第6769号的知识产权法)正式生效,为土耳其知识产权法制度带来了重大变化。新法将商标、专利、实用新型、外观设计、地理标志、传统产品名称、注册、注册后交易、法律和刑事制裁囊括于一部法律之中,将以前土耳其知识产权法单行法的模式改变为一种内部协调统一的整体。《知识产权法典》由193条和6条临时条款组成,分为五个章节。虽然新法已经废除了知识产权其他相关法律,但是根据法律暂行条款第1条,已经废除的法令适用于2017年1月10日之前提交的申请。《知识产权法典》将土耳其专利局的名称改名为"土耳其专利商标局"。

《知识产权法典》一个比较大的特点就是增加了中间层级的上诉法院。新法典撤销了第551号专利与实用新型法令、第554号设计法令、第556号商标法令、第555号地理标志法律。同时,也保持了与欧盟第2015/2424号共同体商标规则、第2015/2436号成员方商标法指令一致,保持了与欧洲委员会2001年第6/2002号外观设计规则、1998年欧洲议会与委员会第98/71/EC关于外观设计法律保护指令以及其他土耳其加入的国际条约相一致。土耳其《知识产权法典》采用了"权利国际用尽原则"。虽然土耳其第551、665、556号法令采用的是"权利国内用尽原则",但是最高院在司法实践中却往往采用了国际用尽原则。土耳其知识产权法典解决了这两者间的冲突,采用了权利国际用尽的原则,替代了权利国内用尽原则。

1. 专利制度

《知识产权法典》对专利制度进行了结构性的改变,其中一个较大的改变是《知识产权法典》根据《欧洲专利公约》第 99 条规定引入授权后（post-grant）无效程序。现有第 551 号法令并未针对获得授权专利提供授权后无效程序，第三方须向法院提起无效诉讼才能对已授权专利的有效性进行质疑。目前，这种做法已经出现了变化。土耳其知识产权法典在专利商标局内建立起了上诉委员会，第三方有权在官方公告对外公开专利授权一事后的 6 个月内提出无效申请，从而无需走诉讼程序，花费大量费用来诉讼。

《知识产权法典》对专利制度另一较大改变是废除了"不经审查"授权的制度。现行制度允许在未经实质性审查情形下先行注册，这一做法饱受指责。《知识产权法典》废止了"未经审查便可获得授权"做法，自此，专利机关须对发明的实质条件进行全面审查。根据现行的法令，自申请之日起，实用新型保护期为 10 年，其实质条件只要求新颖性与工业实用性，不包括创造性。《知识产权法典》仍然保留用于获得实用新型保护的上述规定，但同时新法还要求提交检索报告，这意味着获得实用新型授权难度较之前有所提高。从一定意义上，将会降低通过恶意注册获得的实用新型的数量。

《知识产权法典》对在先使用权的确立期限进行了修订。根据的规定，在特定专利的申请日之前享有在先使用权的第三方可以作为合理理由进行抗辩。当然，第三方只有出于善意使用才能提出在先使用权抗辩，而且其适用范围也仅限于土耳其境内。新法典对专利强制许可进行了规定。根据此前 551 号法令，专利强制许可的理由应该仅限于未能实施发明、技术间的相互关系以及公共利益等。新法典将强制许可的理由扩大到了下列几种情况：将药品出口到急需维持公共健康的国家；植物育种者需要对植物的品种进行改良，而这种改良又势必会侵犯到用于保护该植物品种的专利权；专利权人的活动对公平的竞争行为造成了扭曲。不过，为了保障专利权人的权利，新法典也规定了相应条款，规定如果强制许可的理由不复存在，那么有关机构应该撤销此前已经授予的强制许可。

《知识产权法典》对方法专利侵权举证责任进行了完善。此前，土耳其的法律条文中存在一定的模糊之处，其中涉及方法专利侵权案件中举证责任的条款并没有统一。新法典对这一点进行了明确，实行了举证责任倒置的方法。

在一般专利诉讼情况下，由原告提供专利侵权证明责任，但如果涉诉的是专利方法所产生的产品或物质时，那么被告一方将会承担起举证责任。在其他情况下，上述举证责任将会转由原告一方来承担，或者法院可要求被告提供其未侵犯方法专利权的证据。551 号法令曾规定，如欲提起不侵权宣告诉讼，则应向专利权人发出通知，要求其就提起方的制造活动或者制造准备工作是否构成侵权进行确认。对于这一做法，司法实践中的处理原则不一。有的认为这种确认行为是提起诉讼的必要条件，另一些则相反。《知识产权法典》对此作出了明确的规定，认为上述确认意见并非必要条件。

土耳其《知识产权法典》明确规定了要防止"潜在的"侵权行为。这一规定可能影响 Bolar 例外条款的适用范围。在土耳其，完成市场准入的工作主要包括两个步骤，即获得上市许可和卫生部的销售许可。此前法律规定，为获上市许可而提出申请的行为不属于侵权范畴。但土耳其法院对于药品销售许可申请的豁免范围理解不同。大多数法院认为处于获取销售许可阶段的药品应享有 Bolar 例外，而且根据新法典，向土耳其卫生部申请销售许可阶段的行为也可能是侵权行为。此外，《知识产权法典》并未就第二医药用途的权利要求及生物科技领域发明的可专利性进行明确规定，导致这一领域仍然存在一些需要澄清的地方。

2. 外观设计制度

《知识产权法典》对外观设计权的主要修改之一是将"工业品外观设计"改称为"设计"，以扩大保护范围。因此，无论其工业特性如何，设计都可能受到保护。新法将设计注册过程缩短至 3 个月（此前为 6 个月）。在申请阶段，将对工业品外观设计的新颖性进行审查，不具备新颖性的工业品外观设计将被审查员依职权驳回。违反公共秩序和公共道德的设计注册申请，或不是新颖的设计注册申请，也将被驳回。根据《欧盟共同体外观设计法》第 11 条的规定，新法规定为公开可用的未注册设计提供 3 年期的保护。原土耳其《法令法》规定，在外观设计首次公开 3 年后，如果工业品外观设计的可见部分是用于维修用途，且可见部分的来源可靠，则外观设计所有者不能对复杂产品的可见部分主张权利。《知识产权法典》在保留上述条款的同时还规定，如受保护的零配件外观设计在科学、工业和技术部发布的"等效件"（equiva-lent parts）之列，则 3 年期限不可用，其使用不构成侵权。《知识产权法典》将授权后异议期从 6 个月缩短至 3 个月，并规定工业品外观设计首次在土耳其公开的，该申请也将作为未注册工业品外观设计受到保护。

3. 商标制度变化

《知识产权法典》将商标的定义范围扩大到包括声音、颜色、包装和产品形状。《知识产权法典》明确规定声音和颜色均可作为注册标志。新法典采用了一种独特的在先允许制度，即在先商标所有者如果允许同样的或近似的标识在相同或近似商品上注册为商标，可以通过书面的方式同意。《知识产权法典》将欺诈列为绝对拒绝理由，可适用于在土耳其专利商标局提起的异议或上诉，亦可适用于法院中的无效宣告。如果申请注册商标与在先的注册地理标志相同或近似的，专利商标局将驳回商标注册申请，以加强对地理标志和传统产品名称的保护。

《知识产权法典》建立了商标的行政撤销程序。其规定，在《知识产权法典》7 年过渡期届满，即 2024 年后，专利商标局可以对商标进行行政撤销。在此之前，商标的撤销主要还是依靠法院来判决。专利商标局撤销的依据包括：长期未使用；成为产品或服务的通用标识；对公众形成欺诈；质量保证商标品质不合格。新法典扩大了合理使用定义的范围，商品生产者在正常交易活动中使用商标的行为，不属于商标侵权行为。与旧法相比，为强化商标保护，新法典扩展了商标侵权行为的范围。新法典规定，商标中不得包含公司或企业名称的主要部分，也不得不合法地使用比较广告，或者在网络环境中使用域名、关键词、指示代码或其他类似方式，以及淡化等行为。

《知识产权法典》规定，如果商标超过 5 年未使用，异议申请人可以就其提出异议所依据的未使用理由要求对方证明；该要求也适用于原告在侵权诉讼中的辩护。这一规定意在鼓励注册商标的使用，以防止申请人大量注册无使用意图的商品或服务商标，同时也约束滥用异议机制。异议期限及驳回的答复期限自该法令发布之日起缩短为 2 个月（此前为 3 个月）。土耳其专利商标局可根据第三方的诉求撤销商标，而土耳其法院仍然可以宣告商标无效。《知识产权法典》采用了明知原则，规定如果商标所有人知道或应当知道在后商标侵权，但是不采取措施的，那么此种使用行为可以延续 5 年，商标权人无权申请撤销此在后商标。《知识产权法典》规定，土耳其商标权采用国际用尽原则，替代国内用尽原则，即在土耳其首次出售之后，无论其来源于何处且无需获得权利持有人的许可，产品可以在土耳其市场上自由流通。只要产品是合法获得的，并且自进入市场以来没有被更改或损坏，则权利人不能阻止相关产品的平行进口。

四、巴林

巴林王国，简称巴林，邻接波斯湾两岸的岛国。西邻沙特阿拉伯，北接伊朗，卡塔尔半岛位于巴林湾东南边。巴林为迪尔门文明的发迹之处。巴林为首个步入后石油经济的波斯湾国家，当前巴林经济并不完全依赖石油。自20 世纪后期，巴林投巨资于银行和旅游业。巴林是海湾合作委员会的创始国，在海外地区经贸活动中比较活跃。2017 年，巴林提出申请加入上海合作组织。

（一）巴林知识产权法律框架

巴林 2001 年颁布的宪法是关于社会、政治、经济制度的基本法，包含了国家政治与宪法机构的基本规则。巴林《宪法》第 7 条规定，国家扶助科学与艺术活动。第 9 条规定对公民私有财产和创作成果进行保护。第 23 条规定了保障言论与科学研究的自由。巴林知识产权的基本法律包括 2004 年颁布的《专利与实用新型法》、2004 年颁布的《地理标志法》、2003 年颁布的《商业秘密法》，2006 年颁布的《商标法》《工业品外观设计和模型法》《版权及邻接权保护法》等。除此之外，巴林还颁布了一系列知识产权保护相关法规，包括 2002 年的《关于新闻、印刷和出版的法令》、2010 年的《关于发布 2006年第 6 号工业品外观设计与模型法的实施细则》等。同时，巴林也是诸多知识产权国际条约的成员方，包括《巴黎公约》《伯尔尼公约》《马德里协定》、PCT、《罗马公约》等。可以说，从立法上看，巴林已经形成了比较完善的知识产权法律保护体系。

在巴林，工业产权局主管工业产权的相关行政事务包括专利和实用新型申请的登记，工业品外观设计或模型注册以及商标注册。工业产权局由巴林工商部（MOIC）主管。巴林没有设立单独的著作权管理机构，其版权及相关事务由巴林信息事务管理局（IAA）负责。2013 年，巴林信息事务管理局并入巴林信息部（MSIA）。巴林司法部于 2006 年委托工业产权局的商标和专利官员行使打击知识产权犯罪和应对此类犯罪威胁的执法权，其有权扣押、罚没、销毁假冒商品、盗版品及用于生产制造这些产品的设备与材料。巴林现行商标法中包含了海关执法的相关内容。为有效打击和控制假冒货物交易，巴林商标法授权海关协助采取边境措施保护商标权人的利益。巴林的知识产权诉讼是由民事法庭进行裁判并进行保护的。任何人因知识产权受到侵害，可以向有管辖权的法院提起诉讼，主张侵权行为造成的损害赔偿。在知识产权受到侵犯，或为防止权利人受到侵权威胁的情形下，主审法官可以根据权利人的请求发放禁令，采取适当的预防措施。

（二）巴林版权制度

根据巴林版权及邻接权法的规定，保护任何原创性作品，即任何文学、艺术和科学作品，不论其价值、类型或目的，或其形式或表现方式，只要是创作出来的，无须采取任何正式措施，均受本法保护。其包括书籍、小册子、文章和其他著作；源语言或机器语言的计算机程序；口头作品，如讲座、演讲、布道等类似作品；表演的戏剧作品、戏剧音乐作品、舞蹈作品、哑剧作品及其他作品；有文字或无文字的音乐作品；视听作品，如电影、电视作品；在石头、布料、木材或金属上或任何其他类似物品上绘制的素描或彩绘、雕刻、雕塑和印刷；应用艺术作品；摄影作品及类似作品；与地理、地形、建筑或科学有关的插图、地理地图、规划和设计（草图）、三维作品；如果标题具有创造性，那么和作品本身一样可以享有保护。❶

作者享有永久的、不受限制的、不可剥夺的人身权利。版权包括不可转让的作者精神权利和可转让的经济权利，作者是作品的原始版权人。精神权利包括发表权、作品使用方式决定权、署名权、匿名与笔名署名权、保护作品不受歪曲权以及禁止和撤销出版权。经济权利是著作权人及其后代使用作品并据此获得报酬的权利。版权经济权利的保护期是作者死后 70 年。版权的

---

❶ Law No. 22 of 2006 813on the Protection of Copyright and Neighbouring Rights, Art. 2.

保护还延及与版权相关的邻接权，包括表演者就其表演享有的精神和法律所列举的经济权利；音像制作者享有的使用其制作的音像制品并获酬的权利；广播组织对其播放的节目享有的专有权。依据所涉及作品的不同，邻接权的保护期是 20～70 年。❶

巴林版权法使用专章规定了在线服务提供商的责任问题。根据巴林版权法的规定，网络服务提供商包括四类，类似于美国版权法上的提供线路管道的互联网服务提供商与提供内容信息的网络内容服务商的区别。根据巴林版权法的规定，网络或者系统的服务提供商蓄意煽动并在很大程度上参与了侵权行为，或者明知侵权行为的存在仍然提供服务，应承担相应的民事责任。❷不过，巴林版权法第 48～50 条建立了网络服务商侵权责任的"安全港"条款，规定了特定情形下可以免责。这些情形包括材料的传输不是由服务提供商主动进行或在其指导下完成的、服务提供商已采取并合理应用措施，包括终止（在适当情况下）多次违规的订阅者的账户、服务提供者遵守和不违反识别和保护材料的标准技术措施，这些措施为多行业所接受，在专有权所有人和服务提供商之间自愿、公开和经双方同意广泛使用，是合理和不歧视的条款，不会对服务提供者造成重大成本或对其系统或网络造成重大负担等。❸

此外，巴林版权法还对版权侵权的边境措施进行了专门的规定。如果权利人有足够理由相信进口的货物侵犯了本法规定的权利，可以向海关提出书面请求，要求对货物予以扣押。在提出请求时，必须提供充分的证据，使海关当局相信申请人的权利受到明显侵犯。该项要求亦须包括申请人能够拥有足够的资料，以使当局能合理地辨认有关货物。海关应当自申请人提出申请之日起 7 日内，将海关作出的决定书面通知申请人。如申请被接受，决定的有效期为提出申请当日起 1 年，或有关货物的剩余保护期，以较短者为准，除非申请人申请了更短的保护期。对有争议的货物，有关当事人应当在接到不予通关通知之日起 10 个工作日内，向主管法院提起诉讼，并通知海关。如

---

❶　Ibid.，Sect. III，IV.

❷　Ibid.，Art. 47.

❸　Ibid.，Art. 48-50.

果当事人没有这样做，该决定将被视为无效，除非海关或主管法院在他们认为适当的情况下决定将最后期限再延长不超过 10 天。对争议事项提起诉讼的，法院可以维持、修改或者撤销该决定。如果有证据向法庭证明，被拒绝通关的货物涉及侵犯本法规定的权利的行为，这些货物必须由进口商负责销毁，如果货物的销毁会对公众健康造成不合理的损害或破坏环境，应在商业渠道以外处置。❶

（三）巴林商标制度

2006 年颁布的巴林《商标法》共 61 条，分章具体规定了商标的定义、商标的申请、商标人的权利等条款。依据《商标法》，商标是生产者和经营者用来将自己的产品或服务与其他经营者区分开来的标识。商标所有人经申请注册获得专有权的保护。在巴林，任何能够指示商品来源的可识别符号均可作为商标，包括名称、文字、签名、字母、数字、图形、颜色组合、标志等。注册商标若获得核准，其专有权保护期自申请日起 10 年，期满可以续展。注册商标没有续展的将被撤销，在商标被撤销后的 3 年内，注册局不接受第三人对同一商标提出注册申请。

巴林是《巴黎公约》的签署国，因此在巴林申请商标注册可以请求国际优先权。巴林商标注册实行单一原则，即一项申请仅针对一个商品类别。被注册局接受的商标注册申请将在注册局的官方公报上公告，在 60 天内任何利害关系人可以提出异议，没有异议的注册局核准商标注册并签发注册证书。商标权人在巴林境内可以享有商业上使用商标的专有权，该权利可以许可、转让和继受。转让注册商标须是善意的，且与企业一并转让。商标转让和许可等关于商标事项的变更，都应进行登记备案并公告。《商标法》不强行要求一定要使用注册商标，但任何利害关系人若能证明该商标连续 5 年未实际使用、也没有实际使用意图的，可以请求撤销该商标。未经许可使用他人注册商标、在同类商品或服务上使用与他人注册商标类似标识，或销售、存储、为销售展出有他人注册商标标识的商品的，以及使用他人注册商标促销自己

---

❶ Ibid. , Art. 62.

同类或类似产品或服务的，都是违反商标法应受到处罚的侵权行为。

（四）巴林专利制度

2004 年巴林《专利和实用新型法》将专利分为发明专利和实用新型专利两种。2006 年，巴林颁布了《工业品外观设计和模型法》，对外观设计单独立法予以规定。根据巴林专利法，获得专利的发明应当具有独创性和工业实用性，无论该发明是关于进口或本土生产的新产品、生产方法还是对已知的生产方法的新运用。实用新型的对象是方法、工具、设备、零部件、产品、成分、生产方法及其他用于产品的外形或组成部分上进行的技术手段。满足条件的实用新型可以转为发明专利申请，发明专利申请也可以转为实用新型专利申请。发明应当具有新颖性、创造性与工业实用性。专利权应授予发明人或专利申请人。如发明是多人共同合作的成果，专利权应共同共有，另有协议的除外。对于与职务或雇佣关系有关的发明，职务发明创造的成果专利权应归雇主，但发明人享有专利证书中的署名权。专利权保护期限为 20 年，实用新型专利保护期限为 10 年，自在本国提出申请之日起或优先权之日起算。经专利权人要求，专利保护期可以延长，以弥补在专利授予过程中因不受其控制的原因而造成的无理拖延。提交专利申请应当依规定缴纳费用。

根据巴林《工业品外观设计和模型法》的规定，任何对线条、色彩的布置设计和有色或无色三维模型都应当被视为工业品外观设计或模型。工业品外观设计或模型经注册后获得法律规定的保护，满足下列条件的应当进行注册：具有新颖性；可以用于工业或手工业，且作为工业或工艺产品具有独特性；在提出注册申请之日或优先权之日前在巴林国内外都未被披露，也未被使用或公开发布。工业品外观设计或模型的保护期限为 10 年，在巴林国内提出申请之日起算。如果在保护期限的最后 1 年提出续展申请的，保护期限续展 5 年。作为宽限，外观设计权利人可以在原保护期失效日起 6 个月内提出续展申请。

巴林《专利与实用新型法》的一个较大特点就是规定了专利侵权行为的刑事责任。根据《专利与实用新型法》第 41 条的规定，在不损害巴林任何法律中其他更严重的处罚规定的情况下，任何故意非法实施下列行为的人应当被判处 3 个月以上一年以下监禁，和/或处 500~2000 第纳尔的罚款：①生产、销售、许诺销售进口专利产品，或为商业目的对违反本法规定的产品实施上述行为；②在产品、广告、商标、容器、包装材料或其他方面放置能够使其他人相信该产品属于专利或经登记的实用新型的说明；③为商业目的，利用已根据本法规定进行登记注册的，或与已注册的无实质差别的工业品外观设计或模型；④为商业目的销售、为销售而进行展出、从外国进口或持有采用已根据法律规定进行注册的工业品外观设计或模型的产品，或采用与之无实质差别外观或模型的产品。❶

根据 2006 年《工业外观设计与模型法》的规定，有下列行为的人将被处以 3 个月至 1 年监禁，或被处以 500~2000 第纳尔的罚金，或两者并处：①出于商业目的，利用已依照本法规定登记的工业图纸或模型，或利用与前者没有实质不同的工业图纸或模型；②出于商业目的，出售、展销、从国外进口或购得采用已依照本法规定登记的工业图纸或模型的外型的商品，或是与前者没有实质不同的商品。法院可以命令在日报上一次或多次刊登该裁定，费用由对方当事人承担。如果侵害行为重复发生，则监禁时间为 6 个月至 2 年，罚金数额为 1000~4000 第纳尔，或与监禁或罚金其中之一同时并处，关闭其营业店铺或项目或停止活动（如果有的话）15 天至 6 个月。该裁定应当在日报上一次或多次刊登，费用由对方当事人承担。法院在作出有罪判决后，可以下令没收或销毁侵权行为的产物和为此目的使用的工具和设备。法院可以下令没收或销毁上述物品，如果它造成了人身伤害或被用于侵害本法授予的任何权利。❷

五、埃及

埃及全称阿拉伯埃及共和国，官方语言阿拉伯语。该国地处北非东部，是亚、非之间的要冲，也是大西洋与印度洋之间的航线捷径。2014 年，中埃两国建立全面战略伙伴关系，双边贸易持续增长。

---

❶ Law on Patents and Utility Models of the Kingdom of Bahrain, Art. 41.
❷ Law on Industrial Drawings and Models, Art. 30.

(一)埃及知识产权法律框架

埃及 2014 年通过了新的《宪法》,对知识产权有着明确具体的规定,其中第 38 条规定公民享有文化发展的权利,国家鼓励并促进文化的发展和普及;第 66 条规定,公民有科学研究的自由,国家保护科学发明;第 67 条规定,公民享有文学和艺术创作的自由,国家鼓励并保护文学艺术创作。未经法定程序,文学艺术作品或其他智力成果不得被禁止或没收;第 69 条规定,国家保护各种类型的知识产权。埃及目前生效的知识产权基本法律是 2002 年颁布的埃及《保护知识产权法》的第 82 号法律。该第 82 号法律共分四册,分别规定了埃及保护的知识产权种类和内容,包括专利、实用新型商业秘密、商标、商号、地理标志、外观设计、著作权及其领接权、植物新品种等内容。

埃及通过制定知识产权法律和政策所期达到的目标为:①引导本地企业有效利用知识产权制度,鼓励他们充分利用知识产权;②促进知识产权制度的有效性,鼓励和吸引外国直接投资。埃及是主要的国际知识产权条约的成员,加入的条约包括《TRIPs 协定》《伯尔尼公约》《巴黎公约》《国际商标注册马德里协定》《海牙协定》《商标法条约》《专利合作条约》等。如今埃及正在考虑加入《保护表演者、录音制品和广播组织制作者公约》和《布达佩斯条约》。埃及第 82/2002 号知识产权法涵盖了《TRIPs 协定》中涉及的知识产权主要领域的法律。行政法令 1、2、4 于 2004 年发布,行政法令 3 涉及著作权和相邻权,于 2005 年发布。为加入《国际植物新品种保护公约》,埃及第 26/2015 号总统法令修改了关于植物品种规定的法律。2017 年 3 月,埃及议会批准了加入《国际植物新品种保护公约》的第 84/2017 号总统令。❶

埃及其他与知识产权有关的法律包括 1975 年《进出口法》、1983 年《农业法修正案》、1994 年《禁止欺诈法》、1996 年《商业注册法》、1999 年《商事法》、2003 年《刑法典修正案》、2004 年《电子签名和建立工业信息技术发展机构法》、2005 年《保护竞争和禁止垄断行为法》、2008 年《建立经济法庭法》《保护竞争和禁止垄断行为法修正案》等。此外,埃及还有大量行政机关

---

❶ 埃及知识产权法律和制度框架 [2020-01-15].. http://www.ccpit.org/Contents/Channel_4256/2018/0822/1050776/content_1050776.htm.

发布的实施细则作为补充，包括 2003 年部长委员会第 1366 号办法，《知识产权法工业产品保护实施细则》；2005 年对外贸易与工业部长第 770 号《进出口法实施细则与进出口产品检验监督程序规则》；2011 年首相法令第 479 号《知识产权法著作权保护实施条例》等。

埃及专利局（Egyptian Patent Office，EGPO）是埃及知识产权主要的行政管理部门，成立于 1951 年，从 1971 年起隶属于埃及科学技术研究院（Academy of Scientific Research And Technology，ASRT）。其职责包括依法接受和审查本国和外国发明人提出的发明、实用新型专利申请，并对符合法律规定的专利予以授权和保护等。EGPO 内设注册登记和公告处、技术审查处、法律复审处、信息处、财务和行政处等。EGPO 的技术信息处在 WIPO 协助下建立了基于互联网的专利数据库，建立了从申请的注册登记到授权的自动化体系。埃及的著作权相关事务则由文化部（Ministry of Culture）中的最高文化理事会主管。2008 年 4 月，埃及设立经济法院，负责管辖包括知识产权纠纷在内的各类经济与商事纠纷。经济法院在 2008 年 10 月正式运行。可以说，埃及虽然没有专门的知识产权法院，但仍然十分注重审理知识产权案件法官的专业性。

由此可见，埃及形成了比较完整的知识产权法律保护体。从国内立法看，宪法中有明确保护知识产权的条款，为知识产权法律制度提供了根本支持。埃及《保护知识产权法》全面而体系化地规定了知识产权所包括的主要内容，规定知识产权保护标准，明确受保护的标的，规定授予的权利及例外，并设定知识产权保护期限。此外，该法还规定了补救手段和程序，包括民事和行政程序、救济、临时措施、刑事程序、罚款和制裁。埃及的知识产权立法没有明确允许或禁止平行进口的规定。但是，根据埃及《保护知识产权法》中的专利法第 10 条、商标法第 71 条、著作权法第 147 条以及植物品种条例第 198 条的规定，对知识产权保护采用了国际穷尽原则。知识产权有关的行政实施细则对知识产权的保护予以进一步地细化，具有更强的可执行力。埃及参加了世界上绝大部分知识产权相关的国际条约，其知识产权保护基本符合主要的国际标准。埃及也参加了诸多的区域与双边知识产权条约。

(二) 埃及版权制度

埃及 2002 年《保护知识产权法》第三卷部分对版权及邻接权进行了规定。版权保护任何类型的原创性表达，如文字作品、音乐、影视作品、计算机软件、建筑设计以及图片等。但概念、程序、工作方法、操作模式、逻辑内涵、原则、发现和数据不受保护。另外，法律、判决、有法律效力的行政机关决定和时事新闻等不属于版权保护范围。❶ 作者及其权利继承者可以自行利用作品，利用方式包括复制、广播、公开表演、发表、翻译、改编、租借或出借等方式。版权人可以授权或禁止他人以任何方式利用作品，也可以转让其部分或全部权利。转让必须以书面协议进行。作品保护期为作者死后 50年。作者可以对作品进行登记。在行政机关进行登记在诉讼中可以起到证明作用。

埃及版权法还规定了广泛的邻接权，如表演者权、录音录像制作者权和广播者权。表演者权为录像发生之日起 50 年；录音录像制作者权一般自录音录像公诸于世起 50 年；广播者权的保护期一般为自节目播出之日起 20 年。文化部下属部门负责音像作品包括音乐、电影、软件和剧场表演著作权与邻接权的审查，但不包括文字作品、数据库和广播者权；广播者权由信息部负责保护；信息通讯科技部下属的信息科技工业部门负责计算机软件和数据库的保护；内政部网络调查处负责网络著作权的保护；内政部反艺术作品盗版处负责保护艺术作品；在某些案件中，上述部门的职权会发生重叠。一般情况下，内政部是保护知识产权的主要机构，并有权起诉各种知识产权案件。不过，司法部在著作权在内的知识产权方面有较多专业知识，为法院进行知识产权审判时提供专业技术知识。

(三) 埃及商标制度

埃及 2002 年《保护知识产权法》第二卷部分对商标、地理标志及工业品外观设计权进行了规定。埃及商标与工业品外观设计办公室（Trademarks and Industrial Designs Office）隶属于埃及贸易工业部（Ministry of Trade and Indus-

---

❶ Law No. 82 of 2002 Pertaining to the Protection of Intellectual Property Rights, Art. 138.

try）国内贸易发展局（Internal Trade Development Authority，ITDA），负责受理商标和外观设计的注册与维护。根据《保护知识产权法》，商标是指用于区分商品或服务的标志，标志中可以包含以独特方式表现的名称、签名、单词、字母、数字、设计、符号、标记、图章、印记、绘画、雕刻、配色或者上述各项的其他组合，并已被用于或计划用于区分特定工业、农业、林业或矿产企业的商品和服务，或者指明商品的来源、质量、分类，或指明可提供何种服务。不论形式如何，商标须是可由视觉识别的标志。埃及是《马德里协定》的缔约方，因此，埃及在商标注册登记中也使用国际商品和服务的商标分类法。

一旦提起商标申请，商标就进入审查阶段。商标申请可以包括所申请种类的所有商品。申请如果不能满足法律规定的条件，商标局将驳回申请。在收到驳回决定之后，申请人可以在 30 天之内进行申诉。通过审查的商标申请将进行公告。利害关系人可以自公告之日起两个月内提出异议。如果在商标申请公告后无异议的，商标将被注册登记并授予证书。商标的保护期是自申请之日起 10 年。期满后可以延期 10 年。商标可随原企业或单独转让，商标的转让应在商标局登记并公告，否则不得对抗第三方。商标权人姓名或地址变更也应登记。在埃及，商标的实际使用不是商标申请及维持商标登记的效力必要条件。然而，商标缺乏实际使用，第三方可以通过诉讼程序申请撤销。主张商标撤销的第三方须证明商标没有实际使用超过连续 5 年，除非商标拥有者提出合理理由，否则商标局可以依职权或依利害关系人申请注销恶意注册的商标。

（四）埃及专利制度

2002 年埃及《保护知识产权法》第一卷部分对专利、实用新型、集成电路布图设计以及未披露信息进行了规定。埃及专利应当具有新颖性、创造性、工业适用性。发明包含生物、植物或动物产品，或传统医药、农业、工业或手工业知识，文化或环境遗产的，发明人应采用合法方式获得来源；发明包含微生物的，申请人应当披露微生物来源，同时在实施条例指定的机构保存微生物活体样本。《保护知识产权法》规定，专利应赋予权利人防止第三方以任何方式使用其发明的权利，有权阻止或许可第三方进口、使用、销售或分销包含其专利的产品。

但属于下列情况时，第三方未经授权使用专利不视为侵权：用于为科研目的而开展的活动；在发明所有人申请专利之前，第三方在埃及已经制造相同产品、使用相同方法或者已经作好制造、使用的必要准备；间接使用发明主题的生产方法，以获得其他产品；如 WTO 成员方或与埃及存在互惠关系的另一方的车辆、船只或飞机暂时或意外停留在埃及，将发明用于此类车辆、船只或飞机上；在产品保护期内，第三方以获得营销许可为目的进行的制造、组装、使用或销售，但实际营销发生在保护期期满之后兼顾他人合法利益而允许第三方进行的任何其他行为，但不得无理妨碍专利的正常使用，并且不得无理损害专利权人的合法利益。❶ 专利保护期自申请日起算，最长为 20 年。实用新型的保护期自申请日起算，最长为 7 年，不可延长。

在埃及获得有效专利的途径有两种。第一，根据 PCT 提交国际专利申请并指定埃及，进入国家阶段后获得埃及专利。第二，直接向 EGPO 提出申请获得埃及专利。如申请人在《巴黎公约》成员境内已提交专利申请，在首次申请的申请日后 12 个月内又在埃及提出同一专利申请的，可以享有优先权。专利申请应由发明人或其继承人向 EGPO 提出。一项专利申请中不能包含一项以上的发明。如果一组发明形成一个总的发明构思，可以作为一项发明申请。《保护知识产权法》第 29 条规定，实用新型的申请人可以将其申请转为专利申请，专利申请人也可将专利申请转为实用新型申请。在两种情况下，均保留原申请的申请日。❷

埃及专利法的一个主要特征也是规定了专利侵权行为的刑事责任。《保护知识产权法》规定，为了商业化目的，模仿根据本法规定授予专利的发明或实用新型的内容；发明专利、实用新型专利在埃及获准且有效，但对此类产品的侵权产品进行销售、要约出售、流通、进口或占有意图的交易；在产品、广告、商标、包装或其他方面非法使用可能导致相信该方已获得发明或实用新型专利的标识的，应处以高于 20 000 英镑且低于 100 000 英镑的罚款。重

---

❶ Ibid. , Art. 10.
❷ Ibid. , Art. 29.

复侵害行为应处以 2 年以下监禁和高于 40 000 英镑且低于 200 000 英镑的罚款。在以上情况下，法院应命令扣押侵权仿制品和仿制品中使用的器具。法院判决应在一份或多份报纸上公布，费用由被定罪方承担。❶ 对模仿依法注册的受保护工业品外观设计；故意制造、销售、发售，或出于贸易或流通的目的而获得带有假冒工业品外观设计的产品；在产品、广告、商标、某些工具等表面非法贴上可能导致相信该人已经注册工业品外观设计的标记的行为，应处以高于 4000 英镑且低于 10 000 英镑的罚款。如若重复侵害，处以不低于一个月的监禁，并处以 8000 英镑以上 20 000 英镑以下罚款。侵权行为如果成立，法院应下令没收侵权的工业品外观设计、侵权的产品和用于侵权的工具。法院判决应在一份或多份报纸上刊登，费用由过错方承担。❷

---

❶ Ibid. , Art. 32.
❷ Ibid. , Art. 134.

第二节
中东欧地区国家知识产权制度

中东欧国家地区覆盖范围比较宽泛，国情复杂，经济体量都比较小，不同国家的经济水平差别较大，经济贸易环境各不相同。中东欧国家，主要包括中欧的波兰、匈牙利、捷克、斯洛伐克、斯洛文尼亚五国，波罗的海沿岸的爱沙尼亚、拉脱维亚、立陶宛三国，东南欧罗马尼亚、保加利亚、塞尔维亚、克罗地亚、黑山、马其顿、波黑、阿尔巴尼亚八国。尽管多数中东欧国家还处于体制转型阶段，但是大多数已经加入了 WTO，这表明中东欧各国的知识产权水平基本上达到了国际标准的最低要求。

一、波兰

波兰人民共和国（People's Republic of Poland），是中东欧的地区大国，由 16 个省组成。东与乌克兰及白俄罗斯相连，东北与立陶宛接壤，西与德国接壤，南与捷克和斯洛伐克为邻，北面濒临波罗的海。波兰已获得完全市场经济地位，经济总量占到整个中东欧的 1/3。波兰于 1995 年加入 WTO、2004 年加入欧盟。该国在计划经济向市场经济转型及融入欧盟的过程中，非常重视国家创新能力的提高，不断完善国内知识产权法律体系。在波兰国内立法中，知识产权得到了较高的保护。此外，波兰制定了大量的程序性法规，涉及工业产权申请、受理流程、专家评估规范以及电子申请流程等。波兰还积极跟进国际知识产权新规则的发展，积极加入知识产权国际保护条约。

（一）波兰知识产权法律框架

波兰《宪法》对知识产权相关的权利进行了规定。第 64 条规定，人人享有所有权、继承权和其他财产权；第 73 条规定，人人享有自由从事艺术创作，科学研究并发表其研究成果，自由教学，以及自由享用文化产品的权利。在波兰，与知识产权有关的法律包括 1985 年《商标法》（1994 年修订）、1994 年《版权法》（2000 年、2010 年修订）、2000 年《工业产权法》（2012 年修订）、2001 年《专利代理人法》（2013 年修订）、2003 年《植物品种法》（2011 年修订）、1993 年《反不正当竞争法》、1995 年《种子产业法》、2001 年《数据库保护法》。除了立法机关颁布的知识产权主要法律之外，波兰行政部门也颁发了一系列知识产权的行政法规与实施细则，用以完善和补充知识产权法的规定，包括 2001 年总理府发布的《关于发明专利和实用新型申请和处理程序的法令》、2002 年部长理事会发布的《关于波兰专利局职责的规定》、2002 年总理府《关于地理标志申请和处理程序的法令》、2003 年《关于欧洲专利申请以及欧洲专利在波兰效力的规定》、2008 年《关于波兰专利局注册制度的法令》、1993 年《发明专利与实用新型保护实施细则》、1999 年《海关扣押涉嫌侵权知识产权和工商利益货物的程序与操作细则》等。

波兰加入了几乎所有主要的知识产权国际公约。早在 1919 年，波兰就加入了《巴黎公约》，1920 年加入了《伯尔尼公约》，1975 年，波兰成为 WIPO 成员方后加入了 WIPO 管理的诸多知识产权国际公约包括 PCT、《罗马公约》《马德里协定》等，以及其他一些知识产权多边条约包括《保护植物品种国际公约》（1989 年）、《生物多样性公约》（1996 年）、《国际植物保护公约》（2005 年）、《保护非物质文化遗产公约》（2011 年）等。同时，波兰还通过了《关于授予欧洲专利公约的法令》（2003 年），加入了《欧洲电影合作拍摄公约》（2003 年）等。这些都使得波兰形成了比较完善的知识产权法律保护体系，并逐渐融入了全球经贸体系。

波兰专利局是波兰最主要的知识产权行政管理部门，受波兰经济部的领导，负责波兰发明专利、实用新型、外观设计、商标、集成电路布图设计、地理标志等申请的审批工作。国家文化遗产部负责管理版权相关事务，包括制定版权相关政策，版权集体管理事务等。在波兰，知识产权侵权可以获得民事、刑事和行政救济，包括边境执法措施的救济，工业产权与著作权的侵权都可诉诸于民事与刑事司法救济程序。知识产权确权和侵权纠纷主要适用各类民事、刑事与行政程序法。波兰司法部则负责法院体系和检控制度的运行，知识产权审判没有设置专业法院，不过在警察和海关内部设有专门的知识产权执法机构。由于波兰盗版侵权物的流入问题比较严重，因此波兰非常重视知识产权的海关执法，其海关总署专门设立了知识产权部，并配备专门的知识产权执法人员。

（二）波兰版权制度

波兰版权与邻接权法所保护的作品，是以任何形式体现的具有独创性的创作成果，无论其价值、目的或表达方式如何。原创性的作品包括以文字、数学符号、图形表现的文学、新闻、科学和计算机程序作品；美术作品；摄影作品；工业品设计；建筑作品；音乐作品；戏剧作品（舞台表演的音乐、舞蹈、哑剧等）；视听作品等。波兰版权法对作品的保护也采用思想/表达二分法，其保护对象只涉及作品的表现形式，发明、观点、流程、方法、操作原理和数学概念等都不能受到保护，以避免阻碍科学研究和技术进步。国家法案及其正式草案，官方文件、材料等，公开的专利文献，新闻通讯等作品也被排除在保护范围之外。

在波兰，版权的内容包括不可转让的作者精神权和可转让的经济权利。精神权利包括署名权、保护作品不受歪曲权、发表权、作品使用决定权。经济权利是版权人使用作品并获酬的权利，其转让或许可须签订书面合同。作者是作品的原始版权人。版权实行自动取得原则，保护期限为自作品创作完成时起至作者死后70年。波兰采用欧洲大陆法系版权的概念，版权的保护也覆盖邻接权。邻接权包括表演者权；音像制作者权利；广播组织对其播放的节目享有的专有权；出版者权。依据所涉及作品的不同，邻接权保护期为50~70年。波兰版权法设有版权限制条款和强制许可条款。波兰版权法的限制条款类似大陆法系国家的立法，采用了列举式的条款，明确规定了版权限制和例外的情形，并规定不得影响作品的正常使用、不得剥夺作者的合法利益。

（三）波兰商标制度

波兰工业产权法第三编第一部分对商标进行了规定。商标是生产者和经营者用来将自己的产品或服务与其他经营者区分开来的标识，包括商品和服务商标。波兰作为欧盟成员方，同时拥有国内商标和欧共体商标两套注册与保护体系。商标可以向波兰专利局申请注册。任何能够指示商品来源的可识别符号均可以作为商标，包括文字，图形，绘画、色彩、设计及其组合；以及具有识别性的声音。商标注册申请获准后，享有 10 年保护期。根据 2009 年 2 月欧盟关于欧共体商标的指令（EC No. 207/2009），成员方实体可以直接向欧共体内部市场协调局申请注册欧共体商标（CTM），也可通过波兰专利局申请注册。国际商标注册可以依据《马德里协定》申请注册，即 WIPO 马德里商标国际注册体系，以便将国内获得的注册商标保护延伸到指定的该体系的签署国。波兰商标和欧共体商标的保护期是 10 年，国际注册商标的保护期是 20 年，均自申请之日起算。应权利人的请求，该保护期可续展 10 年或 20 年。❶

商标权人可以在全波兰境内在商业上使用该商标，也可以进行许可、转让与继受。商标权人可以在货物或服务销售、进出口中使用商标，也可以在商业文件与广告中使用商标。❷ 波兰商标法采用了国内权利用尽的原则，规定如果商标权人已经授权同意他人使用商标的，则无权再制止第三人在波兰境内获得的此类合法商品。❸ 商标权人无权禁止他人使用与商标近似的姓名、住址或商号，或者用于指示商品质量、数量、用途等性质的符号，或者是地理来源等标识。❹ 商标权可以转让，也可以继承。如果商标是集体商标或集体保证商标，那么应当与所指示的企业一并转让。商标权人也可以许可他人使用其商标，但是必须签订使用许可合同。被许可人在商业中使用被许可商标的，必须在其商标上标注 "lic" 的标识。❺ 波兰注册商标在授权后连续五年没有在商业中真正使用，没有正当理由的，将会导致该商标被撤销。此外，商标失去区别性，误导公众等原因都有可能被撤销。波兰总检察长或专利局局长

---

❶ Act of June 30, 2000, on Industrial Property (as amended up to Act of July 24, 2015), Title III Trade marks and Geographical Indications, Part I, Trade marks and Rights of Protection, Chapter I Trade marks, Art. 153.

❷ Ibid., Art. 154.

❸ Ibid., Art. 155.

❹ Ibid., Art. 156.

❺ Ibid., Art. 162.

有权以公共利益的名义要求宣告此类商标的撤销。❶ 商标无效与撤销都应及时在商标登记簿上进行公告。

(四) 波兰专利制度

根据波兰工业产权法的规定，发明、实用新型与外观设计都归属到专利的范畴。在波兰，任何领域内能在产业上应用的、具有新颖性和创造性的技术发明，都可申请专利。根据波兰法律，明确以下不属于专利对象：科学发现，理论和数学方法，艺术性创造，思维、商业活动或游戏方法或规则，没有实用性的创造，如计算机程序、数据信息。违反公共秩序或道德的发明、动植物品种及其生物性生产方法（即主要利用自然规律的杂交、选育等方法，不包括微生物繁殖材料及其生产方法）、人类和动物疾病的诊断和治疗方法（但不包括产品）等，均不属于可专利的主题。❷

向波兰专利局提交发明专利申请需要准备请求书、技术方案说明书、权利要求书、摘要等材料。波兰的发明专利申请实行单一原则，即每一份申请针对一项发明，相互关联的一组发明可以以一份申请提出。❸ 在发明专利审查期间或者驳回申请的决定生效后 2 个月之内，申请人可以更改为请求实用新型保护，实用新型申请日适用之前专利申请日。专利权人对其发明在波兰境内享有专有实施权，专利权的保护范围由专利权利要求书确定，说明书和附图可以用来解释权利要求。波兰专利权的保护期是 20 年，自申请人向波兰专利局提交申请之日起算。制造产品的方法专利延及使用该方法制造的产品，新产品制造方法发明的权利人能举证其已尽力但无法确定他人使用何种方法制造新产品的，推定该产品系由专利生产方法制造。❹ 专利权人有权禁止第三方未经许可使用其专利技术制造、使用、销售或进口专利产品，以及使用专

---

❶ Ibid. ，Art. 169.

❷ Act of June 30, 2000, on Industrial Property（as amended up to Act of July 24, 2015），Title II Inventions，Utility Models and Industrial Designs，Art. 24-29.

❸ 汪洪. 中东欧六国专利工作指引［M］. 北京：知识产权出版社，2018：45.

❹ Act of June 30, 2000, on Industrial Property（as amended up to Act of July 24, 2015），Title II Inventions，Utility Models and Industrial Designs，Art. 64.

利方法获得的产品。❶ 波兰专利法采用了区域权利用尽原则，规定对专利权的保护不延及已经经许可生产并投放波兰市场的专利产品的再销售，也不延及于在欧盟境内已许可生产销售的产品进口到波兰市场。❷

在波兰，关于产品外形、结构或组合方式的任何新颖而有用的具有技术特征的方案都可以申请实用新型专有权，实用新型应当具有实用性，有益于改进产品制造和利用。❸ 实用新型权利人享有在波兰境内对该实用新型产品进行制造和获利的专有权，该权利自申请人向波兰专利局提交实用新型申请之日起，共 10 年。实用新型的保护范围由其说明书所记载的权利要求确定。❹ 波兰工业产权法对发明专利申请的相关要求适用于实用新型申请，实用新型申请应当包含附图，且仅针对一个技术方案。实用新型权由波兰专利局实用新型登记部登记并签发权利证书。❺ 实用新型说明书、权利要求与附图作为确定保护范围的依据。该说明书应由波兰专利局公布供公开查阅。❻

在波兰，任何通过线条、色彩、形状、纹理或质材等对产品或其组成部分的外观形状所做出的新颖有个性的设计，均可申请外观设计保护。❼ 产品技术功能决定的特征和为使产品实现功能必须具有的特征不得申请注册为外观设计。外观设计的注册申请程序适用专利申请审查程序相关要求，但外观设计申请材料应当包括照片、图片等，也可附样本。一件外观设计申请可以包括构思上实质相同的产品的多个外观。符合申请条件的外观设计在申请人向波兰专利局交纳首期费用后授权，由外观设计登记部予以注册并颁发权利证书。❽ 外观设计申请注册后权利人在波兰境内获得将该设计在产业上应用的专有实施权保护，权利人有权制止任何第三人制造、提供、销售、进口、出口

---

❶　Ibid. , Art. 66.
❷　Ibid. , Art. 70.
❸　Ibid. , Art. 94.
❹　Ibid. , Art. 96.
❺　Ibid. , Art. 99.
❻　Ibid. , Art. 98.
❼　Ibid. , Art. 102.
❽　Ibid. , Art. 112.

或使用，以及为以上目的储存外观设计产品。❶ 外观设计权的保护期自申请人向波兰专利局提出申请之日起，每 5 年延长一次，最长可以延续 25 年，该权利可以转让、继受和许可。侵犯在先第三人的合法人身权或经济权利的外观设计可以成为设计权无效的理由。如果波兰专利局认为申请国际外观设计注册未满足波兰境内的申请条件，可以全部或部分拒绝在波兰境内给予外观设计的国际注册。❷

二、立陶宛

立陶宛共和国（The Republic of Lithuania）位于波罗的海东岸，北接拉脱维亚，东连白俄罗斯，南邻波兰，西临波罗的海。立陶宛现为欧盟成员。独立后的立陶宛基本完成市场经济转轨，经济形势平稳。国内设有自由经济区，投资环境良好。工业是立陶宛的支柱产业，主要有矿业及采石业、能源工业等部门。工业门类比较齐全，机械制造、化工、石油化工等发展迅速。服务业是立陶宛国民经济的重要组成部分。不过，立陶宛各地区间经济发展不平衡，政府对教育、文化、医疗等领域投入有限，失业率仍然偏高。

（一）立陶宛知识产权法律框架

立陶宛自 1990 年独立以来，不断完善知识产权相关法律法规。立陶宛先后通过了《专利法》（1994 年通过，2017 年最新修订）、《商标法》（2000 年通过，2018 年最新修订）、《工业品外观设计法》（2002 年通过，2017 年最新修订）、《植物品种保护法》（2001 年通过，2012 年最新修订）、《版权与邻接权法》（1999 年通过，2014 年最新修订）、《关于国家保护精神文化的法律》（1999 年通过，2006 年最新修订）等法律。同时，立陶宛还颁布了一系列的知识产权相关法律，包括 1984 年《行政违法法典》（2011 年修订）、2000 年《刑法典》（2010 年修订）、1996 年《个人数据保护法》（2008 年修订）、2000 年《民法典》（2011 年修订）、1999 年《竞争法》（2011 年修订）、2000 年《广告法》（2010 年修订）、2004 年《海关法》（2007 年修订）、2000 年

---

❶ Ibid. , Art. 105.
❷ Ibid. , Art. 117.

《关于货物进出口领域的知识产权保护》等。此外，立陶宛加入了《巴黎公约》、PCT、《专利法条约》《TRIPs 协定》《马德里协定》《海牙协定》和《伯尔尼公约》等知识产权国际公约，同时还是欧洲专利局成员方。目前，立陶宛已经建立了比较完备的知识产权保护体系。

立陶宛国家专利局是负责发明专利、外观设计专利、集成电路布图设计和商标审批的行政管理机关，立陶宛文化部下设的著作权部门负责著作权及相关权的行政管理，立陶宛农业部下属的植物品种研究中心负责植物品种的管理，立陶宛发明专利、外观设计、商标权、集成电路布图设计、版权及相关权利等知识产权受到侵害可以通过司法途径予以保护。根据立陶宛民法典和有关知识产权保护方面的法律规定，被侵权人有权请求法院要求侵权人停止销售侵权产品，要求侵权人在媒体或以其他方式全部或部分公布法院裁决，以消除不良影响。如侵权人存在故意或过失，被侵权人有权要求侵权人赔偿，赔偿数额为其应得报酬的 2 倍。如侵权人不存在过错，被侵权人有权得到侵权人因侵权所获得的不当利益。2011 年，立陶宛议会修改了《行政违法法典》，新增了侵犯知识产权的行政责任。主要包括有关行政主管部门有权没收制造侵权产品的工具和设备，对非法持有和运输侵权产品者予以行政罚款。新修订的《海关法》也授权立陶宛海关对进出口的侵害知识产权产品进行搜查、扣押及对侵权人予以拘留。

（二）立陶宛版权制度

立陶宛于 1999 年通过了《版权与邻接权法》，并于 2015 年进行最新一次修改。在该法第 I 章总则部分规定版权及相关权对象包括文学、科学和艺术作品权；表演者、录音制品制作者、广播组织、视听作品的首次固定物权；数据库制作者的权利。❶ 版权包括作者的精神权利与经济权利两种。精神权利包括作者身份权、署名权、作品不可侵犯权（the right to the inviolability of a work）等。这些权利不可剥夺、不可转让。作者可以指定其他人，或委托其他人保护其精神权利，如无指定，作者死后，可以由其继承人予以保护，如

---

❶ Law No. VIII-1185 of May 18, 1999, on Copyright and Related Rights (as amended up to Law No. XII-1183 of October 7, 2014), Art. 1.

无继承人，可以由政府授权的机构予以保护。作者的经济权利包括复制权、出版权、翻译权、改编权、编剧权、通过销售、出租、出借、出口、进口等发行权、公开展出权、公开表演权、广播权等。❶ 作者的经济权利的保护期为作者终生及其死亡后 70 年，作者的精神权利受永久保护。❷

根据《版权与邻接权法》，思想、程序、过程、体系、操作方法、概念、原理、发现或单纯的数据、法条、行政、法律或法规性质的官方文本（决定、规定、规章、规范、国土规划和其他官方文件）以及其官方译文，官方标志和证章（旗帜、国徽、国歌、钞票设计及其他国家标志和证章），官方注册的法案草案，事件的新闻报道，民间文学艺术作品等排除在版权保护范围之外。❸ 版权人可以使用版权标记向公众告知其版权，版权标识由 3 个元素构成，一个是带圆圈的"©"或者是带括号的"（C）"，同时附注版权人的信息，及版权作品首次发行的时间。❹ 对于表演者权，或者录音录像制作者权，则需要标注带圆圈或带括号的"P"，并附注相关邻接权人的相关信息。❺ 立陶宛版权法规定了一种原始作者的转售权，即如果原始作品或艺术品转售的，原始作者可以享有一定比例的版税。❻ 根据立陶宛版权法，破坏技术措施与权利管理信息的行为，都是侵犯版权的行为。❼《版权与邻接权法》规定了信息开示制度。在侵权诉讼中，根据权利人的要求，法院可以勒令被告提供供应商、生产者、批发商、仓储者的相关信息。❽

（三）立陶宛商标制度

立陶宛 2000 年制定了新的商标法，替代 1993 年制定的商标法。2006年，立陶宛对商标法进行了新一次修改。立陶宛加入了《巴黎公约》《尼斯协定》《商标法条约》《建立世界知识产权组织公约》，签署了《马德里协

---

❶ Ibid. , Art. 14–15.

❷ Ibid. , Art. 34.

❸ Ibid. , Art. 5.

❹ Ibid. , Art. 12.

❺ Ibid. , Art. 51.

❻ Ibid. , Art. 17.

❼ Ibid. , Art. 74,75.

❽ Ibid. , Art. 79.

定》。根据立陶宛的相关法律，如果立陶宛加入的国际条约与新商标法不一致，以国际条约为准。立陶宛商标法规定，商标可以包含文字、姓名、笔名、法人的商号名称、标语；字母、数字；图画、徽章；三维形式，包括产品的形状、包装或容器；色彩或色彩的组合及其复合物等要素以及由此类要素构成的组合。

根据立陶宛商标法，如果标识的构成要素缺乏显著性；标识要素在当前语言中或流通中已成为通用名称；仅包括用于指明商品或服务的种类、品质、数量、用途、价值、原产地或生产时间、生产模式或商品和/或服务等特征的要素；该要素会误导公众，如商品和/或服务的性质、品质或原产地等；要素与普遍接受的道德原则和公共政策相抵触，包括社会道德和人道主义原则；该要素仅包括由商品本身的性质导致的形状或为获得技术效果所必需的商品形状或给予商品实质价值的形状；该要素由立陶宛的官方或传统国家名称、徽章、旗帜或其他国家纹章客体或任何纹章仿制物，以及表明监督和保证的官方标记和标志、邮票、奖牌或区别标志等构成，除非其在商标中的使用已经被政府授权机构经规定程序而允许等。涉及以上情形的标识不能被注册为商标，或应被无效。

商标在立陶宛可以通过以下三种途径注册：直接在立陶宛申请注册；通过马德里国际商标体系注册，指定立陶宛；通过欧盟商标申请。立陶宛的商标注册申请必须提交给国家专利局。立陶宛属于欧盟成员方，也可以通过欧盟成员方任何一个国家的代理人递交申请至欧盟知识产权局以获得立陶宛的商标注册。在欧盟申请商标注册被核准后，即可在欧盟成员方所有同时获得保护。但若在其中任一个成员方被驳回或异议无效，则整个欧盟注册申请也将无效，只能转为单一国家注册。对于马德里注册商标和欧盟商标，可以分别通过世界知识产权局和欧盟知识产权局续展。注册商标的有效期为自申请日起 10 年。直接在立陶宛注册的商标，注册商标的有效期同样为 10 年。当存在申诉机关异议程序中宣告注册商标无效；法院判决宣告注册商标无效或撤销；注册商标未依法续展；商标持有人请求撤销商标等以上情形，注册商标权消灭。

（四） 立陶宛专利制度

立陶宛专利包括发明专利和工业品外观设计两类。对于发明专利和外观设计，分别予以立法保护，即分别用专利法和外观设计法予以保护，没有实用新型专利。立陶宛发明专利保护期为 20 年，对于药物和草药专利，在特定案件保护期最多可延长 5 年。立陶宛发明专利的授权条件为新颖性、创造性及工业实用性。根据立陶宛专利法，新颖性为绝对新颖性，即在申请日（优先权日）前在立陶宛国内外公开的任何事物或公开使用均构成现有技术。工业实用性是指该发明在工业、农业、健康保护和其他领域可以制造或使用。立陶宛发明专利的说明书须满足充分公开的要求，即说明书必须充分和清楚地披露本发明，使得本领域技术人员能够实施本发明。当涉及生物材料时，如果该生物材料对公众是不可得到的，且不能以使本领域技术人员能够重现发明的方式进行描述的，则必须提交保藏。

在申请人提交发明专利申请后，立陶宛专利局将对申请进行形式审查。形式审查通常需要 2~4 周。如发现申请不符合立陶宛专利法相关法条的规定，专利局会要求申请人在规定的期限内进行修改与补充。申请人不答复的，申请视为撤回。如发现该申请不符合立陶宛专利法关于发明客体和不授予专利权的主题的，立陶宛专利局可以作出拒绝授予专利权的决定。申请人如对申请日或优先权日的认定不服、对审查结论或拒绝授予专利权的决定不服的，可以请求立陶宛专利局申诉委员会予以复审。对申诉委员会的决定不服的，可以向法院起诉。对法院判决不服的，可以上诉。如果对上诉法院的判决仍然不服的，可以请求立陶宛最高法院复查。

形式审查合格后，专利申请将于申请日（优先权日）起 18 个月后公布。如果申请人提交了早期公开请求，则立陶宛专利局将会提前公开该专利，但最早不会早于申请日起 6 个月。立陶宛发明专利没有实质审查程序，在公布日起大约 3 个月内，该申请将被授予专利权。在立陶宛，不能针对发明专利提出第三方意见，立陶宛也没有针对授权发明专利的异议程序。对于授权后的立陶宛发明专利，第三方可以向法院提出无效请求，无效请求人和/或专利权人对无效诉讼的判决不服的，可以向上诉法院上诉。对上诉法院判决仍然不服的，可以请求最高法院复查该案。

发明专利授权后，专利权人享有专用权。对于产品专利权，专利权人有权禁止未经专利权人许可的第三方制造、使用、许诺销售、销售、进口或出口该产品。对于方法专利，专利权人有权禁止未经专利权人许可的第三方使用该方法，以及使用、许诺销售、销售、进口或出口由该方法直接得到的产品。发明专利保护期届满，专利权立即终止。在期限届满之前，专利权人需要按期缴纳专利年费，否则专利权将终止。如果专利不符合法律规定而被宣告无效，专利权视为自始不存在。2000年5月，立陶宛修改了刑法，规定了侵犯知识产权的刑事责任，对侵权人可以处以罚金和2年有期徒刑。

立陶宛的工业品外观设计必须满足新颖性并具有独特特点。如申请日（优先权日）前没有相同的外观设计，则该外观设计将被认为是新颖的。如多个外观设计的特征仅在非实质性的细节方面存在区别，则外观设计被视为是相同的。如果一项外观设计给予知情使用者的整体印象不同于在申请日（优先权日）前公众可得的任意外观设计给予该使用者的整体印象，则该外观设计将被认为具有独特性。对于产品零部件的新颖性和独特特点，需要多方考虑，整体产品的零部件的外观设计仅当满足以下条件将被认为具有新颖性和独特性：当该零部件已经被整合至整体产品中，在整体产品的正常使用过程中，零部件应当是可见的；该零部件的可见特征本身满足新颖性和独特性的要求。正常使用是指被最终用户使用，不包括维护、检修和修理工作。一般说来，在立陶宛，适用于专利的保护规定也基本上适用于外观设计。

三、匈牙利

匈牙利，是位于欧洲中部的内陆国家，东邻罗马尼亚、乌克兰，南接斯洛文尼亚、克罗地亚，西靠奥地利，北接斯洛伐克。匈牙利自20世纪90年以来，经历了从计划经济向市场经济的转变，推行私有化和经济自由化的政策，大力吸引外资，走上了以出口带动经济发展的道路。1996年，匈牙利加入OECD。匈牙利也是WTO的成员，并于2004年成为欧盟的成员。同时，匈牙利与众多周边国家签署了双边自由贸易协议。

（一）匈牙利知识产权法律制度框架

匈牙利在 19 世纪末就已经颁布了商标法与专利法，并早在 1909 年就成为《巴黎公约》的成员方。2002 年，匈牙利成为《欧洲专利公约》的成员方。匈牙利对专利、实用新型及外观设计采用了分别立法保护的方式。匈牙利 1995 年通过了新的《专利法》。新《专利法》保持了与《欧洲专利公约》及《TRIPs 协定》要求的一致。匈牙利在 1991 年通过了现行的《实用新型保护法》，2001 年通过了《外观设计法》。此外，匈牙利工业产权法还包括 1991年的《集成电路布图设计保护法》、1997 年的《商标和地理标志保护法》，以及 1995 年的《匈牙利专利代理人法》等。1991 年，匈牙利颁发了现行《著作权法》，以及其他几部配套法规，如《版权与相关权组织登记法》（1999年）、《影音设备使用法》（2000 年）。2007 年，匈牙利对现行《版权法》进行了修订。匈牙利与知识产权保护相关的法律还有 1959 年的《民法典》（2013 年修订）、1952 年的《民事程序法》、1978 年的《刑法典》、1994 年的《强制执行法》、1996 年的《广播电视法》、1996 年的《禁止不公平竞争与限制竞争法》，以及 1998 年的《刑事程序法》等。此外，匈牙利政府与知识产权主管机关还发布了一批关于法律执行的条例与规章，如知识产权申请注册等管理规定、海关知识产权保护措施、地利标志使用检查规定等。

匈牙利知识产权局（Hungarian Intelectual Property Office，HIPO）是匈牙利负责知识产权保护的政府主管部门，其前身是匈牙利专利局。HIPO 主要职能是参与知识产权立法，对国内外专利、实用新型、外观设计、集成电路布图设计、商标、地理标志申请进行审查，并负责知识产权的文献与信息推广活动。根据 2001 年匈牙利政府法令的规定，其职能扩展到负责版权工作的职能。同时，HIPO 还负责处理与欧洲专利申请及国际专利申请的相关事务。2005 年生效的《海关法》中包含了诸多保护知识产权免受侵犯的边境措施。根据《海关法》的规定，海关可以检查进出口匈牙利货物中的知识产权状况，并采取扣押、推迟放行货物等措施。此外，匈牙利的知识产权法基本上都为权利人提供了海关边境措施救济。在匈牙利，与知识产权有关的诉讼主要由法院系统负责。除专门审理欧盟法在匈牙利实施问题的法院外，匈牙利还设有四级法院体系，负责全国刑事案件、民商事案件、行政案件的审理。

（二）匈牙利版权制度

匈牙利的版权制度以 1999 年的《版权法》为主干。根据《版权法》，所有文学、科学和艺术作品均受版权保护，作品的类型包括：文字作品、口头作品、计算机程序和相关文档（软件）、戏剧音乐剧作品、广播剧和电视剧、电影创作和其他视听作品、绘画雕塑等作品或设计、摄影作品、地图和其他制图创作等。❶ 立法、国家行政管理的其他法律文书、司法和行政决议、行政和其他官方通讯和文件及法律规定的强制性标准和其他类似规定等，不受《版权法》规定的保护，版权保护也不延伸至事实和新闻界发布的每日新闻的基本内容。民间传说的表现形式不享有版权保护，但是不包括作者受民间传说启发而创作的具有原创性的作品。❷

根据《版权法》的规定，自作品创作之时起，版权属于作者，不需要在任何机构申请或注册及支付费用。❸ 但是，权利人为了更好地证明权利归属，可以在 HIPO 自愿进行版权登记。匈牙利版权制度中一个比较有特色的机构是 HIPO 的版权专家委员会。版权专家委员会依靠 HIPO 运作，但属于独立的专业机构，其职责是：如果在司法程序中法院没有专业知识确定或判断重大事实/其他情况，委员会可提供专家证人。委员会还可应要求就版权问题提供诉讼程序外的专家意见，例如如何行使版权等。如果使用者和权利人之间，或者使用者或其代表组织与集体管理组织之间未能就版权使用费及使用条件等达成协议，任何一方都可以要求专家委员会进行调解，委员会将协助各方达成协议。专家委员会提供意见范围包括：作品是否受版权保护；权利人或利益相关者是谁；与互联网电视（IPTV）、个人录像机（PVR）或机顶盒相关

---

❶ Act LXXVI of 1999 on Copyright, Part One, General Provisions, Chapter I, Introductory provisions, The subject matter of copyright protection, Article 1.

❷ 同❶.

❸ Ibid. , Art. 9.

的版权问题；有线数字传输是否与模拟有线传输的作品是否分别付费等。❶

（三）匈牙利商标制度

匈牙利商标制度是构建在 1997 年第 11 号法案《商标和地理标志保护》这一法案之上的。根据《商标和地理标志保护法》的规定，商标指能够以图形方式表示的任何标志，并且可以在贸易过程中将商品或服务与其他企业的商品或服务区分开来，这些标志中可授予商标保护的标志包括：文字、文字组合，包括个人姓名和口号；字母、数字；形象、图片；二维或三维形状，包括商品或包装的形状；颜色、颜色组合、光信号、全息图；声音信号；以及上述各项的组合。❷

匈牙利商标法对商标权的保护采用了欧洲经济区用尽原则。❸ 如果商标权人已知或应知自己的商标被他人使用超过 5 年的，将视为商标权利人默许他人使用其商标，因此无权再禁止使用者继续使用。❹ 根据《商标和地理标志保护法》第 18 条规定，如果商标权利人在商标注册后 5 年内未在注册时指定的商品或服务中使用该商标，或者在之后连续 5 年未使用该商标的，将会导致被撤销等法律后果。但是，属于下列两种情况的，可构成对商标的实际使用：①权利人使用的商标与注册商标不一致，但改动仅限于不影响商标特征的元素；②权利人仅以出口为目的，在匈牙利境内为其商品或包装添加商标。此外，权利人授权他人使用其商标的，视为权利人对商标的实际使用。❺

在匈牙利，获得有效的注册商标有三条途径：①通过商标国际注册马德里体系进行国际注册；②向欧盟知识产权局申请注册欧盟商标；③向 HIPO 直接申请注册匈牙利商标。匈牙利的商标保护期自申请日起算，共 10 年，到期可以续展。续展可无限重复进行，每次续展注册的有效期为 10 年，自该商标

---

❶ Government Decree No. 156/1999. （XI. 3.）on Structure and Operation of the Council of Copyright Experts

❷ Act XI of 1997 on the Protection of Trade Marks and Geographical Indications, Part I, Protection of Trade Marks, Chapter I, Subject Matter of Trade Mark Protection Signs capable of distinction, Article 1.

❸ Ibid. ,Art. 16.

❹ Ibid. ,Art. 17.

❺ Ibid. ,Art. 18.

上一届有效期满次日起计算。

（四）匈牙利专利制度

匈牙利的专利制度采用了发明、实用新型与外观设计单独立法的模式。根据《专利法》第 1 条，任何技术领域的具备新颖性、创造性且易于工业应用的发明，均可被授予专利。但下列各项不属于专利法的保护范畴：①发现、科学理论和数学方法；②美学创作；③智力活动、游戏或商业经营的计划、规则和方法；④信息展示。[1] 匈牙利专利可以通过向 HIPO 提交申请获得，或者通过《欧洲专利公约》申请获得。申请可以直接提交，也可以在 PCT 框架内提交。在匈牙利无居所或营业所的申请人应委托 HIPO 授权的专利律师代理申请，并由其处理其他法律事务。

《专利法》第 5/A 条专门对生物技术和基因专利做出了规定，即满足可专利性的生物技术工程或包含生物材料的产品或方法也可授予发明专利；生物材料指包含基因信息、能自我复制或在生态系统中繁殖的材料；以生物技术从自然状态分离出来或生产的生物材料可以获得授权。在其形成和不同生长阶段的人体及其成分，包括基因序列或序列片段，均不构成可专利的发明；但已经从人体分离或以技术手段制作的成分（包括基因序列），即使其结构与自然元素相同，也可以构成可专利的发明。[2]

《专利法》第 19 条规定，专利权人享有实施发明技术方案的专有权，禁止他人未经许可使用专利权。[3]《专利法》采用了在欧洲经济区内权利用尽的原则，规定在欧洲经济体范围内，专利权保护不涉及经权利人许可投入欧共体市场的专利产品。[4] 专有实施权不及于私人非商业行为、实验、为获得市场主管机关审批按要求制造和提供必要样品、个别情况下在药房为了准备处方而使用。[5] 对于方法专利，《专利法》采用了推定原则，由被告举证新产品并非由专利方法制造而获得的，否则将认定该产品的生产使用了专利方法。

---

[1] Act XXXIII of 1995 on the Protection of Inventions by Patents, Art. 1.

[2] Ibid. , Art. 5A.

[3] Ibid. , Art. 19.

[4] Ibid. , Art. 20.

[5] Ibid. , Art. 20.

根据《实用新型保护法》的规定，任何与产品的配置、构造以及部件的组合排布有关的解决方案，只要具备新颖性、创造性且易于工业应用，均可被授予实用新型保护。❶ 但实用新型的概念中不包括产品的美学设计、植物品种、化学产品和成分。获得实用新型保护的条件是新颖性、创造性与易于工业应用。申请人可直接向 HIPO 提交实用新型申请，也可通过 PCT 框架内的国际申请获得匈牙利实用新型保护。

如果实用新型申请符合确定申请日的要求并已缴费，HIPO 将审查申请是否符合法律规定的形式和实质性要求。如果在审查期间发现申请有缺陷，HIPO 会作出要求让申请人予以纠正，申请人未在规定期限内进行纠正的，将被视为撤回。在审查程序中，审查员不审查实用新型的新颖性和创造性，即使有第三方提供了实用新型存在缺陷的证据。在授权程序结束之后，如果有第三方启动无效程序，实用新型的新颖性和创造性将被审查。如果申请符合审查的所有要求，HIPO 将授予实用新型保护。HIPO 会出具实用新型保护证书，附上说明书和图纸，与授权决定一并发给权利人。

根据《外观设计法》，外观设计指产品的整体或部分通过自身或其装饰物的线条、轮廓、颜色、形状、纹理及材料等获得的外观。❷《外观设计法》规定，任何具有新颖性和独特性的设计，都可获得外观设计保护。❸ 如果希望在匈牙利获得更好的保护，外观设计所有权人可以向欧盟专利商标局申请注册共同体外观设计，或者向 HIPO 申请注册匈牙利外观设计。如果外观设计申请符合确定申请日的要求、且申请费已经支付，HIPO 将审查申请是否满足规定的形式要求。如果在审查期间发现形式方面有缺陷，HIPO 会要求申请人纠正，并在纠正的基础上继续执行审查程序。申请人未在规定期限内进行纠正或答复的，视为撤回申请。

如果外观设计申请符合确定申请日的要求、且申请费已经支付，HIPO 将对申请进行实质审查，以确定其是否符合法律规定的要求。如果在审查期间

---

❶　Act Xxxviii of 1991 On the Protection of Utility Models，Art. 1.

❷　ACT XLVIII OF 2001 On the Legal Protection of Designs，Art. 1.

❸　Ibid.，Art. 2-4.

发现实质性要求方面的缺陷，HIPO 会根据缺陷的性质，要求申请人更正、提交答复或分案申请。如果更正或答复后仍不能达到实质性审查要求，HIPO 会全部或部分驳回申请。❶ 如果申请人未回复或未分案申请，将被视为撤回申请；如果此时申请已被公开，则视为放弃临时保护。如果设计和申请符合审查的所有要求，HIPO 将在公开申请至少 1 个月之后向权利人授予外观设计权。授权后，HIPO 会向权利人颁发外观设计保护证书，并附上登记摘录。外观设计保护期从申请日起算，持续 5 年。根据权利人的请求，该期限每次可以续展 5 年，最多续展 4 次。自申请日起 25 年届满后，保护不可再续展。❷

四、拉脱维亚

拉脱维亚是位于欧洲东北部的国家，西邻波罗的海，北接爱沙尼亚，南接立陶宛，东与俄罗斯、白俄罗斯相邻。拉脱维亚 2004 年成为北约成员方，同年加入欧盟。2007 年，成为《申根协定》成员方。2014 年成为欧元区第 18 个成员方。拉脱维亚自 20 世纪 90 年代开始进行经济体制改革，推行私有化和自由市场经济，与世界上 120 多个国家/地区产生广泛的贸易关系。

（一）拉脱维亚知识产权法律制度框架

拉脱维亚《宪法》第七章规定了要确保人权和自由，其中包括思想自由，道德和宗教自由，自由表达权、拥有财产的权利、受教育权及科学研究、艺术创作和其他创造活动的自由权。宪法的规定为知识产权保护提供了法律基础。拉脱维亚在知识产权法律体系方面比较完善，同时，拉脱维亚加入了 WIPO，以及《巴黎公约》《伯尔尼公约》等几乎所有的国际知识产权公约，其主要的知识产权法律基本上能够与国际条约与惯例接轨。

拉脱维亚专利制度采用了发明与外观设计分立的制度，没有实用新型的概念。《专利法》于 2015 年进行了最新修订，主要涉及专利（发明）的保护。《外观设计法》于 2015 年进行修订，主要涉及工业品外观设计的保护。《商标与地理标志法》于 2015 年进行了修订，主要规定了商标与地理标志的相关内

❶ Ibid. , Art. 47.
❷ Ibid. , Art. 19.

容。《版权法》于 2014 年进行了修订，主要涉及版权及相关权利，知识产权调解程序等。2010 年修订了《植物新品种保护法》，主要涉及对植物品种权的保护。除了主要的知识产权法之外，还有其他与知识产权相关的法律，如《科学活动法》《刑事诉讼法》《竞争法》《种子流通法》《拉脱维亚图书馆法》《无线电和电视广播法》等。

拉脱维亚于 2016 年颁发了新的《工业产权机构和程序法》，新法对工业产权机构的权限、上诉委员会的流程、拉脱维亚专利局官费以及知识产权律师规则等进行了修改与完善。根据新法，上诉委员会更名为工业产权上诉委员会，其成员将由内阁任命，并且成为工业产权上诉委员会的全职雇员，而不是拉脱维亚专利局的雇员。❶ 里加-维泽梅地区法庭作为一审法庭负责专利的无效、先用权、侵权、许可合同相关的诉讼，以及宣告商标转让合同和商标许可合同的废止，以及商标侵权案件和注册商标撤销案件。由于上诉委员会从拉脱维亚专利局独立出来，作为独立的机构，涉及上诉委员会的纠纷可以由里加地区法庭审理而不是行政法庭审理。根据新法，对拉脱维亚专利局决定的上诉将遵守里加-维泽梅地区法院的民事程序，而不是拉脱维亚专利局的行政程序。❷

（二）拉脱维亚版权制度

拉脱维亚《版权法》经过多次修改，最新一次是 2018 年。《版权法》规定，版权保护书籍、音乐、电影、戏剧、绘画、雕塑、照片、模型、地图、计算机程序、数据库等。❸ 根据《版权法》，版权在作品产生时就属于作者，不论该作品是否完成，作品可以是文学、科学或者艺术等领域的作品，不论其目的、价值、形式或表达类型如何。拉脱维亚对版权适用自动产生原则。版权不要求注册或登记，作者或其他继承者可以在作品上标注以下内容来表示其权利：①版权保护符号ⓒ；②权利人的姓名或名称；③作品初次出版的年份。❹

---

❶ Law on Industrial Property Institutions and Procedures of Latvia, Sec. 20.

❷ Ibid. , Sec. 31.

❸ Copyright Law of Latvia, Sec. 1.

❹ Ibid. , Sec. 2.

版权具有精神权利和经济权利的性质。❶ 作品的作者、共同作者、继承人均可为版权的权利人。如果作品的作者是在雇佣关系下作为任务完成了某项作品，则该作品的精神权利和经济权利属于该作者，经济权利可通过合同由作者转移给雇主。使用他人版权作品如果满足下列情况，则使用作品不需要获得作者的许可：只用于科学、研究、评论或批判目的；仅在上述目的所需的范围内使用（通常极为有限）；不会对作者的合法利益造成损害，例如导致该作品在市场上的销售减少，从而导致作者的收入减少。❷

拉脱维亚的版权由文化部负责管理，其主要职能包括：

①制定版权及相关权领域的立法草案；

②批准和监督集体管理组织；

③向公众通报版权和相关权问题；

④收集和分析有关国家版权和相关权的政策和监管信息；

⑤分析欧盟、WIPO 和版权及相关权领域的其他机构的文件，并为在拉脱维亚实施这些文件提出建议。

此外，拉脱维亚还有不少机构对版权保护产生影响，包括版权和通信咨询机构/拉脱维亚作家协会（AKKA/LAA），这是由各类作者组成的非政府组织，对知识产权进行集体管理，并在作者和用户之间建立有效的合作，为用户获得作品的合法使用权并向作者支付报酬提供便利。该协会代表超过 5500名拉脱维亚作家和超过 400 万外国作家，管理其音乐、文学、戏剧、视觉与视听作品以及对这些作品的使用。其他还有拉脱维亚表演者和制片人协会（LaIPA）、拉脱维亚作者和出版商协会（LATREPRO）、拉脱维亚电影制片人协会（LKPA）、拉脱维亚职业演员协会（LaPAA）、艺术·版权·文化教育（拉脱维亚视觉艺术家协会）（MAK）等。

（三）拉脱维亚商标制度

拉脱维亚商标与地理标志是放在一部法律里进行规定的，即《商标与地理标志法》。在拉脱维亚，注册商标的申请受理和审批亦由拉脱维亚专利局

---

❶ Ibid. ,Sec. 14–15.

❷ Ibid. ,Chapter V　Restrictions on the Economic Rights of an Author.

（Patentu valde，LRPV）负责。❶ 根据《商标与地理标志法》的规定，商标是指能够用图形表示的、能够将商品或服务与其他商品或服务区分开的任何标志，商标可以是词语（单词、字母、数字、名、姓）、图形（图片、图画、图形符号、颜色、颜色的组合）、三维的（三维形状、货物或其包装的形状）、特定类型或特殊的（声音或光信号等）。❷ 属于下列情况的，不能作为商标：不道德、误导性或属于对商品的描述；与拉脱维亚的在先商标或驰名商标相混淆；侵犯他人人身权、版权等其他权利。❸

在拉脱维亚获得有效注册商标有三条途径：①通过商标国际注册马德里体系进行国际注册，指定欧盟或拉脱维亚；②向欧盟知识产权局申请注册欧盟商标；③向 LRPV 直接申请注册拉脱维亚商标。对于不能作为商标的情形，LRPV 可以拒绝注册此类商标。如果申请人或其他相关人员（商标所有人、前所有人、受让人、被许可人）全部或部分不同意 LRPV 的决定，有权根据《工业产权机构和程序法》向工业产权上诉委员会提出上诉。在商标公布后的3 个月内，任何利害关系方均可向 LRPV 提出反对商标注册的异议，异议声明的提交和审查受《工业产权机构和程序法》管辖。拉脱维亚的商标保护期自申请日起算，共 10 年，到期可以续展。续展可无限重复进行，每次续展注册的有效期为 10 年，自该商标上一届有效期满次日起计算。

（四）拉脱维亚专利制度

拉脱维亚《专利法》中没有实用新型的概念。拉脱维亚专利是授予发明的权利。发明是所有技术领域的新的、有创造性的、适于工业应用的发明，其可以是装置、方法、物质、物质的组合物或生物材料。发明包括新产品、新方法，或者对现有技术的技术改进。对于发明专利而言，拉脱维亚也采用了目前全世界通行的做法，即发明专利应具备新颖性、创造性和实用性的"三性"实质条件。❹ 在拉脱维亚获得有效专利的途径有两种：第一，根据

---

❶ Ibid.，Sec. 10.

❷ Law On Trade Marks and Indications of Geographical Origin of Latvia，Sec. 3.

❸ Ibid.，Sec. 6.

❹ Patent Law of Latvia，Chapter II Preconditions for Patent Protection.

PCT 提交国际专利申请或者直接向欧洲专利局申请欧洲专利，并使该欧洲专利在拉脱维亚生效；第二，根据 PCT 提交国际专利申请或者直接向 LRPV 申请获得拉脱维亚专利。拉脱维亚专利的保护期为自申请日起最长 20 年，从第 5 年开始需要交纳维护费。专利一旦授权，未经权利人许可，任何人不得在拉脱维亚境内利用该专利。

在拉脱维亚，外观设计属于与专利平行的保护客体。外观设计保护新的并且具有独特特点的设计，此处的"设计"指产品整体或其部分的外观，该外观由其特征所限定，其特征具体包括线条、轮廓、颜色、形状、质地及构成该产品的材料和/或其装饰。外观设计获得专利授权需要满足新颖性和具有独特特点。"新颖性"是指在申请日前，没有相同设计已被公众所知，或者没有相同的设计已被提交申请。如果设计仅在非关键部位有所不同，则仍被认为是相同的设计。"独特特点"是指同一使用者对于设计和申请日前已为公众所知的设计的整体印象不同。在判断是否具有独特特点时，需要考虑设计者的设计自由度。❶ 外观设计申请受理和审批的主管单位也是 LRPV，程序与专利申请相似。外观申请也可以通过《海牙协定》或《巴黎公约》进入拉脱维亚。

---

❶ Law on Designs of Latvia, Chapter II Preconditions for Legal Protection of Designs.

第三节
东南亚地区国家知识产权制度

东南亚位于亚洲东南部，地处亚洲与大洋洲、太平洋与印度洋之间的"十字路口"，战略地位十分重要。东南亚地区包括中南半岛和马来西亚群岛两大部分，共 11 个国家，越南、老挝、柬埔寨、泰国、缅甸、马来西亚、新加坡、印度尼西亚、文莱、菲律宾、东帝汶。东南亚国家除东帝汶以外，都是东南亚国家联盟的成员方。东南亚地区经济发展水平差异较大，除新加坡外，其余国家经济均比较落后，经济结构单一。20 世纪 60 年代后，各国发展了外向型市场经济与国家干预相结合的经济发展模式。但是近年来，东南亚地区开始展现出强劲的动力，在未来新的世界政治、经济格局中，其战略地位将越来越重要。从总体看，东南亚地区知识产权保护水平差异性较大，有像新加坡这样接近于世界顶级保护水平的国家，也有其他保护水平比较靠后的国家。但是随着近年来东南亚经济的迅猛发展，东南亚国家开始普遍重视知识产权的保护，在世界上的影响也在逐年扩大。

一、新加坡

新加坡共和国（Republic of Singapore），别称为狮城，是东南亚的一个岛国，也是一个城邦国家，故无省市之分。新加坡是一个发达国家，被誉为"亚洲四小龙"之一。根据 2018 年的全球金融中心指数排名报告，新加坡是继伦敦、纽约、中国香港之后的第四大国际金融中心。新加坡也是亚洲重要的服务和航运中心之一。新加坡是东南亚国家联盟成员方之一，也是 WTO、英联邦以及 APEC 成员经济体之一。2019 年，新加坡位列"2019 年全球城市经济竞争力榜单"第三位；"2019 年全球可持续竞争力榜单"第一位。新加坡经济属外贸驱动型经济，以电子、石油化工、金融、航运、服务业为主，高度依赖美国、日本、欧洲和周边市场。由于新加坡在 19 世纪受英国殖民统治，因此其法律制度属于英国习惯法体系。

（一）新加坡知识产权法律制度框架

20 世纪 80 年代前，新加坡还没有自己独立的知识产权保护法律制度，而是通过对英国受保护的知识产权再注册的方式予以保护。1995 年《专利法》的出台，标志着新加坡开始重视自己的知识产权保护体系。2000 年左右，新加坡陆续建立了包括版权、商标权、属地品牌、工业设计和集成电路布图设计在内的独立的知识产权保护法律体系，同时通过资金支持、科研投入、政策倾斜等手段积极营造鼓励创新、方便智力成果产业化的商业环境，逐步形成了由知识产权局和有关部门及专业团体等相关机构组成的运行机制。进入 21 世纪，根据《TRIPs 协定》和《东盟自由贸易协定》的要求以及新加坡政府致力于建设区域知识产权中枢的战略，知识产权保护范围扩大至传统知识、遗传资源、生物技术等方面。2004 年，为了实施 2003 年与美国签署的《新加坡—美国自由贸易协定》，新加坡全面修订了《版权法》《专利法》《商标法》《外观设计注册法》和《集成电路保护法》。新加坡成为世界上知识产权保护水平最高的国家之一。❶

新加坡知识产权局（Intellectual Property Office of Singapor，IPOS）是新加坡的知识产权主管机关，管理专利、商标、版权、地理标志等几乎所有类型的知识产权，负责草拟和监督知识产权政策法规的实施。新加坡知识产权措施包括服务、管理、调解、执法和教育等方面。在服务方面，其核心是对专利、商标和设计等登记注册；在管理方面，新加坡出台了相关规定，对知识产权代理人应具备的资格、申请程序、从业执照等作了相关规定；在教育方面，推行国家知识产权扶持项目，旨在鼓励工商企业采用最佳的知识产品管理策略。政府还分别开展面向学术、公众等部门的教育项目，并于 2003 年成立了知识产权学院（IP Academy）。此外，新加坡规定了专门的知识产权诉讼

❶ 宋志国，高兰英，贾引狮. 中国-东盟知识产权保护与合作的法律协调研究 [M]. 北京：知识产权出版社，2014：67-68.

程序，并于 2002 年在高等法院设立特别法庭，专门受理知识产权方面的诉讼。

新加坡是众多与知识产权有关的公约和国际组织的成员，包括《巴黎公约》《伯尔尼公约》《马德里协定》《商标法新加坡条约》《TRIPs 协定》和 WIPO 等。新加坡还注重与其他国家的双边知识产权合作，分别与美国、中国、瑞士、澳大利亚、新西兰等签署了有关知识产权的自由贸易协定或合作协议。2008 年，WIPO 仲裁与调解中心在新加坡成立了亚太地区第一家办事处。一系列的国际交往使新加坡知识产权保护取得了良好的声誉和丰硕的成果。在世界经济论坛（WEF）2009 年至 2010 年全球竞争力报告中，新加坡被推选为最佳知识产权保护国家。此后，新加坡连续多年都保持着领先地位。此外，瑞士洛桑国际管理发展学院和中国香港政治经济风险顾问公司也连续多年把新加坡评为亚洲对知识产权保护最好的国家。❶

（二）新加坡版权制度

新加坡在独立初期的 1969 年就制定了第一部版权法《版权（唱片和政府广播）法》，不过该法仅仅规定了侵犯唱片版权的处罚并免除了政府广播侵犯音乐作品和唱片版权的责任，严格来看这并不是完整意义上的版权法。新加坡于 1987 年通过了新的《版权法》，共 17 个部分，将近 300 个条文，对版权的内容进行了详尽的规定，至今已多次修订。新加坡版权法秉承的是英美法系认为版权是一种财产性权利的理念，直到 1998 年年底加入《伯尔尼公约》之后，才规定对精神权利进行保护。《版权法》规定合理使用的范围，并对合理使用的判断因素进行了规定。《版权法》第 35 条采用了类似美国《版权法》第 107 条关于合理使用的四个判断基准，即使用的目的和性质；版权的作品的性质；使用部分的数量和内容的实质性；使用对有版权的作品的潜在市场或价值所产生的影响以及根据合理市场价格获得版权作品使用许可的可能性等。❷

---

❶ 宋志国，高兰英，贾引狮. 中国-东盟知识产权保护与合作的法律协调研究 [M]. 北京：知识产权出版社，2014：70.

❷ Copyright Act of Singapore, Art. 35.

1998 年，为适应数字技术的发展，新加坡再次修改了《版权法》。此次修改，主要是为了适应 WIPO 两个新条约，《世界知识产权组织表演和录音制品条约》和《世界知识产权组织版权条约》的要求。这两个条约的主要规定被 1999 年的《版权法》文本所采纳。2005 年，新加坡再次修改《版权法》，将盗版行为划为刑事犯罪的范畴，初犯予以罚款 20 000 元新币和/或监禁半年的处罚，重犯罚款 50 000 元新币和/或监禁 3 年。其他侵犯版权的行为视情况，可处以涉案的每件物品 10 000 新币以下罚款，或总计 100 000 新币罚款，或 5 年以下监禁，或同时并罚。❶ 在新加坡侵犯版权的诉讼时效为 6 年。2014 年，《版权法》再次修订。此次修订主要针对加强网络环境的版权保护，以使原告方能够更容易地申请禁令以禁止访问在线侵权内容，允许版权所有者让当地网络服务提供商（ISP）屏蔽严重侵权的网站。❷

（三）新加坡商标制度

在新加坡，只有成功注册商标，才可使用商标旁边的"®"符号。企业也可以使用™符号，这能告知其他人及企业使用该徽标或名称作为商标，但这一商标可能并不能根据《商标法》进行注册或受到保护。新加坡商标注册始于 1939 年，主要的立法有《商标法》《商标条例》《商标（国际注册）条例》《商标（边境执法措施）条例》等，并加入了《马德里协定》，可以直接进行国际注册。新加坡现行《商标法》为 1999 年版，共 11 个部分，109 个条文，4 个附件。该法已多次修改，内容覆盖商标申请、注册、侵权、救济等各方面内容，详细规定了各种商标可予以注册、不予注册、无效、撤销的具体情况。2015 年，新加坡推出一站式知识产权注册平台，让申请人能在同一网络平台注册知识产权。2019 年，新加坡还推出了全球首款用于商标注册的手机应用程序"IPOS Go"，对商标注册的方式进行改革，允许企业和创业者通过手机设备递交商标申请。

根据新加坡商标法，如果某一标志是独特的，能够将申请人的商品或服务与他人的商品或服务区别开来，可以将其注册为商标。商标可以是字母、

---

❶ Ibid., Art. 136.
❷ Ibid., Art. 193D.

单词、名称、签名、标签、装置（device）、票据（ticket）、形状和颜色，或这些元素的任意组合。❶ 但以下内容不能注册为商标：标志是描述性的，例如超级（super）、最好（best）、便宜（cheap）等；标志成为通用的产品名称，因此缺乏显著性；标志可能冒犯他人，或促进不道德行为；标志具有欺骗性，例如可能歪曲或误导商品或服务的性质、质量及来源地；标志与在先商标相同；标志与相同或类似的商品和服务类别内在先申请的商标相同或近似，可能会造成混淆；标志与驰名商标相同或近似等。❷ 根据新加坡商标法，注册商标的保护期 10 年，可无限续展。

（四）新加坡专利制度

新加坡专利是授予发明的权利，没有实用新型的概念，外观设计单独立法。新加坡于 1994 年制定了《专利法》，之后经过多次修订。新加坡的专利法系统除专利法外，还有专利法实施细则，对于专利局的专门立法，以及规定药品专利申请中未披露数据保护的法规等。2002 年，新加坡对专利法进行了修改，简化专利管理，强化专利法律体制。新加坡采用了将专利实质审查外包的做法，委托丹麦、澳大利亚和奥地利三个国家承担，专利申请人只要持有上述三国中一国专利局的实质审查报告，即可在新加坡申请专利注册。不过，2012 年，新加坡重新修改了《专利法》，舍弃这一检索和审查外包的做法，着手提升专利检索和审查能力，力图建立起世界级的检索和审查能力。2014 年，IPOS 被任命为 PCT 下的国际检索机构（ISA）与国际初步审查机构（IPEA），这加快了其成为亚洲知识产权中心的步伐。

现行《专利法》共有 20 章，接近 120 条。根据《专利法》的规定，发明可以是一种新产品、新方法，或者对现有技术的技术改进。❸ 符合以下条件的人员，有权提出专利申请：申请人是雇主，发明是由其员工在正常的职责范围内完成的；申请人在发明之前与发明人达成过协议，约定申请人有权获得发明；申请人是发明人。❹ 在新加坡获得有效专利的途径有两种：第一，根据

---

❶ Trade Marks Act of Singapore, Art. 5.

❷ Ibid., Art. 7-8.

❸ Patents Act of Singapore, Art. 13.

❹ Ibid., Art. 19.

PCT 提交国际专利申请并指定新加坡，进入国家阶段后获得新加坡专利；第二，直接向 IPOS 提出申请获得新加坡专利。新加坡专利法在很大程度上是以 1977 年英国专利法为蓝本，因此，英国专利法在新加坡中具有十分重要的地位，法院对新加坡专利法的有关规定进行解释时经常援引英国的案例。

新加坡单独立法保护外观设计权。设计，指在任何物品或非物理产品上应用的形状、结构、颜色、图案或装饰特征，构成该物品或非物理产品的外观。外观设计注册后，可获得从申请日起 5 年的保护期，之后每 5 年可申请延长 1 次，一般情况下最长不超过 15 年。❶ 如果是基于版权保护期内的艺术作品注册的外观设计，其外观设计保护期在该艺术作品版权到期时到期。但如果版权保护期的截止时间早于外观设计保护期，则不能再对外观设计保护期进行延长。❷ IPOS 仅对外观设计申请进行形式审查，只有在撤销程序中才会进行实质性审查。在新加坡申请外观设计注册时，申请书中需要包含一份描述外观设计新颖性特征的声明。近年来，IPOS 宣布要加强对外观设计申请新颖性的审查，尽量避免由于缺乏新颖性而明显无效的外观设计，以推动其成为全球知识产权中心的总体规划发展。

二、菲律宾

与绝大多数东盟国家一样，菲律宾也经历了被西方资本主义国家殖民统治的历史，所以菲律宾的法制受外来法制因素影响较大。在东盟诸国中，菲律宾知识产权保护的历史最为久远，最早可以追溯到西班牙殖民时代所通过的法令。1995 年，菲律宾在东盟诸国中率先制定了一部统一的《知识产权法典》，对知识产权局的设立、专利、实用新型、外观设计、商标、商号、版权等进行了规定。此后，菲律宾还制定了《实施生物和遗传资源勘探法令》（1996 年）、《本地居民权利法》（1997 年）、《传统可用医药法》（1997 年）、《植物品种保护法》（2002 年）等法律，对传统知识和遗传资源进行知识产权保护。此外，菲律宾还通过了《技术转让法案》（2009 年）、《自愿许可规定》

---

❶ Registered Designs Act of Singapore, Art. 21.

❷ Ibid., Art. 22.

（1998 年）、《有关技术转让支付争端解决规定》（2001 年）、《2009 年菲律宾技术转让法知识产权评估、商业化和信息共享指南》（2013 年）、《技术转让法实施细则》（2009 年）、《正式盖印和标记的包装的使用法》（1951 年）、《版权登记条例》（2013 年）、《集体管理组织认可条例》（2013 年）、《公开表演争议解决规则》（2013 年）等，共同形成了菲律宾知识产权保护法律体系。

菲律宾现行的是 2015 年版的《知识产权法典》，其中由 2007 年通过的《廉价药品法案》（2007 年）（Cheaper Medicine Bill）以及《集成电路法案》进行了修订。2015 年《知识产权法典》共五编，242 条。第一编是知识产权局。对知识产权局的功能、组织结构、财务、人事、经费使用等问题进行了规定。第二编是专利。对发明的可专利性、申请条件、授权程序、专利撤销、侵权救济等进行了规定。实用新型与外观设计及集成电路布图设计归到了专利编中，对其中一些特殊的地方进行了规定。第三编是商标、服务商标及商号法。对商标、商标注册等进行了规定，同时，这一编还对商号及营业名称、不正当竞争、原产地标志等进行了规定。第四编是版权法部分。第五编是适用的相关规定。近年来，菲律宾知识产权局向本国国会提交了议案，希望对当前的《知识产权法典》再次进行修订。此举的目的主要是帮助菲律宾的有关机构能够在全新的数字环境中更好地为各类知识产权提供保障，并希望使菲律宾国家知识产权委员成为一个永久性的、专门用于打击盗版行为的机构。

根据菲律宾《知识产权法典》规定，菲律宾知识产权主管机构是菲律宾知识产权局（Intellectual Property Office of the Philippines，IPOPHL）。近年来，IPOPHL 与政府其他部门采取多种措施，在提升公众知识产权意识、推动知识与信息传播以及促进国家发展等领域发挥了积极的作用。2020 年，菲律宾提出了在知识产权领域的 3D 愿景（2020VISION：3D IP），即建立一个去神秘化（demystified）、以发展为导向（development-oriented）且民主化（democratized）的知识产权体系。IPOPHL 也相应提出了自己的任务，要致力于经济、技术和社会文化的发展，通过沟通，促进和确保在社会各个层面有效利用知识产权制度，以创造、保护、利用和执行知识产权。

此外，2005 年成立菲律宾国家知识产权委员会（NCIPR）。菲律宾国家知识产权委员会由 12 个成员组成，贸易和工业部（DTI）为主席成员，IPOPHL 为副主席成员，其他成员为司法部、海关总署、食品药品监督管理局、国家调查局、国家警察局、光学媒体委员会、跨国犯罪问题特使办公室等。作为一个跨部门的机构，NCIPR 负责制定和实施相关计划与政策，加强该国知识产权的保护与实施工作。2005 年，菲律宾还在最高法院设立了知识产权特别法庭，专门处理与知识产权相关案件。尽管菲律宾已经建立了比较完善的知识产权法律保护体系，但是其知识产权侵权现状仍然令人担忧，盗版现象还比较猖獗。1989 年菲律宾首次被美国的"特别 301 报告"列入观察名单，随后从 1994 年起便一直在观察名单中。不过，随着近年来菲律宾政府采取了大量加强知识产权保护的措施，如简化流程的行政执法改革、加强的跨部门合作、更多的执法行动，包括更大程度地截获盗版和假冒产品，从 2015 年开始，美国贸易代表办公室开始将其移出了"恶名市场"名单。菲律宾加强知识产权保护、反对盗版的努力得到了外部世界的认可。

三、越南

在东南亚国家中，越南属于知识产权法律制度相对比较完善的国家。越南是《马德里协定》成员，并于 2004 年加入了《伯尔尼公约》，在 2007 年加入了 WTO。越南知识产权法也采用了以统一法为主体的模式。1995 年，越南将知识产权的相关规定放进了《民法典》的第六编中，不过还仅仅是一个关于版权、工业产权和技术贸易保护的法律框架。虽然有了基本的法律框架，由于越南的知识产权保护力度较低，假冒商品的现象相对比较严重。21 世纪初，越南多次被美国政府列为"特别 301 报告"的重点观察名单。据 2005 年商业软件联盟发布的全球软件盗版研究报告列表中，越南的盗版率高达 90%，在全球盗版率最高的国家中居于第一位。

为了解决这些问题，2005 年，越南国会通过了新的统一的《知识产权法》。《知识产权法》对以前各项知识产权法律进行了清理，将其纳入一部统一的法律之中，保证了知识产权法律体系的统一协调。《知识产权法》共分六编，18 章，222 条。在越南制定《知识产权法》的时候，新的《民法典》

（2005 年）也获得颁布，《民法典》（2005 年）第六编"知识产权与技术转让"也对知识产权的相关内容进行了规定。《知识产权法》对知识产权采取了高标准的保护，其规定与各国际公约的规定高度一致，主要表现在保护的对象范围广泛、权利内容丰富、对侵权行为的法律制裁严格。当权利人的权利被侵犯时，依据《知识产权法》的规定，权利人可以采取自力救济和公力救济的方式来保护自己的权利。《知识产权法》标志着越南知识产权法体系的成熟，成为越南知识产权法律发展历程中的里程碑。❶

越南对于知识产权采取了专门管理与综合管理相结合的方式。越南专门的知识产权行政管理部门包括科学技术部、文化信息部、农业和农村发展部这三个部门。科学技术部下属的国家知识产权局主管工业产权事务，文化信息部下属的国家著作权局主管著作权及相关权事务，农业和农村发展部则主管植物品种权事务。除此之外，各级法院、检察院、市场管理机关、海关、警察机关和人民委员会在其职责范围内均有权处理侵犯知识产权行为。民事责任和刑事责任的承担应当向法院提起，行政责任的承担应当向各级检察机关、警察机关、市场管理机关、海关和人民委员会提起，知识产权边境控制的申请应当向海关提起。

鉴于知识产权在经济发展过程中起到的积极作用，越南于 2019 年发布了该国历史上首部《国家知识产权战略》。该战略总共分为三大部分，即"指导意见""目标"及"任务和解决方案"。在"指导意见"部分，提出了要将知识产权作为提高越南国家竞争力的重要工具，并通过打造出一个在知识产权的创造、创建、使用及保护等各个环节都能保持高度统一的知识产权制度来促进社会文化的发展。在"目标"部分提出了五大目标，明确表示要将越南的创新能力及知识产权保护能力提升到东盟国家中的顶尖水平。在"任务和解决方案"部分列出了 9 组任务及相应的解决方案。其中"完善知识产权政策和法律的解决方案""提高和改善知识产权执法工作的措施"及"提升知识产权领域中人力资源的解决方案"三大任务尤其引人注目。此外，该战略中还提到了对越南的知识产权法律进行修订；遵守《世界知识产权组织版权

---

❶ 何华. 越南知识产权法的新发展［J］. 知识产权，2007，17（1）：6.

条约》以及《世界知识产权组织表演和录音制品条约》；计划搭建起版权和邻接权数据库以及各类管理软件系统，从而找出数字环境和互联网中的侵权行为；计划提高市场管理部门通过行政手段来处理知识产权侵权行为的能力等四项任务。

四、马来西亚

马来西亚独立以后长期沿袭英国法制，保持了源于殖民时代的知识产权法体系。直至 20 世纪后半期，在全球化浪潮的席卷下，加入了一系列知识产权公约，并通过对本国知识产权法进行立、改、废，才建立起独立的相对完善的知识产权保护体系。进入 21 世纪以来，考虑到现代经济社会中知识产权在激励创新、引领技术变革、提升贸易竞争力方面的重要作用，马来西亚启动了以面向知识产权为基础的经济发展改革。❶ 马来西亚是 WIPO 的成员，也是《巴黎公约》和《伯尔尼公约》的成员，同时也加入了 PCT、《尼斯协定》《建立商标图形要素国际分类维也纳协定》等国际条约。

马来西亚 1987 年通过了《版权法》。2012 年，对《版权法》进行了修订。《版权法》对版权的规定相当详尽，一共十章，61 条。虽然条数不多，但是有的一条下面又分为数款，例如第 27 条的"版权许可"下又分为从 A 到 L 将近 15 款。《版权法》分为前言、总则、版权的性质与期限、版权的所有人与转让、版权许可、版权裁决庭、侵权救济、执行等。根据《版权法》的规定，如法官得到举报者提供信息，有充分理由怀疑某处房屋或场所存有侵权复制品、设备、交通工具、书籍或文件，可以签发搜查令，指定相关人员必要时进入房屋或场所进行扣押。如有充分理由认为取得搜查令会拖延时间，相关人员甚至还可以不经申请搜查令而强行进入调查或逮捕。❷

在商标方面，马来西亚 1976 年颁布了《商标法》，后经数次修订。由于马来西亚在 2019 年加入了《马德里协定》，为了与国际准则接轨，2019 年，

---

❶ GEE L H, et al. Reforms Towards Intellectual Property-Based Economic Development in Malaysia [J]. The Journal of World Intellectual Property, 2009, 12: 38.

❷ Copyright Act 1987 of Malaysia, Part Ⅶ Enforcement.

马来西亚出台了全新的《2019 年商标法案》，取代 1976 年的《商标法》。《2019 年商标法案》主要涉及商标注册申请由之前只可涵盖一个分类变为可涵盖多个分类、为非传统商标和集体商标提供保护、不再为防御商标和联合商标提供保护、允许商标申请及注册的合并等。在商标侵权行为认定方面，根据此前马来西亚的法律，只有将相同或者相似的商标适用于完全相同的商品或者服务才会构成商标侵权行为，而《2019 年商标法案》将类似且容易造成混淆的标志用于相似的商品或服务上也视为侵权行为。根据《2019 年商标法案》的规定，如果在未经授权的情况下擅自使用他人的注册商标的话，可能会面临刑事处罚。此外，《2019 年商标法案》还对在面对不合理威胁时可以采取的救济措施作出了规定。

马来西亚 1983 年通过了《专利法》，现行的是 2006 年修订后的版本。《专利法》只保护发明和实用新型，外观设计另行立法保护。《专利法》规定，如果一项发明具有新颖性、创造性和工业实用性，该发明具有专利性。对于新颖性的审查采用国际公开标准，该法对于不具备专利性的发明进行了排除性规定。除了发明专利外，《专利法》还规定了一种"实用革新"专利，指包含一项发明的新产品或方法，以及对已有产品或方法的改进，并能够进行工业应用。马来西亚"实用革新"的专利性标准较宽，明确规定"创造性"标准不适用于此专利类型。实用革新申请和专利申请可以相互转化，但同一发明不能同时得到专利证书和实用革新证书。❶ 马来西亚对于工业品外观设计进行了单独立法。1996 年第一部《工业品外观设计法》出台，现行的是2013 年修订的版本。外观设计要取得注册资格，必须具有新颖性，同时不得包含仅由功能决定的构造方法或者设计方法。❷

1983 年之前，马来西亚的知识产权由商标和代理人办公室管理。该办公室于 1983 年更名为商标与专利办公室，并由当时的贸易和工业部管辖。1990年，贸易和工业部改组为国内贸易与消费者事务部，现称为国内贸易、合作与消费主义部。同时，商标与专利办公室变更为知识产权司。为响应国内和

---

❶　Patents Act 1983 of Malaysia, Part IVA, Utility Innovations.

❷　Industrial Designs Act 1996 of Malaysia, Art. 3.

国际知识产权的发展，2003 年进行公司化改革，改名为马来西亚知识产权公司。2005 年，更名为 MyIPO。在较长一段时间里，马来西亚的盗版率较高，多次被列入美国"特别 301 报告"观察名单。马来西亚知识产权局将树立知识产权意识作为首要任务之一，以推动马来西亚朝着知识社会和知识经济的目标努力。马来西亚于 2007 年实施了"国家知识产权政策"，以全力推动盗版假冒产品的清除工作。新政策以确保知识产权保护的高标准、优化知识产权商业价值以及提升全社会的知识产权意识为重点，旨在推动马来西亚的经济发展，吸引更多海外投资者。经过不懈努力，马来西亚知识产权保护水平大幅提升，逐步得到世界的认可。

第四节
中亚及俄罗斯、蒙古国知识产权制度

中亚地区通常指我国新疆以西、里海以东的欧亚腹心地带。中亚地区位于亚洲中部内陆地区，是贯穿亚欧大陆的交通枢纽，古代的丝绸之路途经此地。中亚历来是东进西出和南下北上的必经之地，具有重要的地缘政治意义。蒙古国位于中国以北俄罗斯以南，是仅次于哈萨克斯坦的世界第二大内陆国家。俄罗斯位于欧亚大陆北部，地跨欧亚两大洲，是世界上面积最大的国家，也是一个由 190 多个民族构成的统一的多民族国家，主体民族为俄罗斯人。

一、俄罗斯

俄罗斯是 1992 年解体苏联的法定继承者。1992 年，苏联解体后，俄罗斯的政治和法律体制发生了激进的变化。俄罗斯的知识产权法也受俄罗斯政治变化的影响多次发生变化，出现了一个从逐步建立到不断完善的过程。概括起来，大致分为三个阶段：第一阶段从 1992 年起，出台并实施一整套知识产权法律，包括《专利法》《商标、服务标志和商品原产地名称法》《计算机程序和数据库法律保护》《集成电路布图设计法律保护》《版权和邻接权法》等；第二阶段从 2002 年起，对上述各法律进行了全面修订与补充；第三阶段从 2006 至今，对知识产权法律体系进行了重大调整。2006 年 12 月 18 日俄罗斯颁布了《民法典》。《民法典》废除了上述基本的知识产权单行法，将所有单独的知识产权法律法规全部集合在《民法典》中第四部分第七编——智力活动成果与个性化标识权当中。《民法典》第四部分于 2008 年 1 月 1 日起生效，自此实现了知识产权立法的完全民法典化。

《民法典》将知识产权概括为"智力活动成果与个别化标识权"，把不同单行法律、行政法规和部门规章保护的知识产权客体一并纳入民法典进行统一保护。《民法典》第四部分第七编共包括9章，分别是：第六十九章"一般规定"，第七十章"版权"，第七十一章"与版权有关的邻接权"，第七十二章"专利权"，第七十三章"育种成果权"，第七十四章"集成电路布图设计权"，第七十五章"技术秘密权"，第七十六章"法人、商品、工作、服务和企业个性化标识权"，第七十七章"统一技术组成中的智力活动成果利用权"。尽管民法典第四部分对不同知识产权类型仍以分立的形式纳入，但是这部新的知识产权立法在很大程度上对原有知识产权单行法进行了整合。加入了一个总则性的"一般规定"部分，对知识产权的一般性原则进行了规定。此外，它还引入了一些全新的概念，如"统一技术"等。新的立法也回应了一些在国际上引起其他国家广泛关注和质疑的俄罗斯原有知识产权法的缺陷，例如假冒的权利管理组织以及由此类假冒组织许可的音乐销售网站的问题。同时，《民法典》还在某些方面对传统知识产权制度也进行了较为激进和大胆的改革与创新，如规定了对动物和植物育种成果的一体化保护制度等。

《民法典》第六十九章规定了俄罗斯知识产权法的一般条款，确立了适用于以下各章的基本规则。《民法典》第1225条对知识产权的范围做了规定，知识产权的客体包括"智力活动成果及个别化标识"两大类。第1229条对专属权的内容、保护及处分等做了详细规定。第1232条规定了知识产权国家注册或登记的规则。此类登记通常由俄罗斯知识产权局执行，但某些权利则由专门机构负责。第1233条至第1241条是关于专属权处分的相关规定，专属权处分包括专属权转让以及通过签署许可合同允许他人在约定的限度内使用其知识产权。第1250条至第1254条则规定了对智力权利的法律保护。根据第1250条，认定侵权不考虑侵权人的主观过错，侵权人无过错的，应停止侵权行为。依据第1252条，知识产权专属权受到侵犯的，权利人可要求采取以下保护措施：要求确认权利；要求制止侵权行为或构成侵权威胁的行为；赔偿损失；没收侵权的物质载体；要求公布法院关于侵权行为的判决。在侵权案件中，权利人还可要求采取临时保全措施，包括对侵权物品、设备和材料进行扣押。第1253条规定如果法人多次或严重侵犯知识产权专属权，法院可按照检察官的请求，裁决对该法人进行破产清算。第 1254 条规定，如果被许可人依据许可合同获得了知识产权的部分或全部专属权后，因第三方侵权行为导致其利益受损，被许可人也可按照上述规定维护自己的权利。❶

俄罗斯自 1996 年起成立专利商标局。2004 年，专利商标局改为联邦知识产权、专利和商标局。2011 年，知识产权、专利和商标局更名为俄罗斯联邦知识产权局。俄罗斯联邦知识产权局，隶属于教育和科技部，是知识产权监管机构，负责审查知识产权（含专利、商标、原产地名称、计算机软件、数据库等）的注册申请及有关的知识产权无效申请。2015 年，俄罗斯成立专利纠纷解决委员会（The Chamber for Patent Disputes），负责处理与知识产权有关的纠纷以及当事人不服联邦知识产权局审查员审查决定的申诉。俄罗斯联邦海关局也对权利人的知识产权进行保护，但仅限于著作权和商标权利，不包括发明、实用新型和工业品外观设计。2013 年，俄罗斯建立了知识产权法院，负责审查联邦知识产权局的法案和有关决定。俄罗斯知识产权法院既可以作为一审法院，审查知识产权无效案件和知识产权权利纠纷案件，也可作为上诉法院，审理与知识产权侵权有关的上诉案件。俄罗斯民事法院可分为具有一般管辖权的法院和商事法院，具有一般管辖权的法院主要审理与著作权有关的案件；商事法院主要审理商事法律实体与知识产权专有权有关的纠纷。

二、蒙古国

蒙古国的知识产权法律制度基本上可以分为两个阶段：第一个阶段是 20 世纪 90 年代中期起的初步完善阶段；第二个阶段是 21 世纪初的基本完善两个阶段。蒙古国知识产权立法和知识产权制度的完善是以与世界接轨过程为标志进行划分的。20 世纪末 21 世纪初，蒙古国加入了主要的知识产权国际条约，包括 1979 年加入的《建立世界知识产权组织公约》；1985 年加入的《巴黎公约》和《马德里条约》；1992 年加入的 PCT；1997 年加入的《海牙协定》和《TRIPs 协定》；1998 年加入的《伯尔尼公约》；2001 年加入《马德里协定》《尼斯协定》和《建立工业品外观设计国际分类洛迦诺协定》；2002 年

---

❶ The Civil Code of the Russian Federation, Art. 1225-1254.

加入的《斯特拉斯堡协定》《保护奥林匹克会徽内罗毕条约》《世界知识产权组织著作权条约》和《世界知识产权组织表演和录音制品条约》；2010年加入的《商标法新加坡条约》等。在蒙古国主要的知识产权法三大主干法中，都明确规定，"蒙古国参加的国际条约中的规定与本法不一致的，适用国际条约的规定。"

蒙古国2006年《版权及邻接权法》第6条规定："作为作者在科学、文学、艺术领域智力活动成果的作品，不论其内容、用途、价值、作用、表现方式，均受版权保护。版权作品，不论其是否发表，可以包括文字、口述、绘制或其他形式。"版权的确立不需要履行特别的手续，不过，版权人可以进行公告对版权信息进行说明。在缺少证明作者材料的情况下，原创作品或副本上署名人即可推定为作者。作者可以转让其版权。蒙古国版权保护期自作品创造之日起始，作者终生享有作品版权，并及于其死后50年。对于匿名和假名作品，作者对作品的版权从作品首次出版年份的次年1月1日起计算，持续75年。合著作品所有作者全部终生享有作品的版权保护，直至最后一位作者死后50年。

根据2010年新修订的《商标及地理标志法》的规定，商标指自然人或者法人在生产商品或者提供服务的时候，用于区分其他同类商品或者服务的显著性标志，包括文字、图形、字母、数字、三维标志、颜色、声音和气味以及上述要素的组合等。蒙古国知识产权局在接到商标注册申请后，将会分派商标申请日并对申请商标进行实质审查，以确定其是否应当授权。申请人可以在审查期间对申请商标的信息进行修改。但是，如果申请人对指定商品或者服务项目的增加是在该申请商标已经获得核准注册后提出的，则申请人应当另行提交新的申请。注册商标的有效期为10年，自申请之日起计算。注册商标有效期满，需要继续使用的，商标注册人应当在期满前1年内向蒙古国知识产权局办理续展申请。在此期间未能办理的，可以给予6个月的宽展期。每次续展注册的有效期为10年，自该商标前一有效期届满次日起计算。

根据2016年新修订的《专利法》的规定，蒙古国专利保护的对象包括三种类型，即发明、实用新型和外观设计。发明专利的授权需具备新颖性、创造性和实用性的实质条件；实用新型专利的授权需符合新颖性、实用性要求，无创造性要求；外观设计专利的授权需要符合新颖性、原创性并富有美感。从专利申请角度来比较，蒙古国专利申请的官方语言为蒙古语，无论是通过PCT途径还是《巴黎公约》进入蒙古国，都可以后补译文。蒙古国专利主要申请文件与大多数国家一致，都要求提供专利申请说明书、权利要求书、摘要、附图，外观设计需提供外观设计的六面视图。在确定申请日之后，申请人无需单独提出实质审查请求，蒙古国知识产权局对该发明、外观设计进行实质审查。在申请日后的 1 个月内，审查员对实用新型申请是否符合授权要求进行审查，并对该实用新型进行审查决定其是否符合注册标准做出决定。

　　蒙古国对知识产权采用的是集中统一管理的模式。蒙古国知识产权局承担对版权、专利权、商标权及地理标志的管理与注册的职责。除此之外，蒙古国知识产权局还要履行对知识产权立法实施的国家监督，委派知识产权国家监督员监督地方知识产权部门的工作；对知识产权教学、科研提供统一指导和措施；选拔从事专利代理的公民、法人；在法律规定的管辖范围内监督和解决争议等职责。蒙古国虽然规定侵犯知识产权者应承担民事、行政、刑事三种法律责任，但是主要是以行政保护为主，运用行政手段调处知识产权纠纷，制裁侵权行为。在知识产权三大法中，对刑事责任、民事责任没有作明确的规定，但是对行政责任却做了明确细致的规定，其中处罚机关为法官（judge）和知识产权督察员（inspector），处罚措施包括罚款和拘留。对于知识产权局处理决定不服的，可以向法院起诉。例如，蒙古国《专利法》第 29（1）条规定：对于违反专利法的行为如果不必追究刑事责任的，可以给予下列行政处罚：①由法官、知识产权督察员处以公民数额为最低劳动报酬 2 倍至 6 倍的罚款，处以法人数额为最低劳动报酬 10 倍至 20 倍的罚款；②由法官处以有过错的公民 7 日至 14 日的拘留；③由法官、知识产权督察员没收发生争议的货物、物品，将其非法收入上缴国库，销毁该货物，责令停止该行为。

三、哈萨克斯坦

　　哈萨克斯坦共和国，是位于中亚的内陆国家，也是世界上最大的内陆国。哈萨克斯坦的知识产权法律体系相对比较完整，包括《动植物选育品种保护法》（1999 年制定，2019 年修订）、《集成电路布图设计保护法》（2001 年制定，2019 年修订）、《专利法》（1999 年制定，2019 年修订）、《商标、服务商标和地理标志法》（1999 年制定，2019 年修改）、《著作权与邻接权法》（1996 年制定，2019 年修改）、《共和国司法部关于知识产权保护相关问题的条例》（2011 年制定，2012 年生效）、《知识产权相关法律修正法》（2018年）。此外，哈萨克斯坦法律体系中其他法律中也会涉及知识产权问题，包括《竞争与限制垄断法》（2007 年）、《支持工业创新法》（2019 年）、《历史文化遗产的保护与利用法》（2018 年）、《民事诉讼法》（2019 年）、《文化法》（2019 年）、《民法典》（2019 年）、《海关法》（2019 年）、《竞争法》（2011年）、《电子文件和数字签名法》（2018 年）、《刑法典》（2019 年）、《大众传媒法》（2019 年）等。

《著作权与邻接权法》制定于 1996 年，最近于 2019 年进行修订。根据《著作权与邻接权利法》（2019 年修订）规定，保护文学、艺术和科学作品，其中包括计算机程序（其作为文字作品）。文学、科学、艺术领域的智力创作作品，无论创作的方式、具体形式、表达或模式和其特点、目的，均应受到本法的保护。思想、技艺、体系、运行方法、概念、原则或发现等，不受本法保护。著作权包括经济性权利和精神权利。作者对其作品享有经济性权利，拥有处置其作品，利用或使用作品的权利，或授予第三方以全部或部分利用其作品的权利。作品的版权转让或终止后，作者仍享有独立的精神权利，尤其是表明作者关系的权利和确保作品真实性和整体性的权利。根据《著作权与邻接权法》的相关规定，没有其他明确规定的情况下，著作权应延续到作者死后 70 年。合作作品的著作权保护期限应延续到最后一位作者死后 70 年。除法律另有规定外，集体作品的著作权应延续到该作品首次出版或发表后的70 年。

《商标、服务标志和商品原产地名称法》于 1999 年制定，2019 年修订，规范商标、集体商标、证明商标和地理标志的创设、使用、暂停、续展与保护。根据《商标、服务标志和商品原产地名称法》，"商标"是将商品或服务与其他商品或服务进行区分的显著性标志。这种标志既可以是图形的、文字的、字母的、数字的、立体的以及其他标志或其组合，也可以是任何颜色或颜色的组合。原产地名称可以作为商标的一部分注册，但不得带有欺骗性。根据 2019 年修订的《商标、服务标志和商品原产地名称法》，商标、服务商标、集体商标和证明商标经过注册才能获得商标专用权，商标优先权以注册机构收到申请书之日起认定。注册商标的权利属于第一个申请人，若干个自然人或法人也可以申请共同商标。哈萨克斯坦商标的保护范围取决于该商标所适用的商品和服务种类。根据法律，任何商标所有权人可自由转让其相关权利。在哈萨克斯坦，商标保护的期限为 10 年。如果商标在 3 年内没有使用，则商标保护终止。

哈萨克斯坦《专利法》（2019 年修订）包含发明、实用新型和工业品外观设计三种。依据《专利法》，专利权是专利权人在一定时限内按照自己的意愿使用的权利，具有绝对性、排他性和地域性。依照哈萨克斯坦参加的国际知识产权公约，外国自然人或者企业法人享受国民待遇。专利保护客体的发明包括产品（设备、物质、菌种以及植物或动物的细胞培养物）、方法（通过有形手段改造有形物体的方法）、用于新用途的已知产品或方法或者用于特定用途的新产品的技术解决方案。依据《专利法》，实用新型的客体包括"生产方法、消费品的结构设计及其组成部分（结构）"。能够获得法律保护的实用新型应具有新颖性和工业实用性两个要件，与发明相比，实用新型保护不需要具有较高的发明性。依据《专利法》，工业品富有美感的结构设计被认为是工业品外观设计。如果工业品外观设计具有新颖性和独创性，则可以获得外观设计专利保护。哈萨克斯坦授予发明专利的权利期限是自专利申请之日起 20 年；实用新型注册的有效期是自申请之日起 5 年，可申请延长 3 年；外观设计保护期 10 年，可延长 5 年。

哈萨克斯坦司法部下辖的知识产权委员会（Intellectual Property Committee of Justice）是负责国家知识产权相关事务的授权机构，位于首都阿斯塔纳，其职责主要包括知识产权的注册，实施国家知识产权领域的相关政策，发放著作权、专利和商标证书，认定驰名商标等。哈萨克斯坦国家知识产权局是知识产权委员会下属的专业机构，性质属于国有企业，负责受理发明专利、实用新型、工业品外观设计的申请及商标的注册。哈萨克斯坦海关根据《海关法》对出入境涉嫌侵犯知识产权的货物暂缓放行。知识产权人在哈萨克斯坦海关总署进行登记备案后，海关即承担监控责任。根据哈萨克斯坦法律规定，知识产权人享有多种救济措施来保障知识产权相关权利，包括和解、民事保护、行政保护和刑事保护。哈萨克斯坦自然垄断监管局、海关以及特别行政法庭负责处理行政法律相关的知识产权案件，警察机关以及内务机构负责涉及刑事犯罪的知识产权案件。

2018 年，哈萨克斯坦政府根据《有关修改和补充哈萨克斯坦共和国若干完善知识产权立法法案的法律》对其《民法》《税法》《专利法》《商标法》和一些其他法律进行修订，旨在简化该国的知识产权注册体系并使其现代化。哈萨克斯坦对有关专利、实用新型和外观设计的法律程序作出的修订较小，但其对商标注册程序作出的修订引人注目。首先，现有商标申请数据将在完成形式审查后的 5 个工作日内在官方公报上公开。之前，只有商标获得注册之后才可供公众查阅。此外，涉及哈萨克斯坦司法部以及哈萨克斯坦国家知识产权局的两级商标注册制度已经被仅由哈萨克斯坦国家知识产权局履行监管职责的单级制度取代。修订后的法律还规定了假冒产品的概念、授权书的具体要求以及向侵权人索取金钱赔偿的权利。哈萨克斯坦政府通过修订规范和消除法律缺陷的努力使其知识产权立法更加现代化。

四、阿塞拜疆

阿塞拜疆位于欧亚大陆交界处的南高加索地区东部。20 世纪 90 年代中期，阿塞拜疆加入了 WIPO，在其协助下逐渐建立起本国的知识产权保护体系。阿塞拜疆颁布的主要知识产权法律包括 1997 年颁布、2009 年修订的《专利法》；1998 年颁布、2013 年修订的《商标和地理标志法》；1996 年颁布、2013 年修订的《著作权和邻接权法》；2002 年颁布实施、2008 年修订的《集成电路布图设计保护法》；1996 年颁布、2007 年修订的《选种成果保护法》；2003 年颁布、2013 年修订的《民间文学艺术表达保护法》；2004 年颁布、2013 年修订的《汇编数据库保护法》；2012 年颁布的《知识产权执法和反盗版法》以及 2004 年的

《地毯工艺保护与发展法》等。此外，在《民法》和《刑法》中，也有涉及知识产权保护的规定。

除上述法律外，阿塞拜疆政府还颁布了大量与知识产权相关的规章、法令和政府决议，如阿塞拜疆共和国部长内阁 2009 年颁布的《关于核准注册商标协议规则的决定》、2010 年颁布的《关于批准延长专利、工业品外观设计的有效性规则的决定》、2011 年颁布的《关于执行著作权和邻接权的决定》等。阿塞拜疆自建国以来，积极融入知识产权保护的国际环境，参加了大量重要的国际条约。阿塞拜疆于 1995 年加入了 PCT《巴黎公约》《马德里协定》，1999 年加入了《伯尔尼公约》，2003 年加入《尼斯协定》和《洛迦诺协定》，2006 年加入《世界知识产权组织版权条约》，2010 年加入关于外观设计国际注册的《海牙协定》等。此外，阿塞拜疆还与其他国家签订了一系列双边、多边和区域条约，包括《国际植物新品种保护公约》《欧洲电影合作生产条约》《欧亚专利公约》等。

阿塞拜疆是《世界知识产权组织版权条约》和《世界知识产权组织表演和录音制品条约》的成员。阿塞拜疆 1996 年颁布了《阿塞拜疆著作权法》。该法律吸收了欧洲国家著作权法的主要原则，将著作权视为一种人权而并未采纳强调其商业性的观点，它不仅保护作者财产权益，还着重保护作者的精神利益。该著作权法的内容较为广泛，译著、文集、集体创作都受到著作法的保护。在视听领域，著作人并不局限于导演、编剧和作曲者，还包括摄影师和策划者。《著作权法》对立法前存在的作品或者音像制品的保护没有明确规定。但阿塞拜疆的法律对知识产权侵权案件规定了刑事处罚。2013 年，为了加强对著作权的保护，阿塞拜疆对其著作权领域的三部主要法律《著作权法》《民间故事保护法》《汇编数据保护法》进行了修改。

阿塞拜疆于 1998 年制定了《商标法》，2013 年进行了修订。《商标法》对商标的定义、异议程序和实施可能性作出了规定。阿塞拜疆对于已经长时间使用的文字和地理标识不予保护。根据《商标法》规定，已经注册的但本不具备可注册性的商标将被依法取消。公司名称在被注册之前，第三方可以使用，但其作为商标，既不能在同类商品和服务上注册，也不能在类似商品和服务上注册。任何第三方可以在商标公告之日起 3 个月内向上诉委员会提起商标异议。《商标法》规定的侵权制裁包括停止侵权行为、损害赔偿、没收并销毁假冒商标及其生产设备、查封和清算假冒商品。如果在商品上无法去除非法商标的话，则连同商品一起销毁。

阿塞拜疆于 1997 年颁布了《专利法》，2009 年进行了修订。《专利法》规定，专利保护的类型分为发明专利、实用新型和工业设计 3 类。其中发明专利的保护期为自申请之日起 20 年，可延长不超过 5 年；实用新型和工业设计的保护期为自申请之日起 10 年，可延展最多不超过 5 年。阿塞拜疆接受申请文本语言为阿塞拜疆语。阿塞拜疆工业产权的行政主管部门为阿塞拜疆标准化、计量和专利委员会（AZSTAND）。阿塞拜疆标准化、计量和专利委员会主要负责标准化、计量、合格评定、认证、质量管理以及在保护工业产权领域的国家政策和法规的实现。在工业产权领域，阿塞拜疆标准化、计量和专利委员会的专利部主要负责接收并审查国内外个人和法人关于发明、实用新型、外观设计、商标、地理标志等客体的注册登记申请，并对符合条件的颁发工业产权证书。阿塞拜疆版权局是著作权及相关权以及民间文学艺术表达、集成电路布图设计、数据库等客体的知识产权保护的国家机关，负责起草、修订相关法律规范并促进相关领域的协调发展。

第四章
"一带一路"沿线国家知识产权制度特征与运行绩效

第一节
"一带一路"沿线国家知识产权制度特征

一、"一带一路"知识产权制度一体化的动力结构

(一)"一体化"与知识产权一体化

1. "一体化"与区域一体化

"一体化"的英文词汇即 integration,指的是将零散的要素通过某种方式彼此衔接、组合,以实现系统资源的共享和协同,最终形成有价值有效率的一个整体。一体化的过程涉及政治、经济、法律和文化等多方面的整合,通过将多个原来相互独立的实体(区)通过某种方式逐步整合为一个更大的单一实体(区),一体化过程发展成为一个涉及领域十分广泛的概念。❶ 20世纪末,随着许多亚洲和东欧国家放松对资本流动的管制,及交通与传媒技术的发展,跨境贸易与国际企业活动增多,出现了全球经济融合与区域一体化的趋势。

全球化既加深了各国的相互依赖,也加剧了彼此的竞争。区域因此被作为各国的联合单位,以及抗击全球主义渗透和侵蚀的缓冲带。追求一定程度的平衡发展,形成了区域合作的主要动力。❷ 区域一体化(regional integration)主要指某一区域的若干国家和次区域通过相互之间的约定,设置较少甚至取消相互之间的贸易与要素流动限制,拓展合作,从而实现各成员产品资源与要素资源最佳配置的过程或状态。区域一体化体现为国家根据共同协议,

---

❶ MAGNUSSON L. Mercantilism[M]. New York:Rouuledge,1931:33-45.

❷ 张瑾. 非洲区域经济一体化探索:南部非洲发展共同体30年[M]. 杭州:浙江人民出版社,2014:16.

对区域内的政治形态、经济和社会的障碍进行精心策划，克服单个个体的限制，与邻国共享资源与商品，从而增强各国和区域实力的国家板块聚合的过程。❶

区域一体化通过相邻相近的或特定地域范围内，两个或两个以上的国家，为维护共同经济、政治利益，通过签订某种政府间协定或条约，制定和规范共同的行动准则，协调一致政策，乃至通过建立各国政府授权的共同机构，进行长期和稳定地调节，达成和实现经济联盟。❷ 区域一体化引起了世界不同区域间的制度改革、制度连接与制度适应的过程。这种制度适应与融合带来的制度一体化过程包括两种情形，一种是当贸易密集程度与不断激化的地域竞争两者共同作用而产生了"国际规范"时，也即，在国外拥有优势的制度安排被接受或被适应的情况下，制度融合就会发生。❸ 这往往表现为一种"轮轴-辐条"型的结构。另外一种则是贸易伙伴间通过大量私法性质的活动形成的规则趋同，或者借助共同的经济政策促成的各成员方不同制度安排趋同，以实现制度融合。这表现为一种并行的结构。

2. 知识产权制度一体化

区域一体化过程一般指的是经济一体化。经济一体化根据其让渡国家主权的不同，可以划分为不同的形式。从低级向高级排列，包括优惠贸易安排（特惠关税区）、自由贸易区、关税同盟、共同市场、经济联盟、完全的经济一体化六种组织形式。❹ 随着服务贸易与知识产品成为跨国贸易的主体之一，知识产权制度作为一种专业性的制度安排，也被纳入制度一体化的进程。《TRIPs 协定》在知识产权国际一体化方面做出了较大的努力，随着《TRIPs协定》进入后 TRIPs 时代，ACTA、TPP、CPTPP、欧洲知识产权一体化进程、USMCA 及其他诸多自贸协定中的知识产权章节等，都表明知识产权一体化的重心开始转向到区域一体化之上。

---

❶ 张瑾. 非洲区域经济一体化探索：南部非洲发展共同体 30 年［M］. 杭州：浙江人民出版社，2014：13.

❷ 同❶：17.

❸ 迪特·卡塞尔，保罗·维尔芬斯. 欧洲区域一体化：理论纲领、实践转换与存在的问题［M］. 许宽华，张蕾，刘跃斌，译. 武汉：武汉大学出版社，2007：4-6.

❹ 梁双陆. 次区域国际经济一体化：理论与实践［M］. 北京：人民出版社，2013：23-27.

知识产权制度的重要特点就是地域性特征，即权利的效力依赖于不同国家主权的效力。但是，作为知识产权客体的信息又具有消费共享性、传递性的特征，尤其在网络数字技术高度发达的今天，作为知识产权客体的信息可以在全球范围内快速流动与及时获得。这样的特征要求世界各国间知识产权的保护水平趋于大体一致。如果存在较大的地区差异，不能趋于一致，那么一国的知识产权利益就有可能通过另一个不予保护或保护水平较低的国家流失。因此，为了推进国际经贸与技术的交流与扩散，对知识产权制度一体化的要求相当强烈。不过，从目前情况来看，不同国家，尤其是"一带一路"沿线国家，由于在宗教信仰、政治体制、语言文化、民族传统等方面存在较大差异，对知识产权制度的规定也存在较大差异，涉及客体范围、客体标准、保护水平、管辖权等方方面面。

国民待遇原则是众多知识产权公约确认的首要原则。这一原则要求每个国家在自己的领土范围内独立适用本国法律，不分外国人还是本国人而给予平等保护。《巴黎公约》《伯尔尼公约》都规定了国民待遇原则。国民待遇原则不要求各国法律的一致性（不涉及知识产权保护水平问题），也不要求适用外国法的规定（不涉及国家主权的地域限制问题），是不同社会经济制度和不同发展水平的国家都能接受的一项原则。国民待遇原则意在给予外国人与本国人以同等待遇，解决的是"内外有别"的不平等问题。

与国民待遇原则相关的还有一个最惠国待遇原则。最惠国待遇原则是《TRIPs协定》中独有而其他相关知识产权国际公约未涉及的一项原则。这一原则的基本含义是任何一个国家的国民在一个缔约国享有的而其他国家享有不到的待遇，都应该立即给予其他缔约国的国民。这一原则的意义在于确保一国之内所有外国国民的待遇都一致，不应当优待某一特定国家的国民而歧视其他国家的国民。最惠国待遇原则是WTO的根本原则之一，是保证贸易公平竞争的必要原则。《TRIPs协定》将其纳入其中是自然之意。最惠国待遇原则意在给予其他外国人与特定外国人以同等待遇，解决的是在一个国家里"外外有别"的歧视性问题。国民待遇原则基于各国经济、科技、文化发展不平衡的现状，承认各国知识产权制度的差异，以保证知识产权制度国际协调的广泛性和普遍性。但是，这一原则无法解决各国之间知识产权保护水平存在差异的现状，导致各国间出现知识产权保护水平高高低低并存的现象。最惠国待遇原则虽然具有一定的传递性，对国民待遇原则带来的不同国家间差别待遇的情况有所补救，但是还不足以形成一体化的制度要求。

实际上，如果将国民待遇原则或最惠国待遇原则推向极端，有可能导致各国在知识产权保护水平方面差异过大，造成缔约国之间权利义务的不平等，进而使国际条约无法有效施行。因此，为避免因制度差异给国际协调带来的不利影响，国际公约规定了最低保护标准原则。最低保护标准原则指的是各缔约国依据本国法对某条约缔约国国民的知识产权保护不能低于该条约规定的最低标准，这些标准包括权利保护对象、权利取得方式、权利内容及限制、权利保护期间等。《伯尔尼公约》第 5 条、《TRIPs 协定》第 1 条等条款中都有知识产权最低保护标准。缔约国以立法形式将知识产权国际公约（国际法）的规定转化为该国知识产权制度（国内法）的具体规范，遵循的即是最低保护标准原则。这一原则的适用使得各国知识产权制度出现保护标准统一的可能性，因此被称为知识产权立法的"一体化"或"国际化"。

最低保护标准原则可以推动缔约国知识产权制度在较低的标准上实现统一。不过，随着跨国贸易越来越频繁，新技术经济越来越发展，低标准的保护还远远不够。因此，国际社会，尤其是一些经济技术比较发达的国家之间，努力寻求更高层次的一体化合作。由于知识产权制度并非一个自给自足的系统，而是"嵌入"到社会治理技术大系统下的小系统，影响这一小系统的因素众多。因此，决定国家之间在知识产权制度方面是否进行一体化合作的决定取决于两个方面的因素。

一是影响知识产权制度发展的外部动力结构。这一动力结构包括一国的政治结构、经济结构、技术发展水平及宗教与文化结构等要素。正是由于不同国家存在不同的政治文化上的差异，对知识产权一体化的态度也有所不同。一般来说，不同国家对于不涉及主权性质的纯技术性合作，如专利、商标审查合作，检索方法上的合作，人员培训、能力建设、信息交流等，大多持比较积极的态度，遇到的障碍较小。对于涉及主权性质的合作，如执法权让渡、保护水平提高、管辖权以及判决承认等,则持比较谨慎的态度,遇到的障碍偏大。

二是不同国家知识产权制度本身存在的差异度。一般来说,不同国家之间知识产权制度差异性较小,那么在合作时需要进行的制度调整相应较小,一体化合作的难度就越小。相反,如果知识产权制度之间的差异性较大,那么合作时需要进行的调整相应较大,一体化合作难度就越大。

(二)"一带一路"知识产权一体化的动力结构

长期以来,国际经贸领域中关于知识产权一直存在较大的分歧,这有其深刻的历史与现实原因。"一带一路"沿线国家在政治体制、科技水平、宗教信仰、语言文化、民族传统等方面存在较大差异,各自也处在不同的经济发展阶段,各国对知识产权制度有着不同的诉求,建立统一有效的知识产权国际合作机制是个艰难漫长的过程。

首先,从政治传统来看,"一带一路"沿线不少地区都属于现代政治地缘想象中陆权与海权国家争夺的关键对象,美国、俄罗斯、欧洲、日本等诸多国际行为体在这里进行政治角力。虽然"一带一路"沿线国家离美国较远,不涉及美国的核心利益,但是美国对该地区的认知却是危险重重。在美国决策者中,沿线国家具有与西方的民主政治体制和发展模式明显差异的东方特征、难以驯服特征,国家政权不能有效履行基本职能,给本地区及大国带来许多现实和潜在的麻烦。因此,沿线国家基本上处于一种内外面临重重危险有待被拯救的地缘政治想象。对于俄罗斯来说,沿线国家多是俄罗斯的近邻国家,构成俄罗斯的软腹部。在俄罗斯的地缘政治想象中,不经意地将这些国家视为其小伙伴,甚至是俄罗斯的一个部分。由于历史上遭受多次外国入侵,俄罗斯具有强烈的忧患意识和不安全感,从而致力于巩固对周边地区的控制,甚至通过军事扩张将其纳入自身版图。❶

"一带一路"新区域主义可能会触动原有的地缘政治格局,引发区域内传统大国的戒心,从而引发传统大国的反制,带来新的政治博弈。同时,与发

---

❶ 曾向红."一带一路"的地缘政治想象与地区合作 [J]. 世界经济与政治, 2016 (1): 46.

达国家以及一些政权稳定的发展中国家不同，"一带一路"沿线国家多分布在政治风险较高的地区，包括爆发 3 次印巴争端、宗教冲突不断的南亚次大陆；内乱迭起、政局持续动荡的部分东南亚国家；爆发过 5 次中东战争的阿拉伯地区。这些国家内部政局不稳、政党更替频繁、收入分配恶化、失业率高，同时民族与宗教问题、边界与领土争端、区域冲突等进一步加剧了国内深度碎片化，战乱肆虐全国多地，社会安全环境极端危险，外部势力支持的"代理人战略"仍将持续。❶ 这些都有可能导致部分地区和国家内部的民族分离主义上升，部族、教派矛盾突出，由此刺激恐怖主义兴起，演变为传统安全问题。"一带一路"沿线国家的国家建设过程尚未完全完成，统治者致力于维护自身统治，将维护政权生存作为开展对外交往的重要动机和基本目标。基于这样的博弈和主张，"一带一路"沿线国家区域一体化讨论的更多的是军事优势、战略布局与地区稳定这样的政治性议题，知识产权一体化尚未能纳入议题讨论的优先级别层面。

其次，从经济科技发展水平来看，一般来说，只有经济发展到一定水平之上，一国才会产生知识产权保护的内在动力。在中国改革开放前夕，国民经济一度走到了崩溃的边缘。为了从外部引进先进技术与管理经验，产生了建立知识产权制度的原动力。只不过，中国改革开放初期的经济发展路径选择了开放条件下，以分工、市场扩大和效率提高的"斯密式增长"路径。这一增长路径背后的推动力来自对国有企业、建筑物、土地、矿山等有形资产产权的中心界定，将其纳入到生产函数，进而调整利益分配结构来达到调动经济主体积极性的目的。由于这一路径是以资源要素为驱动力，走的是粗放型发展道路，因此对以技术创新为对象的知识产权制度的动力只是外生而非内生的、消极而非积极的，表现为一种外来移植式，被动接受型。随着 40 年来的高速发展，以有形资源产权变迁为主要动力的发展模式开始遭遇困境，中国经济面临人口、资源、环境的约束不断增大，后续发展动力难以为继。中国经济开始由资源要素驱动型转向创新驱动型发展模式，知识产权制度开

---

❶ 盛斌，黎峰. "一带一路"倡议的国际政治经济分析 [J]. 南开学报（哲学社会科学版），2016（1）：53.

始有了内生的发展动力，这种动力开始推动中国去积极、主动地设计和完善知识产权制度。

"一带一路"沿线国家人口占全球比例的2/3，但经济总量不到全球的1/3，人均GDP不到4000美元，不及全球平均水平的四成，经济水平不够高，市场吸引力不强。● "一带一路"沿线国家，尤其是阿拉伯国家，远在中世纪，曾经的科技创新水平居于全人类的前列，可是，现在却远远落后了。社会阶层分裂，贫富分化严重。长期的内乱严重破坏了宏观经济基础，大规模财政赤字持续，同时面临继续贬值风险，中长期主权信用评级处于较低水平，长期偿付能力不容乐观。商业环境较差，政府行政效率低，总体税负水平较高，税制改革受阻，外国直接投资因内乱陡降，交通、电力、通讯等基础设施严重不足，教育与人力资本发展滞后。● "一带一路"沿线国家由于受经济发展阶段与经济发展水平的影响，大多还处于能源型、原材料性以及农产品型的要素驱动发展阶段，对知识产权制度的建设缺乏内生的需求和动力。这些都大大影响了"一带一路"沿线国家深度开展知识产权一体化合作的经济性和积极性。

最后，从文化与宗教来看，"一带一路"地区一直是人类文明交流、碰撞与融合的地带。作为欧亚大陆的中心地区，多种文明和文化一向在这里交融和冲突，从而造就了中亚构成世界上文化最多元的地区之一。同时，"一带一路"沿线地区是全世界宗教国家比较密集的地区。不同的文化传统、不同的宗教信仰，对知识产权制度建设的影响是不一样的。

诺阿El-比艾里（Nora El-Bialy）与缪蒙高达（Moamen Gouda）通过实证研究发现，一国的盗版率（piracy rate）与宗教信仰（religiosity）之间存在着反比关系。其中，东正教（Orthodox）与伊斯兰教（Islam）地区的盗版率最高，两者相比，伊斯兰教地区更高，信仰佛教（Buddhism）、天主教（Catholic）、新教（Protstant）的地区相对较好。当然，这一结论可能存在一

● 北京大学"一带一路"五通指数研究课题组. "一带一路"沿线国家五通指数报告［M］. 北京：经济日报出版社，2017：134.

● 盛斌，黎峰. "一带一路"倡议的国际政治经济分析［J］. 南开学报（哲学社会科学版），2016（1）：53.

定的共线性。在信仰宗教的地区，如果人们不能从信仰上认同某一制度的话，那么即便在法律予以了规定，也不一定会被社会成员所接受，产生预期的效果。❶ 正如美国著名法学家伯尔曼教授所指出的那样，"法律必须被信仰，否则将形同虚设"。❷ 历史与现实实践表明，法律如果不能像宗教信仰者信仰宗教一样被信仰、被遵守，就只是一个虚置的空架子。

正是由于知识产权制度受到一国政治、经济、科技、文化、宗教等诸多因素的影响，"一带一路"沿线国家对待知识产权国际合作的态度差异较大。"一带一路"沿线国家既对他国侵犯其国家主权和发展道路保持高度敏感，又渴望得到大国的承认。❸ 因此，在国际合作中，在推动区域一体化合作，包括知识产权一体化合作方面，在初始阶段可以采用关系治理的模式，通过外交礼仪、公共产品提供等方式，对沿线国家制度予以尊重和承认，以"关系"治理模式，即共商共享共建的参与模式，驱动共同"规则"形成。在关系治理成果逐渐成熟之时，再适时加强规则治理，以此凝聚成员方的关系。倘若一开始就采纳规则治理模式，沿线各国需要对政府管制权限做出较大让渡，甚至授权第三方机构处理国内经济事项，可能会对规则治理产生排斥心理。❹ 由于国际社会欠缺凌驾于国家之上的超国家政府，呈现出多元横向的契约之治。这种多元横向的契约之治客观上需要促进国际法治的秩序性、可预期性及有效性。"一带一路"知识产权一体化建设，以关系治理为驱动，最终仍应过渡到规则治理的阶段，而不能仅依托成员间的关系构建，忽略规则治理，游离在国际法治、区域法治之外。❺

---

❶ ELBIALY N，GOUDA M. Enforcing IPR Through Informal Institutions：The Possible Role of Religion in Fighting Software Piracy[J]. The Journal of World Intellectual Property，2012(1)：39.

❷ 伯尔曼. 法律与宗教 [M]. 梁治平，译. 北京：中国政法大学出版社，2003：3.

❸ 曾向红. "一带一路"的地缘政治想象与地区合作 [J]. 世界经济与政治，2016 (1)：46.

❹ 陈伟光，王燕. 共建"一带一路"：基于关系治理与规则治理的分析框架 [J]. 世界经济与政治，2016（6）：97.

❺ 同❹：102.

二、"一带一路"国家知识产权制度的主要特征

影响知识产权一体化的另外一个因素是一国知识产权制度本身存在的差异性。如果不同知识产权制度之间差异性较小，合作时需要进行的调整就较小，合作的难度就越小。相反，如果知识产权制度之间的差异性较大，那么合作时需要进行的调整就较大，合作难度也较大。"一带一路"沿线国家法律体系包含大陆法系、普通法系、阿拉伯法系等，不同的法律体系国家，不同的法律传统或渊源，其知识产权也表现出不同的制度特征。中东欧国家的知识产权制度需要考虑与欧洲知识产权的接口，伊斯兰国家的知识产权制度则更多地需要关注伊斯兰教法的影响，东南亚国家的殖民传统导致不同法系影响较大。"一带一路"国家对一些共同具有的优势资源，如传统文化、遗传资源等的保护，更为关注。总体来看，具有一些相对比较突出的特征，表现为：

有的国家采用法典式，将所有的知识产权类型纳入一部法律进行规定，如埃及、波兰、菲律宾、老挝等。

有的国家采用专利、实用新型、外观设计单独立法的立法形式，如拉脱维亚、新加坡等，就采用发明与外观设计分立的方式，没有实用新型的规定。巴林、马来西亚等专利法则包括发明与实用新型，外观设计单独立法。

有的国家将专利侵权行为纳入犯罪的范畴，予以刑事制裁责任，如菲律宾、立陶宛、埃及、巴林等。

有的国家知识产权管理机构比较具有特色，如拉脱维亚专利局属于自负盈亏的机构，马来西亚的管理机构由马来西亚知识产权管理公司负责管理。

本小节以东南亚地区及几个典型国家为例，对"一带一路"国家知识产权制度的特征进行研究。

(一) 东南亚文化与知识产权

从世界的整体格局来看，东亚是目前世界上仅有的作为世界经济增长中心之一却尚未建立起统一的区域经济一体化机制的地区。不过，东亚区域经济一体化的运行机制基本表现为区域整体一体化进程较为迟缓，但在各个次区域一体化合作上取得较为显著的进展，其中包括 RCEP、CPTPP 等自由贸

易区的建设。进入 21 世纪，在全球经济格局变革和区域经济合作浪潮的共同推动下，东亚区域的经济格局也发生着深刻的变化。经济格局的变化不仅表现在东亚区域内部各个国家/地区之间开展的多样化经济合作中，更体现在东亚区域与世界其他国家的利益分享与竞争博弈中。在新的经济格局下，东亚区域未来的一体化进程必然面临新的路径选择。❶ 随着知识产权国际治理格局中的重要性越来越突出，东南亚各国的知识产权制度的差异也成为影响东亚区域一体化的关键因素。

东南亚的国家众多，经济水平发展悬殊较大，同时，既有英美法的传统，也受大陆法的影响，其知识产权表现为制度各有差别，水平参差不齐。综合起来，主要有以下几个方面的特征。

1. 东南亚国家受不同法系影响较大

东南亚国家在历史上多有被西方资本主义国家殖民的经历。印尼曾被荷兰殖民统治，越南、柬埔寨、老挝曾被法国殖民统治，菲律宾曾被美国殖民统治，文莱、新加坡、马来西亚、缅甸曾被英国殖民统治，各国深受外来法律文化的影响。18 世纪，英国对马来西亚进行殖民统治，后来成立马来亚联合邦，体现了英国法律文化和立法理念。一些受英国、美国影响的国家，如菲律宾、新加坡等，继承了英美普通法传统，判例法在知识产权保护体制中具有重要地位。菲律宾沿袭美国法制，新加坡、文莱、马来西亚等国沿袭英国法制。一些受法国、德国等国影响的国家，如越南、柬埔寨、泰国等，形成了以成文法为主的知识产权保护体制，判例基本没有法律约束力。

2. 东南亚国家知识产权在立法上多采用法典化形式

东盟诸国的知识产权法律制度采取了多种不同的形式。一些国家，如新加坡等，采用了专利法、商标法、著作权法单独立法的形式。但是，也有不少国家制定了综合知识产权法，如《菲律宾知识产权法典》《老挝知识产权法》。这一特色在东南亚国家中表现得比较突出。WIPO 也曾协助缅甸政府起草《缅甸知识产权法（草案）》，形成了数十稿，涵盖版权、工业设计、商标和专利等领域，并规定了违法可能引致的民事和刑事责任。还有一些国家

---

❶ 刘重力，等. 东亚区域经济一体化进程研究［M］. 天津：南开大学出版社，2017：275.

将知识产权法纳于民法典中，如《越南民法典》，同时制定类似《知识产权法典》的《知识产权法》。

3. 东南亚国家在知识产权一体化合作上有着较大进展

东南亚地区的国家区域经济合作最初始于东盟。从 1967 年的《曼谷宣言》开始，东盟成立。在此基础之上，东南亚的区域合作不断推进并取得实质性的进展。从 2012 年开始，东盟发起了 RCEP 的谈判。这是东盟 10 国与中国、日本、韩国、澳大利亚和新西兰在"东盟+六国"的框架下制定的自贸协定。RCEP 是亚太地区规模最大、最重要的自由贸易协定。RCEP 将知识产权问题纳入其中，并进行专章规定。2018 年，在日本的主导下，部分东亚、东南亚国家签署了 CPTPP。CPTPP 前身是 TPP，其中亦对知识产权进行了专章的规定。由此可见，在东南亚国家区域一体化合作过程中，知识产权问题也逐渐得到加强，并表现出一定的特色。就合作议题来看，除了知识产权的常规议题外，东南亚国家知识产权合作方面更加关注发展中国家所共同关注的公共健康、遗传资源、传统知识、民间文化、地理标志等；就合作方式而言，由于东南亚国家在知识产权问题上分歧较大，为了降低合作难度，采用了兼容度较高的方式。例如，在 RCEP 中知识产权章节部分就出现了东盟及其他六国赞成与反对的条款内容和表述方式并不一致的情形。在 RCEP 签署时，则采用了"搁置条款"的方式。

（二）其他重点国家知识产权特色制度

此处我们对"一带一路"沿线几个国家具有特色的知识产权制度进行研究。

1. 印度药品专利制度

虽然印度对于中国"一带一路"倡议并不持积极的态度，但是，印度作为处于"一带一路"沿线的南亚大国，其与药品相关的专利制度比较具有特色，可资发展中国家借鉴。印度是发展中国家医药产业发展最具成果的国家之一，其仿制药业已经建立起世界范围的声誉。印度不但为广大发展中国家提供廉价药品，有"发展中国家药房"之称，其仿制药在美国、欧盟、澳大利亚等发达国家也占有重要的份额。在印度，专利制度被用作为一种改造社会工程的政策工具，与其他相关的医药管理制度相配合，共同推进制药产业的发展。

印度曾为英国殖民地，其最早的专利法出现于 1859 年。1911 年《专利及设计法》是印度第一部关于专利保护的综合性立法。1911 年，印度专利法开始授予药品专利权。1947 年，印度独立后，随着国内政治、经济形势的变化，印度重新审视其专利制度。1950 年，印度修订其专利法，规定了强制许可条款。1952 年，又进行了一次修订，规定了对涉及食品、药品、杀虫剂、杀菌剂、与外科手术和治疗有关的方法等专利的强制许可。之后经过多次立法讨论，印度于 1970 年通过了独立后的第一部《专利法》，即 1970 年《专利法》，对专利制度进行了大幅修改，明确了药品、食品及农业化学品等产品本身不能授予专利，只对上述产品的生产方法授予专利，并减少了食品、药品相关方法专利的保护期。一般专利的保护期为 14 年，但食品、化学品和药品的生产方法专利的保护期则从专利申请之日起 7 年或从专利批准之日起 5 年，以期限较短者为准。❶

1994 年，印度加入了《TRIPs 协定》。根据《TRIPs 协定》的过渡期条款，印度只要在 2005 年前修改其专利法，对食品、药品等进行专利保护即可满足《TRIPs 协定》的要求。为了履行《TRIPs 协定》，2005 年，印度新专利法修正案颁布。2005 年《专利法》正式明确对药品、食品和化学制品提供产品专利保护，取消市场专卖权，并落实《多哈宣言》，对颁发药品强制许可进行了新的规定，允许向没有药品生产能力或生产能力不足的国家出口药品，以应对突发性公共健康危机。虽然开放了药品专利，但印度对药品发明是否可获得专利权仍规定了诸多限制。印度专利法中也存在 Bolar 例外，允许平行进口，并且不承认数据独占权。这使得 2005 年《专利法》仍旧为印度的仿制药厂商预留了一定的空间，也为印度从国外获得相对低价的药品预留了通道。❷

---

❶ 张晓东. 印度与我国药品专利授权标准比较研究［M］//国家知识产权局条法司. 专利法研究 2012. 北京：知识产权出版社，2013：168-169.

❷ 同❶：169.

从上可知，从 1972—2005 年，印度并未对药品提供专利保护。与此同时，印度的仿制药产业迅速发展，仿制药制造能力大幅提升。这一现象引发了不少学者的关注，将印度的专利制度与印度仿制药产业的发展联系起来，认为印度专利制度的这一举措，为印度发展仿制药产业提供了政策空间。❶ 不过，对于印度专利制度与仿制药产业发展的关系，还需要用一种更加客观、辩证的观点来看待。

首先，应当充分认识到印度仿制药产业的快速发展是一个综合政策系统努力的结果，而并非仅仅是专利制度单个政策因素作用的结果。实际上，印度仿制药产业发展是药品价格管理法律、外资外汇管制制度、专利制度等法律法规综合作用的结果。因此，卡莱（Kale）将影响印度制药业最重要的制度节点划分为三个，即 1970 年《专利法》、1991 年经济自由化产业政策的制定与 2005 年《专利法》。❷ 1970 年《专利法》，取消了医药产品专利，印度企业可以合法地仿制跨国医药企业的专利药品。1973 年，印度颁布了外汇管制法案，要求在印度经营的企业中外资股份不得超过 40%。同期，印度还颁布了一系列药品价格控制法律法规。尽管 1994 年印度加入了《TRIPs 协定》，但是印度通过充分利用《TRIPs 协定》关于过渡期的相关规定，使印度企业合法地仿制专利药品，加快了国际扩张的步伐。❸

其次，应当看到，印度药品产业的发展所得到的机会还是一个时代的机会，这种机会并非对所有国家都能够复制。印度发展药品产业的时机尚处于世界主要发达国家大力推进经济全球化的时代。在这个时代大背景下，尽管主要国家不时挥舞"特别 301""337 调查"等大棒进行打击，但是对于并非主要竞争对手，如印度之类的发展中国家，为了推动全球自由贸易，对于某些具体的知识产权弱保护现象可以容忍。在今天，中美贸易摩擦加剧，发达国家开始采用贸易壁垒、产业脱钩，甚至网络割裂的贸易保护主义，对于中

---

❶ BOUET D. A Study of Intellectual Property Protection Policies and Innovation in the Indian Pharmaceutical Industry and Beyond[J]. Technovation, 2015, 38(1):31-41.

❷ KALE D. The Distinctive Pattern of Dynamic Learning and Inter-firm Differences in Indian Pharmaceutical Industry[J]. British Journal of Management, 2010, 21(1):223-238.

❸ 李宁娟，高山行. 印度仿制药发展的制度因素分析及对我国的借鉴 [J]. 科技进步与对策，2016，33（19）：47.

国这样的主要贸易竞争对手，很难再会有对印度这样的以压低专利保护水平换取发展空间的机会。因此，对于印度的经验，值得借鉴的是印度为了发展产业，将专利制度作为社会改造工程的政策工具来积极使用、谋划这一事实本身，而其中具体的政策决策则是需要与时俱进、具体分析。❶

最后，印度通过低专利保护水平获得的药品产业发展的最终得失还需要对其进行全面评判。由于印度本土医药企业对原来受专利保护药品的大量仿制，降低了印度在引入或开发先进药品方面的积极性，同时，也导致外资医药企业的大量流出，国外投资增速非常缓慢，印度本土企业与外国企业间的技术合作非常有限。这些做法，在短期内解决紧迫需要是可以的，但是，对于未来长期的一国产业的良性发展未必有利。实际上，奇托尔（Chittorr）等的研究表明，尽管印度企业克服了《TRIPs 协定》带来的严酷考验，但是缺乏前沿技术能力、知识、资源等仍困扰企业的成长。同时，在印度及非洲和其他非洲部分中等收入国家市场上，印度生产的仿制药质量隐忧不容忽视。印度不少仿制药企业由于质量问题屡屡被欧美监管部门警告、禁止进口。❷ 也正是认识到无限仿制的时代终将结束，近年来，印度加大研发投入，努力将仿制药时代培养的药品制造能力转化到原研药的研发能力这一主流渠道上来。

2. 意大利工业设计与地理标志保护制度

意大利作为古老的欧洲国家，最具特色的是其时装设计、鞋业制造以及葡萄酒等产业。与之相应，其工业品外观设计制度与地理标志保护制度也值得研究与借鉴。

（1）意大利工业设计保护制度。

在经济全球化的今天，外观设计在各国经济发展中的地位日益凸显。其中最为突出的当属意大利。意大利拥有今天世界上最好的设计，其皮鞋、服装、家具、室内设计都正在引领当今的时尚。意大利悠久的文化传统，从古罗马文化到绘画艺术，从哥特式艺术到文艺复兴，无论从哲学、绘画、文学，

---

❶ CHAD M,C. Can TRIPs Live in Harmony with Islamic Law-An Investigation of the Relationship between Intellectual Property and Islamic Law[J]. Science and Techndogy Law Review,2010,14：45.

❷ 李宁娟，高山行. 印度仿制药发展的制度因素分析及对我国的借鉴 [J]. 科技进步与对策，2016,33（19）：49.

还是建筑，都取得了巨大的成就。这些优秀的文化底蕴以及与生俱来的对美的独特的敏感性，使得意大利设计师能够自如地将艺术与设计协调得更加完美。❶

但是，与其他国家一样，意大利设计也受到外国设计运动的影响。不过，通过一套良好完整的设计工业的促进体系，意大利能够培养出一大批著名的设计大师和制造商，引导设计产业走上良性的路径，孕育出独具意大利风味的设计来。这一设计工业促进体系包括以下四种。

一套以中小型企业为主的生产体系。意大利保留了众多半机械化的销售工作坊和小工厂，中小企业在整个国家经济中占据重要位置，许多世界知名品牌都诞生于家族式的中小企业。这些企业追求设计的创新和产品的创新，始终保持小批量生产，从而保证高额的设计附加值。意大利很多企业强调设计的传承，使得品牌形象鲜明，品牌附加值积累。❷

一套有力的设计批评体系。意大利的设计师多是自由设计师，企业通常聘请他们做顾问设计师，而不是受雇于某一公司。设计师事务所往往也只专长于某一领域，一个设计开发项目常需几个设计师或事务所共同完成，这样能促进设计的成功度，激发更多的创造力。意大利发展出一套有力的设计批评体系，能够在各种媒体上公开讨论各种观念，形成乐于创新的文化氛围，使得意大利成为有持续活力的创新活动中心。❸

一套极具竞争力的设计产业区体系。意大利还推动工业设计企业的集聚，通过企业之间正式和非正式、编码类和隐含性知识的交流，逐渐形成了意大利式设计产业区整体品牌效应。时装之都意大利米兰，提琴之都意大利克雷莫纳，珠宝之都意大利阿雷佐、佩切托迪瓦伦扎和维琴察等都是意大利式设计产业区整体品牌效应的体现。它们因此成为了创造高附加值、昂贵的时装品牌、珠宝品牌、乐器品牌等产品的时尚之都。❹

---

❶　姜勇. 从意大利现代设计到中国设计发展［J］. 科技信息，2010（21）：191.

❷　舒可文. 意大利设计的谜语与证据［J］. 艺术生活，2002（4）：2.

❸　吕月珍. 国外工业设计产业化发展之特色［J］. 杭州科技，2013（6）：3.

❹　王辑慈，马铭波，刘譞. 重新认识意大利式产业区竞争力——对深圳金饰产业区等我国专业化产业区的启示［J］. 中国软科学，2009（8）：9.

一套发达的设计服务体系。意大利政府还建立起发达的设计服务体系，如传媒业、会展业、设计院校等扶持设计业发展。意大利工业设计协会和其他协会经常联合对本国工业设计水平进行研究探讨，并邀请工业企业和专家参与，确保工业设计产业的可持续发展。❶

除了上述的因素之外，意大利对外观设计有力的法律保护也是一个重要的方面。外观设计在意大利可以享有比较周密的知识产权保护，包括外观设计注册保护制度、版权保护、商标保护及不正当竞争保护等。

意大利采用了发明专利与外观设计分别规定的立法模式。关于外观设计规定在意大利《工业产权法典》第 3 部分"外观设计与模型"。意大利外观设计包括二维设计的平面或三维设计的造型。外观设计保护产品外观中的美学或装饰元素，而非技术功能。任何工业或手工业产品整体或部分的外观，如线条、轮廓、颜色、形状、表面结构、产品本身或其装饰的材料等均可申请注册。外观设计要求具备新颖性条件，即在申请日（包括优先权日）前没有相同或实质相似的设计被披露。外观设计还要满足独特性要求，即与任何之前披露的外观设计相比，该外观设计给相关公众的整体印象不同，从而至少能影响消费者的选择。在注册登记后，外观设计的保护期为 5 年，最多可续展 4 次，保护期不得超过 25 年。外观设计所有权人将享有期限内的专用权，并有权制止任何第三方未经所有权人同意使用该设计。在意大利，外观设计权利人发现他人恶意侵权后可以请求法院或警察发布临时禁令，搜查并扣押侵权产品和物品。意大利刑法还规定了外观设计相关的犯罪。意大利海关和警察依法采取外观设计执法措施。在意大利有三种方式可以申请注册外观设计：直接向意大利专利商标局申请注册意大利外观设计；向欧盟知识产权局申请注册欧盟外观设计，注册欧盟外观设计自动在意大利具有效力；提交海牙外观设计国际注册申请。

在意大利，外观设计除了根据外观设计法可以进行保护外，还可以根据版权法的规定获得保护。意大利《版权法》（633/1941）第 2 条第 10 项规定，具有原创性特征及审美价值的作品可以获得版权保护。根据意大利法律，原

❶ 吕月珍. 国外工业设计产业化发展之特色 [J]. 杭州科技, 2013 (6): 3.

创性主要归于作者的创作,艺术价值则主要指其中包含的对大众产生的审美吸引力。不过,根据意大利司法实践,这一标准并非完全由法官来进行判断,而是要参考产业专家的意见。在一些时候,同一作品既可以申请注册外观设计,也可以作为版权作品进行保护。与外观设计相比,版权保护的期限相对更长。根据意大利《工业产权法典》第44条第1款的规定:外观设计,根据《版权法》第2条第10项规定,享有版权保护的,保护期限为作者死后或共同作者死后70年的时间。第2款规定,文化遗产部与专利商标局之间应定期交流,对注册外观设计中版权作品的作者、客体、权利人、发表日期等信息进行交换。

(2)意大利地理标志保护制度。

意大利是欧洲拥有地理标志最多的国家,对地理标志保护的历史悠久,也非常有效。关于地理标志的保护,主要规定在意大利《工业产权法典》(30/2005)第29条和第30条之中。此外,第11条规定了地理标志可以通过集体商标的形式进行保护。● 在意大利地理标志保护中,政府部门、行业协会及其他相关机构在地理产品检查和执法、地理标志和地理标志产品宣传等方面扮演着重要角色。意大利的地理标志制度由普适产品规则和特殊产品规则构成,普适产品规则主要是指意大利国家层面的法律和欧盟层面的制度规定;特殊产品规则是指针对具体产品类型的地理标志保护制度。

在国家层面,意大利地理标志主要规定在《工业知识产权法典》中。此外,意大利作为欧盟成员方,其地理标志制度也与欧盟一致。1992年,欧盟出台了第2081/92号条例和2082/92号条例,建立起地理标志保护的框架。目前,欧盟地理标志保护制度由不同产品类型的特殊保护制度组成,包括保护农产品和食品地理标志的第1151/2012号条例,保护葡萄酒地理标志的第1308/2013号条例,保护烈性酒地理标志的第110/2008号条例,保护加香葡萄酒地理标志的第251/2014号条例。欧盟地理标志区分为原产地名称保护

● PRANDIN D. COLOMBO N. Italian Protection for Geographical Indications [J/OL]. World Trademark Review,2016,59[2020-04-01]. https://www.worldtrademarkreview.com/enforcement-and-litigation/italy-italian-protection-geographical-indications.

（Protected Designation of Origin，PDO）、地理标志保护（Protected Goeographic Indication，PGI）、传统特色保护（Traditional Speciality Guaranteed，TSG）三种类型，以提供多样化保护。其中 PDO 标准最高，要求产品的质量与特性主要或完全取决于特定地理环境，产品原料来自特定区域，并且要在确定的地区里进行生产、加工和制作。PGI 的标准相对放松，要求产品的独特品质、声誉和其他的特征来源于其地理环境，并且生产、加工和制作过程中至少有一个阶段来自特定区域。TSG 用于表明产品来源于特定区域的地理传统名称或非地理传统名称，强调产品的独特传统特征、传统原料或者传统制作工艺，为达不到 PDO 和 PGI 标准的产品提供地理标志保护。

面向特殊产品的地理标志保护是意大利地理标志保护体系的重要内容，葡萄酒和奶酪是两个最主要的领域。早在 1932 年，意大利就通过部门法令对 Chianti Classico 葡萄酒地理标志给予保护。1963 年，意大利颁布了保护葡萄酒原产地名称的 930/1963 号法案，建立了葡萄酒原产地保护的 DOC 制度。欧盟第 2081/92 条例在 1992 年颁布后，DOC 制度开始执行欧盟框架的统一规定，但是意大利维持使用其 DOC 制度下的地理标志名称，第 164/1992 号法律把葡萄酒地理标志区分为 DOCG，DOC 和 IGT 三种类型。DOCG 仅授予 5 年以上的 DOC 葡萄酒，需要具有一定的国家和国际声誉，并经专家品尝，生产者需符合最严格的酿酒标准。DOC 相对于 DOCG 标准较低，但是其质量和原产地规则也很严格。IGT 对于葡萄类型、葡萄酒类型和颜色规定则相对宽泛。在奶酪方面，1925 年，意大利颁布了第 2033/1925 号皇家法令。1954 年颁布第 125/1954 号法律，正式构建了奶酪地理标志保护的法律基础和制度框架，界定了奶酪的原产地标识和经典标识。1970 年后，意大利开始对葡萄酒和奶酪外的农业产品地理标志给予保护。第 506/1970 号、第 507/1970 号和第 628/1981 号法律分别对几个知名火腿的原产地名称保护进行规范。1992 年，意大利颁布了第 169/1992 法令，对橄榄油的地理标志给予保护，这也是意大利最后一项获得专门立法保护的产品。❶

---

❶ 张亚峰，许可，刘海波，等. 意大利地理标志促进乡村振兴的经验与启示 [J]. 中国软科学，2019（12）：53-61.

3. 以色列创新激励的法律制度

以色列以技术创新著称于世，是"一带一路"沿线具有较强经济实力的国家之一，其竞争力居世界前列。以色列构建了比较完善的创新生态系统，被称为"创新国度"。根据 OECD 2018 年经济数据统计，以色列的高技术产业中的就业人员占了全国就业人口的 12%，是 OECD 成员方平均人数的两倍。高技术产业产值占全国 GDP 的 11.4%。2018 年投入 R&D 中的经费占到 GDP 的 4.1%，是 OECD 成员方中第二高的。此外，根据以色列财政部门的统计，以色列有超过 6500 家创新企业，人均风险投资（VC）是世界上最高的。据 2018 年世界竞争力报告，在全球 140 个创新国家中，以色列名列第 16 位。❶ 仅仅居于弹丸之地，缺乏资源与市场，周边满是敌视国家，以色列如何进入世界上最主要的科技强国序列？究其原因，其中一个主要原因就是构建起以知识产权制度为核心的创新激励体系。❷

以色列高科技在其经济发展中占重要地位，企业的知识产权保护意识都很强。其积极的创新政策、世界领先的研究机构、高科技创业公司都依赖于对知识产权的保护。以色列具有健全的知识产权法律体系。1967 年制定新《专利法》，并于 1995 年 8 月修订。1972 年开始实施《商标条例》，1990 年制定了商标标准。在英国托管下的巴勒斯坦地区就开始实施规范工业设计的《专利和设计条例》（1924 年），后经修订。2007 年，制定了新的《版权法》。在构建健全的知识产权法律体系的同时，以色列还构建起具有特色的创新文化与政策体系。

以色列是较早建立起国家创新体系的国家。从 20 世纪 50—80 年代，以色列就建立起具有自己特色的国家创新体系。在以色列的国家创新体系当中，政府、企业与高校是最主要的主体。技术孵化器与风险投资则是另外的两个重要主体。此外，本地的创新企业、本地的其他一般企业、外国公司的研发中心及以色列本土外的外国企业四类主体，在以色列创新体系中也起到了积

---

❶ OPSI. Initial Scan of the Israeli Public Sector Innovation System[R]. 2019-03-11.

❷ NOWAK D. National Innovation Systems Creation-Evidence from Israel[J]. Scientific Problems of Machines Operation and Maintenance,2011(1):165.

极的作用。概括而言，以色列的国家创新体系具有以下几方面的特征：首先，以色列创新体系可以说是国家通过政策积极引导和推动高科技产业发展的结果；其次，政府在塑造国家创新体系方面起着相当重要的作用。政府为市场机制构建了竞争的规则框架体制，同时在需要市场主体发挥作用的地方主动退出，给市场主体留下足够的竞争空间；再次，以色列国家创新体系是一个多主体进行互动的创新生态体系，不是仅凭某个主体就能产生作用的。最后，最重要的是，以色列创新体系不是僵化地依据抽象理论构建的，而是建立在本国国情的特色之上进行相应调整的。❶

以色列国家创新体系中一个非常重要的特色是大量的初生的高科技"创新企业"（start-up）。这类企业对于以色列国家创新体系的创新绩效产生着非常大的影响，被认为是以色列国家创新体系的基石。在以色列每年百分之四点多的 R&D 经费当中，80% 左右是由市场主体投入的。尽管如此，公共部门在创新体系中所产生的作用仍然不可忽视，甚至可以说是对以色列的创新生态体系起着决定性的作用。根据 OECD 新近引入的创新模型，认为一国的创新活动可以发生在三个层次上，个人（集中在具体研发目标之上）、组织（通常其研发目标在于某一类事业或产业，如教育、健康等）与系统（一国政府为主的公共体系。这个层面上的创新在于一国发展整体目标，集中使用各种的活动）。在以色列，私人层面的创新绩效很大程度上需要归功于公共机构层面的贡献，如国防研发计划及诸多国家高新计划所培养的人才流入到私营部门。这类计划还包括很多，如东耶路撒冷社会发展提升工程、联合分配委员会的创新社会发展与测试计划、以创新促进健康的发展计划等。这类公共计划都大幅提升了私人创新的绩效。❷

4. 埃及国家知识产权制度

早在 1927 年，埃及立法机构就起草了版权法。不过，这一法案最终并未能够通过。直到 1939 年，埃及才正式通过了知识产权法，即 1939 年《商标

---

❶ NOWAK D, National Innovation Systems Creation-Evidence from Israel[J]. Scientific Problems of Machines Operation and Maintenance ,2011, 1:165.

❷ OPSI. Initial Scan of the Israeli Public Sector Innovation System[R]. 2019-03-11.

法》。接着 1949 年通过了《专利法》，1954 年通过《版权法》。埃及早期的知识产权均以法国知识产权法为基础制定，不过其中某些方面也借鉴了美国知识产权法的特色。埃及也是最早加入知识产权国际公约的伊斯兰国家。埃及是《伯尔尼公约》及其联盟、《巴黎公约》《马德里协定》、PCT、《商标法公约》的成员方。1995 年，埃及加入了 WTO，并签署了《TRIPs 协定》。尽管，埃及作为发展中国家在签署《TRIPs 协定》时对某些高标准条款也享有一定的过渡期。不过，2002 年，为了加快与《TRIPs 协定》接轨的进程，埃及通过了新的统一的知识产权保护法案。❶

埃及人民议会于 2002 年通过了第 82 号《知识产权保护法案》。这一法案采用了综合法的模式对知识产权进行保护，将专利、实用新型，集成电路布图设计、未披露信息，商标、商业数据与地理标志，工业品外观设计与实用模型，版权与邻接权及植物品种均纳入一部统一的法典中进行保护。根据 2002 年《知识产权保护法案》第 2 条的规定，新法案生效后，1939 年商标与商业数据第 57 号法案、1949 年发明与工业设计第 132 号法案、1954 年版权保护第 354 号法案将停止生效。与先前的知识产权法相比，新法案将计算机软件作为版权保护客体进行保护，并第一次对版权邻接权进行保护，并将民间文艺、商业秘密与未披露信息、植物品种、与食品有关的农产品化学物质以及化学药制品进行保护。❷

埃及政府分别设立了版权局、专利局、商标局等知识产权专门管理机构，对知识产权审批、登记、保护等事务进行管理。同时，还专门设立了打击知识产权犯罪的警察部门，并在最高文化委员会中设立了持续打击盗版办公室。

埃及新《知识产权保护法案》采用了统一知识产权法典的立法模式，将专利、商标、版权等各类型知识产权纳入一个统一的法律之中进行规范。在行政管理上，则采用了分部门管理的模式，专利、商标、版权等不同类型知识产权由不同的管理部门管理。根据埃及新《知识产权保护法案》第 32 条的

---

❶ CHAD M，CULLEN. Can TRIPS Live in Harmony with Islamic Law-An Investigation of the Relationship between Intellectual Property and Islamic Law[J]. Science and Technology Law Review,2010,14(1)：45.

❷ RASLAN H A. Shari'a and the Protection of Intellectual Property-the Example of Egypt[J]. IDEA，2007. 47：497-506.

规定，对于某些特定的侵害发明专利与实用新型的行为，应当予以刑事处罚。❶ 此外，埃及也曾像印度一样，将知识产权制度，尤其是其中的专利制度，作为一种社会建构工程的工具。在签署《TRIPs 协定》之前，埃及的专利法对方法专利进行保护，但是化学药品被排除在保护范围外，埃及借此建立起了自己的化学药品生产体系。及至 2002 年，埃及为了符合《TRIPs 协定》标准，修改知识产权法之时，埃及的药品生产体系已经构建起来，开始与跨国大型药品企业进行竞争了。利用《TRIPs 协定》提供的过渡期，制定正确的知识产权策略，使得埃及能够跟印度一样获得了良好的社会效益。❷

❶ AMIR H, KHOURY. Ancient and Islamic Sources of Intellectual Property Protection in the Middle East: A Focus on Trademarks[J]. IDEA-The Journal of Law and Technology, 2003:151-206.

❷ CHAD M,CULLEN. Can TRIPS Live in Harmony with Islamic Law? An Investigation of the Relationship between Intellectual Property and Islamic Law[J]. Science and Technology Law Review,2010,14: 45.

第二节
"一带一路"沿线国家知识产权制度运行绩效

一、运行绩效评价体系

为了了解"一带一路"沿线国家知识产权制度的运行绩效,我们选取了其中比较有代表性的一些国家进行测量,其中包括伊斯兰国家的沙特阿拉伯、土耳其、巴林、埃及;中东欧的波兰、立陶宛、匈牙利、拉脱维亚;东南亚的新加坡、菲律宾、越南和马来西亚;俄罗斯、蒙古国以及中亚地区的哈萨克斯坦、阿塞拜疆等 16 个国家。

(一) 指标评价体系及数据来源

为了评价不同国家的知识产权制度运行绩效,我们参照了国家知识产权局发布的《知识产权发展状况报告》中进行国际评价所采用的指标体系。本指标体系采用三级指标的方式。指标体系共 3 个一级指标,8 个二级指标,28 个三级指标。其中一级指标包括 3 个,分别是知识产权能力、知识产权绩效、知识产权环境。在知识产权能力下,包括 3 个二级指标,即创造、保护、运用。在知识产权绩效下,包括 2 个二级指标,即国内创新贡献度与国际影响力。在知识产权环境下,包括 3 个二级指标,即制度环境、市场环境与文化环境。在一级指标层面,采用了等权分配的形式。在二、三级指标层面,采用内部平分权重的方法,见表 4-1。

在指标的国际可比性方面,用于构建评价指标体系的均为国际通用的指标,指标内涵定义与数据统计口径与国际规范保持一致。在数据来源的权威性方面,研究的基本数据均来源于国际组织机构和国家官方统计调查。通过官方渠道搜集,确保数据的准确性、权威性、持续性与及时性。28 个三级指标中包括定量指标和定性指标。定性指标全部采用包括世界银行、世界经济论坛、世界正义工程、国家创新指数报告等公开、权威世界性组织的问卷统计分析；定量指标的源数据，均取自 WIPO、UNTCAD、OECD、Web of Science、世界银行等权威机构的数据库或年度报告。

本评价指标体系的计算采用标杆分析法（benchmarking），其评价原理是，对被评价的对象给出一个基准值，并以此标准去衡量所有被评价的对象，从而发现彼此之间的差距，给出排序结果。本评价指标体系将同年度对应指标中最大值设置为评价的标杆，随着标杆值的不断变动，时刻反映各国的发展状况。❶

表 4-1　知识产权国际评价指标体系

一级指标	二级指标	序号	三级指标	数据来源
知识产权能力	创造	1	发明专利申请量	WIPO
		2	每万人发明专利拥有量	WIPO、世界银行
		3	PCT 申请量	WIPO
		4	三方专利总量占世界比重	OECD
		5	万名研究人员的科技论文数	Web of Science（WoS）
		6	学术部门百万研发经费的科学论文引证数	Web of Science（WoS）
	保护	7	知识产权保护力度	世界经济论坛
		8	专利发明授权量	WIPO
	运用	9	知识产权许可出口收入占服务贸易出口比重	UNTCAD
		10	知识产权收入在贸易总额中的占比	UNTCAD
		11	专利密集型产品贸易差额	UNTCAD
		12	企业与大学研究与发展协作程度	世界经济论坛
知识产权绩效	国内创新贡献度	13	知识密集型产业增加值占 GDP 比重	UNTCAD
		14	有效发明专利数量	WIPO
		15	亿美元经济产出发明专利申请量	UNTCAD、WIPO
		16	万名研究人员发明专利授权量	UNTCAD、WIPO
		17	万名研发人员 PCT 国际申请量	UNTCAD、WIPO
	国际影响力	18	知识产权许可费收入占全球比重	UNTCAD
		19	PCT 申请进入国家阶段量	WIPO

❶ 本小节感谢笔者的学生陈子仪、李静、陈卓婷、王宗婷同学为收集各国数据并进行计算所付出的辛勤劳动。

一级指标	二级指标	序号	三级指标	数据来源
知识产权环境	制度环境	20	立法透明度	世界正义工程
		21	执法有效性	世界正义工程
		22	反垄断政策效果	世界经济论坛
	市场环境	23	商业环境	世界银行
		24	信息化发展水平	世界经济论坛
		25	研究与发展经费投入强度	UNTCAD
		26	研发人力投入强度	UNTCAD
	文化环境	27	研究与培训专业服务状况	世界经济论坛
		28	知识产权意识	WIPO、世界银行

（二）比较指数指标解释

1. 发明专利申请量

一国发明人或发明持有者在本国和海外专利局提交的发明专利申请总量。本处用国内外发明专利申请量反映各国专利申请的数量指标。

2. 每万人发明专利拥有量

一国居民每万人拥有经有效发明专利件数，反映一个国家/地区科研产出质量和市场应用水平的综合指标。

3. PCT 申请量

一国发明人或发明持有者按 PCT 程序（国际阶段）在 WIPO 系统下提交的发明专利申请量。本处用 PCT 国际专利申请量反映各国专利申请的质量指标。

4. 三方专利总量占世界比重

一国在美国专利商标局、欧洲专利局和日本特许厅所获得的发明专利总量占全部三方专利之比。

5. 万名研究人员的科技论文数

一国被 SCI 收录的科技论文总数（5 年平均值）除以其科学研究人员总量（5 年平均值）得到的百分数。

6. 学术部门百万研发经费的科学论文引证数

一国学术部门的科学论文引证数量与研发经费的比值再乘以百万的数值。

7. 知识产权保护力度

一国知识产权保护的有效程度。世界经济论坛对各国保护程度按 1~7 的顺序进行排序，1 表示保护水平最低，7 表示水平最高。

8. 专利发明授权量

一国发明人或发明持有者在本国和海外专利局所获得的发明专利授权件数。本处采用国内外发明专利授权量反映各国专利授权的数量指标。

9. 知识产权许可出口收入占服务贸易出口比重

一国专利等知识产权许可收入占服务贸易出口的比重。

10. 知识产权收入在贸易总额中的占比

一国专利权等权利许可费收入相对其所有服务业出口的比重与全球专利权等权利许可费收入相对于全球服务出口的比重的比值。

11. 专利密集型产品贸易差额

一国专利密集型产品一定时期内一国出口总额与进口总额之间的差额。

12. 企业与大学研究与发展协作程度

企业与本地大学的研究与发展合作（1=很少或没有，7=广泛）。

13. 知识密集型产业增加值占 GDP 比重

知识密集型产业，包括服务业中金融和保险、邮政和电信、商业活动、健康和教育等行业的增加值占 GDP 的比重。

14. 有效发明专利数量

一国居民拥有有效发明专利件数。

15. 亿美元经济产出发明专利申请量

一国在本国和海外专利局所获得的发明专利授权件数与该国 GDP（亿美元（2005PPP＄））的比值。

16. 万名研究人员发明专利授权量

按万名 R&D 研究人员平均的国内发明专利授权量。

17. 万名研发人员 PCT 国际申请量

按万名 R&D 研发人员平均的 PCT 申请数量。

18. 知识产权许可费收入占全球比重

一国专利权等权利许可费收入相对全球专利权等权利许可费收入的比重。

19. PCT 申请进入国家阶段量

进入一国国家阶段的 PCT 申请数量。

20. 立法透明度

世界正义工程法治指数中"公开政府"指数的内容,侧重评价法治是否以公开、公正和稳定的立法体系为依托。

21. 执法有效性

世界正义工程法治指数中"法律实施"一组指数的内容,侧重评价司法和行政机关对于法律的实施是否开放、公平和高效。

22. 反垄断政策效果

反垄断政策(1=不能有效促进竞争,7=能够有效促进竞争)。

23. 商业环境

经商容易度指数,也被称为经商便利度指数等,是世界银行建立的评价经济政策的一项指标,用来评判各个国家内交易的便利程度、征税水平等,衡量合同的执行、信贷和电力的获得、跨境贸易及缴税的方便程度及其他。

24. 信息化发展水平

采用世界经济论坛发布的网络就绪指数(NRI)。

25. 研究与发展经费投入强度

国内研究与发展经费总额与国内生产总值(GDP)的比值。

26. 研发人力投入强度

每万人口中 R&D 人员数。

27. 研究与培训专业服务状况

专业研究和培训服务(1=不可获得,7=可以从本地的世界级机构中获得)。

28. 知识产权意识

世界经济论坛出具报告的评估分数。

(三) 数据收集、处理与计算

1. 三级指标数据处理

对 16 个样本国家的 28 个三级指标原始值分别进行指标的无量纲归一化处理。无量纲化是为了在多指标综合评价中,不同指标间计量单位的差异和指标数值的数量级、相对数形式的差别,从而解决指标的可综合性的问题。

二级指标采用直线型无量纲化方法,即

$$y_{ij} = \frac{x_{ij} - \min x_{ij}}{\max x_{ij} - \min x_{ij}} \tag{4-1}$$

式中,i 表示国家序号,j 表示指标序号,x_{ij} 表示 i 国家 j 指标的原始数据,y_{ij} 表示无量纲化后的数据。

2. 二级指标计算

采用等权重计算出二级指标得分 $\overline{Y}_{ik}$

$$Y_{ik} = \sum_{j=1}^{n} \beta_j y_{ij} \tag{4-2}$$

$$\overline{Y}_{ik} = \frac{Y_{ik}}{\max(Y)_{ik}}$$

式中,i 表示国家序号($i = 1, 2, 3, \cdots, 16$),j 表示二级指标下对应的三级指标的数量,k 表示二级指标序号,β_j 表示第 j 项三级指标的权重,Y_{ik} 表示加权合成后的指标数值,$\overline{Y}_{ik}$ 表示归一化后的指数得分。

3. 一级指标计算

采用等权重计算出一级指标得分 $\overline{Z}_{ij}$

$$Z_{ij} = \sum_{k=1}^{n} a_k Y_{ik} \tag{4-3}$$

$$\overline{Z}_{ij} = \frac{Z_{ik}}{\max(Z)_{ik}}$$

式中,i 表示国家序号($i = 1, 2, 3, \cdots, 16$),j 表示一级指标序号,k 表示一级指标下对应的二级指标序号,a_k 表示第 k 项二级指标的权重,Z_{ij} 表示加权合成后的指标数值,$\overline{Z}_{ij}$ 表示归一化后的指数得分。

二、选取国家运行绩效分析

我们选取了 16 个国家 2014—2018 年数据最齐全的 5 年的数据，并根据搜集到的数据情况对一些指标进行了修改。有的数据不可得的，我们根据同等经济/法制等背景下相似国家的数据来推算。有些数据行为 0 是因为该行经过离散计算最大值、最小值过小而导致普遍差距不大，因此没有可除的可计算性，就是差不多大家都一样多，所以统归为 0 计算。

（一）三级指标分析

从三级指标的情况来看，俄罗斯 5 年中，发明专利（包括实用新型）的申请量都居于"一带一路"沿线样本国家的前列。这些说明，俄罗斯作为曾经与美国抗衡的科技、军事大国，在知识产权方面仍然具有较大的潜力和实力。不过，从图例可以看出，2014—2018 年，申请量表现为一个下降的趋势。其他国家，如新加坡、土耳其、马来西亚等国家，排在俄罗斯后面，不过与俄罗斯之间的差距较大，如图 4-1 所示。

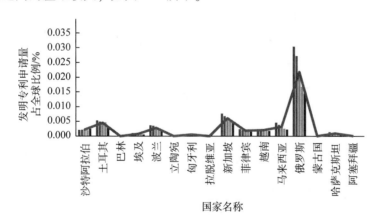

图 4-1　2014—2018 年发明专利申请量（包括实用新型）

从每万人发明专利拥有量的情况来看，新加坡具有绝对领先的地位，排在其后的是俄罗斯和马来西亚，如图 4-2 所示。

从 PCT 申请量的情况来看，在曲线图上明显地表现俄罗斯、新加坡和土耳其 3 个极点，表示这几个国家在 PCT 申请方面表现出色，如图 4-3 所示。

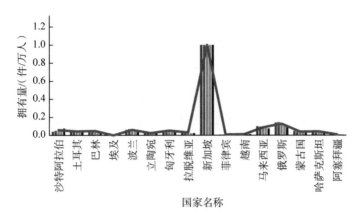

图 4-2 2014—2018 年每万人发明专利拥有量

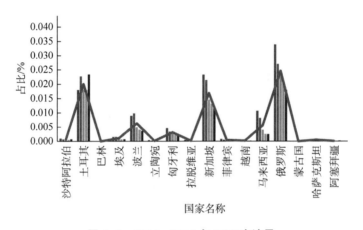

图 4-3 2014—2018 年 PCT 申请量

从三方专利总量在世界中的占比来看，新加坡虽然地理面积较小，但是在样本国家中却是最突出的，其后是俄罗斯、波兰等。不过也表现为连续下降的趋势。这一情形从一方面表明国际上其他国家占比在持续增长的情形，如图 4-4 所示。

从万名研究人员的科技论文数这一指标来看，中东欧国家与伊斯兰国家排名都比较靠前，而中亚的蒙古国也非常突出，如图 4-5 所示。

从学术部门百万研发经费科学论文引证数指标来看，俄罗斯、波兰、土耳其、沙特阿拉伯等是排在前面的几个国家，在指数上表现得不错，如图 4-6 所示。

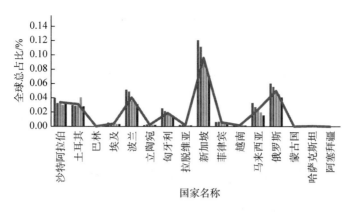

图 4-4 2014—2018 年三方专利总量占世界比重

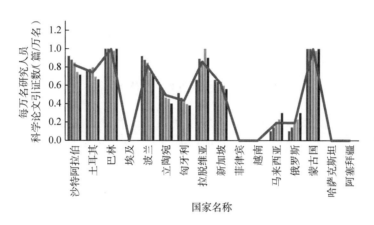

图 4-5 2014—2018 年万名研究人员的科技论文数

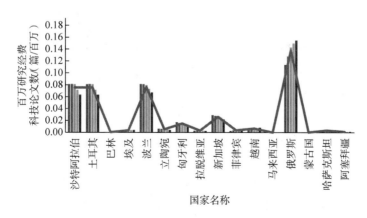

图 4-6 2014—2018 年学术部门百万研发经费科学论文数

在知识产权保护力度方面，东南亚的国家新加坡一直是知识产权保护较好的国家。马来西亚得分也非常高，表明马来西亚经过这些年的发展，知识产权保护开始获得国际社会的承认，如图4-7所示。

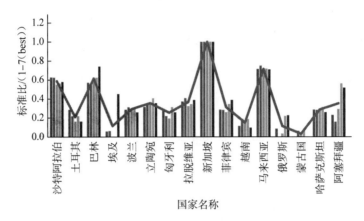

图4-7　2014—2018年知识产权保护力度

就专利发明的授权量来看，俄罗斯还是居于绝对的优势地位，在所有样本国家中一枝独秀，遥遥领先于其他样本国，如图4-8所示。

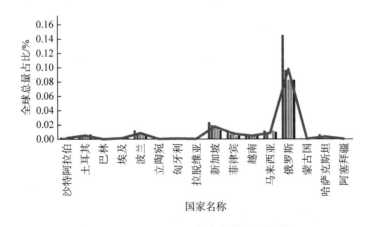

图4-8　2014—2018年专利发明授权量

从知识产权的许可出口收入占服务贸易出口的比重来看，排在第一的是新加坡，遥遥领先于其他样本国家。排在第二的是俄罗斯。不过，样本国也都表现出逐年递减的趋势，如图4-9所示。

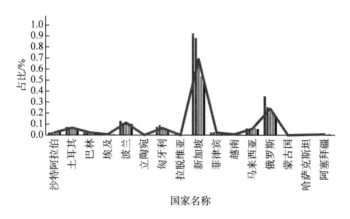

图 4-9 2014—2018 年知识产权许可出口收入占服务贸易出口比重

从知识产权收入在贸易总额中的占比来看，中东欧国家匈牙利连续几年表现出色。其次是新加坡。不过新加坡 2014—2018 年表现出了波动较大的特点，如图 4-10 所示。

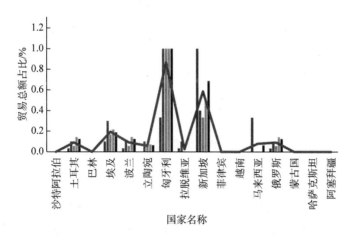

图 4-10 2014—2018 年知识产权收入在贸易总额中的占比

就专利密集型产品贸易差额指标来看，排在第一的是俄罗斯。同时，中亚国家整体表现领先于其他样本地区国家，如图 4-11 所示。

从企业与大学研究与发展协作程度来看，东南亚国家新加坡、马来西亚都表现非常出色，中东欧四国、伊斯兰国家中沙特阿拉伯、土耳其、巴林也表现不错，如图 4-12 所示。

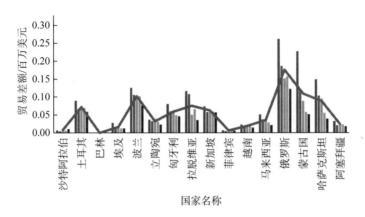

图 4-11 2014—2018 年专利密集型产品贸易差额

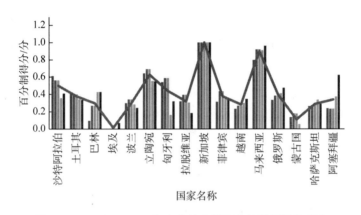

图 4-12 2014—2018 年企业与大学研究与发展协作程度

从知识产权密集型产业增加值占 GDP 比重来看，样本国家分层比较明显。东南亚国家整体表现较佳，居于第一梯队。中亚国家与中东欧国家表现尚可，中亚国家波动幅度较大。伊斯兰国家整体来看不甚理想。这一结构与样本国家的产业结构基本上是保持一致的，如图 4-13 所示。

就有效发明专利的数量情况来看，俄罗斯居于绝对领先的地位。新加坡、波兰跟土耳其分别是各自样本区里的领头羊，如图 4-14 所示。

在亿美元经济产出发明专利申请量来看，新加坡排在首位，之后是俄罗斯、中东欧的波兰和匈牙利。不过，在这一指数上，几乎所有的样本国都表现出在 5 年间下降的趋势，如图 4-15 所示。

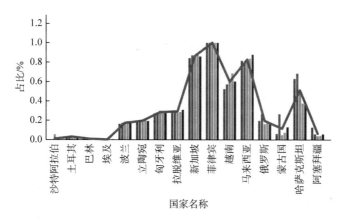

图 4-13　2014—2018 年知识密集型产业增加值占 GDP 比重

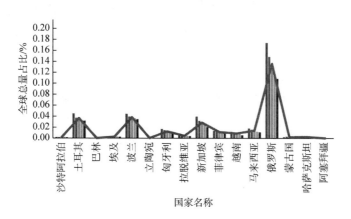

图 4-14　2014—2018 年有效发明专利数量

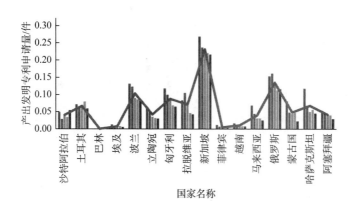

图 4-15　2014—2018 年亿美元经济产出发明专利申请量

在万名研究人员发明专利授权量方面，哈萨克斯坦排在首位，其后是俄罗斯。拉脱维亚和波兰紧随其后。埃及、菲律宾、越南等国则表现不佳。与前面几个指数类似，在这一指数方面，样本国家也表现出 5 年间下降的趋势，如图 4-16 所示。

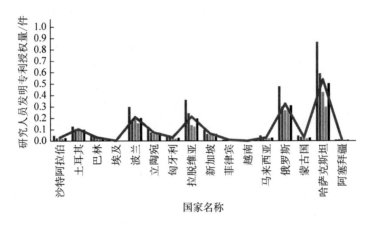

图 4-16　2014—2018 年万名研究人员发明专利授权量

就万名研究人员 PCT 国际申请量来看，新加坡排在所有样本国家首位。在伊斯兰国家中，土耳其居于领先地位。而中东欧四国的表现相对平均。与之前指数不同的是，这一指数样本国家 5 年间保持了稳定的趋势，如图 4-17 所示。

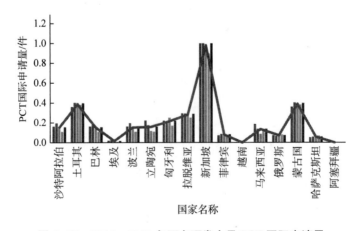

图 4-17　2014—2018 年万名研发人员 PCT 国际申请量

从知识产权许可费收入占全球比重来看，新加坡排在第一。大幅领先于其他样本国家。匈牙利和俄罗斯排在第二、第三位，呈现出递减的趋势。其他国家则表现极为不佳。表明这些国家的知识产权许可费授权在全球范围中，几乎可以忽略不计，如图4-18所示。

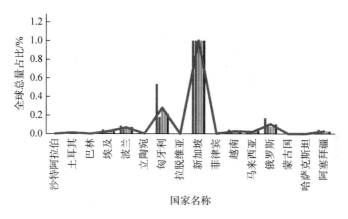

图4-18 2014—2018年知识产权许可费收入占全球比重

从PCT申请进入国家阶段量来看，新加坡与俄罗斯居于前两位。从伊斯兰国家来看，沙特阿拉伯与土耳其表现尚可，巴林与埃及表现不如人意。这个现象似乎可以理解为，海湾国家的PCT专利申请主要由海湾专利局来承担，所以集中在沙特阿拉伯。中东欧国家中，波兰和匈牙利表现尚可，立陶宛与拉脱维亚表现不佳。在东南亚国家中，除新加坡外，马来西亚尚有一些申请。其他国家则较少。中亚样本国家和蒙古国的申请数量也是非常少的，或者几乎没有，如图4-19所示。

在立法透明度方面，新加坡与波兰是表现最好的两个国家。同时，这一指数与前面指数表现出的最大不同在于，这一指数5年间几乎保持稳定，或者上升的趋势。表示这些国家近年来一直在完善制度方面做出了一定程度的努力，如图4-20所示。

从执法有效性数据来看，新加坡排在样本国家第一位。其他东南亚国家表现比较接近。在中东欧国家之中，波兰表现得比较出色，匈牙利、拉脱维亚比较接近，而立陶宛则稍显不足。伊斯兰国家总体表现比较靠后，如图4-21所示。

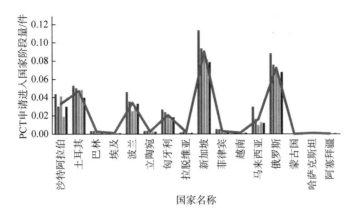

图 4-19　2014—2018 年 PCT 申请进入国家阶段量

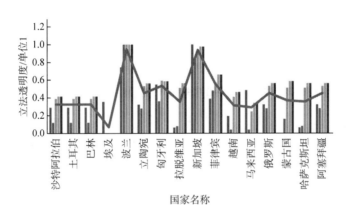

图 4-20　2014—2018 年立法透明度

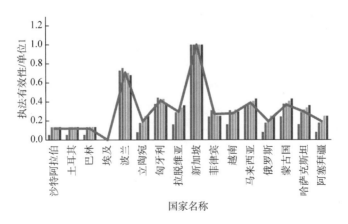

图 4-21　2014—2018 年执法有效性

在反垄断政策效果中，新加坡与马来西亚排在前面两位。伊斯兰国家整体表现亦是不错。中东欧的立陶宛、东南亚国家的菲律宾以及俄罗斯，近年来的在这一指数方面的表现更是飞速增长，如图4-22所示。

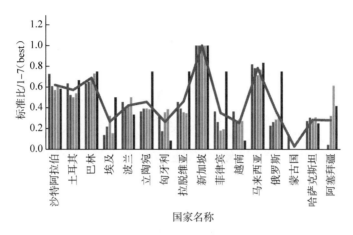

图4-22 2014—2018年反垄断政策效果

从商业环境的构建来看，新加坡排在样本国家第一位。东南亚国家中，越南菲律宾表现稍显不足。中亚国家与俄罗斯、蒙古国，中东欧国家等，表现得相对比较平均。伊斯兰国家表现整体较低，如图4-23所示。

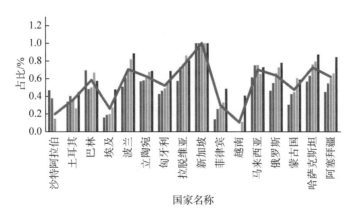

图4-23 2014—2018年商业环境

从信息化发展水平来看，新加坡居于前列。在东南亚国家中，马来西亚表现亦可，其他国家显得较为落后。中东欧、中亚俄罗斯和蒙古国比较平均。伊斯兰国家中，埃及发展得不甚理想。不过，从总体看，样本国家大多出现逐渐提升的趋势，如图4-24所示。

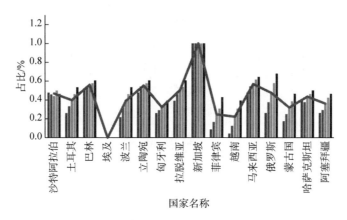

图4-24 2014—2018年信息化发展水平

从研究与发展经费的投入强度来看，新加坡排在所有样本国家的第一位。在东南亚国家中，马来西亚紧随其后。越南和菲律宾则比较落后。中东欧四国相对比较平均。中亚国家与蒙古国表现不佳，与其相比俄罗斯表现出色。在伊斯兰国家中，土耳其是表现最为出色的国家，沙特阿拉伯近年来增幅较大，巴林则严重不足，如图4-25所示。

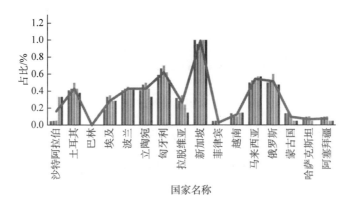

图4-25 2014—2018年研究与发展经费投入强度

在研发投入与人力比强度指标方面,新加坡排在所有样本国家的第一位。中东欧国家表现总体较好,也比较平均。俄罗斯与中亚样本国家及蒙古国相比,相对数据表现更好。但总体数值不甚理想。伊斯兰国家则相对显得不足,居于数据低端,如图 4-26 所示。

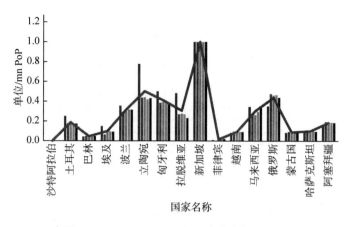

图 4-26 2014—2018 年研发人力投入强度

从研究与培训专业服务状况指标来看,新加坡与马来西亚分别居于整体样本国家的前两位。中东欧国家表现整体比较平均。伊斯兰国家中,巴林、沙特阿拉伯、土耳其表现也还不错。中亚国家与俄罗斯也显得相对平均,如图 4-27 所示。

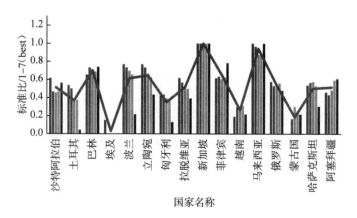

图 4-27 2014—2018 年研究与培训专业服务状况

从知识产权意识指标来看，新加坡排在所有样本国家的第一位。其他包括马来西亚、巴林、沙特阿拉伯等国家紧随其后，数据表现不错。匈牙利、拉脱维亚等中东欧国家以及俄罗斯等，则表现得相对不足，如图 4-28 所示。

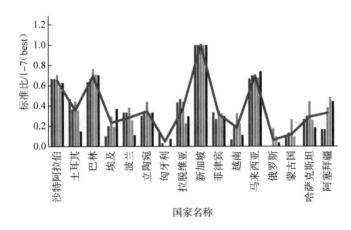

图 4-28　2014—2018 年知识产权意识

（二）二级指标分析

在 8 个二级指标中，从知识产权创造情况来看，新加坡排在所有样本国家的首位。但是就整个东南亚国家来看，整体表现不佳。中东欧国家整体状况比较平均，总体表现不错。伊斯兰国家整体表现也算不错，其中埃及显得比较突出。这应该与数据采集不足有关。在俄罗斯、蒙古国与中亚国家中，蒙古国排在前列。这个与其人口密度较小，一些密度性指标表现较高有关，如图 4-29 所示。

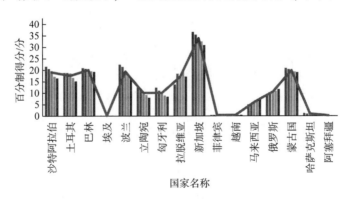

图 4-29　2014—2018 年知识产权创造

从知识产权保护指数来看，新加坡排在所有样本国的首位。马来西亚紧随其后，表现得也不错。其他两个东南亚国家则表现不足。伊斯兰国家中，沙特阿拉伯和巴林表现较好。中东欧国家虽然整体表现不算突出，但是各国比较平均。俄罗斯、蒙古国与中亚国家总体来看，表现一般，蒙古国表现出较大的不足，如图4-30所示。

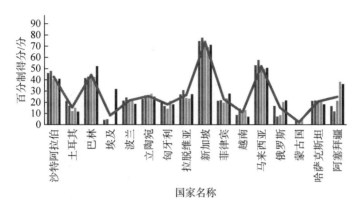

图4-30 2014—2018年知识产权保护

从知识产权的运用情况来看，新加坡在所有样本国家中居于首位。除此之外，中东欧的匈牙利与东南亚的马来西亚，及俄罗斯表现还算不错以外，其余国家整体表现水平都不算太好，表明一带一路沿线国家整体知识产权运用水平偏低的现状，如图4-31所示。

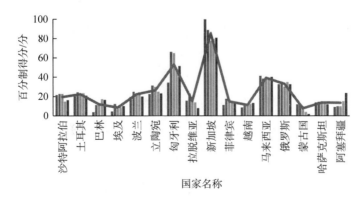

图4-31 2014—2018年知识产权运用

从知识产权制度的国内创新贡献度来看，新加坡居于所有样本国家的首位。东南亚国家总体表现不错，表明近年来，东南亚国家开始注重知识产权的保护，以推动经济发展。俄罗斯、蒙古国及中亚国家表现也算不错，不过近年比较明显地表现出下降趋势。中东欧国家普遍比较平均。伊斯兰国家总体表现欠佳。这应该与其国内的产业结构特点有关，如图4-32所示。

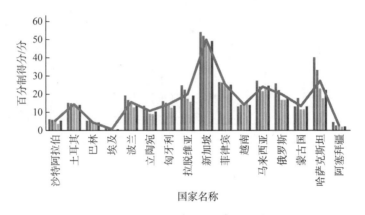

图4-32 2014—2018年国内创新贡献度

从国际影响力指数来看，新加坡表现突出，远远领先于其他样本国。中东欧国家中的匈牙利、波兰、俄罗斯尚有一些影响，其他国家几乎没有什么国际影响力。这一数据表明，"一带一路"国家在知识产权国际影响方面尚还十分欠缺，如图4-33所示。

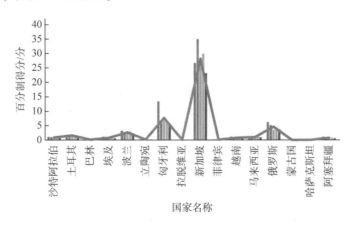

图4-33 2014—2018年国际影响力

从制度环境指标来看，新加坡排在所有样本国家首位。东南亚其他国家总体差距不大，马来西亚稍微领先。中东欧国家整体表现比较平均，波兰领先于本区中其他样本国家。伊斯兰地区与中亚地区大体相似，处于相对落后的位置。不过，从发展角度来看，5年间，大多数样本国家出现制度环境提升的趋势，如图4-34所示。

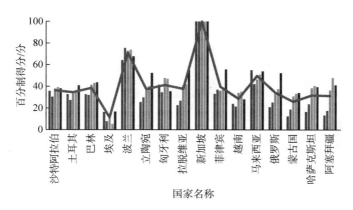

图4-34　2014—2018年制度环境

从市场环境来看，新加坡居于所有样本国家首位。此外，东南亚地区的马来西亚也发展良好。其他两个东南亚国家则表现不佳。中东欧国家整体表现比较平均，也比较良好。俄罗斯与蒙古国及中亚国家相比，处于领先地位。总体来看，蒙古国及中亚国家与伊斯兰国家处于同等发展水平，需要大幅提升，如图4-35所示。

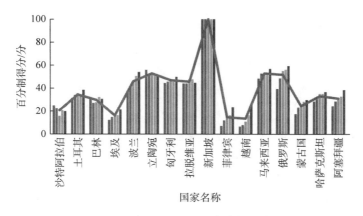

图4-35　2014—2018年市场环境

从文化环境来看，东南亚国家的新加坡排在所有样本国家的首位，马来西亚表现不错，紧紧跟随在新加坡之后，其他两个国家表现稍差。在伊斯兰国家中，沙特阿拉伯与巴林表现较为突出。中东欧国家、俄罗斯、蒙古国及中亚国家，整体表现一般，如图4-36所示。

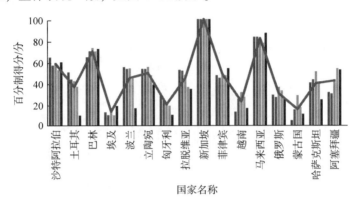

图4-36　2014—2018年文化环境

（三）一级指标分析

在3个一级指标中，从知识产权能力指标的情况来看，样本国家知识产权能力的波动幅度较大。新加坡排在所有样本国家的首位，其他东南亚国家则表现得不是太好，相对比较落后。中东欧国家整体表现尚可，也比较平均。伊斯兰国家中除沙特阿拉伯外，其他国家都不甚理想。俄罗斯的表现领先蒙古国及中亚国家，不过与哈萨克斯坦、阿塞拜疆的差距也没有拉开。蒙古国处于比较落后的位置，与其他国家的差距较大，如图4-37所示。

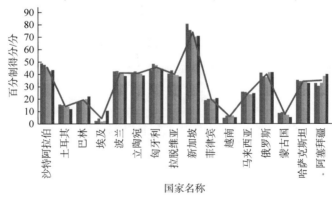

图4-37　2014—2018年知识产权能力

就知识产权绩效来看,❶ 样本国家中,除了新加坡一枝独秀,遥遥领先以外,其他国家表现都比较平淡,尚需进一步提升与发展,如图 4-38 所示。

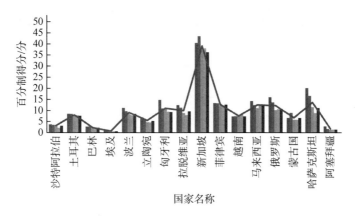

图 4-38 2014—2018 年知识产权绩效

从知识产权环境指数来看,新加坡排在所有样本国家首位,马来西亚紧随其后。中东欧国家整体表现尚可,也比较平均。俄罗斯、蒙古国及中亚国家与伊斯兰国家整体水平大体相似,尚需进一步提升。不过,从趋势线来看,大多数国家近年来展现出提升的趋势,如图 4-39 所示。

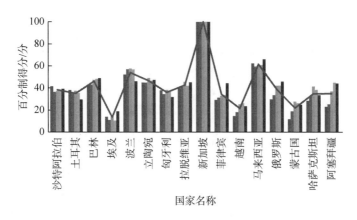

图 4-39 2014—2018 年知识产权环境

---

❶ 此处的"知识产权绩效"是狭义的知识产权绩效,即运用知识产权获得的收益等。与本部分所讨论的知识产权绩效评价的含义不完全相同。本部分所讨论的"知识产权绩效"是广义上的绩效,即对知识产权制度总体运行状况的测算与评价。

（四）各国发展总指数

从最终各国发展总指数来看，其中以东南亚国家新加坡等表现得最为突出。中东欧国家总体表现居于中间偏上的位置，且整体水平比较平均。东南亚地区国家之间差距较大，其中马来西亚表现尚可，次于新加坡，但是大幅领先于其他东南亚国家。伊斯兰国家当中，沙特阿拉伯总体水平居于前列，埃及的总体水平表现得相对不足。俄罗斯与蒙古国及中亚国家相比，处于领先地位，但是差距似乎并不算太明显。其中蒙古国显得尤为不足，如图4-40所示。

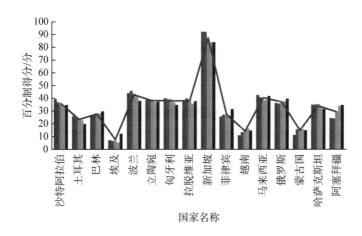

图4-40　2014—2018年"一带一路"各国知识产权发展总指数

第五章

世界与中国:"一带一路"视角下区域知识产权一体化

第一节
独立极：中国在国际知识产权格局中的地位

一、世界知识产权格局中的"极"

（一）全球一体化与区域一体化进程

现代世界体系中的"南北矛盾"由来已久。"南北矛盾"是战后民族国家摆脱殖民统治，寻求民族独立与经济发展过程中产生的矛盾与冲突。由于大多数发展中国家处于南半球，而发达国家处于北半球，南北之间既充满着对立和斗争，又存在着依存与合作，因此被称为"南北矛盾"。"南北矛盾"是当今世界面临的一个有关经济发展的全球性战略问题，其本质仍然是维护沃勒斯坦所描绘的"核心—半边缘—边缘"区域的世界分工体系，其目的在于打破和消除发达国家对发展中国家的控制和剥削。❶ 解决南北关系的途径在于尽快建立起国际经济新秩序。这种"南北矛盾"亦投射到了国际知识产权格局当中。从 1883 年《巴黎公约》开始，全球统一的知识产权规则开始萌芽。《巴黎公约》时代的国际知识产权格局，基本上反映了当时国际政治经济实力对比的状况。当时的欧洲强权国家通行的是"重商主义"，在这种理念之下，核心国生产工业制成品，作为殖民地国家的边缘地区则沦为原材料及食品来源地，制成品的消费市场，依附于核心国。核心国家为了防止殖民地区发展，不可能让国际知识产权规则发挥促进技术转移的作用，推动殖民地经济的发展。

1970 年，根据《成立世界知识产权组织公约》，WIPO 成立。1974 年，

---

❶　伊曼纽尔·沃勒斯坦. 现代世界体系（第一卷）：16 世纪的资本主义农业与欧洲世界经济体的起源 [M]. 罗荣渠，等译. 北京：高等教育出版社，1998：133.

WIPO 成为联合国系统的一个专门机构。在 1986 年以前，WIPO 是唯一在知识产权国际规则方面对各国影响较大的国际组织。它主导并管理着国际知识产权规则框架的形成。从《巴黎公约》到 WIPO 的框架体系都是以欧洲为中心制定的，美国并没有参与其中。随着美国成长成为世界上第一大政治经济强国，再加上这一体系本身存在的致命缺陷，即缺乏一个强有力的执行机制，使得在 20 世纪后半期，以《巴黎公约》为基石的国际知识产权体制陷入了死结，失去了活力。新技术革命与经济全球化呼唤着国际知识产权制度的重大变革。1986 年，GATT 乌拉圭回合谈判后，以美国为主的知识产权输出国频繁以贸易制裁、撤销外援、撤回投资、拒绝技术转让等手段相威胁，通过 WTO 框架下《TRIPs 协定》将知识产权与国际贸易挂钩，迫使落后国家接受不平等的知识产权规则。❶

乌拉圭回合就涉及知识产权各个领域的问题进行了谈判，并于 1994 年达成了《TRIPs 协定》。《TRIPs 协定》通过与贸易挂钩是推动知识产权国际规则走向全球一体化的重要一步，它设定了成员方必须接受的知识产权保护最低标准，并以 WTO 争端解决机制作为后盾确保施行。《TRIPs 协定》作为国际自由贸易框架的支柱之一，是在美国的倡导下达成的。其主张的"知识产权是财产权"及"避免对国际贸易扭曲"的基本原则也渗透进了美国社会所推崇的自由主义、个人主义、理性主义和现代主义理念。从表面上看，这一协定力图维持一种公平、自由的国际贸易秩序，但从本质上看，其信奉的乃是一种全球经济竞争的达尔文主义，在看似公平的规则下大家竞争，结果是弱肉强食。其中凸显的仍是一种"核心—边缘"的架构，只是这个中心已经从欧洲转向了美国。随着全球性技术转移和产业结构调整，传统制造业的优势已经不在西方了，主要的西方国家唯一可靠的优势就是技术创新能力。为了维持发达国家作为"头脑"居于产业链高端而发展中国家作为"躯干"居于产业链低端的国际产业分工格局，就必须对知识产权进行保护。在这个意义上，《TRIPs 协定》从传统保护智力成果的规则演变成规范世界经贸关系的

---

❶ 彼得·达沃豪斯，约翰·布雷斯韦特. 信息封建主义 [M]. 刘雪涛，译. 北京：知识产权出版社，2005：22.

规则，其所要实现的就是发展在先的国家扼制发展在后国家的国际竞争工具，以维护发达国家赖以生存的食物链。

《TRIPs 协定》意图建立的全球知识产权一体化是一种类似于国内知识产权治理的"双头式"运行结构，即 WIPO 负责国际知识产权授权，WTO 负责国际知识产权执法。《TRIPs 协定》的形成是当时国际各方政治力量妥协与平衡的结果。当然，这种平衡是一种不稳定的平衡，也是当时发达国家占优势的平衡。《TRIPs 协定》受到的批评甚多，被指责为主要惠及大型制药公司。大型制药公司对抗艾滋病的药物过于昂贵而无法在贫穷国家广泛应用，成千上万的人因此丧生。❶ 知识产权在英国知识产权委员会报告中甚至称之为"富国的粮食，穷国的毒药"。为了应对压力，发展中国家采取了一种抗衡的态度，如以维护公共健康为宗旨的《多哈宣言》，推进在发展中国家享有优势的遗传资源、传统知识、民间文艺等领域的知识产权保护等，都是这种诉求的体现。近年来，随着新兴市场主体力量的壮大，《TRIPs 协定》得以建立的北强南弱的国际形势发生了较大变化，要求改变《TRIPs 协定》下国际知识产权格局的呼声日益高涨。而对发达国家来说，由于《TRIPs 协定》对新技术发展关注不够，再加上 WTO 的争端解决机制在知识产权国际争端裁决中未完全按发达国家预期方向发展，发达国家开始对《TRIPs 协定》执法机制失望。在贸易保护主义等逆全球化潮流冲击下，区域经济一体化成为各国寻求国际合作的重要路径。全球知识产权一体化趋势也转向通过双边、小多边、多边协议寻求区域知识产权一体化的 TRIPs-plus 阶段。❷

（二）世界知识产权格局中的"极"点

进入 21 世纪以来，地缘政治格局出现的一个较大变化就是包括中国在内的新兴市场国家的崛起。越来越多的南方世界经历了政治和经济体制改革，进行市场化转轨，取得了巨大成就。新兴市场国家被称为"金砖国家"，目前

---

❶ 迈克尔·曼. 社会权力的来源（第四卷）：全球化（1945-2011）（上）［M］. 郭忠华，徐法寅，燕文芳，译. 上海：上海世纪出版集团，2015：16.

❷ 从 ACTA、TPP 到无数的区域自由贸易协定中的知识产权条款皆是对此种类型。参见：LEWIS M K. Expanding the P-4 Trade Agreement into a Broader Trans-Pacific Partnership：Implications. Risks and Opportunities ［J］. Social Science Electronic Publishing，2009：401.

GDP占世界总量的25%，人口占世界总人口的40%。这些国家在政治和经济改革方面获得的成功加大了在国际贸易、环境、可持续发展与知识产权规则制定中的话语权。❶ 这些国家大多拥有丰富的传统知识、土著文化与遗传资源等，迫切呼唤构建新的国际知识产权秩序，以充分发挥这些资源的作用，同时都需要解决知识产权与基本药品获取、人权之间的关系，妥善分配技术创新带来的收益等方面的问题。随着"冷战"结束，南北关系中的政治与意识形态等对抗性因素被抽离以后，尽管还带着一些对立情绪，但南方国家多数想成为北方那样发达、文明、富庶的国家，因此，经济发展成为各国主要发展目标。各国为了自身经济发展，不再在国际知识产权格局中表现为南北对抗泾渭分明的两大阵营，而是呈现出东西南北融合之势。此外，随着越来越多的专业型国际组织参与知识产权事务，就本组织所辖议题中的知识产权问题制定标准与规则，国际知识产权格局表现为在解决知识产权共同事务时，相互依存的行动者通过交换资源，采取有效集体行动的网络状结构。❷

20世纪下半叶以来，从全球知识产权布局情况看，其与国际经济、科技实力对比情况大致是一致的。世界上最主要的领先技术区/技术极主要分布在：美国，包括加州的硅谷、马萨诸塞州的波士顿、华盛顿州的西雅图等；欧洲，包括伦敦的M4走廊，德国的慕尼黑、斯图加特，法国的巴黎南区、格勒诺布尔，意大利的米兰等；亚洲的东京，汉城-仁川，新加坡等地区。与之相应的是，世界上最主要的知识产权集中地也大体在这几个区域。而从主要的产业状况来看，无论是汽车工业、半导体工业、金融服务业、软件行业、电影制片工业等，分布大体如此。可以说，美国和欧洲的德国、英国、法国、芬兰、挪威等是最主要的知识产权生产大国，随后的是东北亚的日本、韩国等新兴国家。从世界知识产权商品的流动来看，具有比较明确而固定的流向。在20世纪80年代和90年代，世界上主要知识产权商品输出国就是美国，英国、德国、法国等知识产权大国，亚洲的日本、韩国等新兴国家。而世界上

---

❶ OGUAMANAM C. IP in Global Governance：A Venture in Critical Reflection[J]. World Intellectual Praperty Organization Journal,2011(2)2:196-216.

❷ 刘雪凤，许超. 知识产权全球治理的结构功能主义解读［J］. 中国行政管理，2011（9）：81.

最主要的知识产权输入国则是发展中国家，包括中国、非洲国家、拉美国家等。当然，主要的发达国家，欧洲国家、美国、日本、韩国等之间由于技术与资本的交流，也存在着大量的相互流动。

从全球发展趋势来看，未来世界知识产权创造的中心正在由西向东转移。不过，在未来较长的一段时间里，欧美发达国家仍是世界经济的中心，在技术上处于绝对领先的地位。金融危机后，各方竞相借助技术创新激发经济增长点。新兴市场国家虽然尚不具备引领产业创新持续发展的能力，但是其崛起仍在一定程度上抵消了发达国家对知识产权国际规则的控制力。因此，国际知识产权格局的主要极点将会有着起落和变化。美国仍是知识产权世界第一强国，专利数量、质量居于世界前列，品牌数量世界第一，遍布从传统产业到现代信息产业各个领域，同时还掌握着以军事技术为引领的高技术及遍布全球的采购、销售网络，具有巨大的国际知识产权规则变革的影响力。但随着产业转移和服务业外包，美国有可能从知识产权出口国变为知识产权消费国。德国、法国、英国等国家和日本将紧随其后，成为知识产权强国的第二梯队。韩国亦将成为新兴知识产权大国。随着新兴经济体的发展，国际知识产权格局会发生此消彼长的局面。俄罗斯曾是与美国对抗的超级大国，拥有最尖端的军事技术和无数伟大的科学家、数学家、文学家、艺术家。但是近年来经济转轨过程中，走上了资源依赖性发展道路。随着俄罗斯的经济复苏与转型、欧亚专利局的建立与发展，俄罗斯将有可能成为一个举足轻重的知识产权大国。随着墨西哥制造业的兴起，墨西哥可能在专利方面有新的发展。印度最成功的产业就是软件和药品业，随着这两个领头产业的发展，印度对待知识产权的态度开始转变，将会快速增长成为知识产权世界的极点之一。❶

"入世"以来，中国经济快速发展，是现有世界经济贸易秩序的最大获益者。如果失去这种秩序，中国有可能会成为最大的受损者。这种情形使得中国对包括现有国际知识产权一体化进程在内的国际经济秩序具有与发达国家

---

❶ HALBERT D. Intellectual Property in the Year 2025[J]. Journal of the Copyright Society U. S. A., 2007,49(1):225.

和发展中国家都不重合的独特诉求。2009 年 5 月，巴西、厄瓜多尔和巴拉圭在 WIPO 版权与相关权常设委员会第 18 届会议上，提交了国际盲联建议的《世界知识产权组织为便利盲人、视障者和其他阅读残疾者获得作品的条约》（草案）。2012 年 12 月，WIPO 召开成员方大会特别会议，决定于 2013 年 6 月在摩洛哥的马拉喀什召开外交会议，以通过新条约。由于发达国家与发展中国家的利益诉求差距极大，条约的谈判之路异常艰辛。因为在国际市场上，作品主要来源于发达国家，即具有国际影响力的主要出版商业都在发达国家。同时，随着新技术的发展，无障碍格式早已不再是限于供盲人通过触摸凹凸点感知的作品版本，而包括有声读物，有声读物可以被任何人所欣赏。发达国家担心向发展中国家提供无障碍格式版，或发展中国家根据条约允许的限制与例外自行将其作品制成无障碍格式版后，会流入非视障者手中，从而影响普通版本的作品销售市场。因此，发达国家要求对限制与例外施加严格的条件限制。在谈判过程中，WIPO 极力斡旋，国际盲联及其他视障者团体也不断给发达国家施加舆论和道义上的压力。在这一条约的谈判过程中，呈现出七大区域集团，分别是亚洲集团、非洲集团、拉美和加勒比集团、中欧和波罗的海集团、中亚及中东欧集团、发达国家集团和中国。❶ 中国作为独立的一极开始在国际知识产权格局中展现出来。

二、中国的知识产权成就

中国知识产权 40 多年的历史，走得不是一条循序渐进、自生自发的道路，而是一条被动接受、外部移植的道路。40 多年来，中国知识产权事业取得了巨大成就。随着世界创新中心的东移，中国成为世界知识产权运用最为活跃的地区。鉴于中国技术能力的提升、企业的全球化发展、巨大市场潜力逐步转化为现实的市场，中国在国际知识产权格局中的话语权大幅提升，成长为独立的一极。

---

❶ 王迁. 著作权法 [M]. 北京：中国人民大学出版社，2015：367-368.

（一）建立起基本完善的知识产权制度体系

改革开放前夕，中国经济走到了崩溃边缘。国家再也不能孤立于国际社会之外，需要从外部世界引进先进技术，发展本国经济。这就产生了建立知识产权制度的原动力。从这个角度看，中国知识产权制度虽然表现出一种外部移植、被动接受的特征，但从本质上仍然是国家主动建构的产物。因为这种被动接受并非受某些强势国家的逼迫，而是中国深刻认识到对外开放、国际合作大潮流的必然性，为了顺应这种趋势而作出的积极而理性的选择。从一国立法主权来看，中国是政治上完全独立的国家，立不立法、立什么样的法，完全是由我国自主决定，不受外来影响的。如果知识产权制度在实践中与中国国情不相适应，或者给中国国家产业发展带来损害，中国完全有权停止使用或予以废止。因此，知识产权制度是中国主动构建的历史产物。

中国知识产权制度建设不是循序渐进的自生自发过程，而是走了一条强制性制度变迁的路径，以一种飞跃性、突变式的方式演进，表现出一条明显的上陡式曲线，如图 5-1 所示。

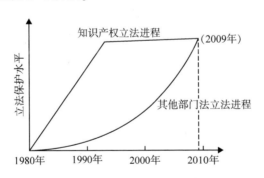

图 5-1　中国知识产权立法进程

在保护标准上，中国知识产权制度具有起点高、标准严的特征。[1] 中国早在 1973 年就参加了 WIPO 的会议，并在之后加入了《巴黎公约》。因此，中国知识产权制度从一开始就与国际规则紧密接轨。20 世纪 80 年代开始，中国先后制定并通过了《商标法》《专利法》与《著作权法》，构建起知识产权法

---

[1] 谢晓尧，陈贤凯. 知识产权革命——知识产权立法的"中国奇迹"[J]. 法学评论，2010 (3)：12.

律体系的主干。为了更好地适应经济科技发展与对外开放的需要，兼顾法律的稳定性和回应性，相对于其他法律部门，知识产权制度的供给处于一个相对活跃的状态，基本上每隔 8~10 年就会进行一轮修改。三部知识产权主干法及其实施条例，再加上《计算机软件保护条例》《信息网络传播权保护条例》等单行法、地方性法律法规，及诸多的司法解释，总体规模不下千条。同时，40 多年来，我国法院判决的知识产权案件中仅民事案件就累积超过 80 万件。❶ 中国构建起了一个覆盖范围广泛、形式灵活、层次分明的知识产权法律法规体系。

中国知识产权立法从一开始就在中央决策的指引下进行。党的十四大报告中提出，要通过深化改革，建立和完善科技与经济有效结合的机制，不断完善知识产权保护。党的十五大、十六大报告中又对完善保护知识产权制度做出了规定。党的十七大明确提出要"实施知识产权战略"。2008 年，国家颁发了《国家知识产权战略纲要》。党的十八大报告提出"实施创新驱动发展战略"，并再次强调"实施知识产权战略，加强知识产权保护"。党的十九大报告强调，"倡导创新文化，强化知识产权创造、保护、运用"。2019 年 11 月，中共中央办公厅与国务院办公厅联合发布了《关于强化知识产权保护的意见》。党的重要文件为知识产权制度的发展指明了方向。2020 年通过的《中华人民共和国民法典》，将知识产权作为一种重要的财产权纳入其中。❷ 此外，中国的《海关法》《公司法》《外商投资法》，都对知识产权问题进行了规定。这些都表明，经过 40 多年的探索，改革开放的内生力量已经使得中国具备了反思能力，开始从自己的经验中去沉淀制度理性，根据自身的需要来设计和选择制度，以一种更为积极主动的方式推动知识产权制度的演进和变迁。

---

❶ 数据统计截至 2019 年 12 月。案件总量根据《中国知识产权保护状况》《中国法院知识产权司法保护状况》《最高人民法院工作报告》披露的数字累加得出。

❷ 《中华人民共和国民法典》第 123 条规定："民事主体依法享有知识产权。知识产权是权利人依法就下列客体享有的专有的权利：（一）作品；（二）发明、实用新型、外观设计；（三）商标；（四）地理标志；（五）商业秘密；（六）集成电路布图设计；（七）植物新品种；（八）法律规定的其他客体。"

（二）　构建起独具特色的知识产权治理格局

由于中国的具体国情，中国知识产权制度从建立之初就采用了一种比较有特色的司法、行政"双轨式"治理格局。从 20 世纪 80 年代开始，中国开启了体系化知识产权管理机构建设的历程，建立起了一个统筹协调、分类管理、层级分明的知识产权管理体系。由国家知识产权局（专利局）、国家市场监督管理总局（商标局）与国家新闻出版广电总局（版权局）分别实施《专利法》《商标法》与《著作权法》的管理体制，并向地方省级及地市县延伸。使得中国的知识产权管理机构同时具有行政审批、公共管理、行政执法、公共服务等职能，为知识产权的申请、审批、保护、转移转化、信息传播等方面的工作带来了便利。这一管理体制对于广大创新主体来说，可及性更强。同时，各部委也负责各自职能范围内的知识产权事务，如海关系统负责知识产权的边境执法、公安系统负责打击知识产权犯罪、工信部负责知识产权的推广运用等。

中国的知识产权司法实践也表现出相当的独特性特征。中国知识产权制度从实施之初起，就建立了层级较高的知识产权司法审判体系。中国的知识产权司法审判工作起步于 20 世纪 80 年代中期。1993 年，中国在北京、广东、上海等地设立专门的知识产权审判庭。1996 年，最高人民法院成立了知识产权审判庭。21 世纪初，为与法院体制改革的总体思路相配套，建立"大民事审判格局"，知识产权审判庭被并入民事审判庭。最高人名法院的知识产权审判庭改称"民事审判第三庭"。根据审判工作需要，2006 年，经中央机构编制委员会办公室批准，最高人民法院民事审判第三庭对外称"知识产权审判庭"，设立知识产权审判工作机构的各级法院依此办理。党的十八届三中全会作出"探索设立知识产权法院"的决定后，2014 年，第十二届全国人大常委会通过了在北京、上海、广州设立知识产权法院的决定。这对知识产权司法保护来说是意义重大的举措，同时也充分说明了我国知识产权司法裁判组织和审判机制还处于探索和完善的过程之中。人民法院多年的知识产权审判活动，积累了丰富的经验。为促进人们对知识产权法律理解的统一，完善知识产权司法保护，最高人民法院制定了大量的知识产权司法解释，并推出了颇

具中国特色的案例指导制度。这些司法解释与指导性案例都成为我国知识产权法律体系的重要组成部分。❶

21 世纪以来，中国知识产权事业进入一个快速增长时期。从 21 世纪第二个 10 年起，以每年近百万级的数量递增，中国的专利申请与商标连续多年保持世界第一。从国际横向比较来看，远远超过其他发达国家。这使得我国知识产权审查机构面临着其他任何国家未曾面临过的压力。即便在这种形势下，中国知识产权审查机构，尤其是专利审查机构，采用实质审查与形式审查相结合的模式，不断完善审查标准、持续优化审查方式，有效地应对挑战，支撑技术创新与经济社会的发展。实际上，知识产权治理体系也给我国政府运行带来了新理念、新气息。一项研究表明，40 多年来，中国专利制度处理了近三千万件的专利申请，从未发生过一起因专利审批而产生重大腐败案件。❷在国务院下设机构及省级政府中，国家知识产权局行政透明度排名第一。❸ 这些都表明了知识产权制度所具有的先进性和科学性，对权力寻租与异化形成了强有力的约束。2018 年，为了进一步完善知识产权管理体制，解决商标、专利分头管理和重复执法问题，党的十九届三中全会做出重新组建国家知识产权局的重要部署。中国知识产权治理体系与治理格局面临了历史性的发展机遇。

（三）技术创新能力大幅提升，推动经济转型升级

中国知识产权制度建立以来，为引进外资和外来先进技术，激励优秀人才投入创新活动提供了法律保障。经过多年发展，中国科技创新能力得到大幅提升，在超级计算机、生物制药、干细胞治疗、高铁、电信设备等许多方面都掌握了最新技术，并具极强的制造能力。某些领域正由"跟跑者"向"并行者""领跑者"转变。我国科技发展空间广、潜力大，拥有巨大的市场规模和高速增长的科技成果市场化需求。在 WIPO 发布的"全球创新指数"中排名大幅上升，居于中等收入经济体首位。进入 21 世纪以来，中国专利申

❶ 易继明. 国家治理现代化进程中的知识产权体制改革 [J]. 法商研究，2017，34（1）：184.
❷ 肖兴威. 中国专利审批制度与廉政建设研究 [M]. 北京：知识产权出版社，2013：115.
❸ 该报告对国务院所属 43 个机构、全国 30 个省级政府进行了观察和评估。参见：北京大学公众参与研究与支持中心. 中国行政透明度观察报告（2010~2011）[M]. 北京：法律出版社，2012：37.

请数量已经连续多年保持世界第一，并将在较长的时间内保持较高增速。专利质量将有所提升，有效发明专利数逐渐积累。中国商标申请量常年保持世界第一，在世界品牌榜上，来自中国的品牌逐渐增多。可以说，在知识产权布局上，中国已经初步实现了"攻防转换"，以至于美国联邦贸易委员会发布的报告中发出这样的慨叹，"现在最迫切需要进行专利预警应急分析的是美国的企业而不是中国的企业"。❶

（四）改变了国民财产权意识，激发了全社会企业家精神

中国过去缺乏对私有产权的尊重，科研人员在一些时期社会地位并不高。所以在很长时间里，我国从理论到实践都不承认技术是财产，更不是商品。知识分子是工人阶级组成部分的论断，使科研工作者的境遇有所改善。不过，计划经济下的科研体制，经费由国家划拨，科研成果归国家所有，任何单位都可以无偿使用，做出发明创造的科研单位及科技人员的劳动得不到应有的报酬。知识产权制度的建立，使得科研工作者能够通过自己的创造性智力劳动获得财富，改变"数米计薪，日以挫其志气"的物上不自由的窘境，大大提升了科研工作者的社会地位。知识产权制度中内含的权利意识和契约精神也改变了国民的财产权意识。随着《TRIPs 协定》开宗明义地规定知识产权是私人财产权后，经过 10 多年的发展，知识产权是个人合法拥有的财产，应当受到社会尊重的认识普及开来，并深入人心。

这些可以从中国逐年增长的知识产权数量变化中反映出来。知识产权申请的积极性不断提高，说明社会公众知识产权意识明显增强。从大众媒体情况来看，21 世纪以来，关于知识产权的新闻报道数量呈指数形式增长。大众媒体的大量传播反映出知识产权制度社会认知度的迅速提升。每年"4·26"成为人们耳熟能详的"世界知识产权日"。随着知识产权法的实施，市场主体运用知识产权制度的能力也开始大幅提升，涌现出了华为、阿里巴巴、海尔等高度重视知识产权的企业，这些企业对创新保护的需求正在赶超国外企业。知识产权保护不仅有利于改善营商环境吸引外资，更是为中国企业的创新发

---

❶ USITC. China: Intellectual Property Infringement, Indigenous Innovation Policies, and Frameworks for Measuring the Effects on the U. S. Economy[R]. USITC Publication 4199, 2010.

展保驾护航。知识产权制度代表的积极创新、诚信竞争、勇于承担责任的企业家精神也慢慢展现出来。

（五）展示了融入国际社会的决心，改善了国家形象

中国知识产权制度的建立为国际技术转让提供了一个详细可靠的法律秩序，向全世界展现了中国进行改革开放、依法保护知识产权的坚定决心，大幅改善和提高了我国的国家形象。中国知识产权制度建立以来，参加了几乎所有主要的知识产权有关条约，截至 2019 年年底，与全球 60 多个国家、地区和国际组织签订多边双边知识产权合作协议、谅解备忘录 170 多份，与 50 多个成员方建立正式合作关系，扩展了相互交流合作，PPH 合作伙伴增加至 30 个，中国在全球知识产权格局中的影响力进一步增强。中国在国际知识产权组织中的地位逐年提升，中国作为"五局"合作方，受理来自世界各地的专利申请，并处理着大量的 PCT 业务。中国国家知识产权局成为国际最具影响力的五大专利局之一，PCT 业务的申请量与受理量都基本上与美国专商局、日本专利局和欧洲专利局并驾齐驱。中国的知识产权实践，为世界知识产权制度带来了新的活力、新的气象。

第二节
探索与尝试：中国推进区域知识产权一体化的进展

促进国际贸易公平、有序发展和互利共赢的最佳选择是全球多边贸易体制。但由于种种原因，多边贸易体制至今步履维艰，导致各国纷纷缔结区域贸易协定，以避免被边缘化而丧失贸易机会和安全保障。在贸易保护主义等逆全球化潮流冲击下，区域经济一体化已成为各国寻求国际合作的重要路径。从《TRIPs 协定》开始，国际知识产权规则的制定就与贸易协定紧密联系在一起。发达国家已将知识产权保护规则视为开展对外贸易和投资的重要前提条件。因此，在美国、日本、欧洲等国所参与的区域贸易协定中，均少不了知识产权条款。借助区域贸易协定的兴起，知识产权国际规则也出现了区域一体化的势头。[1] 中国在融入全球经济之时，积极参与全球价值链的拓展，成为重要参与者、贡献者和受益者。从"三来一补"到"世界工厂"，从"中国制造"到"中国创造"，从"引进来"到"走出去"，从"资本输出"到"产业输出"，中国在全球价值链中的地位不断攀升，成为全球最大的制造国与出口国，130 多个国家最大的贸易伙伴国，最大的中间品提供者，中国与发达国家及发展中国家在全球价值链上都存在较大的位置差。这些都使得中国在推进区域自由贸易协定与知识产权一体化方面具备了较强的动力。

一、中国签订的自贸协议中知识产权规定

多边贸易体制和区域贸易安排是经济全球化发展的"两个驱动轮子"。今

---

[1]　詹映. 国际贸易体制区域化背景下知识产权国际立法新动向 [J]. 国际经贸探索，2016，32（4）：99.

天，全球贸易体系正面临自 1994 年乌拉圭回合谈判以来最大的重构。为应对中国经济社会发展中的困难和挑战，需进一步扩大对外开放。加快实施自由贸易区战略，是中国新一轮对外开放的重要内容，实现对外战略目标的重要手段。党的十七大把自由贸易区建设上升为国家战略，党的十八大提出要加快实施自由贸易区战略。党的十八届三中全会提出要以周边为基础加快实施自由贸易区战略，形成面向全球的高标准自由贸易区网络。发挥自由贸易区对贸易投资的促进作用，更好帮助中国企业开拓国际市场，为中国经济发展注入新动力、增添新活力、拓展新空间。

（一）中国自由贸易协定的基本情况

自中国 2001 年加入《亚太贸易协定》（最初为《曼谷协定》）算起，中国 RTA 的发展已经走过了将近 20 年的历程。根据商务部的数据，目前中国在建的 RTA 数有 27 个，涉及 35 个国家和地区，遍布亚洲、大洋洲、南美洲和欧洲。其中，已签署的 RTA 有 17 个，包括亚洲的东盟、新加坡、巴基斯坦、韩国；大洋洲的新西兰、澳大利亚；欧洲的瑞士、冰岛以及拉丁美洲的哥斯达黎加、智利、秘鲁等，涉及 25 个国家和地区。❶

此外，官方还在研究一些未来有可能签订的自贸协议，包括中国-哥伦比亚、中国-斐济、中国-尼泊尔、中国-巴新、中国-加拿大、中国-孟加拉国、中国-蒙古国及中国-瑞士自贸协定升级的研究。

经过近 20 年的发展，中国 RTA 的发展表现出一些主要的特征。从发展速度来看，虽然中国 RTA 正式起步的时间比较晚，但是发展速度非常快，在建数量已经到达约 37 个。从地域来看，目前在建的 RTA 中，涉及亚洲、拉丁美洲、大洋洲、欧洲、非洲等 50 个左右的国家/地区，但是从主体来看，合作对象仍然集中在亚洲。就发展模式来看，大体可以分为 6 种：①中国国内不同社会制度的模式，如内地与香港、澳门特别行政区的内地与香港、澳门关于建立更紧密经贸关系的安排（Closer Economic Partnership Arrangement，CEPA），大陆与台湾的《海峡两岸经济合作框架协议》（Eco-

---

❶ 本小节数据统计截至 2019 年 12 月。

nomic Cooperation Framework Ageement，ECFA）；②中国与区域组织合作的模式，如中国与东盟、海湾合作委员会；③中国加入某个区域经济组织的模式，如加入《亚太贸易协定》、RCEP 等；④中国与发达国家合作的模式，如与新加坡、新西兰、冰岛、瑞士、韩国、澳大利亚、挪威以及日本的合作；⑤中国与其他发展中国家合作的模式，如与哥伦比亚、巴基斯坦、智利、秘鲁等；⑥中国与其他能源国家、组织合作的模式，如与海湾合作委员会、澳大利亚的合作等。从建设层次来看，总体还比较低。就市场开放程度而言，中国签署的类型主要还是 FTA，而对市场开放程度较高的关税同盟、共同市场、经济同盟和 EIA 等尚未涉及。就合作领域而言，仍以传统货物、服务贸易减税为目标，对于超出经贸领域的议题，如海关程序、知识产权、人员流动、品牌合作等不够深入。合作当中存在较多的"例外"，即对双方敏感产业的保护。在中国已经签订的 RTA 中，但双方都是地位平等的伙伴关系，或是由其他经济体主导，中国参与的合作中，尚未出现以我国为轴心的 RTA。这些都表明，未来一段时间里，中国还需要花大力气从战略定位、对象选定、区域布点、路线图绘制、合作领域等不同方面对 RTA 进行全方位地推进。❶

（二）中国已签署自由贸易协定中的知识产权

在我国签署的自由贸易协定中，知识产权问题逐渐变为一个重要问题在文本中予以规定。这一变化趋势一方面表现了加强知识产权保护已经成全球技术发展、经济转型的一个硬约束，另一方面也显示出中国深化改革开放的内生力量成长起来，开始对知识产权的国际布局提出了自身的要求。总的来看，中国已经签署的 RTA 中，下面这些都包含了知识产权条款，见表 5-1。

---

❶ 赵亮，陈淑梅. 我国区域贸易协定的现状、特征及顶层设计探究［J］. 东北师大学报（哲学社会科学版）. 2016（1）：264-267.

表5-1　我国签署的包含知识产权条款的 RTA

1. 中华人民共和国与东南亚国家联盟全面经济合作框架协议	7. 中华人民共和国与瑞士联邦自由贸易协定
2. 中华人民共和国与智利共和国政府自由贸易协定	8. 中华人民共和国政府和澳大利亚政府自由贸易协定
3. 中华人民共和国与新西兰政府自由贸易协定	9. 中华人民共和国政府与格鲁吉亚政府自由贸易协定
4. 中国-秘鲁自由贸易协定	10. 中华人民共和国政府与大韩民国政府自由贸易协定
5. 中国-哥斯达黎加自由贸易协定	11. 海峡两岸经济合作框架协议
6. 中华人民共和国政府与冰岛政府自由贸易协定	

资料来源：根据商务部自由贸易区服务网数据整理而成。

在我国签署的 RTA 当中，也有的没有包含知识产权条款，见表5-2。

表5-2　我国签署的未包含知识产权条款的 RTA

1. 中华人民共和国政府与巴基斯坦伊斯兰共和国政府自由贸易协定	4. 亚太经社发展中成员方之间贸易谈判第一协定（曼谷协定）
2. 中华人民共和国与新加坡共和国政府自由贸易协定	5. 内地与澳门更紧密经贸关系安排
3. 内地与香港更紧密经贸关系安排	

资料来源：根据商务部自由贸易区服务网数据整理而成。

从中国签订的 17 个自由贸易协定来看，其中包含知识产权条款的为 11 个，占比为 65% 左右，不包含知识产权条款的为 5 个，占比仅为 30% 左右。尽管内地与香港、澳门地区经贸关系安排文本中没有涉及知识产权议题，但是内地与香港、澳门之后专门签署了知识产权合作的文件，从总体来看，是可以纳入到双方大的经贸安排之下的。另外，中国与毛里求斯自由贸易协定、中国与马尔代夫自由贸易协定属于新签订的协议，其文本未能查及，对于是否包含知识产权条款尚不清楚。同时，在中国正在谈判的自由贸易协定中，也大多包含有知识产权条款。

中国签署自贸协定中的知识产权条款，经历了一个从无到有、从简单规定到独立成长，内容不断丰富完善的过程。中国在之前的自贸协定中，对于知识产权议题兴趣度较低，相关的文本多为笼统被动的象征。但是，近年来，自由贸易协定中的知识产权章节开始纳入了更多的硬性约束条款。这标志着新时期随着缔约对象和自身条件的变化，中国的议题态度也发生了变化。[1] 这些变化表明，随着中国科技研发与经济发展，中国企业开始生长出保护知识产权的内生动力，同时，随着中国国际地位的变化，国际布局开始从基础设施、贸易投资逐渐转向了制度与规则的布局。不过，虽然中国签署的自贸协议中知识产权条款表现出了一定的自身特色，但是从总体来看，仍然存在着一些不足。例如，形式上的差别较大，体系化程度较差，不同协定之间存在着模糊、空白的地方，未能形成稳定、标准、统一的文本结构；相关的规定还比较分散，有的设立了专章，有的则置于投资、合作、执行等不同部分，互相之间的关系尚未统一等。这些问题都需要在未来的自由贸易协定谈判中重点予以解决。

二、中国与其他国家知识产权业务合作

近年来，中国除了加强在 RCEP、中国–挪威、中国–摩尔多瓦等自由贸易协定知识产权章节谈判以外，还积极推动并深化与国际社会的合作，扎实推进"一带一路"国际知识产权领域的交流，积极构建多边、周边、小多边、双边"四边联动、协调推进"的知识产权国际合作新格局。

（一）与其他国家与地区知识产权合作

1. 全球五大知识产权局合作

为了应对专利申请数量日益增长和全球企业不断在多个专利（知识产权）局申请专利的全球化趋势，欧洲专利局、日本专利局、韩国知识产权局、中国国家知识产权局和美国专利商标局于 2007 年开始建立彼此之间的合作。这一合作被称为"五局"合作。目前，在全球范围内，五局受理的专利申请数

---

[1] 刘彬. 中国自由贸易协定知识产权文本的体系化构建 [J]. 环球法律评论. 2016, 8（4）：179.

量占全球专利申请数量比重超过 80%，PCT 框架下的专利也有约 95% 是在五局完成的。因此，五局的合作对于推动知识产权制度一体化的发展，优化国际专利体系具有非常重要的意义。

自合作以来，特别是 2012 年五国/地区产业界参与五局合作之后，五局已经为用户和社会公众提供了一系列便利，主要包括以下 9 种。

①共同的申请格式——申请人只需准备一种统一标准格式的申请即可被五局任一局接受；

②交互机器翻译——提供中文、日文、韩文等语言与英文之间的互译，帮助用户消除理解专利信息时的语言障碍；

③共同引证文献——使用户及时以单点访问方式获得最新的五局专利申请引文数据；

④五局 PPH——在五局任一局提交的申请被认定具有可专利性时，申请人可向其他四局就该申请的对应申请提出加快审查请求；

⑤专利信息政策——使公众或第三方能免费或以边际成本获得五局之间交换的专利信息数据；

⑥优先权文件交换——申请人无需向二次受理局提交优先权文件副本；

⑦全球案卷下数据交换的框架：单一界面卷宗信息访问——使用户能以一站式和安全的方式获取五局专利和同族专利案卷信息；

⑧完善现有分类体系，使审查员、申请人和其他利益相关方能更便利地获取现有技术文件；

⑨五局网站（www. fiveoffices. org）——使公众了解五局合作的总体信息和进展。

2015 年，在中国苏州举行的第八次五局局长会上，五大知识产权局签署了具有重要意义的文件《五局合作共识》，重申了向用户和公众提供更好服务的使命，讨论了五局的下一步合作。包括优化网络环境下的专利信息服务；继续推动专利协调专家组工作取得进展；增强五局 PPH 的用户友好性；加强用户支持服务；提升五局合作的透明度，使用户对五局的工作进展有更加全面、清晰的认识。五局计划未来将进一步加强彼此之间的工作共享，推动工作共享相关项目取得实质成果；合作提高专利审批的质量，就分类、检索、审查等方面的实践加强合作，推动专利审批质量的提升，并最终促进专利权的稳定；加强五局在 PCT 方面的合作，以加强 PCT 申请检索和审查质量为侧重点，为用户和社会公众增强专利的法律确定性。加强五局在用户服务方面的经验分享，包括对申请人的支持服务、知识产权意识宣传等，并将适当的相关服务或最佳实践向用户推广。

五局合作一个重要内容是 PPH。PPH 本质上是一种加快审查机制，使得一国申请人能在另一国更快地获得专利，有助于海外获权。截至 2020 年，与 30 多个国家/地区知识产权局建立了双边或双边试点 PPH 项目。

中国、日本、韩国、欧美也在商标领域进行合作。早在 2001 年，由日本专利局、欧盟内部市场协调局和美国专利商标局三局提出一个当时被称为"商标三边"的计划。韩国知识产权局和中国国家工商总局（2018 年整合组建为中国国家市场监督管理总局）分别于 2011 年和 2012 年加入其中，形成了与五局机制类似的全球商标五方会谈。商标五方各国申请量共占世界商标和外观设计申请总量的近 70%，占世界外观设计总量的逾 90%。在商标五方合作框架下，各商标局共享与商标和外观设计事务相关的信息，并在参与的项目中为相互的用户利益展开合作。提高商标和外观设计的申请、审查与合作。

五局继商标五方之后，积极推进合作，拓展合作领域。2015 年，五局就外观设计开展五局合作商标五方，进一步改进和提升工业品外观设计体系的效率。五局为全球近 90% 的工业品外观设计用户和公众提供更好的服务。2016 年，五局代表签署了《2016 年工业品外观设计五局合作联合声明》，五局同意在协商一致的原则下通过以开展项目为主的方式进行合作，并同意启动实施 12 个合作项目，项目范围涵盖工业品外观设计审查实践研究、自动化支持系统、外观设计分类、质量提升、数据统计、新兴技术及有关外观设计新议题。随着五局、商标五方、PCT、PPH 等合作项目的发展，未来世界几大主要的知识产权审查机构在业务规则、审查标准、检索工具等方面都出现趋同化，有可能出现知识产权审查资源进一步集中在主要的知识产权局，审

查规则高度统一；知识产权宣传、教育和培训等集中在中等知识产权局；广大落后国家分发知识产权外包业务的格局。❶

2. 金砖五局知识产权合作

2012 年，在中国国家知识产权局的倡议下，巴西国家工业产权局，俄罗斯联邦知识产权局，印度专利、外观设计和商标局，中华人民共和国国家知识产权局以及南非公司与知识产权注册局（简称"金砖五局"）的局长负责人在日内瓦举行了首次非正式会谈。2013 年，第一届金砖国家知识产权局局长会议召开，正式建立合作机制，并制定了金砖五局知识产权合作的路线图。合作机制建立以来，金砖五国知识产权局在员工培训和审查员交流、国家知识产权战略与公众知识产权意识提升、知识产权信息服务、知识产权受理与流程、中小微企业知识产权战略和国际论坛上的合作等六大领域开展了一系列合作。金砖五局合作以来，积极就重大知识产权国际事务发声，在国际知识产权舞台上的地位持续提升。2018 年，在中国成都召开了第十届金砖国家知识产权局局长会议，共同签署了《金砖五局关于加强金砖国家知识产权领域合作的联合声明》，以官方联合声明的形式明确金砖国家知识产权合作目标和合作领域。

金砖五国知识产权局一致认为，五国保持紧密合作有利于营造促进创新和可持续发展的良好环境，并推动知识产权在新兴经济体中的发展，并指出金砖五国未来合作的三大目标与其他合作领域。通过金砖五局合作，构建更广泛、透明的伙伴关系，推动知识产权国际规则朝普惠包容、平衡有效的方向发展。

根据《金砖五局关于加强金砖国家知识产权领域合作的联合声明》，金砖五国知识产权局将努力实现以下三大合作目标：①推动金砖国家知识产权发展。②各局为金砖国家知识产权用户和公众提供更好的服务。③提高金砖国家在全球知识产权体系发展中的发言权和代表性。

基于上述合作目标，在金砖五局商定且已经执行的"金砖国家知识产权合作路线图"框架下，未来金砖五局将在下列领域及其他潜在领域开展合作：

---

❶ 田力普. 国内外知识产权最新形势分析 [J]. 知识产权，2014（1）：5.

①开展知识产权法律法规和政策方面的交流与合作。在金砖五局的职责范围内，鼓励用互利的理念推动知识产权发展，相互交流本国知识产权法律法规、政策等方面的信息和经验。加强传统和新兴领域知识产权事务（如遗传资源、传统知识和民间文艺及互联网环境下的知识产权）上的交流和合作，共同推动相关知识产权制度的发展。

②加强能力建设，为公众和知识产权用户提供便捷高效的服务，帮助其更好地利用知识产权制度。开展知识产权注册和审查能力建设方面的合作与经验交流。鼓励包括知识产权服务部门以及相关机构在内的用户团体之间的交流与合作。

③支持在促进公众知识产权意识提升方面开展交流合作。鼓励开展知识产权宣传活动，形成尊重知识产权的文化环境。支持就世界知识产权日及相关活动开展交流和合作。鼓励和引导市场主体加强知识产权运用，尤其是在提高中小微企业知识产权运用能力方面加强交流和合作。

④提升知识产权领域培训方面的合作。继续支持开展知识产权审查员和管理人员培训方面的交流合作，组织年度金砖五局专利审查员培训项目。支持金砖各国开展知识产权服务业从业人员能力建设方面的交流和合作。支持利用远程教育进行人才培养方面的交流合作。

⑤加强知识产权信息的共享和利用。支持在各自相关法律允许的范围内，根据自身能力和需要开展知识产权信息共享和数据交换。鼓励不断推进面向公众的知识产权数据信息资源的开放共享，加强对知识产权用户的信息服务。建立金砖知识产权网站并向公众开放以方便公众获取相关信息。

⑥继续开展知识产权国际论坛协调合作。重申支持 WIPO 在知识产权国际事务中的中心作用。鼓励金砖国家继续加强在包括 WIPO 在内的多边平台就涉及彼此共同利益的问题加强沟通，在达成一致的情况下在国际舞台上发出金砖声音。

⑦继续加强金砖合作机制建设。继续加强局长会等高级别会议在金砖知识产权合作中的统筹协调职能，优化各层级合作机制，推进合作不断深化。根据五局商定的合作路线图共同开展工作，并将根据路线图下各合作领域的

进展情况定期更新路线图。

3. 中国-东盟知识产权合作

2002 年 11 月，中国与东盟正式签署了《中国-东盟全面经济合作框架协议》，中国-东盟自由贸易区建设的进程正式启动。《中国-东盟全面经济合作框架协议》是中国-东盟自由贸易区成立的基础性文件，其覆盖范围与内容极其广泛。不过，在该协议第 3 条第 8 款第（h）项规定："基于 WTO 及 WIPO现行规则和其他相关规则，便利和促进对与贸易有关的知识产权进行有效和充分的保护。"第 7 条第 2 款规定："合作应扩展到其他领域，包括但不限于银行、金融、旅游、工业合作、交通、电信、知识产权、中小企业、环境、生物技术、渔业、林业及林业产品、矿业、能源及次区域开发等。"这些条款虽然没有规定具体的知识产权措施，但是为知识产权问题进行了原则性安排，为中国-东盟知识产权合作奠定了基础。

（1）中国-东盟知识产权领域合作谅解备忘录。

2009 年，中国与东盟十国签署了《中国-东盟知识产权领域合作谅解备忘录》。作为中国-东盟自由贸易区内首份直接针对知识产权问题的规范性国际文件，备忘录将双方的知识产权合作提升到一个新的层次。

《中国-东盟知识产权领域合作谅解备忘录》共有 8 个条文，篇幅虽然不长，但却是中国与东盟之间进行知识产权合作的最重要依据。备忘录序言部分指明了东盟各成员方认识到知识产权领域的合作对于促进各国经济和贸易发展的重要性，强调了加强知识产权领域合作的必要性。备忘录第 1~8 条是正文部分。第 1 条指明了合作的基础与原则，要切实履行各国已加入国际公约之义务，尊重各国现行国内法与规章的规定。第 2 条提出了合作范围，建立定期高层会晤制度，在审查质量控制、审查员培训等方面开展合作。第 3条规定了合作的重点领域，要加强遗传资源、传统知识与民间文艺保护方面的合作。第 4 条指出了合作的约束条件。第 5 条规定了合作推进的主要机关。第 6 条指出了合作的条例。第 7 条规定了备忘录的批准、生效、期限及终止。第 8 条规定了争议解决的方式。

自 2009 年起，为了实施《中国-东盟知识产权领域合作谅解备忘录》的内容，中国与东盟国家政府间的交流、对话与磋商日趋频繁。中国-东盟举办了每年一次的知识产权局局长会议，就各国国内知识产权发展的最新问题进行交流，并对一些重要的国际知识产权议题发表看法，形成统一意见。中国-东盟之间的知识产权合作重点领域与重点机制开始形成，合作规格逐渐提高，合作层次向多元化、纵深化方向发展。

（2）中国与柬埔寨、老挝进行知识产权合作。

2017 年，中国国家知识产权局与柬埔寨王国国务大臣兼工业及手工业部举行高级别会议，并签署了《中国国家知识产权局与柬埔寨王国工业及手工业部关于知识产权合作的谅解备忘录》。根据双方协议，柬埔寨对中国发明专利授权结果予以认可。该谅解备忘录的签署及登记生效工作的正式启动，为中国专利申请人在柬获权提供了"直通车"，这将有利于推动中国对柬投资的进一步增加，对两国的经贸发展和科技交流产生积极影响。中国有效发明专利在柬埔寨直接登记生效不仅是中柬知识产权合作的重要里程碑，也是"一带一路"知识产权合作的标志性成果，既丰富了两国的全面战略伙伴关系，也有力地推动了"一带一路"建设。

该谅解备忘录分为四个部分，共 19 条。第一部分是总则，包括 4 个条文，对签署主体、合作目标、合作范围及相关术语进行了规定。第二部分是备忘录的主体部分，包括 10 个条文，对中国专利在柬埔寨提交申请和登记生效、中国专利在柬埔寨登记生效的请求、中国专利在柬埔寨登记生效的适用标准、中国专利在柬埔寨登记生效申请的编号和标注、中国专利在柬埔寨登记生效的形式审查、中国专利在柬埔寨登记生效请求的受理日、中国专利在柬埔寨登记生效的认可、登记费和年费、与在柬埔寨登记生效的中国专利相关的在先使用权及合作的终止进行了规定。第三部分对争议解决及合作进行了规定，共 2 个条文。第四部分对最终条款，对备忘录的效力、主管机构以及备忘录的生效进行了规定。

2018 年，中国国家知识产权局又与老挝科技部签署《中国国家知识产权局与老挝人民民主共和国科技部知识产权领域合作谅解备忘录》，正式建立中国-老挝知识产权双边合作关系。根据该备忘录，老挝将认可中国发明专利审查结果。

4. 中欧知识产权合作

中国历来与欧洲的知识产权合作保持着良好的关系。欧洲国家，如德国等，在中国知识产权制度建设过程中，给予了中国较大的帮助。经过 30 多年的发展，中国国家知识产权局与欧洲专利局的务实合作从技术层面上升到战略层面，在人员培训、专利检索系统建设、专利分类、专利翻译等多个领域和层面进行全面、深入的合作，取得了实质性的成果。

（1）中欧地理标志协定。

中欧地理标志协定是中国对外商签的第一个全面的、高水平的地理标志保护双边协定。中欧地理标志协定谈判始于 2011 年，历时 8 年时间。协定文本共 14 条，对地理标志设定了高水平的保护规则，并在附录中纳入双方各275 项具有各自地区特色的地理标志产品，如中国的"安吉白茶""赣南脐橙""贺兰山东麓葡萄酒"，欧洲的"帕尔玛火腿""爱尔兰威士忌"等。2019 年，中国商务部与欧盟农业委员共同签署了《关于结束中华人民共和国政府与欧洲联盟地理标志保护与合作协定谈判的联合声明》，宣布中欧地理标志保护与合作协定谈判结束。中欧双方将按照各自法律规定履行内部报批程序，正式进入签署阶段。地理标志协定将为双方的地理标志提供高水平的保护，有效阻止假冒地理标志产品。2019 年，中国与法国签署了《中国国家知识产权局与法国农业和食品部、法国国家原产地和质量管理局关于农业和食品地理标志合作的议定书》。该议定书的签署标志着中法两国在农业和食品地理标志领域的合作关系开启了新篇章，彰显了我国在地理标志产品保护国际合作领域取得的新成就。

（2）中国与欧亚专利局合作谅解备忘录。

中国国家知识产权局与欧亚专利局早在 2007 年就签署了《双边合作谅解备忘录》，正式建立双边合作关系。2017 年，中国国家知识产权局与欧亚专利局签署了 PPH 合作谅解备忘录和数据交换协议。双方于 2018 年启动试点，帮助双方申请人的对外申请早日获权。数据交换协议将促进两局专利数据在世界范围内的传播和利用，进一步扩充两局数据资源，帮助审查员更好履行专利审查职能，为公众提供更好的专利信息服务。通过两局合作，双方延续并巩固友好合作伙伴关系，共同向知识产权用户提供更好的服务。

（3）中国与乌兹别克斯坦政府知识产权保护合作协定。

2016年，中国和乌兹别克斯坦签署了《中华人民共和国政府与乌兹别克斯坦共和国政府知识产权保护合作协定》。该协定的签署标志着中乌两国政府间知识产权合作关系正式建立。该协定指出，中乌两国政府认识到有效的知识产权保护对于发展两国经济、教育、科技和文化领域的互利合作的重要性，本着为这种合作创造良好条件，决定在平等互利原则的基础上开展知识产权保护合作。协定明确，双方将根据各自国家法律及共同参加的国际条约，相互提供有效的知识产权保护，并将在以下领域开展合作：协调与知识产权保护和权利行使有关的问题；交流完善知识产权保护的法律信息和制定相关发展战略的信息；交流在知识产权保护方面采取措施所取得的经验；交流在知识产权领域的培训教材、培训方法和专题材料；开展知识产权领域的人才培养和培训，交流相关工作经验；交流国际合作的经验和各自参加的有关保护知识产权多边国际条约的信息及其执行情况；就有关知识产权保护问题共同举办研讨会、展览会及其他会议；其他领域的合作等。两国政府间知识产权保护合作协定的各项内容，推动了中乌两国知识产权领域合作深入开展，为两国关系发展提供有力支撑。

（4）中国与塔吉克斯坦知识产权领域合作谅解备忘录。

2017年，中国和塔吉克斯坦签署了《中华人民共和国政府与塔吉克斯坦共和国政府知识产权领域合作谅解备忘录》，开启了双边的知识产权合作。谅解备忘录指出，双方认识到知识产权在促进创新、增强国家与企业竞争优势、鼓励经济社会发展及促进两国经济、教育、科技和文化领域的互利合作中的重要作用。双方根据共同参加的知识产权国际条约和各自国内的知识产权法律和法规所作的承诺，在以下领域开展合作：加强高层对话，就两国知识产权最新发展、知识产权战略、法律法规及政策的制定与实施，及其他共同关注的知识产权问题交换意见；加强专利审批与授权方面的合作，交流经验并分享最佳实践；加强在知识产权创造、运用、保护和管理方面的交流，促进两国相应的知识产权机构和组织开展合作；加强知识产权文化传播，提升知识产权保护公众意识，共同组织活动，促进公众和知识产权用户对两国知识产权制度的了解和使用；加强知识产权领域从业人员培训的交流和合作；加强专利自动化系统建设、文献及数据交换领域的交流与合作；加强"一带一路"合作框架下知识产权领域的合作；就 WIPO 和其他国际组织讨论的国际知识产权制度重大问题交换意见；双方协商同意的其他合作领域。

5. 其他

（1）中国与非洲知识产权组织合作。

2007 年，中国国家知识产权局与非洲地区知识产权组织签署了《中国国家知识产权局与非洲地区知识产权组织知识产权合作协议》。2007 年以来，中国国家知识产权局与非洲地区知识产权组织通过高层互访、信息交流、人才培训等多种形式，保持了密切的交流合作。2015 年，中国国家知识产权局与非洲地区知识产权组织总干事签署了《中华人民共和国与非洲地区知识产权组织 2015—2016 年行动计划》，进一步推进双方的合作与交流，加强中非经贸和科技文化交流。近年来，在中非合作论坛和"一带一路"建设框架下，中非知识产权合作迎来新的发展，双方在高层互访、人员培训、云专利审查系统应用、审查工作共享、数据交换等领域加强交流与合作，取得实质性成果。

（2）中蒙俄三边知识产权合作。

中国重视与蒙古国和俄罗斯在知识产权领域的合作与交流。在与蒙古国和俄罗斯开展双边合作的基础上，也积极推进三边合作机制的建设。2013 年，中蒙俄三国知识产权局举行了三边会谈，并签署三边会谈纪要。2015 年，中蒙俄三国知识产权局共同签署了《中蒙俄知识产权局合作备忘录》，明确在三局间建立局长级对话机制，在知识产权立法、执法、专利申请、专利审查、人员培训以及知识产权商业化等诸多领域开展交流合作，就 WIPO 及其他多边国际框架下的知识产权议题交流意见。2016 年，中蒙俄又共同签署了《中蒙俄知识产权局 2016—2017 年合作行动计划》。该行动计划根据三局 2015 年签署的《中蒙俄知识产权局合作备忘录》制定，明确了 2016 年至 2017 年三边在召开局长会议、人员培训、信息化工作、经验交流等方面的具体安排。中蒙俄三方依托已建立的"一带一路"知识产权合作机制和中蒙俄三边知识产权合作机制，为三国关系发展注入新的活力，为打造中蒙俄经济走廊提供制度支撑。

（二）"一带一路"知识产权高峰论坛

"一带一路"倡议提出以来，得到国际社会广泛支持。频繁的经贸往来带动知识产权领域交流日益密切。中国与"一带一路"沿线约 40 个国家建立了正式的双边合作关系，与海湾阿拉伯国家合作委员会、东南亚国家联盟、欧亚专利局等地区组织签订了合作协议，巩固并加强了中蒙俄三边合作机制。为了进一步推进"一带一路"沿线国家知识产权合作，2016 年、2018 年，中国与"一带一路"沿线国家、WIPO 在北京举办了两次"一带一路"知识产权高级别会议，旨在围绕"一带一路"建设开展全面深入合作，促进"一带一路"沿线国家/地区知识产权的协调发展。

1. 第一届"一带一路"知识产权高峰论坛

2016 年 7 月，"一带一路"知识产权高级别会议在中国北京举行，沿线近 50 个国家/地区的知识产权机构负责人出席，WIPO 和海湾阿拉伯国家合作委员会代表作为观察员列席会议。会上通过了《加强"一带一路"国家知识产权领域合作的共同倡议》（简称《共同倡议》），初步构建起"一带一路"知识产权合作常态化机制。中国政府相关部门发布了加强"一带一路"知识产权合作的措施，国家知识产权局明确提出了包括推动多双边区域合作、加强知识产权制度与法律法规交流、提高市场主体知识产权运用能力、增强社会公众知识产权意识等 10 个方面措施。

《共同倡议》指出，丝绸之路促进了其沿线国家的经济和文化交流，形成了和平合作、开放包容、互学互鉴、互利共赢的传统。顺应世界多极化、经济全球化、文化多样化、社会信息化的潮流，维护全球自由贸易体系和开放型世界经济显得尤为重要。"一带一路"沿线国家在知识产权领域保持紧密合作符合各国共同利益，有利于建立良好的知识产权生态体系，促进各国知识产权制度完善，营造有利于创新和可持续发展的环境。沿线国家知识产权合作应充分考虑并尊重各国在经济发展水平、文化、创新能力以及国内法律制度方面的差异。

《共同倡议》提出了以下 6 个方面的合作：

（1）加强知识产权法律法规、政策、战略方面的交流与合作。①鼓励各国用互利共赢的理念推动知识产权发展，相互交流经验，立足各国实际情况，完善各自有关制度。②支持各国就各自知识产权战略的制定实施开展交流，分享经验。③鼓励各国就促进科研机构和创新密集型产业间的知识转移进行交流。④支持各国加强传统和新兴领域知识产权事务（如遗传资源、传统知识和民间文艺以及互联网环境下的知识产权）上的交流和合作，共同推动相关知识产权制度的建立和发展。

（2）支持各国知识产权机构不断加强能力建设，为知识产权用户提供便捷高效、惠而不费的服务，帮助其更好地利用知识产权制度。①鼓励各国改善知识产权机构基础设施，支持各国开展知识产权注册或审批能力建设方面的合作与经验交流。②鼓励各国推动知识产权服务业的发展，为创新主体提供更好的服务和支持。

（3）鼓励各国加强知识产权保护方面的务实合作。①各国均注重知识产权保护，以激励创新，促进科技、经济和文化发展。②完善各国间在知识产权保护和执法方面进行经验交流、信息交换及协作相关的机制。

（4）支持各国在促进公众知识产权意识提升方面开展交流合作。①鼓励各国开展知识产权宣传，形成尊重知识产权的风尚。支持各国知识产权机构就世界知识产权日相关活动开展交流和合作。②支持各国通过知识产权教育加强培养青少年知识产权意识，并就相关政策和措施开展交流。③鼓励各国将知识产权纳入教育体系，互派留学生、进修生等。④鼓励各国引导市场主体加强知识产权运用，尤其是不断提高中小微企业知识产权运用能力。

（5）支持各国加强知识产权人才培养方面的合作。①支持各国知识产权机构开展知识产权审批和管理人员培训方面的交流合作。②支持各国加强知识产权服务业从业人员能力建设。③支持各国开展利用远程教育进行人才培养方面的交流合作。

（6）鼓励各国加强知识产权信息的共享和利用。①支持各国知识产权机构在各自国内相关法律允许的范围内，根据自身能力和需要开展知识产权信息共享和数据交换。②鼓励各国不断推进面向公众的知识产权数据信息资源的开放共享，加强对知识产权用户的信息服务。

《共同倡议》指出，考虑到 WIPO 的重要性及其在全球知识产权发展中发挥的关键作用，参会沿线国家知识产权机构希望 WIPO 为共同倡议的实施提供技术援助和支持。

2. 第二届"一带一路"知识产权高峰论坛

2017 年 5 月，在"一带一路"国际合作高峰论坛期间，国家知识产权局代表中国政府与 WIPO 签署了《中华人民共和国政府和世界知识产权组织加强"一带一路"知识产权合作协议》（简称《合作协议》）。这是中国政府与国际组织签署的首个有关"一带一路"知识产权合作的文件，双方将围绕"一带一路"建设，开展全方位深入合作。2018 年 8 月，中国和 WIPO 在北京共同主办的主题为"包容、发展、合作、共赢"的 2018 年"一带一路"知识产权高级别会议。"一带一路"沿线近 60 个国家的知识产权机构、国际及区域组织以及驻华使馆代表参会。中国国家主席习近平向会议致贺信，指出"知识产权制度对促进共建'一带一路'具有重要作用。中国坚定不移实行严格的知识产权保护，依法保护所有企业知识产权，营造良好营商环境和创新环境。希望与会各方加强对话，扩大合作，实现互利共赢，推动更加有效地保护和使用知识产权，共同建设创新之路，更好造福各国人民。"

2018 年"一带一路"知识产权高级别会议的召开，充分体现了中国政府高度重视知识产权、高度重视知识产权国际合作。会议设置："有效利用知识产权促进产业转型升级，推动'一带一路'沿线国家经济发展""发展全球知识产权体系及共同策略，应对数字时代全球知识产权体系面临的新挑战——法律、最佳实践及合作""加强作为关键无形资产的知识产权的商业化及运用，激励创新""加强知识产权保护，探索适合'一带一路'沿线国家国情的知识产权保护模式，营造良好创新和营商环境""有效保护传统知识、遗传资源、民间文艺—各国法律制度及最佳实践""持续推进知识产权多边合作，支持创新创造"等议题。

会议期间，与会各方就进一步推进"一带一路"沿线国家在知识产权领域的合作进行了探讨，形成了《关于进一步推进"一带一路"国家知识产权务实合作的联合声明》（简称《联合声明》）。《联合声明》指出，各国本着"包容、发展、合作、共赢"的理念，不断推进"一带一路"沿线国家知识产权领域务实合作，提高区域创新能力，激发市场活力，促进区域经济可持续发展。《联合声明》强调加强"一带一路"机构知识产权合作的重要性，强调进一步推进知识产权领域的多边合作来推进知识产权国际规则的进一步完善。

《联合声明》支持扩大 WIPO 管理的知识产权国际条约的成员范围，以及对 WIPO 全球知识产权体系的使用。鼓励沿线国家参与以下合作项目：

①知识产权法律政策交流，支持"一带一路"知识产权合作网站建设，增进各国在知识产权领域的了解与互信。

②开展知识产权意识提升方面的研讨交流，分享经验和最佳实践。

③能力建设方面的合作，提升各国知识产权机构知识产权业务能力。

《联合声明》鼓励有意愿的"一带一路"知识产权机构参与以下合作项目：

①发明专利、商标和外观设计等领域的相关申请审批流程对比研究。

②开展发明专利、商标、外观设计等领域的数据交换。

③开展推广 WIPO 全球知识产权服务的选定国家市场调研。

2018 年"一带一路"知识产权高级别会议也推出了一些具体的合作项目，如各国知识产权法律和政策交流、知识产权意识提升、知识产权运用促进、知识产权的信息交流与数据交换等。同时，WIPO 也发起了一个项目，就是关于马德里体系和 PCT 体系，即商标和专利的国际体系在各个国家发展状况的调查评估，通过这个项目进一步推进这两大体系在域内各个国家之间的发展。通过具体的项目合作，使得"一带一路"沿线国家的知识产权合作更加务实。

第三节
变革与应对：推进"一带一路"区域知识产权一体化的外交策略

积极参与国际经贸规则制定，在国际规则制定中发出更多中国声音、注入更多中国元素，争取全球经济治理制度性权力，是维护和拓展中国发展利益、提高国际竞争力和抗风险能力的重要方面。中国企业在"走出去"过程中，对法律制度的需求尤为敏感，对法律的对外一体化移植热情极高。公司携带资本全球布局，必然要求法律制度保障安全，这是任何国家都回避不了的。❶ 通过法律输出，推动制度的一体化建设，可以为本国海外投资者和贸易商提供一个与本国相似的法制环境，减少其适应成本，并避免因母国和东道国对产品环保、安全标准等"法制含量"要求不同而导致产品竞争的差异。❷ 作为已经崛起的全球经贸大国，中国不能再被排除在正在进行的国际经贸规则重构范围之外。站在新的历史起点上，中国必须准确判断国际形势新变化，以更加积极有为的行动，推进高水平的对外开放，赢得经济发展的主动、赢得国际竞争的主动。党的十八大提出"要以更积极的姿态参与全球事务，发挥负责任大国的作用，共同应对全球性挑战"。❸ 随着知识产权成为全球关系中的重要议题，我们应当利用推进"一带一路"倡议的时机，制定正确的知识产权外交策略，积极开展知识产权外交，有步骤、分阶段地推动区域知识产权一体化的形成，从而为中国创新的世界布局提供制度预案。

---

❶ 鲁楠. "一带一路"倡议中的法律移植——以美国两次"法律与发展运动"为镜鉴［J］. 清华法学, 2017, 11（1）: 19.

❷ 王燕. 自由贸易协定下的话语权与法律输出研究［J］. 政治与法律, 2017（1）: 10.

❸ 胡锦涛. 坚定不移沿着中国特色社会主义道路前进 为全面建成小康社会而奋斗——在中国共产党第十八次代表大会上的报告［R］. 2012-11-08.

一、中国知识产权外交的地位与挑战

知识产权外交指的是主权国家间围绕知识产权问题开展的磋商、谈判、交涉、缔结条约促进国际规则形成、参加国际会议和国际组织等对外交往活动的总称。

（一）知识产权在总体外交中的地位

中国在世纪之交提出了"总体外交"的概念，认为在新时期，随着外交议题的增加，参与决策的部门不断增多，决策过程更加复杂，外交已不仅是外交部门的外交，而是涵盖政治、经济、科技、文化和旅游、安全等多部门、多领域、多层次及官民共同参与的"大外交"。首脑外交、政党外交、议会外交、经济外交、文化外交等都已成为中国对外交往的重要形式。❶ 随着经济、科技全球化的不断加速深化，知识产权在国际贸易中的地位和作用不断上升，成为衡量国家经济、科技发展水平的重要指标，在维护国家利益中起到关键作用。在人类面临的全球共同问题上，如气候变化、能源短缺、粮食安全、重大疾病预防和治疗等，知识产权问题上的合作也是国家首脑双边、多边会谈不可或缺的议题。知识产权外交与政治外交、经济外交、科技外交等传统外交一样，开始成为当前国际形势下国家总体外交的组成部分。

根据外交对象和活动领域，知识产权外交可以分为全球、区域和国别三个层次。知识产权外交应在国际公认的准则上开展活动，推进知识产权国际交流与合作，促进国家经济社会可持续发展，维护国家利益，提升国际形象。知识产权外交是衡量一国综合外交能力的重要标志。知识产权外交活动反映了技术进步的新动向，其内容具有较强的技术性和专业性。但作为总体外交的有机组成部分，知识产权外交仍不能脱离整体外交的原则和宗旨，只有在总体外交的指导下，知识产权外交才可更好地发挥作用。随着中国成为世界知识产权大国，中国需要从国际知识产权规则的被动接受者转变为有影响力的积极参与者，承担起知识产权大国的国际责任。中国通过积极的知识产权

---

❶ 张清敏. 社会变迁背景下的中国外交决策评析 [J]. 国际政治研究，2006，43（1）：45.

外交活动，联合广大发展中国家，团结欧美发达国家，推动统一、协调的知识产权国际规则的形成，扩大在相关国际事务中的代表性和发言权。

（二）中国知识产权外交面临的挑战

从国际外交大趋势看，决策者在进行外交决策时，不得不面临国际、国内双重压力，需要根据对国际、国内两个因素的综合考量后做出慎重选择。经济危机后的很长一段时间里，各国为恢复经济增长，度过危机，在知识产权领域纷纷采取措施，维护本国技术优势和经济发展。中国知识产权外交环境复杂严峻，面临来自国际与国内双重层面的挑战。[1]

1. 国际：贸易保护主义抬头，知识产权成为贸易新壁垒

新兴市场国家的崛起，对发达国家形成巨大的竞争压力。近年来，发达经济体对国际知识产权事务的关注从个案争议转入法律政策和管理制度等机制体制安排，并通过转换场景的方式使国际知识产权格局重新碎片化，意在对新兴市场国家施加压力，知识产权问题政治化趋势明显。此外，发达国家还通过会展及边境知识产权执法、将知识产权与技术标准结合、提起知识产权诉讼、诉诸 WTO 等国际组织等手段保护本国产业利益。从趋势来看，知识产权争端在国际贸易中出现的频率越来越快，对包括中国在内的发展中国家相关产业发展造成的影响也越来越大，甚至对某些产业的经济安全构成威胁。[2] "337 调查""查抄门"等事件不断出现，中国企业遭遇的海外知识产权诉讼不断升级，愈演愈烈。爆发于 2018 年的中美贸易纠纷，其中焦点之一就是美国指控中国侵犯知识产权，这也是美国"301 调查"的重点方向。[3] 知识产权正演变成为发达国家限制进口竞争、保护本地市场的新型"贸易壁垒"。

2. 国内：外交权配置分散凌乱，知识产权外交仍处附属地位

从 20 世纪中美三次知识产权协定到"入世"谈判，在中国整体外交格局

[1] 钟龙彪，王俊. 从单层博弈到双层博弈：中国外交决策模式的变迁——以中国"复关"，"入世"谈判为例 [J]. 世界经济与政治，2007（7）：62.

[2] 宋明顺，赵志强，张勇，等. 基于知识产权与标准化的贸易技术壁垒——"国际贸易技术壁垒与标准化问题"研讨会综述 [J]. 经济研究，2009（3）：155.

[3] 韩秀成，王淇. 知识产权：国际贸易的核心要素——中美经贸摩擦的启示 [J]. 中国科学院院刊，2019，34（8）：893.

中，知识产权都被视为为其他领域获得更多利益而交换的筹码，一直未能成为需要积极构建的独立领域。❶ 在中国分权式的外交体系下，由于缺乏有效协调机制，❷ 出现了知识产权外交权配置分散凌乱的局面。理论上说，一国外交权属中央事权，由外交部负责。但由于知识产权事务专业性强，需专业机关参与。国务院三定方案规定国家知识产权局负责"拟订知识产权涉外工作的政策，统筹协调涉外知识产权事宜，按分工开展对外知识产权谈判"。但在现实中，负责统一对外知识产权国际条约谈判的则是商务部，国家知识产权局只负责专利工作的国际联络、合作与交流活动。其他各类型的知识产权事务则由商标局、版权局，国家质量监督检验检疫局、海关总署等部门分别负责。

这种外交事权部门间分散管理的模式加大了我国知识产权对外合作交流的难度。WIPO 的成员方大会等活动时，我国政府均要派出由各知识产权行政机构组成的庞大代表团。由于意见难以统一协调，不但没有形成规模优势，反而成为分散的劣势，导致国际上不是一个声音。同时，一些外国企业，甚至会利用我国知识产权管理部门分散、互相竞争的特点，采用在不同部门间进行选择的投机行为。这种做法，严重损害了我国国家制度建设的统一性与知识产权的外交能力。

二、推进"一带一路"知识产权一体化的外交策略

中国知识产权外交的使命在于为中国创新的世界布局提供制度预案。作为世界体系竞争中的重要行动者，中国必须明白在新的形势下，应当审慎选择与本国立场相适应的知识产权外交策略，在确保不被隔绝于世界知识产权格局之外的同时，在游戏中寻求胜利。在推动"一带一路"区域知识产权一体化过程中，这一明智的外交策略应当包括明确知识产权外交的方向、确定知识产权外交的阶段性目标、构建推进知识产权外交的平台、谋划知识产权外交工程等几个方面。

---

❶ 李明德. "特别 301 条款"与中美知识产权争端 [M]. 北京：社会科学文献出版社，2000：173—222.

❷ 王里万. 中国外交分权体系下的议会外交 [J]. 世界经济与政治，2015（11）：139.

（一）明确知识产权外交的方向

21 世纪的头 10 年，是中国经济快速发展的 10 年。中国从现行国际贸易体制中受益颇多。对于世界知识产权规则框架体系，中国基于现实和总体考虑，没有从政治和技术层面试图推动其革命性的变革。10 年来，中国也没有在多边场合积极参与巴西、阿根廷等国发起的发展议程。在 WTO 框架下，仅提出了一件与标准有关的知识产权提案，并未被纳入正式议程。一直以来，中国选择的道路是：在现行体制框架内，尽力利用其灵活性，努力培养和发展自己的能力，跟上和适应加强知识产权保护的潮流。

但是，随着国际地位的提升，中国的国际诉求有所转变。"大国谋势、小国谋利"，中国须有大国担当，改变将知识产权作为交换筹码的惯性思维，将知识产权作为独立的领域开展外交活动；应有法治尊严的气度，避免将知识产权保护与执法变成短视的、制衡外国企业的工具，防止将知识产权反垄断执法、高判赔和禁止令、标准专利的管制等手段用来作为国家间施压的筹码；在"一带一路"合作倡议大视角下，随着中国资本与产业的海外布局，要认识到仅仅是基础设施的输出还不够，更需要良好的制度输出。因为对企业家来说，确保投资与交易安全最重要的是制度的稳定性与可预期性，而非法外手段获得的收益；❶ 要改变以往"缓与拖"的外交策略，改为"促与推"的做法，积极把控国际知识产权格局的主导权和话语权，推动国际知识产权规则形成与变革。

（二）确定知识产权外交的阶段性目标

长期以来，国际经贸领域存在着较大的知识产权分歧，这有其深刻的历史与现实原因。"一带一路"沿线国家在宗教信仰、政治体制、语言文化、民族传统等方面存在较大差异，各自也处在不同的经济发展阶段，民众对知识产权诉求不一。建立统一有效的知识产权国际合作机制是个艰难漫长的过程。因此，在推动"一带一路"沿线区域知识产权一体化建设过程中，必须秉持正确的义利观，本着共生共荣、互利互信的原则，有计划、分阶段地逐步推

---

❶　赵微. 航运开道、法律护航，当代海上丝绸之路建设的法治思考［M］//葛建雄，胡鞍钢，林毅夫，等. 改变世界经济地理的"一带一路". 上海：上海交通大学出版社，2015：116-118.

动。确立这种阶段性目标又可以分为两个方面。

一方面，从合作领域的难易程度来看，可以先选择比较技术中性、合作难度较低的领域开展。首先，在一些争议较小的技术性领域率先加强合作。通过审查、数据信息、人员培训、能力建设等基础性业务的合作，减少重复劳动。在这一领域，我们已经取得了可喜的进步。2017年，我国与柬埔寨签署知识产权合作谅解备忘录，至此中国授权的发明专利可直接在柬埔寨登记生效。这不仅大大提升了知识产权获取的便利化，增强了中国投资者和发明人在柬埔寨发展的热情，同时也是"一带一路"知识产权合作的突破性成果，具有里程碑意义。其次，在一些古老文明共同享有的领域加强合作。"一带一路"沿线国家大多是具有悠久文化历史的国家，这些国家传统知识、遗传资源、民间文艺等资源相当丰富。但现代知识产权制度对这一块关注不够，导致这些优势资源难以转化为竞争资源。因此，要加强这一领域合作，让古老文化重新绽放生机活力。最后，在知识产权执法领域开展合作。"一带一路"各国须共同携手知识产权执法合作，加强执法经验和信息交换，共同打击侵害知识产权的行为。

另一方面，从合作地域范围选择来看，可以确立主干、周边、重点推进的步骤。在后TRIPs时代的大背景下，中美、中欧、中日韩、中非、中国与东盟、中国与南美正在形成不同层次的贸易自由化或经济一体化联盟。对不同地区、国家、国家集团，应采取分层次、有区别的知识产权外交政策：要全面提升与全球知识产权大国的合作水平，创新合作模式。这仍然可以看作是构建区域知识产权合作的主干部分；拓展与新兴国家的战略合作伙伴关系，加强与周边国家的合作，为其提供必要的技术援助。其中，中国－柬埔寨、中国－老挝合作可以看作是典范；要选择"一带一路"沿线具有较大影响的国家进行重点合作，如海湾合作委员会、东盟、俄罗斯等，以尽快构建起知识产权区域合作的主体框架。为了维护地缘政治安全，应积极推进与中亚地区的知识产权合作。未来20年，亚洲知识产权一体化将是大势所趋，中国应主导这一进程，积极构建亚洲知识产权一体化体系。

中国在开展"一带一路"知识产权外交过程中，应当重点关注这样几个方面：一是建立区域性国际协商对话机制。以“东盟知识产权合作框架协议”组织、欧亚专利组织、欧洲专利组织等为依托，协调区域性知识产权事务。二是建立区域性知识产权争端解决机制。坚持突出重点、协调差异，完善区域性知识产权保护制度。三是建立区域知识产权事务合作机制。以知识产权为制度工具进行技术、能源、信息、资金、劳务等资源配置，推动区域经贸合作。在推进知识产权规则区域一体化过程中，提出更多中国方案、贡献更多中国智慧。❶ 在广泛深入合作的基础上，应努力将“一带一路”区域知识产权合作打造成国际知识产权合作的典范。知识产权区域合作下的“一带一路”，必将建设成一条真正的文明传播之路、一条知识创新之路、一条繁荣共享之路；知识产权区域合作下的“一带一路”，也必将建设成一个古老文明与现代科技交相辉映的知识共同体。筑立在这样一个知识共同体上的命运共同体，才是一个真正实现义利交融的、可持续发展的人类命运共同体。

（三）构建知识产权外交的平台

要充分利用现有的国际贸易、法律平台，加强区域知识产权合作，推动国际知识产权新秩序的形成。

1. 国际组织平台

WIPO 是中国理想的知识产权多边外交平台。中国应通过财政支持、人员派驻、建立特别工作组等方式，参与 WIPO 的日常运作，尤其是 WIPO 重大事项的议事日程。对于 WIPO 的议题要有明确的态度：对发展议程，需要设计对遗传资源、传统文艺等可行的保护方案；对 PCT 应继续推动其朝着提高便利性方向改进；世界专利制度对于中国参与国际知识产权治理结构具有非凡的价值，中国应具大国气度，积极推动世界专利的形成。WTO 是中国重构国际知识产权格局的另一重要阵地。❷ 与加入 WTO 之初的情况不同，中国庞大的市场已是全球跨国公司争夺的战场。中国在履行对外承诺的前提下，可充分利用这一资源来支持我国意欲构建的国际知识产权秩序。在美国、欧洲欲

---

❶　吴汉东. 积极应对国际知识产权制度变革 [N]. 人民日报，2018-03-30.
❷　张艳梅. 利益平衡视角下知识产权全球治理的局限与突破 [J]. 东北师范大学报（哲学社会科学版），2015（4）：96.

逃离《TRIPs 协定》的背景下，尽力将其拉回现行知识产权框架协议下来。对其他涉及知识产权事务专业性国际组织，包括国际刑警组织、世界卫生组织、万国邮联、世界海关组织等，中国也应参与其知识产权工作小组，在知识产权相关的议题设定、议程安排等方面发挥积极作用。

2. 区域合作平台

要积极关注并构建区域层面的外交合作平台，使知识产权外交成为提升区域经贸合作、促进经济发展的可靠保障。从"一带一路"倡议与现有治理制度区域覆盖程度来看，丝绸之路经济带沿线涉及的治理制度与组织大体包括：上海合作组织、亚信会议、亚洲合作对话、中国−阿拉伯国家合作论坛、中国−海合会战略对话、亚欧会议、中国−中东欧国家合作论坛（"16+1"）和中欧峰会等；海上丝绸之路途经国家的主要治理制度与组织则包括中国−东盟"10+1"、亚太经合组织、东亚峰会、东盟地区论坛、大湄公河次区域合作、西太平洋海军论坛和中非合作论坛等。❶ 从 2004 年起，亚太经合组织开始在部长级层面关注知识产权问题，提出建立全面和平衡知识产权保护体制，以营造鼓励创新和吸引投资的发展环境。❷ 亚太经合组织是能与美日就知识产权事务展开谈判的较好平台，中国需以更主动积极的姿态参与其中。"上海合作组织"和"东盟"是中国"一带一路"倡议构建中的两个重要平台。上海合作组织作为中俄主导的国际合作典范，在知识产权领域签署了《上海合作组织成员国海关关于加强知识产权保护合作备忘录》等文件，今后知识产权合作潜力巨大。东盟作为我国的重要贸易伙伴，与我国在经济合作上有长期友好的合作传统，是我们开展知识产权外交的重点。❸ 发展同上海合作组织与东盟的知识产权外交，必然会成为推进地区一体化建设，维护安全、繁荣、稳定的重要举措。

3. 地方知识产权外事合作平台

在国家安全、领土边界等高等级政治问题方面，外交权应当归属中央政

❶ 王明国. "一带一路"倡议的国际制度基础 [J]. 东北亚论坛, 2015 (6)：77.
❷ 陈福利. 亚太经合组织中的知识产权问题 [J]. 知识产权, 2008, 18 (2)：85.
❸ 高兰英, 宋志国. 《2004—2010 年东盟知识产权行动计划》及实施述评——兼论其对构建中国—东盟知识产权合作机制的启示 [J]. 广西师范大学学报（哲学社会科学版）2012, 48 (1)：79.

府，但在经济、科技事务等低级别议题中，为本地获得经济和科技发展机会，地方政府应享有寻求自主性国际交往的权力。❶ 知识产权事务除了国际条约谈判等方面外交事务应当由中央政府统一负责外，其他诸多方面的对外交往权可以一定程度交由地方行使。1978 年以来，中国地方政府外交活动十分活跃。从 20 世纪 80 年代起，中国许多地方省市与国外建立"姐妹城市""友好城市"等伙伴关系，这些都为知识产权地方外事合作提供良好的契机。2014 年，WIPO 办事处落户北京即是一例。由于中国各地区知识产权发展水平差异较大，对知识产权制度的需求也不同，通过构建地方知识产权外事交往平台，给予各地知识产权次国家外交上的灵活度，可以不断提升中国知识产权国际竞争与合作水平。

4. 知识产权"二轨外交"平台

政府间外交受政治框架限制，谈判回旋余地小，难于灵活应对瞬息万变的形势。同时，政府也难于与他国国民近距离接触，直接影响他国的社会思维。随着全球化进程的加快，越来越多的民间智库、行业协会等非政府组织（Non-Govemmental Orgamfations，NGO）通过举办研讨会、以观察员身份列席国际会议或谈判等方式，发挥着政府难以起到的作用，影响国际关系进程。许多国家都利用非政府组织来提出自己的主张。❷ 中国应重视非政府组织在国际知识产权治理结构中的作用，制订工作计划、设置专项基金，支持构建新型国家智库，企业联盟、行业协会等各类型非政府组织平台，开展政府以外的"二轨外交"方式，推进"中国议题"和"中国方案"，对区域知识产权一体化与国际知识产权格局产生积极的影响力。

（四）策划知识产权外交工程

为推进知识产权区域一体化进程，应尽快策划并启动知识产权外交工程。

尽快启动知识产权外交统筹协调工程。建立由外交主管机构协调，包括安全部、国防部、中联部、文化和旅游部、市场监管总局、海关总署等成员

---

❶ 崔绍忠，刘曙光. 中央政府和地方政府的经济外交职能及其关系——中国的视角和经验. ［J］外交评论（外交学院院报），2012（3）：43-55.

❷ CHARNOVITZ S. Two Centuries of Participation：NGOs and International Governance[J]. The Michigan Journal of International Law, 1997, 18(2)：183.

在内的部级协调机制。建立由知识产权主管机构牵头，地方政府、企业、民间团体组成的专门知识产权外交协调机制。

随着中国企业"走出去"战略的实施，中国海外资产规模越来越大，需要尽快实施海外知识产权布局工程，指导和帮助企业有目的、有计划、有针对地在相关投资和贸易国进行知识产权布局，为海外市场拓展提供知识产权储备和保障。

尽快启动核心知识产权、精品知识产权的培育工程。建立和完善知识产权质量、市场价值、市场竞争力与控制力、淘汰率等方面的评价指标体系，扶持企业、行业与地方培育更多的知识产权精品，提升海外知识产权布局的质量。

尽快开展国际知识产权信息库建设工程，通过发布相关国家的知识产权法律、制度、知识产权布局、程序规则等情况，为企业海外知识产权布局、诉讼提供便利渠道，支持企业和其他市场主体参与国际知识产权事务。对企业海外投资应预先进行知识产权评议，避免不必要的投资损失与纠纷。

尽快开展"一带一路"知识产权审查员合作与培育工程，国家投入专项资金，通过项目合作、派遣专家、组织培训等形式，帮助"一带一路"沿线落后的地区和国家，建立和完善知识产权制度，建立检索系统等基础设施并给予技术支援，帮助培训相关知识产权审查人员。

尽快实施海外知识产权保护推进工程，会同所在国使馆与企业行会，探索建立知识产权调查专员或服务工作站，提供企业当地知识产权维权援助和诉讼应对服务，保护和拓展中国在海外的知识产权利益。

尽快实施知识产权促进贸易结构优化工程，鼓励企业自主知识产权产品出口，完善知识产权贸易统计指标体系，研究制定《知识产权商品和服务出口指导目录》，将专利代理、知识产权法律服务等纳入其中，帮助企业从事更多的高附加值贸易活动。

着力培育具有国际化视野和国际知识产权运作能力的知识产权高级人才与服务机构，通过税收、人才等优惠政策支持国内知识产权服务机构办理海外知识产权事务。培育本土知识产权国际经营管理公司。成立国际知识产权交易基金，鼓励民间资本成立知识产权并购交易基金，支持企业广泛开展知识产权跨国交易。

三、推进"一带一路"区域知识产权一体化的几个重点问题

推进"一带一路"区域知识产权一体化中需要关注的问题较多，以下选择其中三个重点问题进行研究。其一是如何构建中国自由贸易协定中知识产权条款的标准范本问题；其二是 CPTPP 知识产权规则的中国应对问题；其三是如何构建我国知识产权域外管辖权的问题。标准文本的构建既有利于确保对外知识产权谈判时的立场与策略的一贯性，形成自己的风格和声音，产生大国的规则示范效应，又有利于预设本国的议程和优先事项，把握主动权，影响谈判力，渐进地把握国际规则的主导权。[1] 对于自贸区知识产权条款文本研究与标准范本的构建，我们将放在下一章里进行专章研究。

（一）CPTPP 知识产权规则及中国的应对

关于 CPTPP 知识产权规则，在前文中已有体现，在此不作过多赘述，直接来探讨中国的应对策略。虽然中国没有加入 CPTPP，但是从塑造全球经济新规则、新规范，推动贸易转移的角度来看，CPTPP 对中国有着很大的影响。笔者认为，从中国现有知识产权法律法规基础来看，以及从中国建设创新型国家目标与"一带一路"倡议来看，应当以更加积极的心态来看待 CPTPP 知识产权规则。

1. 与 CPTPP 知识产权规则接轨符合我国未来的发展方略

1978 年以来，党和国家高度重视知识产权工作。40 多年来，我国建立了以专利法、商标法与著作权法及其实施条例为主干的较为完善的知识产权法律法规体系。2008 年，国务院颁发《国家知识产权战略纲要》，将知识产权从部门事务上升到国家事务的高度。在 2018 年的亚洲博鳌论坛上，习近平总书记指出，"加强知识产权保护，是完善产权保护制度最重要的内容，也是提高中国经济竞争力最大的激励。""知识产权保护，外资企业有要求，中国企业更有要求。""要坚决依法惩处侵犯外商合法权益特别是侵犯知识产权行为，

---

[1] 杨静，朱雪忠. 中国自由贸易协定知识产权范本建设研究——以应对 TRIPs-plus 扩张为视角 [J]. 现代法学，2013，35（2）：149.

营造国际一流营商环境"。2019 年 11 月，中共中央办公厅、国务院办公厅联合发布了《关于强化知识产权保护的意见》。这些都表明加强知识产权保护已经成为我们这个时代最强劲的旋律。可以说，在我们已经坚定要走创新驱动发展道路与建设知识产权强国的前提下，一个更高水平的知识产权保护标准与我们的时代的旋律并不违背。

进入 21 世纪以来，中国需要以一种更开阔的世界眼光在全球进行布局。为此，国家提出了全方位开放的共建"一带一路"倡议。在这个构想中，把握国际规则的主导权是关键。的确，美国、日本曾经主导的 TPP 制定了一个非常高的贸易投资规则，并采用了一种闭门排他式的方式秘密洽谈，意图把中国排斥在外。因此，中国在接受类似自贸区安排时存在担忧与顾虑。不过，随着美国的退出，这些关于 CPTPP 中的遏制与反遏制的声音减弱。出于市场的考虑，现有 CPTPP 成员方大多期望中国能够加入，中国在 CPTPP 成员方也拥有较大的贸易投资利益。我们应当把握这一时机，以积极、主动态度介入 CPT-PP，尽快采纳与中国长远发展方向相一致的高水平国际经贸规则。所以，在 2020 年 5 月，第十三届全国人大记者会上，李克强总理明确指出，我国今年要如期签署 RCEP，并对参加 CPTPP 持开放的态度。

2. 中国现有知识产权法律法规已基本达到 CPTPP 标准

中国知识产权法律体系，经过 40 年的发展，已经达到了一个较高的水平，与 CPTPP 标准，尤其是搁置条款后的 CPTPP 相比，并没有太明显的差距。即便以后美国想要重新回归，复活搁置条款，但是在里面与之谈判，与在外面意图进入时的谈判相比，筹码与地位都已经不太一样了。

就专利而言，虽然 TPP 扩大了专利保护客体范围，将专利保护范围扩展到了第二用途以及植物中产生的发明等，同时延长了专利保护期限。不过，CPTPP 大多予以搁置。只是对农业化学物质产品未披露的实验或其他数据提供了保护。从我国现行的《专利法》来看，已经试图对药品审批的期限补偿进行了规定，同时对外观设计的保护期限进行了延长。两者比较，差距已然不大。从中共中央、国务院 2020 年 4 月发布的《关于构建更加完善的要素市场化配置体制机制的意见》中对于数据产权的关注程度来看，数据产权在我国未来一段时间将会被放在一个比较重要的位置在加以保护。这些都为对未披露实验数据的保护提供了基础。

就版权而言，CPTPP 对一定程度上扩展了复制权的范畴，将数字化形式也纳入复制权范畴，同时也扩大了向公众传播权的保护范围。不过，从我国 2020 年新修改的《著作权法》中的内容来看，这些规定几乎都已包含在新著作权法之内。

就商标而言，CPTPP 对商标客体的扩展较大，将声音、气味都纳入商标保护范围。不过在我国，声音已经可以申请注册商标。那么，剩下的就只有气味商标了。此外，CPTPP 还将国名与域名纳入保护范围，在我国，域名本身具有一套管理办法。我国自 2008 年举办奥运会以来，对奥运会、亚运会等标志都有专门的管理条例，因此，对国名提供保护似乎也不存在太大的障碍。CPTPP 还将商标的保扩展到"令人混淆的相似"情形。这一条款如果不能清晰地解释，有可能会增大我国出口货物在境外被扣押的风险。

就海关而言，CPTPP 规定了海关可依职权启动边境措施，同时可以将边境措施适用于过境货物。就前者而言，我国已有的知识产权海关执法的力度与侵权货物种类范围方面已经较 TPP 或 CPTPP 更高。至于后者，在全球化配置生产链的情况下，可能会带来一定的冲击。不过，从 2019 年中共中央、国务院颁布的《关于推进贸易高质量发展的指导意见》的精神来看，利用这个契机，提升我国贸易质量与结构，未免不是一件好事。

就执法、司法而言，CPTPP 加大了知识产权执法与司法的保护力度。对行政行为的合理性提出了更高的要求，要求程序便利性（不过于繁琐）、裁决形式（书面）、实体要求（充分说明理由）、救济途径（提供异议和答辩机会）等，同时要为权利人发现侵权、收集侵权证据提供便利。这些与 2019 年中共中央与国务院发布的《关于强化知识产权保护的意见》的精神是一致的。同时，对于我国这样一个重实体、轻程序的国家来说，借此机会，进一步完善我国知识产权执法、司法程序来说，有一定的积极意义。

近年来，我国对一系列相关法律制度进行了完善，如《外商投资法》《优化营商环境条例》等，这些都为中国提升营商环境提供了制度保证，促使中国与 CPTPP 的标准更加靠近。

3. 中国的知识产权实践已经具备应对挑战的能力

虽然在 CPTPP 出现之初有许多人担忧它所包含的标准过高，但近年来，中国向 CPTPP 的标准逐步靠近。随着世界创新中心的东移，中国成为世界知识产权运用最为活跃的地区。在 WIPO 发布的《全球创新指数报告》中排名大幅上升，居于中等收入经济体首位。中国专利申请数量已经连续多年保持世界第一，并将在较长的时间内保持较高增速。专利质量将有所提升，有效发明专利数逐渐积累。世界品牌榜上，来自中国的品牌逐渐增多。中国加入了几乎全部知识产权国际条约，与 60 多个国家、地区和国际组织签订了 170 多份多边、双边合作协议。中国在国际知识产权组织中的地位逐年提升，中国国家知识产权局成为国际最具影响力的五大专利局之一。鉴于中国技术能力的提升、企业的全球化发展、巨大市场潜力逐步转化为现实的市场，中国在知识产权国际规则制定方面的潜在话语权将大幅提升。

CPTPP 在一定程度上确立了一个更高标准的贸易投资规则。但是，从我国的国家发展方略、现有的知识产权法律法规以及知识产权实践能力来看，我国已经具备了应对挑战的基础与能力。随着国际地位的提升，我国的国际诉求必须转变。在贸易保护主义等逆全球化潮流冲击下，推动区域经济一体化已成为各国寻求国际合作的重要路径。众多东南亚国家都有勇气迎接挑战，我们更应具有迎接挑战的自觉与自信。博登海默说，"制度具有积极的社会建构功能，为根本修正一个民族的生活方式开辟道路。"❶ 一定程度稍高的、超前的规则将会激发人们更大的潜能。机会转瞬即逝，我们必须要有作为、有担当，改变过去那种将知识产权作为为其他领域谈判的交换筹码的惯性思维，采用更加积极、主动的态度参与到 CPTPP 当中去，力争主导 CPTPP 规则的发展方向，推动 CPTPP 规则的进一步完善。

（二）建立和完善知识产权域外管辖权制度

在推进"一带一路"沿线区域知识产权一体化构建中，要注重建立区域

---

❶ E·博登海默. 法理学法律哲学与法律方法 [M]. 邓正来，译. 北京：中国政法大学出版社，2004：346.

性知识产权争端解决机制，以突出重点、协调差异，完善区域性知识产权合作制度。此外，为了推进"一带一路"沿线区域知识产权一体化建设，尤其是随着现代数字、网络技术的快速发展，网络空间知识产权侵权跨区域频繁出现的情况下，还有必要尽快构建起符合我国自身发展利益的知识产权域外管辖权制度。在满足法定条件的前提下，进行域外管辖，以保障我国企业的海外贸易与投资的合法利益，推动符合公平正义的国际知识产权秩序的形成。

1. 海外域外管辖实践与经验

国际法并不禁止一国法律的域外适用，认可保护性管辖和普遍管辖原则。世界各国在国际法允许的条件下，为了实现自身法律规制目的，都尝试着开展国内法域外管辖的实践，将国内刑法、证券化、反垄断法等部门法适用于域外管辖。所谓"域外管辖"，根据联合国国际法委员会的定义，国家主张域外管辖权是在没有国际法有关规则的情况下试图以本国的立法、司法或执行措施管辖在境外影响其利益的人、财产或行为。[1] 通过国内法域外适用推动国际规则的变革，在国际实践中早有先例。最典型的就是美国以《海外反腐败法》为蓝本，推动亚太经合组织制定与美国法内容相仿的《防止对外国公务员行贿公约》。[2]

（1）《网络行动国际法塔林手册 2.0 版》网络活动域外管辖。

《网络行动国际法塔林手册 2.0 版》（简称《塔林手册 2.0》）是由美国教授迈克尔·施密特（Michael N. Schmitt）牵头负责，由 20 名成员组成的国际专家组编写的网络空间的国际法规则。尽管手册只是一个建议性指南，并非北约官方文件或者政策，但还是在国际社会引发了广泛关注。《塔林手册 2.0》的一个核心理念是将现实世界已经有的国际法规则适用到网络空间来。作为和平时期网络空间国际规则体系，《塔林手册 2.0》包括国家主权、管辖权、不干涉内政、和平解决国际争端等内容。《塔林手册 2.0》进一步完善了网络空间的主权理论，将网络空间分为物理层（physical layer）、逻辑层（logical layer）和社交层（social layer）三个部分，并认为每个层次都与主权原则

---

[1] 联合国国际法委员会 2006 年报告 A//61/10，附件 E。
[2] 廖诗评. 中国法域外适用法律体系：现状、问题与完善［J］. 中国法学，2019（6）：29.

有关。物理层包括物理网络组件（即硬件和其他基础设施，如电缆、路由器、服务器和计算机）；逻辑层由网络设备之间存在的连接组成，包括应用程序、数据和允许数据经过物理层的协议；社交层包含从事网络活动的个人和团队。《塔林手册 2.0》从对内主权和对外主权两个角度论述了网络主权，对内主权强调国家对一国领土内的网络基础设施和网络活动享有主权。国家有权制定相关国内法实现主权。对外主权的基础是国家在法律上的平等权，强调在国际关系中，国家可以自由实施网络行动，除非这一权利受到国际法的限制和约束。禁止侵犯和干涉他国主权，禁止使用武力。❶

《塔林手册 2.0》以现代国际管辖权制度为基础，将国际管辖权制度中的概念、原则和例外运用于国际网络活动中，针对网络活动特殊性，建立起网络空间的管辖权规则体系。《塔林手册 2.0》的国际管辖权规则体系在结构上主要由一般原则、属地管辖权、域外管辖权（包括域外立法管辖权、域外执法管辖权）、国家管辖豁免和国际执法合作构成。在管辖事项上主要针对形式和行政事项，不涉及民事事项，在权能上主要涉及立法和执法管辖。《塔林手册 2.0》确认了网络活动国际管辖权的一般原则，即国家可以在国际法的限制下，对网络活动行使属地和域外管辖。但是，一国对网络活动的属地管辖权，包括立法管辖权、司法管辖权和执行管辖权都是完全的、专属的。域外管辖权则因为管辖权类型不同而受到国际法不同程度的限制。如执行管辖权的域外行使必须有条约基础，而立法、司法管辖权则更多地受习惯国际法的影响。❷

《塔林手册 2.0》确立的国家网络空间属地管辖权包括对境内网络设施、从事网络活动的人员，以及在境内产生或完成，或者在境内造成实质影响的网络活动行使管辖权。❸《塔林手册 2.0》规定，一国对网络活动行使域外立法管辖权可以基于以下依据：网络活动为该国国民在境外实施；网络活动在一国境外的但具有该国国籍的船舶或航空器上实施；网络活动由外国国民在

---

❶ 朱莉欣，武兰. 网络空间安全视野下的《塔林手册 2.0》评价 [J]. 信息安全与通信保密，2017（7）：65-71.

❷ 迈克尔·施密特，丽斯·维芙尔. 网络行动国际法塔林手册 2.0 版 [M]. 黄志雄，等译. 北京：社会科学文献出版社，2017：92-105.

❸ 同❷：95.

境外实施，旨在严重破坏一国核心国家利益；网络活动是一定条件下外国国民针对该国国民实施；网络活动根据普遍性原则规定构成国际法上的犯罪。域外管辖权的行使应受实际联系原则和国际礼让原则的制约，即一国对境外从事网络活动的人、网络基础设施以及网络活动形式立法管辖权时，必须合理且应当尊重他国利益，不应对没有实质联系的人或活动行使管辖权，或行使管辖权会侵犯外国主权或外国国民利益，从而构成国际不法行为时，一国也不应行使此类域外管辖权。对于网络空间域外执行管辖权的形式及国际执法合作，《塔林手册2.0》规定必须具有国际法上的授权或者获得了外国政府的同意。❶

《塔林手册2.0》所确立的网络空间域外管辖权实际上是现代国际法属人管辖原则、保护管辖原则和普遍管辖原则在网络空间中的适用。塔林手册将本国国民在国外的活动单独作为域外管辖权的标准，并将发生在国外的针对本国国民实施的网络行为也纳入域外立法管辖的范围。此外，网络活动域外管辖权也将国家安全和其他核心利益的网络行为纳入管辖依据之一。❷《塔林手册2.0》在对国家与国际实践进行概括的同时，也提出了一些新的观念和概念，对网络活动国际管辖权进行了一定的创新。塔林手册适应时代需要，将网络活动国际管辖权的对象扩大到数据，从而第一次在国际管辖权规则创设上明确将数据作为独立的客体，体现了对数据主权观念的肯定。由于网络活动的跨地域性、虚拟性，导致各国可以对网络活动主张的国际管辖权之间的界限不断模糊，出现交叉和竞合，对同一网络活动国际管辖权呈现多元化特征，网络管辖权之间容易发生冲突。对于这些冲突，塔林手册主张通过传统的合理性原则、国际礼让原则等来加以解决。❸ 因此，根据《塔林手册2.0》，一国对于域外实施的知识产权侵害行为，如果符合域外管辖标准的，也可以进行域外管辖。

---

❶　迈克尔·施密特，丽斯·维芙尔. 网络行动国际法塔林手册2.0版.［M］黄志雄，等译. 北京：社会科学文献出版社，2017：100-105.

❷　同❶：103.

❸　甘勇.《塔林手册2.0版》网络活动国际管辖权规则评析［J］. 武大国际法评论，2019，3（4）：117.

（2）GATT"一般例外"条款下域外管辖。

GATT 规定了诸多例外规则，其中 GATT 第 20 条被称为"一般例外"条款。第 20 条规定，如果下列措施的适用在条件相同的国家之间不构成武断或不合理的差别待遇，或构成对国际贸易的变相限制，缔约方可以采取如下措施：

a. 为维护公共道德所必需的措施；

b. 为保障人民、动植物生命健康所必需的措施；

c. 有关输出或输入黄金或白银的措施；

d. 为保证某些与本协定的规定并无抵触的法令或条例的贯彻执行所必需的措施，包括加强海关法令或条例，加强根据协定第 2 条第 4 款和第 17 条而实施的独占行为，保护专利权、商标及版权，以及防止欺诈行为等所必需的措施；

e. 有关监狱劳动产品的措施；

f. 为保护本国具有艺术、历史或考古价值的文物而采取的措施；

g. 为保护可用竭天然资源的有关措施；

h. 为履行国际商品协定义务而采取的措施；

i. 为保证国内加工工业对相关原料的基本要求而采取的限制原料出口措施；

j. 因普遍或局部供应不足，为获取或分配产品所采取的必要措施。

允许各成员方基于某种特殊情形而采取的措施，有时会伴随域外管辖措施在实践中应用，因此引发广泛的争议。例如，为保护"必要的保护公共道德"的理由实施贸易限制措施。但是，这些特殊情形如何界定，以"公共道德"为例，"公共道德"是仅限于成员方境内的公共道德，还是可以延伸至境外，包括维护他国的公共道德问题？如果可以延伸至境外，这就产生了所谓的"域外管辖"权问题。这一问题早期的争议可追溯到 GATT 时期的金枪鱼/海豚案。1991 年，美国依其《保护海生哺乳动物法》，下令禁止从墨西哥进口金枪鱼及其制品，理由是其将金枪鱼与海豚一起捕杀。墨西哥不服，将争端递交到 GATT，指控美国违反了 GATT 第 11 条普遍取消数量限制的规定。

美国援引第 20 条②款和⑦款赋予的权利为其辩护。该案专家组在裁决中讨论的主要法律问题之一就是第 20 条②和⑦两款适用的地域范围问题。墨西哥捕鱼行为发生在美国管辖水域之外的公海，故墨西哥主张美国不能对其境外自然资源实施贸易限制。墨西哥认为，根据 GATT 第 20 条所列举的各种例外情形只能适用于成员境内，并指明如果美国能够针对其他国家的资源而实施贸易限制措施，就会将一个违反 GATT 原则的新概念引入 GATT，即域外管辖。❶

在金枪鱼/海豚 I 案中，专家组在考察第 20 条②款的起草历史后，推断第20 条②款只适用于保护成员境内的利益。专家组担心如果接受美国政府的广义解释，在 GATT 下，每个缔约方都可以单方面地将本国有关生命和健康的保护政策强加于其他缔约方。在金枪鱼/海豚 II 案，专家组指出，为保护外国资源而采取的措施原则上应当纳入第 20 条其他单项和 GATT 其他条款来考虑，因为这些单项和条款对标物位于或行为发生于措施实施国境外的情形有明确规定。依据起草历史来看，GATT 第 20 条的 10 项内容中，第 20 条⑤项的监狱劳工条款明确赋予成员方对于域外监狱劳工所生产的产品可以禁止进口。从这一项来看，GATT 是允许域外管辖的。❷ 第 20 条④项规定，为保证某些与本协定的规定并无抵触的法令或条例的贯彻执行所必需的措施，包括加强海关法令或条例，加强根据协定第 2 条第 4 款和第 17 条而实施的独占行为，保护专利权、商标及版权，以及防止欺诈行为等所必需的措施。不过，就知识产权问题是否具有域外管辖权，还是存在不少争议的。

域内管辖措施与域外管辖措施有时候是不太容易明确划分清楚的。成员方采用以保护其境外利益、他国利益或国际社会普遍利益的贸易限制措施大体都可以划入域外管辖措施。2008—2009 年，印度、巴西经由欧盟过境的仿制药品曾被欧盟国家海关多次查封、扣押。印度、巴西随后提请 WTO 争端解决机制，并援引《TRIPs 协定》和《多哈宣言》的规定，提请诸多发展中国家作为第三方参加了争端解决程序。该案争诉中，专家组没有讨论第 20 条（d）项规定。但实际上，在这种情形下，如果欧盟与进口国或第三方有某种

---

❶　徐莉. 论 WTO "公共道德例外" 条款下之 "域外管辖" [J]. 法学杂志，2012, 33（1）：165.
❷　同❶.

协定，为了保护第三国的国内权利人的利益，而采用了相应的贸易限制措施。可以视为是域外管辖行为。不过，该案最终双方达成了协议，欧盟修改其海关法律，并声明遵循《TRIPs协定》保护公共健康的精神。不过，欧盟随后又表示，如果此类药物存在进入欧盟市场的可能性，会构成海关当局怀疑所涉药物侵犯专利权的充分理由。❶ 将执法条件重新与本国利益联系起来，这实际上是要求以保护国内利益为主，主张的还是域内管辖。

（3）欧盟《通用数据保护条例》第3条域外管辖。

2016年，欧盟议会通过了《通用数据保护条例》（General Data Protection Regulations，GDPR），其前身为欧盟在1995年制定的《计算机数据保护法》。GDPR是数字经济时代欧盟数据治理改革的重要立法成果，2018年在欧盟成员方内正式生效实施。GDPR适用范围广泛，规定任何收集、传输、保留或处理涉及到欧盟所有成员方内的个人信息的机构组织均受该条例的约束。GD-PR的一个较大的特点就是设定了宽泛的地域管辖范围。GDPR的第3条不仅考虑管辖的属地因素，还增加了属人因素，积极扩张个人数据保护的域外管辖权意图。

GDPR第3条第1款规定："本条例适用于设立在欧盟境内的控制者或处理者对个人数据的处理，只要数据处理行为发生在此经营场所的活动场景中，无论其处理行为是否在欧盟境内，该数据处理活动均受本法管辖。"这一款确立了属地管辖的"经营场所标准"。通过对"数据处理行为发生在此经营场所的活动场景中"（in the context of activities of an establishment of a controller or a processer）进行扩张解释，"无论其处理行为是否发生在欧盟境内"这一限定条件，进而将境外企业纳入管辖范围的规制目的。❷

GDPR第3条第2款规定："条例适用于对欧盟境内主体的个人数据的处理行为，即便该行为是由在欧盟境内没有经营场所的数据控制者或处理者所为：a. 向欧盟境内主体提供商品或服务，无论此项商品或服务是否需要支付

---

❶ 杨鸿. 贸易区域化中知识产权边境执法措施新问题及其应对 [J]. 环球法律评论，2016，(38) 1：172.

❷ 俞胜杰.《通用数据保护条例》第3条（地域范围）评注——以域外管辖为中心 [J]. 时代法学，2020，18 (2)：13.

对价；b. 对数据主体发生在欧盟境内的行为进行监控。"此款确立起了属人管辖的"目标指向标准"，即使某些数据控制者或处理者在欧盟境内没有设立经营场所，只要该数据处理行为对欧盟境内数据主体产生了实际上的"效果"或"影响"，GDPR 就可以对其数据处理行为进行管辖。GDPR 以效果原则为正当性基础主张该法的全球性管辖。❶

GDPR 第 3 条第 2 款确立的目标指向标准是欧盟个人数据保护立法改革的重要成果之一，通过这个条文，GDPR 在立法层面上将欧盟境外的数据控制者与处理者纳入到 GDPR 管辖范围。对成立地在欧盟以外的机构而言，只要其在提供产品或者服务的过程中（收费与否不论）处理了欧盟境内的个人数据，或者对数据主体发生在欧盟内的行为进行监控，GDPR 将会对他们产生法律拘束力。❷ 任何网站，甚至手机软件只要能被欧盟境内的个人所访问和使用，产品或服务使用的语言是英语或特定的欧盟成员方语言、产品标识的价格为欧元，都可被理解为包括欧盟境内用户的产品、服务，从而适用 GDPR。这也是 GDPR 在全球引起极大震动的原因之一。不管是银行、保险、航空等传统行业，还是电子商务、社交网络等新兴领域，只要涉及向欧盟境内个人提供服务并处理个人数据，都将落入 GDPR 适用范围。不过，由于第 3 条过于原则和抽象，缺乏法律的确定性和可预见性，在现实中如何适用问题，尚需进一步观察。

（4）美国的"长臂管辖权"。

"长臂管辖权"是域外管辖权的美国表达，指的是法院对不在法院地居住，但是与法院具有某种联系的被告所享有的管辖权。1945 年国际鞋业公司诉华盛顿州案中，联邦最高法院放弃了此前一直秉持的属地主义原则，主张非居民被告只要与法院地存在最低限度的联系，在不违反"公平竞争和实质正义"传统观念的前提下，美国法院即可对其行使对人管辖权，此即"长臂

---

❶　俞胜杰.《通用数据保护条例》第 3 条（地域范围）评注——以域外管辖为中心［J］. 时代法学，2020，18（2）：13.

❷　同❶.

管辖"原则。❶"长臂管辖"在美国确立之后,美国利用其在政治、经济、意识形态领域强大的实力,逐渐将这一管辖权扩展到合同、侵权、商业经营、金融、家庭关系、反腐败、反垄断等不同领域。美国"长臂管辖"主要包含在以下这些法律法规当中:《外国人侵权索赔法》的相关规定;《美国贸易法》第301条,即"一般301条款"与"特别301条款";《国际紧急状态经济权力法案》;《海外反腐败法》相关规定;《爱国者法案》第317条"对国外洗钱的长臂司法管辖";《多德-弗兰克华尔街改革与消费者保护法》;《美国外国账户税收合规法》等。美国法院和相关机构也发展出一套认定"长臂管辖"的方法和标准。❷

美国的"长臂管辖"实践大致可以划分为几个阶段:冷战初期至20世纪70年代,美国的"长臂管辖"主要针对西方世界盟国,目的是防止他们对社会主义阵营出口高科技;20世纪70至90年代,美国开始利用"长臂管辖"打击海外商业腐败行为;"9·11"至2008年金融危机爆发前,美国的外交政策中心转向打击全球恐怖主义,为了严防借助跨国金融渠道洗钱与资助恐怖主义行为,跨国金融机构成为"长臂管辖"重点打击的对象;2008年金融危机爆发至今,美国"长臂管辖"呈现出主体全面参与、领域全面扩张、手段全面丰富、态度全面强硬的态势,所涉及的具体领域包括打击海外商业贿赂、涉毒品犯罪洗钱、涉恐怖主义洗钱等十余个领域。这些表明随着美国的相对衰落,美国发现通过军事打击等硬实力手段实现霸权护持的成本巨大,转而更倾向于利用"长臂管辖"对目标实现精准打击。❸

据统计,美国法院自2000年以来受理的涉中国"长臂管辖"案例大约417件。其年度案件数自2010年开始大幅上升。这说明了美国行使"长臂管辖"权受到了2008年金融危机、特朗普政府把"美国优先"作为其外交政策以及把中国视为主要战略竞争对手的影响。美国"长臂管辖"早期主要适用于合同、侵权和产品责任领域,随着美国不断指责中国侵犯其知识产权,扩大"长臂管辖"

---

❶ 原瑞. 美国对中国应用长臂管辖的预测和应对策略研究 [J]. 南宁师范大学学报(哲学社会科学版),2020(1):25-32.

❷ 徐超,单超. 美对我滥用"长臂管辖"及其应对 [J]. 世界社会主义研究,2017,2(6):5.

❸ 戚凯. 美国"长臂管辖"与中美经贸摩擦 [J]. 外交评论(外交学院学报),2020,37(2):30.

适用范围，知识产权纠纷、刑事诉讼和反垄断诉讼已经成为"长臂管辖"最主要的适用领域。其中，在 417 件"长臂管辖"案例中，就有 158 件涉及知识产权，占 40% 左右。❶ 特朗普政府上台以来，美国国内贸易保护主义占据主要位置，美国对华整体战略发生重大转变。2017 年，美国决定对中国启动"特别 301 条款"调查，内容包括与中国法律、政策、行为相关的技术转让、知识产权与创新问题，引发了中美贸易摩擦。中美贸易摩擦是中国经贸关系结构性矛盾长期积累的爆发，贸易与科技是这场摩擦中最引人关注的问题。这场摩擦中，"长臂管辖"成为针对中国的重要"经济武器"，频繁地对我国企业和个人进行管辖。从 2016 年起，美国以中国企业与伊朗、朝鲜等国产生经济联系为由，以各种名义先后制裁中国中兴通讯、华为、中远海运等多家中资公司和个人。2018 年拘留了华为公司首席财务官孟晚舟。2019 年，又颁布了"香港人权与民主法案"，插手香港事务。可以说，美国现在频繁地对中国使用"长臂管辖权"，力度越来越强。❷

总结美国国际策略，20 世纪中心在经济实力和金融霸权；21 世纪则在规则的制定、规范的执行和争端的裁判上。希望既作"世界警察"，又当"全球裁判"。以前美国把"长臂管辖"权作为一般性手段适用于世界各国。随着中国经济的崛起和中美关系的变化，美国频繁对中国开始行使"长臂管辖"，对中国产业发展、中美关系和"一带一路"建设，甚至国家形象都产生了不利影响。❸ 在全球化时代，主权国际政府、企业、非政府组织、公民个人等各类行为主体已深度介入国际事务。在这个过程中，跨国民商事与形式的纠纷都呈显著增长，跨国经济犯罪等问题进一步复杂化，因此，域外管辖权问题更为突出。如何应对这一挑战，是国际社会面临的共同问题。美国以"长臂管辖"为名义，提供了自己的解决方案。从表面看，美国精心打造了一套域外管辖法网，构建了较为完备的法律体系和强大的执法能力，在打击跨国腐败、洗钱、有组织犯罪等方面开展了一系列行动，产生了一定的震慑效果，在一

---

❶ 肖永平."长臂管辖权"的法理分析与对策研究 [J]. 中国法学，2019，212 (6)：39-65.

❷ 原瑞. 美国对中国应用长臂管辖的预测和应对策略研究 [J]. 南宁师范大学学报（哲学社会科学版），2020 (1)：25-32.

❸ 同❶.

定程度上净化了国际商务环境,打击了跨国恐怖主义与犯罪集团的自己募集能力。然而,从本质上看,由于"长臂管辖"的根本属性在于护持美国霸权,因此它给包括中国在内的各国政府、企业、相关机构及个人也带来了诸多问题和损害。❶

2. 尽快完善我国知识产权侵害的域外管辖权

国内法域外适用既能提升规则制定的话语权,实现对外政策目标,也能保护本国国家利益和公民企业的利益,应对他国扩张性的法律主张和要求,是国家间关系和外交谈判中的一项重要的工具。随着中国综合国力的提升,适度主张中国法域外适用,对于保护本国公民利益和国家利益,履行大国责任,提升规则制定话语权,促进和维护国际法治,具有十分重要的意义。❷ 随着"一带一路"建设的深入推进,中国企业越来越多地"走出去",他们可能遭遇外国的立法管辖、司法管辖和执法管辖的情形越来越频繁。在此情形下,我们也应当尽快建立和完善自身的域外管辖权制度,否则将不利于对我国投资者利益和国家利益的保护。因此,习近平总书记在中央全面依法治国委员会第二次会议上的重要讲话中指出,要加快推进我国法域外适用的法律体系建设。❸

中国现行域外法律适用规则散见于各类法律和行政法规之中,涉及的领域比较宽泛,管辖连接点呈现多样化态势,国籍、住所、效果、行为、物项、技术和国家基本安全利益等连接点在各类立法中均有体现,部分立法还借鉴了域外较为成熟的立法经验。不过,从总体来看,现行中国法域外适用规则尚未形成完整的法律体系,且整体趋于保守,防御色彩浓厚但进攻性略显不足。就确立域外效力的规则来说,不少领域中确立域外效力的法律规定仍然缺失。如果立法不具有域外效力,行政机关和司法机关就无法将国内法进行域外适用。部分规则是否具有域外效力不甚明确。现行中国国内法中的执法管辖权规则都设定了属人和属地连接点,以便适用于公民、法人或其他组织

---

❶ 戚凯. 美国"长臂管辖"与中美经贸摩擦 [J]. 外交评论(外交学院学报),2020,37 (2):30.

❷ 廖诗评. 中国法域外适用法律体系:现状、问题和完善 [J]. 中国法学,2019 (6):19.

❸ 求是网. 习近平主持召开中央全面依法治国委员会第二次会议并发表重要讲话 [EB/OL]. [2020-07-21]. http://www.qstheory.cn/2019-02/26/c_1124166179.htm.

所从事的行为以及在中国境内发生的行为，但是否适用于外国公民在中国境外所从事的行为，则不明确。就保证域外适用效果的规则来说，通常出现法律责任类型单一，无法保证域外适用的实施效果。这些都削弱了中国法域外适用的效果。❶

知识产权的客体是信息，信息具有的一个主要特征就是传递性，缺乏物理边界，主要依赖一国主权来保护。主权的边界即权利的边界，因此知识产权表现出极强的地域特性。基于这样的特征，一般来说，当知识产权受到侵害时，除非有国家之间的条约约定，通常情况下都只能在权利有效的国家提请诉讼，请求各有关国家的法律保护。一国的法院在知识产权侵权案件上也表现出地域管辖的特征，通常只受理本国范围内受到侵害的知识产权案件。根据我国《民事诉讼法》、最高人民法院《关于适用<中华人民共和国民事诉讼法>的解释》以及最高人民法院《关于审理专利纠纷案件适用法律问题的若干规定》等的规定，我国对涉外知识产权侵权案件的管辖也采用严格的地域性原则。对于侵害我国知识产权的案件，均当由我国知识产权法院行使管辖权，具体的管辖法院为侵权行为地法院和被告所在地法院。对于侵害外国知识产权的案件，当事人可以协议选择被告住所地、侵权行为地等与争议有实际联系地点的外国法院管辖。❷

在华为公司诉美国交互数字公司（Inter Digital，IDC）滥用市场地位垄断案，我国法院依法对涉外案件积极进行管辖，体现出有效保护我国产业利益的积极意义。2011年，IDC对华为等公司的3G、4G无线设备发起专利侵权的"337调查"，要求美国国际贸易委员会禁止被告公司产品进口。同时还在美国特拉华州法院提起了民事诉讼，指控华为3G产品侵犯了其多项专利。为维护自己的权益，2011年，华为公司向深圳市中级人民法院起诉，以IDC滥用市场支配地位为由提起反垄断诉讼，请求法院判令其停止垄断行为，裁定其中国基本专利费率，以frand原则授权基本专利许可。深圳中级人民法院一

---

❶ 廖诗评. 中国法域外适用法律体系：现状、问题和完善 [J]. 中国法学，2019 (6)：19.
❷ 刘义军. 完善我国知识产权侵权诉讼域外管辖权的若干思考 [J]. 科技与法律，2016 (4)：18.

审判决判定 IDC 公司实施了垄断行为。广东省高级人民法院二审维持了原判。❶

　　该案中，IDC 在其管辖异议书中，以相关标准化组织的会员政策规定司法管辖地为法国、相关许可义务不受中国法确立、原被告间尚未达成的许可协议履行地不在中国、双方签订保密协议争议解决地为美国等理由，提出根据《中华人民共和国合同法》第 62 条、最高人民法院《关于印发全国法院知识产权审判工作会议关于审理技术合同纠纷案件若干问题的纪要的通知》第 24 条，该案应由美国法院管辖。针对上述管辖权异议挑战，深圳市中级人民法院、广东省高级人民法院认定华为作为涉案专利的被许可方，住所及经营场所在深圳，因此深圳为合同履行地。IDC 对华为的标准必要专利授权许可行为可能会直接影响到华为公司在中国境内的生产、出口，且影响达到了重大、实质性以及可以合理预见的程度，根据修改前的《中华人民共和国民事诉讼法》第 241 条以及最高人民法院《关于审理专利纠纷案件适用法律的若干规定》第 2 条的规定，认定法院对该案具有管辖权。❷

　　但是，随着经济全球化的发展，如果在涉外知识产权案件中以为遵循地域性管辖原则，将导致我国法院在管辖权形式问题上缺乏弹性应对能力，不利于增强我国在国际经贸中的知识产权竞争力，也不利于维护我国权利人的正当利益，使得我国当事人不能分享到依照较高保护水平的国家法律所赋予的利益，无法建立知识产权领域的国际司法合作关系和国际新秩序。因此，为了适应新的国际形势要求，我们有必要尽快构建适应我国国情的涉外知识产权管辖法律制度。❸

　　首先，就立法层面而言，应该在不违反国际法基本原则的前提下，在我国知识产权相关法律法规中确立域外适用的效力。如果立法不具有域外效力，行政机关和司法机关就无法将国内法进行域外适用。最典型的就是我国《证券法》。我国《证券法》第 2 条明确规定，该法仅适用于中国境内交易的证

---

❶　参见：深圳市中级人民法院（2011）深中法知民初字第 858 号民事判决书；广东省高级人民法院（2013）粤高法民三终字第 306 号民事判决书。

❷　同❶.

❸　刘义军. 完善我国知识产权侵权诉讼域外管辖权的若干思考 [J]. 科技与法律, 2016 (4)：18

券，不能规制域外证券交易，不具有域外效力。这种情况下，监管机关要进行跨国监管就面临困难。因此，利用在我国知识产权主干法修改之际，考虑将效果原则等体现保护性管辖权性质的连接点为基础，将境外特定侵害行为纳入域外效力范围。

其次，就行政执法而言，应当根据需要，设立多种形式的法律制裁措施。我国现行域外适用规则的法律责任以刑事责任为主，对罚款、没收违法所得等行政责任重视不够。但是，追究刑事责任，往往需要以行为人位于中国境内为条件。如果行为人不在中国境内，则需要诉诸引渡流程。目前与中国缔结引渡条约的国家数量不多，增加了追究刑事责任的难度。同时，实践中大量出现的违反中国法但尚不构成犯罪的域外行为，也应被置于中国法域外适用范围之中，此时，罚款、没收非法所得等行政责任就显得尤为重要。❶ 因此，要尽快完善我国反垄断法、价格法、产业法等法律中涉及知识产权的行为，以及知识产权相关法中侵害知识产权行为的行政责任形式。

最后，就司法管辖权而言，可以考虑突破知识产权地域性管辖规则的限制，通过最低限度联系原则和连带原则扩展管辖权。法院还可以通过确保执法机关域外适应决定的实施，并在司法过程中对具有域外适用的国内法进行解释和阐释的方式，凸显法院在域外适用法律体系中的作用。❷

除此之外，还应当建立私人补偿机制，即通过赋予企业寻求因国外域外管辖而造成损失补偿的法律权利，赔偿将通过获取或出售那些相应国家诉诸域外管辖并给国内企业造成损失的企业或个人的资产。建立报告制度，要求国内企业在国外遭受域外管辖应当及时报告等。❸ 从各个方面来完善我国知识产权域外管辖制度。

---

❶ 廖诗评. 中国法域外适用法律体系：现状、问题和完善 [J]. 中国法学，2019（6）：19.
❷ 同❶.
❸ 刘建伟. 美国次级经济制裁：发展趋势与常用对策 [J]. 国际经济评论，2020，3：149.

第六章

"一带一路"区域知识产权一体化示范文本（草案）

第一节
"一带一路"区域知识产权协议文本研究

在国际规则的洽谈中，协议文本具有非常重要的作用。体系完整、形式稳定、内容明确的自由贸易协定知识产权范本具有宣示立场、把握国际规则主导权的重要作用。一般来说，从国际规则的制定过程来看，规则的内容往往源于一国的单方主张或行为。一国是否掌握一定话语权，取决于该国在相关规则领域的综合实力，这些综合实力既包括经济实力和军事实力，也包括提出能为其他国家广泛接受的提案或主张的法律实力。这些提案或主张往往以相应领域中国内丰富的立法、执法和司法实践作为基础。[1] 大国多向缔约方输出强化本国产业优势及抑制竞争国经济发展的法律条款，并制定自由贸易协定范本，在谈判中反复适用，借助于缔约方进一步的对外缔约，实现对非缔约国的法制同化。[2] 因此，研究现有 FTA 中知识产权条款的成效与不足，完善制度设计，探索构建理性完备的中国 FTA 知识产权标准范本，对推动"一带一路"区域知识产权一体化的建设具有非常重要的现实意义。本节对主要国家间、区域间国际条约以及与我国签署的相关自贸协定中中知识产权协议文本结构进行研究，以发现其中发展的一般性规律。

一、主要自贸区协定中知识产权协议文本

（一）美墨加贸易协定中知识产权章节

2018 年 11 月，美国、加拿大、墨西哥三国签署了新的协定取代原有的 NAFTA。这协定被定名为《美国–墨西哥–加拿大协定》（The United States–

---

[1] 廖诗评. 中国法域外适用法律体系：现状、问题和完善 [J]. 中国法学，2019（6）：21.

[2] 王燕. 自由贸易协定下的话语权与法律输出研究 [J]. 政治与法律，2017（1）：108.

Mexico-Canada Agreement,USMCA 或《美墨加协定》)。《美墨加协定》是特朗普上台后缔结的第一个区域性多边贸易协定。从协议内容来看,《美墨加协定》保留了 NAFTA 基本框架,并且借鉴了 TPP 中多项章节和规定。《美墨加协定》在环境和劳工、国有企业规则及数字贸易方面,更新了 NAFTA 的诸多规定。❶

从整体的文本上来看,与 NAFTA 的 22 个章节和 TPP 的 30 个章节以及各自的附件及官方信函相比,《美墨加协定》包含了 34 个章节,以及一些附加协议及官方信函,与前两者在名称和内容上高度相似。《美墨加协定》中的初始条款与一般定义、国民待遇与市场准入、农业、原产地规则、原产地程序、纺织品与服装、海关管理与贸易便利化、承认墨西哥对碳氢化合物的所有权、卫生和植物检疫标准、贸易救济、贸易技术堡垒、政府采购、投资、跨境服务贸易、商务人士临时入境、金融服务、电信、知识产权、竞争政策、国有企业与指定垄断企业、公布与实施、管理与机构条款、争端解决、例外条款等共 25 个章节,均能在原 NAFTA 找到相对应章节。《美墨加协定》中的劳工、环境这 2 个章节,在 NAFTA 也有相关附加协议。《美墨加协定》中的部分附件、数字贸易、中小企业、竞争、反腐败、良好监管实践、宏观经济政策与汇率事项等 7 个章节,在 NAFTA 中并无对应。这体现出原协定 1994 年生效期间,还尚未涉及这些新兴领域,如数字贸易等产业的情况。《美墨加协定》中的数字贸易、中小企业、竞争、反腐败、良好监管实践等 5 个章节,在 TPP 中均有相对应的章节及规定。❷

《美墨加协定》第 20 章专门单设一章对知识产权进行了规定。该协定中的知识产权章节从文本结构来看,具有覆盖范围广、规定内容详细的特征。其知识产权一章包括从 A 到 K 共 11 个小节,88 个条款,以及 2 个附加条款。11 个小节分别是总则部分、合作、商标、国名、地理标志、专利与未披露测试数据、工业品外观设计、版权与相关权、商业秘密、执行、最终条款。与

---

❶ 宋利芳,武皖.《美墨加协定》对中墨经贸关系的影响及中国的对策 [J]. 拉丁美洲研究,2019,41(2):24.

❷ 张小波,李成. 论《美国-墨西哥-加拿大协定》背景、新变化及对中国的影响.[J] 社会科学,2019(5):40.

NAFTA 和 TPP 相比，《美墨加协定》采纳了更为严格的知识产权保护规则，增加了专利和商标保护的时间限制，提高了对生物技术、金融服务甚至域名的保护，为生物制药提供了全新的知识产权保护。协定大幅提高了对知识产权保护的标准，代表了当今贸易协定中对知识产权保护的最高标准和全面综合执法。比如说，生物制品将会获得 10 年的数据保护期；作者去世之后，其版权保护可以延长 70 年；对制药和农产品创新知识产权的有力保护；对生物制药的 10 年数据保护；对数据音乐、电影、书籍之类产品的严格知识产权保护；加强对商标、品牌和工业设计等知识产权保护。知识产权章节特别是对商业秘密给予了有史以来最强有力的保护，包括防止国有企业在内侵犯商业秘密的知识产权行为。❶

（二）RCEP 中的知识产权章节

RCEP 是 2012 年由东盟发起自由贸易协定。这是在东盟 10 国、中国、日本、韩国、澳大利亚和新西兰在"东盟+六国"的框架下制定的协定。RCEP 是亚太地区规模最大、最重要的自由贸易协定谈判，达成后 RCEP 将涵盖 47.4% 的全球人口，32.2% 的全球 GDP，29.1% 的全球贸易以及 32.5% 的全球投资，成为世界上涵盖人口最多、成员构成最多元、发展最具活力的自由贸易区。RCEP 的覆盖范围广泛，包括货物、服务、投资、原产地规则、海关程序与贸易便利化、卫生与植物卫生措施、技术法规与合格评定程序、贸易救济、金融、电信、知识产权、电子商务、法律机制、政府采购等诸多领域。2019 年 8 月，RCEP 部长级会议在北京举行。本次会议是在 RCEP 谈判的关键阶段举办的一次重要部长级会议，也是首次在华举办的 RCEP 部长级会议。推动 RCEP 如期签署生效，能在很大程度上加速中日韩自贸区的谈判进程，从而为扩大中国的自贸区范围、缓和日韩摩擦、稳定东亚经济乃至全球经济做出有益贡献。

在当前疫情仍然四处蔓延的复杂形势下，作为一个全面、现代、高质量、互利互惠的自贸协定，RCEP 如期达成将会产生示范效应，对于消除疫情负面

❶ 张小波，李成. 论《美国-墨西哥-加拿大协定》背景、新变化及对中国的影响. [J] 社会科学，2019（5）：40.

影响、提振投资者信心以及为全球经济增添活力产生积极效应。2020 年 11 月，RCEP 成员方正式签署该协定。中国如期加入了 RCEP。RCEP 的知识产权章节部分旨在促进亚太地区在知识产权利用、保护、执行方面的合作。章节细分了东盟、澳大利亚、中国、印度、日本、新西兰、韩国等支持或反对的提案内容和表述方式。根据知识生态国际 2015 年公布的 RCEP 协定草案版本，知识产权章节共有 13 个部分。分别是：一般条款与基本原则（第一部分）；版权与相关权（第二部分）；商标（第三部分）；地理标志（第四部分）；专利（第五部分）；工业设计（第六部分）；遗传资源、传统知识与民间文学艺术（第七部分）；不正当竞争（第八部分）；知识产权执行（第九部分）；合作与咨询（第十部分）；透明度（第十一部分）；过渡期与过渡安排（第十二部分）以及程序性事项（第十三部分）。

由于 RCEP 知识产权章节部分东盟及其他 6 国赞成与反对的条款内容和表述方式并不一致，可见亚太地区 16 国在知识产权保护方面存在着差别。从 2012 年开始，RCEP 总计已进行了 28 轮正式谈判。2019 年 11 月，RCEP 宣布整体上结束谈判，并开始启动文本的法律审核工作。尽管最新版本的知识产权章节部分目前似乎在公开渠道上还无法获得。但是，就 2015 年版本而言，这一文本的结构和体例方面都相对比较完善，而且其中突出了发展中国家比较关注的遗传资源、传统知识和民间文学艺术部分。在原则性规定上，各国遵循了《TRIPs 协定》的保护水平，倾向于制定一致的保护规定。日本、韩国、澳大利亚、新西兰 4 个发达国家更加倾向于采用高标准的保护水平，尤其是针对数字网络环境下出现的知识产权侵权，倾向于采取有效措施制止网络环境下的重复授权、国内授权机构可命令网络服务提供者提供涉嫌侵权人的具体信息。同时，倾向于为驰名商标提供强于普通商标的保护，主张商标保护应当扩展到视觉标识之外。主张专利的绝对新颖性标准，主张医药产业专利期恢复制度与试验数据的保护制度。中国和印度倾向于采取与《TRIPs 协定》保持一致的标准，在个别问题上采取较保守的态度，反对专利恢复期

与试验数据处理制度。❶

（三）TPP/CPTPP 中知识产权章节

CPTPP 的基本情况前面部分已经有所介绍，此处主要讨论 CPTPP 知识产权章节部分的文本情况。作为新一代贸易与投资融合的规则，TPP 展现了"先进性"与"代表性"的特征。CPTPP 的文本是 TPP 的继承，虽然冻结了 TPP 中的部分条款，但是保留了 TPP 的大部分文本以及核心内容和精神。因此，CPTPP 的文本内容也必然成为贸易有关的规则体系的国际性典范范本之一。CPTPP 知识产权部分的条文与 TPP 中所处的章节条款基本相同，主要集中于第 18 章知识产权部分。❷ TPP/CPTPP 第 18 张知识产权部分与《美墨加协定》第 20 章知识产权部分结构相似，也包括从 A 到 K 共 11 个小节，83 个条款，以及 6 个附加条款。11 个小节分别是总则部分、合作、商标、国名、地理标志、专利与未披露测试数据、工业品外观设计、版权与相关权、执行、网络服务提供商、最终条款。从结构上看，除了 TPP/CPTPP 将网络服务商的部分单独列为一个小节，而将商业秘密部分放在了执行部分里面以外，其他部分两者几乎完全相同。

由于 TPP 文本内容多源于美国以其当前国内法为蓝本所做的提案，所以 TPP 知识产权章节与《美墨加协定》知识产权部分高度相似也就不奇怪。CPTPP 知识产权规则部分并没有对 TPP 原先的文本进行大的修改，而只是对于其中争议较大的部分采取了搁置（suspension）的方式，暂停实施。在整个 CPTPP 搁置的 TPP 中的条款一共有 22 项，其中知识产权部分共搁置了 11 条。搁置的条款主要不包括将版权保护期延长至 70 年的条款，仍然维持《TRIPs 协定》50 年的保护期标准。搁置了对生物制剂等新药的测试数据给予 5 年市场保护期，对属于或含有生物成分的新药在一缔约方内的首次上市许可给予至少 5~8 年的市场保护期等相关条款。不再要求对载有加密节目的卫星和有线电视信号、技术保密措施、信息管理权限提供更为广泛的保护，暂行互联

---

❶　华劼.《区域全面经济伙伴关系协定》知识产权章节评述［J］. 重庆理工大学学报（社会科学），2017, 31（5）：66.

❷　朱秋沅. 中国视角下对 TPP/CPTPP 知识产权边境保护条款的考量及相应建议［J］. 电子知识产权，2018（3）：19.

网服务商与权利人共同阻止在线版权侵权的附件。如成员方专利局在授予专利时存在不合理延误，或因上市许可程序导致药品专利有效保护期不合理缩短，不再要求缔约方政府调整专利保护期限。CPTPP 还减少了可授予专利权的客体范围的约束条件，给予政府更多自主裁决权。从整体看，这些规则的搁置降低了知识产权规则在成员方之间的争议。❶

二、中国自贸协定中知识产权条款

（一）FTA 中知识产权章节内容

1. 中国-智利

中国与智利的自由贸易协定（简称"中-智自贸协定"）中关于知识产权的条款没有单独的章节，而是散布在第 10 条，"地理标志"；第 11 条，"与边境措施有关的特别要求"；第 111 条，"知识产权"等部分。第 10 条是地理标志条款。双方依据各自的国内法及《TRIPs 协定》的规定，对列入附件的地理标志进行保护。第 11 条是边境措施条款。根据第 11 条的规定，海关应当终止放行假冒商标的货物或者盗版的货物。不过需要申请人提供合理的保证金或担保。主管机关可以应知识产权持有者的要求向其告知发货人、进口商和收货人的姓名和地址以及受到怀疑的货物的数量。同时，允许主管机关依职权启动边境措施。

第 111 条是知识产权条款。该条主要规定了两个方面：一是双方知识产权合作的目标；二是合作的途径。根据第 111 条第（一）项，双方知识产权合作的目标是促进经济和社会发展，尤其是对有利于缔约双方技术生产者和使用者的新数字经济、技术创新和技术转让与传播，鼓励社会经济福利和贸易的发展；实现关于受保护标的物权利持有者的权利和使用者及社会的合法利益之间的平衡；在知识产权的保护和执行方面为权利持有者和知识产权的使用者提供确定性；鼓励杜绝和知识产权相关的构成权利滥用、限制竞争或可能阻碍新开发地转让和传播的行为和条件；改进知识产权的有效注册登记。

根据第 111 条第（二）项，双方知识产权合作的途径是：作为研究和创

---

❶ 袁波. CPTPP 的主要特点、影响及对策建议 [J]. 国际经济合作，2018（12）：4.

新工具的知识产权使用的教育和传播计划;为公务员提供的关于知识产权的培训和专业化课程及其他机制;在知识产权系统执行、提高知识产权意识、知识产权政策等领域进行信息交流;在多边或地区论坛中关于知识产权的倡议的政策对话;知识产权执行的联络点通知;关于发展、提高、相关法院判决和在国会中的法案的报告;知识产权管理的电子系统的知识;双方同意的其他活动或倡议。

2. 中国-新西兰

中国与新西兰自由贸易协定(简称"中-新西兰自贸协定")首次设置了专章,即在第十二章对知识产权进行规定。不过,在第十一章,"投资"部分,也对知识产权进行了规定。第十一章第 135 条关于投资的定义中,第(四)项规定,知识产权可以作为投资的客体。知识产权包括版权、专利权和工业设计、商标、商名、工艺流程、贸易和商业秘密、专有技术及商誉。在第 145 条"征收"部分,第(五)项规定,本条不适用于根据《TRIPs 协定》给予的,与知识产权相关的强制许可。第 12 章"知识产权"部分,包含从第 159 到 166 条,共 8 个条文。8 个条文分别是定义,知识产权原则,总则,联系点,通知和信息交流,合作及能力建设,遗传资源、传统知识及民间传说,磋商。

3. 中国-秘鲁

中国与秘鲁自由贸易协定(简称"中-秘自贸协定")中的知识产权条款与中-新西兰自贸协定中的规定比较相似。中-秘自由贸易协定也专门设立了专章对知识产权进行规定,即第十一章。同时,在第十章的"投资"部分也将知识产权作为投资的客体进行规定。与中-新西兰自贸协定类似,中-秘自贸协定第十章第 126 条对投资进行了定义,第四项规定,知识产权可以作为投资的客体。知识产权包括版权、专利、商标、商号、专有技术和工艺流程,以及商誉。第十一章知识产权部分,一共包括 5 个条文,分别是一般规定,遗传资源、传统知识和民间文艺,地理标志,与边境措施有关的特别要求以及合作和能力建设。

4. 中国-哥斯达黎加

中国与哥斯达黎加的自由贸易协定(简称"中-哥自贸协定")对知识

产权进行了专章规定，即第十章。同时，与之前的自由贸易协定不同的是，中-哥自贸协定中还专门将知识产权纳入协定目标之中。中-哥自贸协定第二条"目标"第（五）项规定，"考虑到各缔约方的经济状况和社会或文化需求，并为促进缔约双方之间的技术创新和技术转让与传播，确保在缔约双方领土内对知识产权提供适当、有效的保护。"中-哥协定第十章对知识产权进行了规定。第十章包括从第 109 条到第 117 条，共 9 个条文。分别是原则，一般规定，遗传资源、传统知识和民间文艺，知识产权与公共健康，技术创新和技术转让，边境措施，联络点，地理标志，合作。与中-新西兰自贸协定、中-秘自贸协定相比，中-哥自贸协定专门对知识产权与公共健康的问题进行了规定，双方达成协定，应致力于执行和尊重《多哈宣言》，在解释和执行本章项下的权利和义务时，应保证与该宣言保持一致。

5. 中国-冰岛

在中国与冰岛的自由贸易协定（简称"中-冰自贸协定"）中，知识产权规定在第六章。不过在协定的目标部分，也专门提及了知识产权。协定第 2 条第一（五）项规定，按照双方在保护知识产权国际协定中各自承担的义务，确保充分和有效的知识产权保护。第六章的知识产权部分一共包括 4 个条文，分别是总则，国际公约，合作与信息交流以及对话与审议。从协定文本来看，双方除了一般性地重申了应遵守共同参加的与知识产权相关的多边协定项下的权利义务外，双方合作的重点更多停留在建立和维持透明的知识产权制度与体系、知识产权有关信息、经验的交流，以及进行定期对话之上，尚少有对实体性的权利义务问题进行合作。

6. 中国-东盟

在中国与东盟签署的《中华人民共和国与东南亚国家联盟全面经济合作框架协议》，对知识产权问题也进行了规定。但是规定得相对比较简单，主要包括 2 个条款。一处是第一部分第 3 条第 8 款（h）项，基于 WTO 及 WIPO 现行规则和其他相关规则，便利和促进对与贸易有关的知识产权进行有效和充分的保护，另一处是第二部分第 7 条"其他经济合作领域"第 2 款规定，合作应扩展到其他领域，包括但不限于银行、金融、旅游、工业合作、交通、电信、知识产权、中小企业、环境、生物技术、渔业、林业及林业产品、矿业、能源及次区域开发等。

7. 中国–瑞士

中国与瑞士自由贸易协定（简称"中–瑞自贸协定"）中的知识产权部分不仅进行了专章规定，同时也不再仅仅是宣示性的声明，而是对实体性权利进行了规定，其中不少是强制性的规定。中–瑞自贸协定中的知识产权部分规定在第十一章，其中共5个小节，23个条文。从文本结构来看，开始初步表现出含有一种内部结构的逻辑体例，缔约者似乎试图以一种流程式的结构进行构建。5个小节分别是总则，关于知识产权的效力、范围和使用标准，知识产权的取得与存续，知识产权执法，产地标记和国名。稍显特殊的是，第十一章所使用的名称是"知识产权保护"，而非"知识产权"。

第十一章第一节"总则"部分明确规定了双方的国民待遇和最惠国待遇。第一节第11.1条第二项规定，在知识产权保护方面，缔约双方应给予对方不低于其给予本国国民的国民待遇。第三项规定，在知识产权保护方面，缔约双方应授予对方不低于其给予任何其他国家国民的国民待遇。此外，总则部分对知识产权的定义、与其他知识产权国际公约的关系、知识产权与公共健康以及双方在信息方面的交流和合作进行了规定。

第十一章第二节是"关于知识产权的效力、范围和使用标准"。对版权和相关权利、商标、专利、遗传资源和传统知识、植物新品种保护、未披露信息、工业品外观设计、地理标志进行了规定。这一部分除了对相关知识产权的一般性规定外，还对未披露数据进行了保护。第二节第11.11条第二项规定，"对于申请人为获得药品和农用化学品上市审批向主管部门提交的未披露试验数据或其他数据，自批准该上市许可之日起至少6年内，缔约双方应禁止其他申请人在药品（包括化学实体和生物制品）和农业化学品上市许可申请中依赖或参考上述未披露试验数据或其他数据。"

第十一章第三节是"知识产权的取得与存续"，要求缔约双方的知识产权取得形式为权利被授予或注册，应确保授权或注册程序与《TRIPs协定》，特别是第62条保持一致。第十一章第四节是知识产权执法。其中海关"中止放行"对象扩展到专利权、工业品外观设计、商标权或版权等权利类型。此外，还规定了缔约方的检查权，以及对侵权行为的民事救济、临时措施和禁令以及刑事救济。第十一章第五节对产地标记和国名进行了规定。

8. 中国—韩国

在目前中国签署的所有自贸协定中，从规模和结构来看，中国与韩国自由贸易协定（简称"中–韩协定"）中的知识产权章节可以称得上是最完整、最详细的文本。知识产权规定在中–韩自贸协定第十五章，分为 11 个小节，分别是一般规定，版权和相关权，商标，专利和实用新型，遗传资源、传统知识和民间文艺，植物新品种保护，未披露信息，工业品外观设计，知识产权的取得与存续，知识产权的执行，其他条款，共 30 个条文。

第一节的"一般规定"包含了 5 个条文，分别是目标、总则、国际协定、更广泛的保护、知识产权与公共健康。第二节"版权和相关权"包含了 5 个条文，分别是版权和相关权的保护、广播和向公众传播、技术措施的保护、权利管理信息的保护、限制与例外。第三节"商标"包含 4 个条文，分别是商标保护、商标权的例外、驰名商标、商标的注册和申请。第四节"专利和实用新型"包含 2 个条文，分别是专利保护、实用新型。第五到九节均只有 1 个条文。

第十节"知识产权的执行"包含 8 个条文，分别是一般义务、作者身份推定、民事和行政程序和救济、临时措施、有关边境措施的特殊要求、刑事程序和救济、反网络版权重复侵权的措施、提供侵权人信息的要求。这一小节比较有特色的地方是将作者身份的推定放在了知识产权执行部分，同时还专门提出了反网络版权重复侵权的措施。第十一节"其他条款"主要包含 2 个条文，"合作"与"知识产权委员会"。"合作"部分要求双方就各自行政机关的知识产权政策交换信息、提供技术协助和培训课程、打击跨境知识产权犯罪等方面进行合作。在机构设立方面，提出了设立名为"知识产权委员会"的机构，其职能包括但不限于审查和监督本章的执行和实施，讨论如何促进缔约双方间的合作，就知识产权法律、制度和其他共同关心的问题交流信息等方面。这应当是与中国签署的自贸协定中的首次规定。

9. 中国–澳大利亚

中国与澳大利亚的自贸协定(简称"中–澳自贸协定")将知识产权放在了第十一章,没有分节,顺序排列,共24个条文,目的和原则,定义,义务为最低义务,国际协定,国民待遇,透明度,知识产权和公共健康,权利用尽,获得和维持程序,专利申请的修改、更正及意见陈述,18个月公布,作为商标的标识类型,证明商标和集体商标,驰名商标,地理标识,植物育种者权利,遗传资源、传统知识和民间文艺,未披露信息的保护,著作权集体管理,服务提供商责任,执法,边境措施,一般性合作,协商机制–知识产权委员会。虽然没有细分小节,不过此章内部仍含总则、专利、商标、其他(地理标识、植物育种者权利、遗传资源、传统知识和民间文艺、未披露信息的保护)、著作权、因网服务商、执法、合作、机构这样的逻辑结构。中–澳自贸协定比较有特色的地方在于首次提及了权利用尽的问题(尽管没有具体规定,而是跟《TRIPs协定》一样留给缔约双方)。这在其他协定中未曾涉及。此外,中–澳自贸协定与中–韩自贸协定类似,也设立了一个名为"知识产权委员会"的机构,负责审查和监督本章的执行和实施;讨论与本章涵盖的知识产权相关的任何问题以及向自贸协定联合委员会报告其调查结果。

10. 中国–格鲁吉亚

中国与格鲁吉亚自由贸易协定(简称"中–格自贸协定")中也是对知识产权进行了专章规定,放在第十一章,不过从体例看,与中–澳自贸协定中知识产权章节类似,也是采用了不细分小节,顺序编号的方式。第十一章"知识产权"部分共18个条文,分别是目的和原则,定义,义务为最低要求,国际协定,知识产权与公众健康,权利用尽,获得和维持程序,可授予专利的客体,专利申请的修改、更正和意见陈述,透明度,商标的标识类型,驰名商标,地理标志,植物育种者的权利,著作权集体管理,遗传资源、传统知识和民间文艺,执法,一般性合作。从文本来看,中–格自贸协定中的知识产权章节与中–澳自贸协定的文本高度相似,几乎接近翻版,只是缺少国民待遇、因网服务商责任、机构设立等几个条款。

11. 中国-美国贸易协定

2020 年 1 月，经过中国与美国的共同努力，中美双方在美国首都华盛顿正式签署《中华人民共和国政府和美利坚合众国政府经济贸易协议》（简称"中美第一阶段经贸协议"）。协议文本包括序言、知识产权、技术转让、食品和农产品、金融服务、汇率和透明度、扩大贸易、双边评估和争端解决、最终条款九个章节。在中美贸易协定中，知识产权问题居于重要地位。这一点从文本情况就可以看出。与其他经贸协定不同的是，中美第一阶段经贸协议第一章就是知识产权，共 11 小节，分别是，一般义务，商业秘密和保密商务信息，药品相关的知识产权，专利，电子商务平台上的盗版与假冒，地理标志，盗版和假冒产品的生产和出口，恶意商标，知识产权案件司法执行和程序，双边知识产权保护合作，履行，共 36 个条文。同时，从理论上说，在当今知识经济的时代，技术转让的本质就是知识产权的转让。因此，第二章的技术转让部分，共 5 个条文，总则，市场准入，行政管理和行政许可要求及程序，正当程序和透明度，科学与技术合作，也都可以归入到大的知识产权范畴之下。

（二）FTA 中知识产权章节特征

总的来说，与中国签署的自贸协定中知识产权章节表现出这样的一些特征：

第一，经历了一个由无到有、由简单提及到独立成章，逐渐体系化的过程。从中-智自贸协定开始将知识产权问题纳入到自贸协议当中，但是却是散乱的、粗陋的。到中-新西兰自贸协定开始，设立了知识产权专章。不过从内容看，基本上都是一些长期合作交流的软性条款。这些条款大体包含开展关于知识产权政策、制度、管理和执法方面的信息交流、提高知识产权审查质量与效率、提高公众知识产权意识、提供技术援助与培训、巩固在打击跨境知识产权犯罪的司法协助、环境技术转让等方面的伙伴关系、建立知识产权委员会负责协议监督与实施等。这些条款并未界定缔约双方对知识产权保护承担的具体义务范围。不过，及至中-瑞自贸协定、中-澳自贸协定、中-韩自贸协定中的知识产权章，

特别是中美第一阶段经贸协议中，则开始包含了不少较为详细的硬性约束条款。❶

第二，从类型上看，我国自贸协定中知识产权章节大体可以分为问题导向型与制度建构型两类。所谓制度建构型，大体就是不针对具体问题，或者是不主要针对具体问题，而只是一般性地推进缔约国的知识产权制度的构建与完善。这种类型主要体现在早些时候我国与其他一些比较落后国家之间的协定中，如中-秘自贸协定、中-哥自贸协定等之类，虽然都设有知识产权专章，但是由于经济发展水平的原因，对于知识产权制度的需要并不强烈，因此，这类规定往往都停留在一般性的制度构建与完善层面上。而在中美第一阶段经贸协议当中，知识产权部分则是带有目的性指向的，需要解决的问题也是十分明确具体的，如专利期限补偿、地理标志、网络版权侵权、执法合作、药品数据等。这类协定可以看作是问题导向型。

第三，我国签署的FTA知识产权章节几乎均是以《TRIPs协定》作为保护基准展开。在《TRIPs协定》所确定的基本标准之上，有的进一步拓宽了知识产权保护的客体类型，如中-韩自贸协定，将实用新型纳入保护范围。再如中-瑞自贸协定，通过规定双方应加入《北京条约》而将表演者范围扩展至民间文学艺术表演者。此外，有的还对数字技术下的知识产权保护进行了规定。不过，在中国签署的自贸协定知识产权章节之中，一些特有的主题，如对遗传资源、民间文学以及公共健康等，始终融贯其中。

我国在之前的自贸协定中，对于知识产权议题兴趣度较低，相关的文本多为笼统被动的象征。但是，近年来，自由贸易协定中的知识产权章节开始纳入了更多的硬性约束条款。这标志着新时期随着缔约对象和自身条件的变化，我国的议题态度也发生了变化。❷ 这些变化表明，随着我国科技研发与经济发展，我国企业开始生长出保护知识产权的内生动力，同时，随着我国国际地位的变化，我们的国际布局开始从基础设施、贸易投资的布局逐渐转向了制度与规则的布局。不过，虽然我国签署的自贸协议中知识产权条款表现

---

❶ 刘彬. 中国自由贸易协定知识产权文本的体系化构建［J］. 环球法律评论, 2016, 38（4）: 14.
❷ 同❶

出了一定的自身特色，但是从总体来看，仍然存在着一些不足。例如形式上的差别较大，体系化程度较差，不同协定之间存在着模糊、空白的地方，未能形成稳定、标准、统一的文本结构；相关的规定还比较分散，有的设立了专章，有的则置于投资、合作、执行等不同部分，互相之间的关系如何协调尚未统一等。这些问题都需要我们在未来的自由贸易协定谈判中重点予以解决。

第二节
"一带一路"区域知识产权协议统一示范文本（草案）

本书以《TRIPs协定》为基础，结合中国已经签署的自贸协定中的知识产权章节的有关条文，制作了区域知识产权协议的统一示范文本（草案），供决策者在未来的自贸协议谈判过程中参考选用。

中华人民共和国与××（国家/地区 名称）自由贸易协定
第×章 知识产权

第一节 总则

第1条 定义

知识产权是指《TRIPs协定》定义的版权及相关权利，以及对商标、地理标志、工业设计、专利、集成电路布图设计及植物品种的权利。

说明：本条旨在界定清楚自由贸易协定下知识产权保护的范围。中-新西兰自贸协定、中-冰自贸协定、中-澳自贸协定、中-瑞和中-格自贸协定中明确规定了定义条款。

第2条 目标

2.1. 以适当和有效的方式，实施知识产权保护与执法，促进知识、技术和创造性作品的传播，促进国际贸易以及经济、社会和文化发展；

2.2. 为知识产权权利人及使用者提供知识产权保护和执法方面的确定性；

2.3. 建立和维护透明的知识产权制度，促进知识产权执法，保持知识产权权利人和公众的合法利益之间的平衡；

说明：本条主要借鉴了中-韩、中-格、中-澳等自贸协定中知识产权部分中对目标的界定。在中-哥自贸协定中，将知识产权谈判目标写入了整体协定的第2条，"考虑到各缔约方的经济状况和社会或文化需求，并为促进缔约双方之间的技术创新和技术转让与传播，确保在缔约双方领土内对知识产权提供适当、有效的保护"。

第3条　基本原则

3.1. 公共健康

缔约双方重申为落实2003年8月30日世贸组织总理会有关实施《TRIPs与公共健康多哈宣言》第6段的决议，以及落实2005年12月6日与日内瓦完成的《修改 TRIPs 协定书》做出努力的承诺。

说明：本条主要参考中-瑞等自贸协定知识产权部分中关于目的与原则的相关规定。

3.2. 透明度

为提升知识产权制度运作的透明度，缔约方应使其已授权或已注册的发明专利、实用新型、工业设计、植物品种保护、地理标志和商标数据库能够在互联网上获得。各方应努力公开发明专利、商标、植物品种保护和地理标志申请，并使其能在互联网上获得。

说明：本条主要参考中-澳、中-格等自贸协定知识产权部分中关于目的与原则的相关规定。

3.3. 防止滥用

缔约方应当采用适当措施，防止权利人滥用知识产权，或采取不合理地限制贸易、反竞争或对国际技术转让有不利影响的做法，只要此类措施与《TRIPs协定》保持一致。

说明：本条主要参考中-澳等自贸协定知识产权部分中关于目的与原则的相关规定。

第4条　国际协定

缔约双方重申遵守缔约双方均已作为缔约国参加的已有国际协定中有关的知识产权承诺。这些国际协定包括

（列明条约清单）

说明：本条主要参考中-瑞、中-澳、中-韩等自贸协定知识产权部分中关于目的与原则的相关规定。

第5条 技术转移

缔约双方加强在技术问题上的相互信任与合作，保护知识产权，促进贸易和投资，促进技术的自由转让与许可。

说明：本条主要参考中美第一阶段经贸协议等自贸协定知识产权部分中关于目的与原则的相关规定。

第6条 权利用尽

缔约双方任何规定都不得影响各方就是否允许以及在何种条件下允许知识产权权利用尽做出决定的自由。双方同意进一步讨论知识产权用尽的相关事宜。

说明：本条主要参考中-澳、中-格等自贸协定知识产权部分中关于目的与原则的相关规定。

第7条 国民待遇

在知识产权保护方面，缔约双方应授予对方不低于其给予任何其他国家国民的国民待遇。对此项义务的豁免必须符合《TRIPs协定》的实质性条款，特别是第4条和第5条。

说明：本条主要参考中-澳、中-瑞等自贸协定知识产权部分中关于目的与原则的相关规定。

第8条 知识产权取得与存续的程序性规定

缔约方应：

（一）继续加强知识产权的审查和注册制度，包括完善审查程序和质量体系；

（二）向申请人提供书面通知，说明拒绝授予或者注册知识产权的理由；

（三）向利益相关方提供对授予或注册知识产权提出异议，或者对既有知识产权提出撤销、取消或者无效的机会；

（四）要求对上述关于异议或者撤销、取消和无效的决定以书面形式说明

理由；并且

（五）就本条而言，"书面"和"书面通知"包括电子形式。

缔约方的知识产权取得形式为权利被授予或注册，应确保授权或注册程序与《TRIPs协定》特别是第62条保持一致。

说明： 本条主要参考中–澳、中–瑞、中–韩、中–格等自贸协定知识产权部分中关于目的与原则的相关规定。

第二节　知识产权的效力、范围和使用标准

第9条　版权与相关权利

9.1. 在不违背缔约双方均已签署的国际协定的义务的情况，各缔约方应根据其法律法规的规定向作品、表演、录音制品和广播的相应作者、表演者、录音制品制作者以及广播组织提供并确保充分和有效的保护。

各缔约方应规定作者、表演者、录音制品制作者和广播组织有权授权或禁止以任何方法或形式复制他们的作品、表演、录音制品和广播。

9.2. 各缔约方应规定适当的法律保护和有效的法律救济，制止对任何有效的技术措施进行规避，这种规避是相关人员在明知或有合理理由应知其在追求这种目标的情况下仍实施的行为。

9.3. 各缔约方应规定适当和有效的法律保护，制止任何人明知或有合理理由应知其行为会诱使、促成、便利或包庇对于本章或《伯尔尼公约》《世界知识产权组织版权条约》和《世界知识产权组织表演和录音制品条约》所涵盖的权利的侵害，仍故意从事以下行为：

（一）未经授权移除或改变任何电子权利管理信息；或

（二）明知电子权利管理信息已未经授权被移除或改变，仍未经授权向公众传播作品、作品复制品、表演、录制的表演或录音制品的复制品。

9.4. 各缔约方应将对专有权的限制和例外规定限于某些特殊情况，使之不影响作品、表演、录音制品或广播的正常使用，也不会不合理地损害权利人的正当利益。

说明： 本条主要参考中–澳、中–瑞、中–韩、中–格等自贸协定知识产权部分中相关规定。

第 10 条　商标

10.1. 缔约双方应给予商品或服务的商标权利人以充分和有效的保护。

10.2. 缔约任何一方都不得将标记必须视觉上可以感知作为一项注册条件，也不得仅以标记由声音构成为由而拒绝注册一项商标。

10.3. 各缔约方应规定，注册商标所有人应当享有专有权，以阻止在贸易活动中所有第三方未经其同意，在同一种或类似商品或服务上使用可能会造成混淆的与已注册商标相同或近似的标记。在对同一种商品或服务上使用相同标记的情况下，应推定存在混淆的可能。上述权利不得损害任何现有的在先权利，也不得影响缔约方在使用的基础上授予权利的可能性。

10.4. 各缔约方应规定具有欺骗性的标记不得作为商标使用且不得注册为商标。

10.5. 双方应根据《TRIPs 协定》第 16.2 条和第 16.3 条以及 1883 年 3 月 20 日订于巴黎的《巴黎公约》第 6 条之 2 的规定，对驰名商标提供保护。

说明：本条主要参考中–韩、中–澳等自贸协定知识产权部分中相关规定。

第 11 条　专利与实用新型

11.1 在符合 11.2. 和 11.3 的前提，所有技术领域的发明，不论是产品还是方法，只要是新颖的、包含创造性且能在产业上应用的，都可以获得专利。

11.2. 各缔约方为保护公共秩序或公德，包括保护人、动物或植物的生命或健康，或者为了避免对环境造成严重损害，有必要制止某些发明在其领土内进行商业上实施的，可以将这些发明排除在可获专利之外，只要这种排除并非仅仅因为该缔约方的法律禁止其实施。

11.3. 各缔约方可以对专利的专有权规定有限的例外，只要在顾及第三方合法利益的前提下，该例外不会不合理地与专利的正常利用相冲突，也不会不合理地损害专利所有人的合法利益。

11.4. 各缔约方可以根据国内法律法规为申请人提供专利申请的加快审查，缔约方同意就此议题加强合作。

11.5. 为了促进缔约双方权利人和公众对实用新型制度的了解和利用，以及保持权利人和公众之间的利益平衡，缔约双方同意通过交换有关实用新型法律法规的信息和经验，在实用新型法律框架方面加强合作。

11.6. 在缔约方没有规定实质审查的情况下，在实用新型侵权纠纷中，法院可以要求原告出具由有权机构基于现有技术检索所做的评价报告，作为审理实用新型侵权纠纷的证据。

说明：本条主要参考中-韩、中-澳等自贸协定知识产权部分中相关规定。

第 12 条　地理标志

12.1. 缔约双方应确保在地理标志保护方面具有充分的透明度和程序公正性，给予地理标志充分和有效的保护手段，尊重在先商标权以及允许异议和撤销的清晰程序，以及依赖商标或使用通用术语的缔约方出口的公平市场准入。

12.2. 在本协定中，"地理标志"是用于明确商品原产于缔约一方的领土，或领土内的一个区域或一个地方的标志，且该商品的特定质量、声誉或其他特性本质上归因于其地理来源。

12.3. 在不妨碍《TRIPs 协定》第 22 条和第 23 条的情况下，缔约双方应采取所有必要措施，确保对第 2 款所涉及的用于指示原产自缔约双方领土的商品的地理标志给予相互保护。每一缔约方应赋予利益相关方法律手段以防止这些地理标志用于并非原产自上述地理标志所指明地域的相同或类似商品。

说明：本条主要参考中-瑞、中美第一阶段经贸协议等自贸协定知识产权部分中相关规定。

第 13 条　未披露信息

13.1. 缔约双方应依据《TRIPs 协定》第 39 条保护未披露信息。

13.2. 对于申请人为获得药品和农用化学品上市审批向主管部门提交的未披露试验数据或其他数据，自批准该上市许可之日起至少 6 年内，缔约双方应禁止其他申请人在药品（包括化学实体和生物制品）和农业化学品上市许可申请中依赖或参考上述未披露试验数据或其他数据。

13.3. 为了避免对涉及脊椎动物的农业化学品进行不必要的重复试验，只要给予第一申请者充分补偿，可以允许他人依赖或参考这些数据。

说明：本条主要参考中-瑞、中美第一阶段经贸协议等自贸协定知识产权部分中相关规定。

第 14 条 工业品外观设计

14.1. 缔约方应确保其国内法律给予工业品外观设计充分和有效的保护，规定至少 10 年的保护期。

14.2. 受保护的工业品外观设计的所有人应当至少有权阻止第三人未经其同意而以商业为目的制造、许诺销售、销售、进口带有或者体现受保护外观设计的物品。

14.3. 各缔约方可以对受保护的外观设计规定有限的例外，只要在顾及第三方合法利益的前提下，该例外不会不合理地与受保护外观设计的正常利用相冲突，也不会不合理地损害受保护外观设计的所有人的合法利益。

说明：本条主要参考中–韩等自贸协定知识产权部分中相关规定。

第 15 条 遗传资源、传统知识及民间传说

15.1. 缔约双方认识到遗传资源、传统知识和民间文艺对科学、文化和经济发展做出的贡献。

15.2. 根据各缔约方的国际权利与义务以及国内法律，缔约双方可采取或者保持促进生物多样性保存以及公平分享利用遗传资源和传统知识所产生的惠益的措施。

15.3. 根据未来多边协议或各自国内法的进展，缔约双方同意进一步讨论遗传资源事宜。

15.4. 认识到专利和其他知识产权可能对公约的实施产生影响，缔约双方应根据国内法和国际法在此领域开展合作，以确保此类权利对公约目标起到支持而非阻碍作用。

说明：本条主要参考中–韩等自贸协定知识产权部分中相关规定。

第 16 条 植物新品种

16.1. 缔约方应通过其主管部门进行合作，鼓励和便利对植物育种者权利的保护和开发，以期更好地协调双方有关植物育种者权利的监管体系，包括加强对共同关注物种的保护，进行信息交换。

16.2. 减少植物育种者权利审查体系间不必要的重复程序。

16.3. 推动改革和进一步完善国际有关植物育种者权利的法律、标准和实践，包括在东南亚地区内。

说明： 本条主要参考中-澳等自贸协定知识产权部分中相关规定。

第三节　知识产权执法

第 17 条　检查权

17.1. 主管部门应当给予中止货物的申请人以及其他与该中止相关的人员以机会，检查已被中止放行或已被扣留的货物。

17.2. 当检查货物时，主管部门可以取样，并根据相关方的现行规则在权利人的要求下，将其移交或送交给权利人供其分析以及为后续程序提供便利。如果情况允许，完成技术分析后，并且在适用的情况下，在货物被放行或解除扣押之前，样本必须归还。对样品的任何分析应当在权利人全权负责下进行。

17.3. 嫌疑侵权货物的申报人、持有人或所有者可在检查中出席。

说明： 本条主要参考中-澳等自贸协定知识产权部分中相关规定。

第 18 条　执法体系

18.1. 各方承诺采取有效的知识产权执法体系，以消除侵犯知识产权的货物贸易和服务贸易。

18.2. 各方根据《TRIPs 协定》，至少应对具有商业规模的恶意假冒商标或版权盗版行为规定刑事程序和处罚。可使用的救济应包括足以起到威慑作用的监禁和（或）罚金，并应与适用于同等严重犯罪所受到的处罚水平一致。

说明： 本条主要参考中-澳等自贸协定知识产权部分中相关规定。

第 19 条　边境措施

19.1. 各方应确保对于权利人启动中止放行涉嫌使用假冒商标的商品或盗版商品的程序要求不得不合理地妨碍使用这些程序。

19.2. 当其主管部门认定货物为假冒商标商品或盗版商品（或者已扣留可疑货物），各方应规定其主管部门有权至少将发货人、收货人的姓名、地址以及涉案货物数量告知权利人。

19.3. 各方应规定其海关对于进口或出口的涉嫌假冒商标的商品或盗版商品可依职权启动边境措施。

19.4. 各方应确保其法律、法规或政策允许相关主管部门在接到信息或投诉时根据其法律采取措施，防止假冒商标商品或盗版商品出口。

19.5. 对于少量非商业性货物的进出口，双方可排除适用本条。

说明：本条主要参考中-澳等自贸协定知识产权部分中相关规定。

第 20 条　在线知识产权侵权

20.1. 缔约方加强合作，共同和个别地打击电子商务市场中的侵权和假冒行为，减少盗版和假冒行为，及时向消费者提供合法内容并有资格获得版权保护，并针对电子商务平台提供有效执行。

20.2. 缔约方应提供执法程序，允许权利人对在线环境中发生的侵权行为采取有效、迅速的行动，包括吊销经营许可证、建立有效的侵权通知和移除系统等。

（1）需要迅速下架；

（2）消除因真诚提交的错误删除通知的责任；

（3）将权利人收到反通知后的司法或行政申诉的期限延长至 20 个工作日；

（4）通过要求通知和反通知的相关信息以及对恶意提交的通知和反通知进行处罚，确保删除通知和反通知的有效性。

说明：本条主要参考中美第一阶段经贸协议等自贸协定知识产权部分中相关规定。

第四节　知识产权合作

第 21 条　缔约方知识产权合作

21.1. 缔约方将根据各自相关法律、法规、规章、命令和政策，在政府部门、教育机构及其他组织间共同就加强能力建设、推动知识产权政策发展和消除侵犯知识产权的货物贸易开展合作。

21.2. 在不妨碍缔约双方履行本条第一款所述协定规定的义务的基础上，双方将在协商一致的前提下并在资金许可范围内，就运用知识产权作为创新工具的教育传播项目开展合作。

说明：本条主要参考中-秘等自贸协定知识产权部分中相关规定。

第 22 条　知识产权合作事项

22.1. 应另一方要求，每一缔约方应交流以下信息：

（1）各自政府有关知识产权政策的信息；

（2）国家知识产权制度的变化及实施情况的信息；以及

（3）有关知识产权管理和执法的信息。

22.2 应另一方要求，每一缔约方应考虑私营利益相关方感兴趣的知识产权问题。

22.3. 缔约双方将考虑，在已建立的合作框架下就共同感兴趣的领域继续合作，以在彼此管辖范围内改善知识产权制度的运作，包括行政程序。

合作内容可以包括但不限于：

（1）开展专利审查工作共享；

（2）知识产权执法；

（3）提高公众的知识产权意识；

（4）提高专利审查质量和效率；以及

（5）降低获得专利授权的复杂性和成本。

说明：本条主要参考中-格等自贸协定知识产权部分中相关规定。

第五节　其他条款

第 23 条　知识产权协调机制

23.1. 就本章的有效执行和实施而言，双方特此设立知识产权协调机构。

23.2. 协调机构的职能应为：

（1）审查和监督本章的执行和实施；

（2）讨论与本章涵盖的知识产权相关的任何问题；以及

（3）向自贸协定联合委员会报告其调查结果。

23.3. 委员会应由各方代表组成。

23.4. 委员会应按双方商定的时间、地点和形式举行会议。

说明：本条主要参考中-澳等自贸协定知识产权部分中相关规定。

第 24 条　协议的履行

缔约方应在其自身的制度和实践中确定实施本协定规定的适当方法。如有必要，各当事国应根据其国内立法程序，为修改其立法机构提供法律建议。依照《双边评估和争端解决》一章，各当事方应确保充分履行其在本协定下的义务。

说明：本条主要参考中美第一阶段经贸协议等自贸协定知识产权部分中相关规定。

参考文献

专著、报纸类

[1]吴汉东.知识产权制度基础理论研究[M].北京:知识产权出版社,2009.

[2]吴汉东,曹新明,王毅,等.西方诸国著作权制度研究[M].北京:中国政法大学出版社,1998.

[3]李明德,黄晖,闫文军,等.欧盟知识产权法[M].北京:法律出版社,2010.

[4]帕拉格·康纳.超级版图:全球供应链、超级城市与新商业文明的崛起[M].北京:中信出版社,2016.

[5]彼得·弗兰科潘.丝绸之路:一般全新的世界史[M].杭州:浙江大学出版社,2016.

[6]塞缪尔·亨廷顿.文明的冲突与世界秩序的重建[M].周琪,等译.北京:新华出版社,2010.

[7]黄凤琳.两极世界理论——在世界历史的进化结构中发现通往共产主义之路[M].北京:中央编译出版社,2014.

[8]迈克尔·曼.社会权利的来源:1-4卷[M].上海:上海世纪出版社,2007.

[9]奥斯瓦尔德·斯宾格勒.西方的没落:上、下[M].上海:上海三联书店,2006.

[10]阿诺德·汤因比.历史研究:上、下[M].上海:上海世纪出版社,2010.

[11]伊曼纽尔·沃勒斯坦.现代世界体系:1-3卷[M].北京:高等教育出版社,1988.

[12]保罗·肯尼迪.大国的兴衰:上、下[M].北京:中信出版社,2013.

[13]王义桅."一带一路":机遇与挑战[M].北京:人民出版社,2015.

[14]王义桅.世界是通的——"一带一路"的逻辑[M].北京:商务印书馆,2016.

[15]赵磊.一带一路[M].北京:中信出版社,2015.

[16]厉以宁,林毅夫,郑永年,等.读懂"一带一路"[M].北京:中信出版社,2015.

[17]国家信息中心"一带一路"大数据中心."一带一路"大数据报告(2016)[M].北京:商务印书馆,2016.

[18]李永全,王晓泉."一带一路"建设发展报告(2016)[M].社会科学文献出版社,2017.

[19]葛剑雄,胡鞍钢,林毅夫.改变世界经济地理的"一带一路"[M].上海:上海交通大学出版社,2015.

[20]威廉·恩道尔."一带一路":共创欧亚新世纪[M].戴健,译.北京:中国民主法制出版社,2016.

[21]《"一带一路"沿线国家安全风险评估》编委会."一带一路"沿线国家安全风险评估[M].北京:中国发展出版社,2015.

[22]国家开发银行."一带一路"国家法律风险报告:上下[M].北京:法律出版社,2016.

[23]秦玉才,周谷平,罗卫东."一带一路"读本[M].杭州:浙江大学出版社,2015.

[24]冯并."一带一路":全球发展的中国逻辑[M].北京:中国民主法制出版社,2015.

[25]苏珊·K·塞尔.私权、公法——知识产权的全球化[M].董刚,周超,译.北京:中国人民大学出版社,2008.

[26]郑永年.通往大国之路:中国与世界秩序的重塑[M].北京:东方出版社,2011.

[27]曹卫东.外国人眼中的"一带一路"[M].北京:人民出版社,2011.

[28]朱峰,罗伯特·罗斯.中国崛起:理论与政策的视角[M].上海:上海人民出版社,2008.

[29]冯绍雷,陈东晓.大格局 2020 年的亚洲[M].上海:华东师范大学出版社,2010.

[30]安格斯·麦迪森.世界经济千年史[M].伍晓鹰,许宪春,叶燕斐,等译.北京:北京大学出版社,2003.

[31]田力普.中国企业海外知识产权纠纷典型案例启示录[M].北京:知识产权出版社,2010.

[32]彼得·迪肯.全球性转变——重塑 21 世纪的全球经济地图[M].刘卫东,等译.北京:商务印书馆,2007.

[33]刘禾.世界秩序与文明等级[M].北京:生活·读书·新知三联书店,2016.

[34]格罗斯曼,赫尔普曼.全球经济中的创新与增长[M].何帆,等译.北京:中国人民大学出版社,2003.

[35]李平.国际技术扩散对发展中国家技术进步的影响:机制、效果及对策分析[M].北京:生活·读书·新知三联书店,2007.

[36]韩康.21 世纪:全球经济战略的较量[M].北京:经济科学出版社,2003.

[37]詹姆斯·斯科特.国家的视角:那些试图改善人类状况的项目是如何失败的[M].王晓毅,译.北京:社会科学文献出版社,2017.

[38]乔尔·S·米格代尔.社会中的国家:国家与社会如何相互改变与相互构成[M].李杨,郭一聪,译.南京:江苏人民出版社,2013.

[39]乔尔·S·米格代尔.强社会与弱国家[M].张长东,朱海雷,惰青波,等译.南京:江苏人民出版社,2009.

[40]唐广良,董炳和.知识产权的国际保护[M].北京:知识产权出版社,2002.

[41]宋志国,高兰英,贾引狮,等.中国-东盟知识产权保护与合作的法律协调研究[M].北京:知识产权出版社,2014.

[42]申华林.中国-东盟自由贸易区知识产权法律制度研究[M].南宁:广西人民出版社,2011.

[43]胡健."一带一路"国家经济社会发展评价报告2017[M].北京:中国统计出版社,2017.

[44]王灵桂.中国:在新一轮全球化中的使命与担当[M].北京:社会科学文献出版社,2017.

[45]LANE,et al. Globalization and Politics:Promises and Dangers[M].ASH-GATE,2005.

[46]POLENSKE K. The Economic Geography of Innovation[M]. Cambridge:Cambridge University Press,2007.

[47]BRAUN J V. The Domestic Politic of Negotiating International Trade[M]. London:Routledge,2011.

[48]MARCIANO,JOSSELIN J M. From Economic to Legal Competition:New Perspectives on Law and Institutions in Europe[M]. Cheltenham:Edward Elgar Publishing House,2003.

期刊与报告类

[1] 吴汉东. 国际变革大势与中国发展大局中的知识产权制度 [J]. 法学研究, 2009, 2:3-18.

[2] 喻希来. 世界新秩序与新兴大国的历史抉择 [J]. 战略与管理, 1998 (2):13.

[3] 喻希来. 世界文明中的中国文化 [J]. 战略与管理, 2001 (1):61-76.

[4] 喻希来. 21世纪中国现代化议程(上) [J]. 战略与管理, 2001 (2):67-77.

[5] 喻希来. 21世纪中国现代化议程(下) [J]. 战略与管理, 2001 (4):12.

[6] 黄仁伟. 深刻认识国际政治环境考验的长期性复杂性严峻性 [J]. 求是, 2012 (20):1.

[7] 汪洪. "一带一路" 与知识产权的战略协同 [J]. 前线, 2016 (10):4.

[8] 吴润生. "一带一路"的全球经济治理价值 [J]. 中国法律评论, 2016 (2): 37-42.

[9] 王一流. 东盟知识产权保护法制一体化之思考 [J]. 知识产权, 2009 (4): 90-94.

[10] 张乃根. 试探"一带一路"战略实施中的海关知识产权保护 [J]. 海关与经贸研究, 2015, 36 (5): 1-9.

[11] 柳福东, 蒋慧. 中国和东盟诸国知识产权制度协调模式研究 [J]. 广西师范大学学报 (哲学社会科学版), 2005, 4 (2): 6.

[12] 陈宗波, 陈祖权. 知识产权法全球化、区域一体化与本土化: 问题、主义与方法 [J]. 广西师范大学学报 (哲学社会科学版), 2007, 43 (6): 131-135.

[13] 刘笋. 知识产权国际造法新趋势 [J]. 法学研究, 2006 (3): 143-160.

[14] 吕娜. "一带一路"背景下中国和东盟知识产权保护与合作的法律协调研究 [J]. 云南行政学院学报, 2016, 18 (2): 7.

[15] 徐升权, 宁立志. 亚洲专利制度一体化及中国的策略 [J]. 知识产权, 2016 (12): 91-97.

[16] 何艳. 发展中的非洲区域知识产权保护体制 [J]. 西亚非洲, 2009 (1): 22-27.

[17] 罗晓楠. 阿拉伯联合酋长国国家专利制度研究 [J]. 中国发明与专利, 2016 (4): 96-97.

[18] 蔡小鹏. 知识产权制度助以色列夹缝中生存 [J]. 中国发明与专利, 2012 (6): 2.

[19] 柳福东. 印度尼西亚的专利制度 [J]. 中国发明与专利, 2010 (12): 107-108.

[20] 刘秋芷, 梁旋. 泛北部湾经济合作区知识产权法律协调机制之浅析 [J]. 法制博览, 2016 (2): 35-37.

[21] 宋志国, 高兰英. 马来西亚知识产权法在 21 世纪的新发展 [J]. 东南亚纵横, 2010 (6): 67-72.

[22] 朱瑾，谢静．借鉴先进、提升实力——印度尼西亚知识产权制度简介 [J]．中国发明与专利，2008（12）：65-69.

[23] 徐元．后 TRIPs 时代知识产权法律全球化的新特点及我国的对策 [J]．国际贸易，2015（6）：5.

[24] 吐火加．论中亚国家的知识产权法律保护 [J]．湖南社会科学，2016（1）：94-97.

[25] 李菊丹．论"一带一路"国家版权制度的国际化与版权保护的地域性 [J]．科技与出版，2016（10）：5.

[26] 蔡琳．丝绸之路经济带知识产权贸易风险及应对 [J]．甘肃社会科学，2016（3）：98.

[27] 戴红美．"一带一路"战略实施中加强我国知识产权保护的现实困境及路径探索 [J]．新丝路（下旬），2016（10）：2.

[28] 王从旻．"中哈"品牌增色"一带一路"物流大通道 [J]．大陆桥视野，2016（15）：14.

[29] 金丹．越南加入 TPP 的政治经济分析及对中国的影响 [J]．理论月刊，2016（10）：176-181.

[30] 付德申，况达喆．"一带一路"背景下中国知识产权保护研究 [J]．河南科技，2017，620（18）：40-43.

[31] 张长立，高煜雄，曹惠民．"一带一路"背景下中国海外知识产权保护路径研究 [J]．科学管理研究，2015（5）：5.

[32] 唐新华，邱房贵．"一带一路"背景下海外投资的知识产权保护战略思考——以中国企业投资东盟为例 [J]．改革与战略，2016，32（12）：6.

[33] 王莲峰，牛东芳．"一带一路"背景下我国企业海外知识产权风险应对策略 [J]．知识产权，2016（11）：94.

[34] 张长东．国家治理能力现代化研究——基于国家能力理论视角 [J]．法学评论，2014（3）：25-28.

[35] 王仲伟，胡伟．国家能力体系的理论建构 [J]．国家行政学院学报，2014（1）：5.

[36] 黄宝玖. 国家能力: 涵义、特征与结构分析 [J]. 政治学研究. 2004 (4): 68-77.

[37] 李顺德. 东南亚联盟国家知识产权环境研究[R/OL]. (2014-12-11) [2020. 10. 12]. http://freereport. cnipa. gov. cn/detail. asp? id=126.

[38] 严笑卫, 孟祥娟. 俄罗斯知识产权环境研究[R/OL]. (2020-2-21) [2020-10-10]. http://freereport. cnipa. gov. cn/detail. asp? id=608.

[39] 张建纲, 张杰, 路娜. 印度知识产权环境研究[R/OL]. (2019-3-7) [2020-10-10]. http://freereport. cnipa. gov. cn/detail. asp? id=1039.

[40] 李伟, 周必仁, 刘栋. 巴西知识产权环境研究[R/OL]. (2019-2-5) [2020-10-10]. http://freereport. cnipa. gov. cn/detail. asp? id=125

[41] 马秀山, 金海军. 南非知识产权环境研究[R/OL]. (2020-2-21) [2020-10-10]. http://freereport. cnipa. gov. cn/detail. asp? id=129.

[42] 管育鹰. 中东欧地区有关国家知识产权环境研究 (上) [R/OL]. (2015-12-15) [2020-10-10]. http://freereport. cnipa. gov. cn/detail. asp? id=1090

[43] 党晓林. 中东欧地区有关国家知识产权环境研究报告 (下) [R/OL]. (2020-2-21) [2020-10-10]. http://freereport. cnipa. gov. cn/detail. asp? id=1626.

[44] 管育鹰. 中亚有关国家知识产权环境研究[R/OL]. (2015-12-1) [2020-10-10]. http://freereport. cnipa. gov. cn/detail. asp? id=1215.

[45] 胡杰. 拉美地区知识产权环境研究[R/OL]. (2020-2-21) [2020-10-10]. http://freereport. cnipa. gov. cn/detail. asp? id=1423.

[46] 胡杰. 蒙古国知识产权环境研究[R/OL]. (2020-2-21) [2020-10-10]. http://freereport. cnipa. gov. cn/detail. asp? id=1592.

[47] 马庆云. 土耳其知识产权环境研究[R/OL]. (2020-2-21) [2020-10-10]. http://freereport. cnipa. gov. cn/detail. asp? id=1933.

[48] JOHN J, IKENBERRY. The Rise of China and the Future of the West: Can the Liberal System Survive? [J]. Foreign Affairs, 2008, 87(1): 23-37.

[49] MARGARET, CHON. Global Intellectual Property Governance (Under Construction) [J]. Theoretical Inquiries in Law, 2011, 12(1).

[50] GEOFFREY, SCOTT. A Protocol for Evaluating Changing Global Attitudes towards Innovation and Intellectual Property Regimes [J]. University of Pennsylvania Journal of International Law, 2011, 32(4): 1165-1268.

[51] ROBERT M, SOLOW. Technical Change and the Aggregate Production Function [J]. The Review of Economics and Statistics, 1957, 39(3): 312-320.

[52] SAID E, MOHAMMED. The Implementation Paradox: Intellectual Property Regulation in the Arab World [J]. Journal of International Trade Law & Policy, 2010, 9(3): 221-235.

[53] BLAKENEY M, MENGISTIE G. Intellectual Property Policy Formulation in LDCs in Sub-Saharan Africa [J]. African Journal of International & Comparative Law, 2011, 19(1): 66-98.

[54] DINWOODIE G B, DREYFUSS R C. Designing A Global Intellectual Property System Responsive to Change: The WTO, WIPO and Beyond [D]. University of Oxford. Legal Research Paper Series Paper No. 50/2009.

[55] HALBERT D. Intellectual property in the year 2025 [J]. Journal of the Copyright Society of the U. S. A, 2001, 49(1): 225-258.

[56] BINKERT B. Why the Current Global Intellectual Property Framework under TRIPS Is Not Working [J]. Intellectual Property Law Bulletin, Spring, 2005.

[57] AHMED S. The Impact of Ngos on International Organizations: Complexities And Considerations [J]. Brooklyn Journal of International Law, 2011.

[58] BA RCZEWSKI M. From Hard to Soft Law-A Requisite Shift in the International Copyright Regime? [J]. IIC-nternational Review of Intellectual Property and Competition Law, 2011, 42(1): 40-54.

[59] MENGISTIE G. The patent system in Africa: its contribution and potential

in stimulating innovation, technol – ogy transfer and fostering science and technology[J]. International TradeLaw & Regulation,2010:Part 1.

[60] OSEITUTU J J. A Sui Generis Regime For Traditional Knowledge: The Cultural Divide In Intellectual Property Law [J]. Marquette Intellectual Property Law Review,2010,15(1):70.

[61] GIBBONS L J. Do as I Say (Not as I Did):Putative Intellectual Property Lessons for Emerging Economies from the Not So Long Past of the Developed Nations[J]. SUM Law Review,2011,64(3):923.

[62] UTOMO T S. Pharmaceutical patent protection and the introduction of generic drugs in Indonesia in the post–TRIPS era–is patent law the only factor affecting the introduction of generic drugs? [J]. IIC–International Review of Intellectual Property and Competition Law, 2011, 42 (7):759–784.

[63] WAKELY J. The Impact of External Factors on the Effectiveness of Compulsory Licensing as a Means of Increasing Access to Medicines in Developing Countries[J]. European Intellectual Property Review,2011,33(12): 756–770.

[64] STERN S,PORTER M,FURMAN J. The Determinants of National Innovative Capacity[J]. Research Policy,2002,31(6):899–933.

[65] JOHN J, IKENBERRY. The Rise of China and the Future of the West: Can the Liberal System Survive? [J]. Foreign Affairs, 2008, 87(1):23–37.